国外藏学研究集刊

第一辑

主编　王启龙

上海古籍出版社

编　辑　缘　起

自唐代来,汉文文献关于西藏历史、地理、宗教等记载异常丰富,或为官修正史、或为私人著述,不一而足。同样,遗留到今天的藏文典籍、史料等,其数量之巨大,内容之丰富,仅次于汉文文献。汉藏历史文献之丰富、汉藏史学传统之绵延与繁荣,使得藏学起自唐代,而绵延于后世历朝历代而不绝。从这个层面来说,藏学实为我们统一多民族国家的固有学科。

及至现代早期,西人东来,或传教、或探险、或经商、或搜集情报,络绎不绝,中国西藏终被纳入全球历史之互动中来。由此西人关于西藏的认识,不再局限于“食金蚁”之类的浪漫想象。他们开始深入到中国西藏本土,学习藏文、藏语,编写字典、词典,有了最早一批相对真实的关于西藏社会、历史、宗教、文化的知识。这其中要数匈牙利人杜·乔玛(Alexander Cosma de Körös,1790–1842)为其佼佼者之一。由其所编纂之《藏英词典》(*Essay towards a Dictionary, Tibet and English*, 1834)、《梵藏英佛教词汇》(*Sanskrit Tibetan English Vocabulary: Being an Edition and Translation of the Mahavyutpatti*, 1835)、《藏文文法》(*Grammar of the Tibetan Language*, 1834)等及其相关著述,被视为西方藏学的发端。

藏学虽说是中国统一多民族国家的固有学科,但清代之前,汉文关于西藏的官私史书多为一种“应需而兴”的在与藏族交往中出于实际需要而产生的对西藏知识的记载和论说。进入清季之后,随着康熙朝中央政府在西北和西藏的用兵,以及稍后具体治理西藏地方的需要,涉及西藏的官私记述,才逐渐丰富和系统起来。清末直至民国时期,面对国土沦丧、主权危机,在众多有志之士中方出现了研治西藏学问的惊醒和自觉。这种惊醒和自觉多为面对列强环伺等诸种情景之下的救亡图存,或可称之为“困而学之”的藏学研究。虽则其仍难以归为现代意义上的藏学研究,但作为此后藏学研究推进的阶梯,其作用不容忽视。

现代意义的藏学,即在现代学科划分之下,运用各学科的科学方法来研究西藏社会、历史、文化等内容,在中国甫一出现,就伴随着与国外藏学的交流和对其的借鉴。东西方现代意义的藏学，虽然出现时间上有早晚之分，但是随着时间的演进，东西方交流的增加和便捷，两者之间的互动与日俱增。

对于国内来说，真正意义上的中国藏学与西方藏学的交流，乃始于到西方求学的中国留学生，其中居功至伟的即是有着"中国藏学之父"之称的于道泉先生（1901—1992）。而集其大成，并将绍介西方藏学为主的中西藏学交流一变而为中西藏学之间的平等交流，不但将国外藏学研究引进来，也将国内藏学研究介绍出去的乃是中国藏学大家之一的王尧先生（1928—2016）。其功绩一为领衔迻译西人研究成果，以多卷本《国外藏学译文集》为其体现；二为参与西方藏学大会，发出中国藏学家声音，并多年身体力行讲学于欧美，同时推荐、绍介国内青年学子求学海外，真正地参与到世界藏学研究中去。

陕西师范大学国外藏学研究中心，正是在继承和发扬王尧先生所身体力行的加强中西方藏学交流的心愿之下，于2015年正式成立。中心致力于国内外藏学研究的交流互动，以期裨益于国内藏学研究的推进和繁荣。"交流"不言而喻的内涵之一是双方地位之平等，其先决条件，是提高和促进国内藏学研究这一前提，唯有国内藏学研究得到提高，与国外藏学研究的交流方能以平等的姿态出现。这并非妄自菲薄，实在是现代意义的藏学研究，在国外已经传承迁延一百多年，从方法乃至研究广度和深度上来说，均较之国内更为先进。

由此缘起，我们筹备出版《国外藏学研究集刊》，集刊的名字表明我们对国外藏学的研究成果的高度重视，但并不表明我们仅仅局限于刊发有关国外藏学的研究成果，而是同样致力于推介中国学者最新的藏学研究成果。并欲以此种形式来沟通内外，促进国内藏学研究。

我们衷心欢迎国内外关心和从事藏学研究的专家、学者和我们一起推动藏学研究事业的发展。

目　录

纪念王尧先生

王尧先生及其藏学人生

王启龙

喜马拉雅巍峨壮丽，青藏高原雄浑高洁。孕育于喜马拉雅之巅、青藏高原山川河谷的古老而璀璨的藏族文明，作为多元一体的中华多民族文化的重要元素，历来令全人类向往，令国际学术界着迷。这是尽人皆知的事实，也是今天藏学作为一门无可争议的国际显学受到全世界重视的主要原因。然而，在旧中国，中国人自己对这门学问的研究，一直是气喘吁吁地跟在别人的后面走。新中国成立以后，尤其是改革开放以后，一批中国学者在大时代的助推下，终于让国际学术界听到了别样的声音。而改革开放后率先在国际学术界发出声音的中国藏学家，当属王尧教授。

近三十多年来，中国藏学界发生了翻天覆地的变化，其中人才培养是最大的亮点之一，而目前看来，王尧先生在这方面的贡献恰恰是最大的。先生的编内弟子屈指可数，编外弟子则难以计数，然而无论编内还是编外，弟子们无不以作为先生的学生而自豪。用当今的一个俗称来说，先生绝对是"成功人士"。为什么呢？作为先生的弟子之一，我个人的看法是：先生不但教书，而且育人。教书方面，他严谨而博学；育人方面，他以高尚的人格标准和人生实践垂范后人。

王尧先生1928年生于江苏涟水，先后就读于南京大学中文系、中央民族学院藏语系。生前曾任中央民族大学藏学研究院名誉院长、博士生导师，中央文史馆馆员，中国敦煌吐鲁番学会少数民族语言文字专业委员会主任，中国文化书院导师，《中国藏学》顾问委员会委员，德国波恩大学《藏文历史文献》专刊编委，北京大学、清华大学等著名院校兼职教授，陕西师范大学国外藏学研究中心兼职教授等职。2015年12月17日病逝于北京，享年87岁。12月23日上午，京城各界数百人冒着严寒到北京八宝山送了先生最后一程。其中有年逾八旬的同道老友，有青涩稚嫩的青年学子，有社会各界的著名人士。此外，原国务院总理朱镕基、温家宝来电慰问或送花圈，现任国家领导人李克强总理、张高丽副总理、杨晶国务委员和全国政协王正伟副主席等均送了花圈，以示吊唁。可见先生影响力之一斑，以及中国政府对先生的重视。

先生的离去给我们留下了无尽的哀思和无限的怀念。我们怀念先生，最有价值的莫过于认真总结、学习和继承他优秀的精神遗产。我谨撰此文，简要回顾一下先生的学术与人生，以此寄托对先生的怀念，也以此激励后来者沿着先生的足迹继续往前走下去，为中国藏学的发展增添新的光彩。

一、生活中的王尧

作为一位著名学者，王尧先生在生活中并不是完美的，但却是最真实的。他的不完美表现在日常生活上的依赖性，不过上苍把慈祥温柔的师母——薛纫蘅女士带到了他的身边，她陪伴了他一生，对他的生活起居照顾备至，使得先生无论岁月如何，依旧过着心有所安、温暖平静的日子，这为先生的学术研究提供了坚强的后盾。

而王尧先生对家人的关爱和顾念，那可谓"满满的真情，就是说不出"！在我们看来，先生不但是一位优秀学者，而且是一位好丈夫、好父亲、好爷爷。他非常关心孩子的成长，他把自己的孩子们都送到了欧洲深造，现在都发展得很好。我记得非常清楚，先生有个孙女，是次子的女儿，生日与我的孩子只差一天。20世纪90年代我和我爱人邓小咏在中央民族大学读研究生时，先生的孙女与我们的孩子都在一个幼儿园。无论春夏秋冬还是刮风下雨，只要先生在国内，他都会骑着或者推着那辆老式的永久牌28寸自行车接送孙女上下幼儿园。有时候，我们也会代劳，由我带着先生的孙女，邓小咏带着王超万里，两个孩子一起上下幼儿园。当然，我们不知有多少次在先生家蹭饭，"祖孙三代"围着一张桌子一起吃饭，可谓其乐融融。师母薛老师做饭，那可是好厨艺，至今想来，仿佛还能闻到饭桌上那香喷喷的味道！

师母去世后，王尧先生失去了生活的依靠和精神的依托，其悲恸之情令人动容。每当我们逢年过节去拜访先生时，他总要提起师母，老泪纵横，伤心欲绝，让人心痛。

先生从来不是一个悲观主义者，哪怕是在那动荡的受尽凌辱的"文革"岁月里，也从来没有对生活失去信心，从来没有放弃过神圣的学术事业。据先生回忆说，在"文革"劳动锻炼的时日里，他一直忙里偷闲，偷偷带上敦煌吐蕃历史文书等藏文典籍在玉米地里阅读、琢磨、钻研，等到春暖花开、改革开放之后，先生能够脱颖而出是有缘由的。

先生是个正直的人，在是非曲直面前态度分明，绝不会曲意逢迎。对此我们可以从先生去世后著名西夏学专家李范文先生发来的唁电内容中看出些许端倪：

中央民族大学王尧教授治丧委员会：

惊闻良师益友王尧教授不幸仙游，万分悲痛！"五七"之后，首次回母校，拜访恩师于道泉教授、挚友王尧教授。是他不顾政治影响，向我介绍国内外研究西夏的学者和著作。遵嘱，我首先沿着党项北徙路线赴甘肃、青海、四川调查西夏遗民，借阅中、俄、日、法等国西夏文献资料。从上世纪50年代至今，他一直关心、支持、帮助着我，当我荣获东方学儒莲奖后，受到诬陷时，他义愤填膺，仗义执言，抱病为我写了证明材料。他尊敬老师，奖掖后学，孜孜矻矻，勤奋好学，在藏学教学、研究、培养人才领域堪称楷模。他的去世，是我国一大损失，使我们失去一位国内外难得的宗师。

谨请王启龙教授转告家属节哀！

李范文于银川

2015 年 12 月 21 日

对待学生，王尧先生可谓如慈父般温暖。记得我们在中央民族大学读书时，先生不但关注我们的学业，对我们的生活也关心备至。当时我和妻子邓小咏都在读研究生，我们的孩子也就上民族大学幼儿园。时间久了，我们一家三口和先生、师母及其孙女就好像一家人。先生的小孙女不懂事，有时候也跟着我们的孩子叫邓小咏妈妈，我们的孩子也一直管先生和师母为爷爷、奶奶。孩子嘴馋了，会想起奶奶做的肉丸子。奶奶当然也不会忘记她的"编外"孙子，时不时会从家属院手捧着饭盒，来到研究生宿舍12号楼343房间，饭盒里自然是热腾腾的美味佳肴。有一次，薛师母做好扁豆肉丸，用毛巾包裹若干层，迎着冬日寒风送到12号楼，说孩子长身体需要营养，令我们感动不已……

时隔多年之后，我以清华大学教授的身份，受命到西藏大学担任副校长工作期间，好些个不知就里的朋友们常常会问我："老父亲身体好吗？"我答曰："很好，没什么毛病。"又问："那他最近在国内吗？"我一愣："在啊！"（我的父亲是一个普通的退休干部，跟老师王先生同年。）接着又问："那他最近写什么东西了？有新出版的著作吗？"——这下我明白了，他们把王尧先生当成了我的父亲。的确，有一些不了解实情的人常会有这样的误解。我会解释说，王尧先生是我的老师。但是，我的心里会说：先生与我，不是父子，但情同父子！

实际上，先生和师母把我们这些学生当成了自己的孩子。对于学生的困难和痛苦，先生会难受，若有办法，他会倾情相助；而当学生取得一点成绩时，他的兴奋之情溢于言表。先生生前最开心的事之一，莫过于2014年他的两位弟子，即沈卫荣教授和我同时入选教育部长江学者特聘教授。从先生言谈中可以体察到他内心的喜悦之情。

以上仅是我个人亲身经历的点滴感受。我相信我的同门师兄弟姐妹们，在与先生的交往中，同样会有许多感人的故事和刻骨铭心的记忆。

二、师者王尧

先生于我们这些学生，恩重如山；而我们对先生的回报，滴水而已。对此，我谨以自己为例说说心里话。

没有先生的精心培养，我在学术上不会有今天的进步。学术界都知道，先生培养学生，首先注重培养学生的藏语文能力。在读博士期间，跟先生以往的研究生一样，我们最初是用较短的时间突击学习《藏文拼音教材》，当时教我们的是才旺拉姆老师。拼音教材学完之后，先生直接带着我们读藏族文学作品，藏文本的《米拉日巴传》，逐字逐句阅读，逐字逐句讲解，一边欣赏和领略这部伟大的藏族文学经典，一边理解字里行间的藏语文文法和词汇问题。久而久之，在先生热情洋溢的讲解中，我们这些学生在"稀里糊涂"中也开始对藏文有了一个感性的、鲜活的认识。先生认为，从事民族研究必须认真学习民族语言，藏文是通向藏学殿堂的钥匙，不懂藏文谈何藏学研究！当然，直到今天，我也始终认为自己只能借助藏文辞典勉强阅读和运用藏文史料从事藏学研究，而绝不敢妄言"精通藏文"，因为我连汉文都还没有"精通"呢！

因为本人是学习语言出身，后来又在著名语言学家胡明扬先生足下学习语言学，对语言及语言学有着跟别人不完全相同的理解。这大大有助于我在处理语言材料时的技巧性与准确度。对此先生比较满意。为了让我能够尽快对敦煌文献有所了解，他把陈践教授和褚俊杰、王维强、熊文彬等师兄读书期间摘抄的法藏敦煌藏文文献的解题目录，当时是半成品的一大堆材料交给我，要我从头整理、誊写，并搜集国内外关于法藏敦煌藏文文献的研究著述成果等学术信息与资料，编撰成完整的可以出版的解题目录。后来这部书几经周折由民族出版社出版，题为《法藏敦煌藏文文献解题目录》（民族出版社，1999年）。我虽然署名为协编，但我自认为占了个大便宜。这对我现在重新整理和研究法藏敦煌藏文文献可是受益匪浅！

除了藏文之外，先生要求学生阅读相关的汉文典籍。据说我过去的师兄们必须阅读二十四史中的相关内容，用今天的话说，他们非常高大上！先生对我的要求就低多了，因为我研究藏传佛教萨迦派，与之相关的《元史》我的确从头到尾读完了两遍，并认真做了笔记。至于其他的史书我都是功利主义的读法，需要什么，阅读什么，说起来非常惭愧。后来我撰写《藏传佛教对元代政治的影响》《藏传佛教对元代经济的影响》等论文时，直接受益于过去阅读过《元史》的功底。

我到清华大学任教之后，大约在1998—1999年间，由清华大学资助、张岂之先生主持的《二十世纪中国人文学术史丛书》面向全国征稿。我和先生以及邓小咏合著的《中国藏学史（1949年前）》列入丛书之一。该书的选题是先生同意的，篇章结构经过先生亲自审定，其中有好些内容是先生亲自修订和撰写的，可以说，此书的"idea"是先生的，我们只是具体操作而已。此书出版后反响很好，2006年曾经获得第四届教育部全国高校人文社会科学研究优秀成果（民族学）三等奖（一等奖、二等奖空缺）。先生为此书付出了大量心血。后来，中国藏学出版社出版先生文集时，没有纳入此书，作为学生，我们心里其实很不好受。

我对于《青史》的重译，其动力也来源于先生当初给我们的讲课。先生讲课时提到，此书现有的郭和卿先生的译本由于完成时间仓促，还有许多地方需要完善，值得重新翻译。这也是为什么后来我利用清华大学亚洲研究中心提供的经费支持，与还克加一起重新汉译此书的根本原因。我们以四川民族出版社出版的藏文铅印本为底本，并参照罗列赫的英文本，在对各相关版本内容进行补订和对勘的基础上，足本重译了《青史》。《青史》重译前后用了五年时间，完稿后于2010年在国家社科基金后期资助项目的资助下，分上、下部由中国社会科学出版社重新完整地出版。

凡此种种，不一而足。先生对我的关心和帮助，难以言尽。直到最近几年我来到陕西师范大学之后，先生对我本人，以及藏学在陕西师范大学的发展倾尽全力。就在先生去世前数月，他将家里剩下的书籍（此前已经捐赠给中央民族大学、复旦大学、中国人民大学等院校大量书籍）悉数捐给了新成立的陕西师范大学国外藏学研究中心，并坚持要参加研究中心的成立大会。正如先生所言，这是他的最后一次学术活动。我们有幸与先生在西安度过了一段终生难忘的快乐时光！先生所为其实蕴含着远大的学科发展布局，他考虑的不仅是我们这些学生有个衣食饭碗，他考虑的更是希望通过他的支持，薪火相传，让我们这些晚辈能够在祖国的西北大地将中国藏学发扬光大，希望中国藏学今后能在祖国的大江南北都建成若干能够为国家服务的藏学学术重镇！

上面我的故事只是一个缩影。众所周知，先生热爱学生，无论是编内编外，还是国内国外，只要投其门下请教者，追随其学习藏文者，他都一视同仁，热情提点，倾力扶持和培养，国内外如今活跃在藏学领域的著名学者中，"王门弟子"众多，其中有些是当年先生名下的硕士生或博士生，而更多的则是编外弟子，他们都或多或少曾经受惠于先生，受教于先生，都对先生充满了景仰和感激。

如果说评价一个大学问家、大学者的首要标准，是看他对学术研究的推进、看他的研究成果，那么另一个重要标准无疑就是他在人才培养上所做出的贡献。人生也有涯，个人的研究成果终究还是会囿于时空所限，而他所培养的人才，代际相传，实际上突破了时间的限制，其学术理念、研究方法正是通过人才培养，得以流芳百世。

从培养人才的角度讲，王尧先生当之无愧是中国藏学界的教育家，乃至中国藏学界"教授中的教授"。先生时或在私下聊天时幽默而不失自豪地说道"得天下英才而育之，乃是人生最大的快意""我最大的能力就是善于将别人的学生，教成我的学生"。诚如斯言，王尧先生亲自指导过的博士生人数虽然有限，然而今"王门"弟子及再传弟子遍布国内外，他们均是因为王尧先生的人格魅力和学术品格，从海内外各地奔赴先生足下，求学问教，并以作为王尧先生的门生为荣。直至先生去世前不久，"老学生"与新学子们仍前往先生寓居的四季青敬老院探视、问学，不绝如缕。

作为师者，王尧先生对我等晚辈可谓用心良苦，作为先生的弟子、再传弟子，我等岂能懈怠？先生走了，我们必须以百倍的努力，为中国藏学的发展和繁荣奋斗。只有这样，我们才无愧于先生之培养，无愧于这个时代！

三、学者王尧

作为学者的王尧，是我们应该大书特书的。先生一生的学术成就，光照后人。认真总结、分析、研究和继承先生的学术和精神遗产，是我们最应该做的事情。王尧先生对藏文化有洞彻的观察、系统的思考和通达的理解。在先生半个多世纪的学术生涯中，他结合田野工作和教学实践，撰写了十余部专著及百余篇论文，主编有多部藏学研究丛刊，在藏语的分期和方言划分、古藏文文献的整理和释译、汉藏文化的双向交流研究、藏传佛教和汉藏佛学、藏族民间文学等诸多领域成就卓著。尤其是他将吐蕃时期三大藏文文献（敦煌写卷、简牍文字、金石铭刻）引入西藏古史研究，对吐蕃史、中亚史及相关领域的研究起到了极大地推动作用。与此同时，他是改革开放后最早活跃在国际藏学舞台的中国学者，而且是连续参加第3届至第10届国际藏学会的享有国际声誉的藏学家。王尧先生并曾获首届中国藏学研究珠峰奖荣誉奖。

　　王尧先生认为,藏语文是通向藏学研究殿堂的必备钥匙。这也是其业师于道泉先生对西藏研究者的一贯要求,而王尧先生本人突出的藏语、藏文能力不仅达到了于道泉先生的要求,也为后来培养年轻一代藏学家树立了榜样。王尧先生的藏学研究生涯始于对藏语文和藏传佛教的研习,并于早年(1956—1958)发表了《藏语的声调》《西藏谚语俗语选》《藏语数词中的垫音》以及《萨迦格言》(译文)等好些名篇佳作。

　　据王尧先生回忆[1],20世纪60年代中央民族学院举办了两期藏文研究班,由于工作的需要,他开始探索古代藏文的发展脉络,主要把精力放在吐蕃时期(即公元11世纪以前)的藏文研讨上,而吐蕃时期最可信的文献有三大类:(一)敦煌石窟遗书中的藏文写卷;(二)吐蕃时期遗留下来的金石铭刻文字;(三)从新疆、青海等地地下发掘的简牍文字。其经典代表作当为《敦煌本吐蕃历史文书》(与陈践合作,1980、1992)[2]《吐蕃金石录》(1982)和《吐蕃简牍综录》(与陈践合作,1986),三者构成一套吐蕃文献丛书。与此同时,先生发表了《吐蕃文献学导论》一文,对古藏文的特点、文献情况等做了力所能及的较全面的介绍。在此基础上,在国内外同行研究成果的基础上,先生把藏语发展分为五个时期:1.上古时期,或称原始藏语时期(公元6世纪以前);2.中古时期,或称吐蕃时期(公元7—10世纪);3.近古时期(10—13世纪);4.近代时期(13世纪西藏地方纳入元朝版图起,到19世纪末);5.现代时期(20世纪以来),算是一家之言。

　　在藏语研究方面,先生留下的文章不多,但均给学术界留下了深刻印象,比如1984年发表于《民族语文》的《藏语mig(目)字古读考》认为代表最古老藏语特点的是嘉戎方言,其次是安多方言,再次是康方言,而卫藏方言(尤其是拉萨话)是发展最快、距离古代藏语最远的方言,然而它正代表了藏语发展的潮流和方向。

　　王尧先生的相关研究成果,尤其是敦煌吐蕃藏文文献的研究成果,极大地推动了藏族历史、宗教、唐代史、敦煌学以及中亚史等相关领域的研究,为这些研究注入了新的活力,带来了新的视角。

　　做藏学研究的人,如果没有藏传佛教研究方面的学习和训练,学术构架可说是不完整的。王尧先生不但得到贡嘎上师等的真传,而且长期在藏传佛教寺庙学习,在接受文

---

　　〔1〕 王尧:《我与藏学》,载《王尧藏学文集》第5卷,北京:中国藏学出版社,2012年。本文有关王尧先生的学术研究方面,主要参阅了此文。

　　〔2〕 据王先生说,此书的翻译曾参阅了马雍先生的法文译本。另外,在正式出版之前(1979年),在青海民族学院王青山先生推荐下,将先生抄在练习本上的藏文原文和汉文译文排印成册,供有关的同行参考。可以说这是本书的最早版本。

化教育的同时接受了宗教教育，以一个学者的特殊视角对藏传佛教有着特殊的体验和观察，与一般的藏传佛教学者应该是大有不同的。王尧先生后来教学生学习藏文时经常讲授《米拉日巴传》，与当年贡嘎上师领着他们诵读的藏族文学经典就是这本传记有很大关系。而在中央民族学院组织的前述两期藏文培训班中，王尧先生不仅是年轻的教员，而且是重要的组织者。为了丰富藏文研究班的学术活动内容，组织开设专题讲座，他曾经奉命分别邀请周叔迦先生讲授"中国佛教的十宗"，法尊法师讲授"西藏佛教的前弘期"和"西藏佛教的后弘期"，高观如先生讲"佛教与中国文化"，喜饶嘉措大师讲"藏族的佛教信仰"，同时也请牙含章先生讲"无神论与宗教信仰——党的宗教政策"等等。这些讲座对他来说也是吸收营养的大好机会。而王尧先生与张克强（建木）先生（1917—1989）和东噶·洛桑赤列活佛（dung dkar blo bzang vphren leg, 1927—1997）亦师亦友般的合作共事，确实大大有助于王尧先生的佛学造诣的提升。一般来说，佛教研究论著都比较晦涩，难以读懂，而王尧先生的论著却语言简练、深入浅出，读起来让人觉得轻松愉悦、回味无穷。对此，只要去读读他的《吐蕃佛教述略》《西藏佛教文化十讲》等文章，以及《吐蕃文化》（1988）、《中华佛教史·西藏佛教史卷》（2013）等论著便可知晓。

先生除去对古藏文，尤其是吐蕃金石、敦煌文书、简牍终其一生的持续关注之外，在藏传佛教、汉藏佛教典籍比较研究、汉藏文化交流史上的研究也是硕果累累。凭借深厚的国学功底和藏文修养，以及广阔的学术视野，王尧先生的相关论著有一个重要特点，那就是古今贯通，汉藏互证，立意大气，论证细腻，语言质朴典雅。读者诸君如果读过先生的《藏族翻译家管法成对民族文化交流的贡献》（1980）、《南宋少帝赵显遗事考辨》（1981）、《敦煌藏文写卷P. T. 986号〈尚书〉译文补证》（与陈践合作，1982）、《敦煌本藏医学残卷介绍》（上、下，与陈践合作，1982、1983）、《敦煌吐蕃文书P. T. 1291〈战国策〉藏文译文补证》（与陈践合作，1983）、《从"河图洛书""阴阳五行""八卦"在西藏看古代哲学思想的交流》《吐蕃时期藏译汉籍名著及故事》《〈金瓶梅〉与明代喇嘛教》（1994）、《藏汉文化的双向交流》（2007）等数量众多的经典论文，就一定会有更加深切的感受。

先生从古今藏汉文史籍入手，对西藏的天文历法、阴阳五行、藏医藏药及游戏娱乐、汉藏佛教文化等都进行了详密的考证，认为这些内容均明显受到了中原文化的影响，实是汉藏文化交流绵亘千年而不辍的明证，汉藏文化之间早已形成我中有你、你中有我的格局。

如果说于道泉先生是中国现代藏学研究事业的开山者,那么师从于道泉先生的王尧先生则是继于先生之后的新中国藏学研究集大成者。这具体体现在两点:一、先生实质性地开拓了于道泉先生想做却未能完成的敦煌藏文文书研究;二、先生继承于道泉先生遗志,继续孜孜不倦地培养了一批又一批真正懂藏语文的研究者。

最后,我们还不得不提的是,在中外藏学学术文化交流方面,王尧先生无疑居功至伟。他是"文革"之后最早活跃于国际藏学舞台并享有世界声誉的中国学者,连续参加了第3—10届国际藏学会,并参加第十五届(北京)、第二十届(温哥华)、第二十四届(弗吉尼亚)、第三十届(北京)国际汉藏语会议。王尧先生的国际影响,从其应邀海外讲学的丰富经历可见一斑[1]。

王尧先生利用国际交流的机会,最早将国外藏学研究的最新成果带到国内,并组织人翻译介绍到国内学术界,早已享誉藏学界的《国外藏学研究译文集》,以及新生代藏学家们译介的海外藏学著述,好些都是在王尧先生介绍、帮助,以及指导下促成翻译和出版的。它们为沉寂多年的学术界带来了新的气息,大大激发和推动了改革开放之后中国藏学的发展。在广泛持久的国际学术交流中,王尧先生与国际学术界很多名流大家结下了深厚的友谊,他不但自己走出去,而且还将一批青年学者引介到国外,同时不遗余力地邀请海外藏学家到中国访问和交流。凡此种种,对中国藏学的国际交流做出了巨大的贡献。

王尧先生无疑是藏学领域一个时代的代表人物,是新中国藏学研究的开拓者和集大成者,他的努力使中国藏学诸多领域有了新的气象和拓展,比如吐蕃碑铭研究、敦煌藏文研究、藏传佛教研究、藏族历史文化研究、藏汉文化的双向交流研究、唐代与吐蕃史研究,等等。先生是中国民族文化的传播者,也是中外文化交流的使者,他的不懈努力使"文革"十年造成的中国藏学界一扫沉闷的空气而充满了无限活力。他一方面将中国藏学推向世界,一方面不遗余力将国际藏学界的最新理论成果介绍到国内,并运用到教学科研中,影响了一代代青年学人,使中国藏学的国际化有了实质性的进展。先生更是优秀的民族教育家,由于他的辛勤培育,造就了大批今天仍然活跃在国内外藏学界的著名中青年学者,可谓桃李满天下!

如是观之,先生此生当无憾而圆满。

---

〔1〕 王尧先生海外讲学的主要经历:1982—1983年,奥地利维也纳大学客座教授;1986—1987年,德国波恩大学客座教授;1987—1988年,加拿大多伦多大学客座教授;1989年,日本佛教大学客座教授;1995—1996年,美国加州伯克莱大学客座教授;1996—1997年,美国西雅图大学客座教授,等等。

引领我进入藏学殿堂的王尧先生 *

沈卫荣

> 王老师是汉族,也爱藏族,他终生研究藏学,乐此不疲,孜孜不倦,不为事权贵,不为稻粱谋,惟愿汉藏一家,休戚与共!他是我平生遇见的最有魅力的老师,正是他向我和我的同学们、我的学生们展示了藏学研究不可抵挡的魅力和令人鼓舞的前景,才把我们大家引进了藏学研究的殿堂。

王尧老师走了。

我知道,他自己想走已经有好几个月了。8月初,他因脊椎骨骨折住进了医院,从此生活无法自理,精神日见消沉。他曾好几次拉着我的手说:"小沈哪,今生再见了!人生不过如此,我该走了。"其实,他身上没有任何器质性的大毛病,他完全可以继续活下去的。我曾真诚地告诉他:"我们大家都还等着给您庆祝九十大寿,再给您出颂寿文集呢!"他笑笑说好,但看得出来他对这算起来已经为期不远的事情也没有很多热情了。我思量他这一生最想做事,最想对人有用,最讲究做人的体面和尊严,当他知道自己不但已经做不了什么事情,而且连生命的尊严也难以维持时,他就想走了。

王老师人生的最后两个多月是在四季青敬老院中度过的,每次去看他,见他枯坐在小屋窗前,一副孤寂无助、垂垂老去的样子,我虽难抑伤感,却很能体会此时他心中的悲苦和无奈。世上大概没有人比我更清楚,王尧老师于海内外西藏学界叱咤风云数十年,曾经是何等的潇洒和风光。31年前,我投师于他门下,后即随他去复旦和南京大学等学校讲学,见证过他明星般的风采。不管是论颜值、穿着,还是论谈吐、学问,在上个世纪80年代中期的中国学术界,王老师绝对是一个异数,所到之处便打开一道别样的风景。对他当年意气风发、风度翩翩的样子我至今记忆犹新,可转瞬之间却已是风烛残年,此情此景怎能不令我黯然神伤?

王老师是新中国成长起来的第一代西藏学家中的杰出代表。20世纪50年代初,他

---

* 本文原载《文汇学人》,2015年12月25日。

从南京大学被抽调转学到正在筹建中的中央民族学院,追随被称为"中国藏学之父"的于道泉先生学习西藏语文。显然,王老师等年轻人从各地调来中央民院学习藏语文不只是为了学术,也是因为现实的需要,所以,他们的课堂是广阔的雪域,他们的老师是西藏的僧俗百姓。"文革"前的十余年间,王老师有许多的时间在西藏实地考察、学习,并参与与西藏政教事务相关的各种公家的活动,追随过包括贡嘎活佛在内的很多优秀的藏族学者,练就了十分出色的听说读写藏语文的能力,对西藏文化有全面和深刻的了解,是个真正懂得西藏的人,也与藏族人民结下了深厚的友谊。

以前常听藏族朋友们说:"听王尧老师说藏语,就像是听一位来自拉萨的老贵族在说话。"可见得他的藏语文水准有多高。他对西藏的无比热爱和他出色的藏语能力,不但赢得了众多藏族朋友对他的尊敬和爱戴,而且也为他日后在国际藏学界赢得了崇高的声誉。记得是在2002年夏天,我特别邀请王老师和我的德国导师Sagaster先生一起来我正在代理藏学教席的德国柏林洪堡大学访问,老友相见,其乐融融。可让我颇为诧异的是,他俩的语言交流竟不如十余年前我初见他们在一起时那样流畅了,当时王老师年近75岁,用英文夹带德文说话远没有往日自如了。翌日,我带他去一位旅居德国的藏胞家做客,他又可用地道的拉萨话与主人对话交流,立马又显露出诙谐、幽默的本色,应对自如,谈笑风生,令主人惊叹、欣喜不已,真可谓他乡遇故知。平生见到过几位藏语说得顶呱呱的国外藏学家,可从来没见过说得像王老师那么好的,显然,藏语也是王老师的母语,他再老也忘不了的。

去年8月王老师因脑梗住院,我与几位同学结伴去北京武警医院探望。当时他的神志尚处于半迷糊、半清醒状态,突然他笑着兴奋地对我说:"小沈哪,你看多好啊,大家都到拉萨来了,这周围的藏人我都认识,他们对我都很好,今晚我们大家就在拉萨和他们一起吃饭吧!"我听着先是一愣,接着心头一热,眼睛禁不住湿润起来,原来王老师到这时候心里惦念着的全是拉萨和藏族朋友啊!与他相比,我们当中可有哪一位算得上是合格的藏学家呢?想来实在是惭愧,羞愧啊!

王老师的学术春天来得很晚,开始时他就已经年过半百了。1981年,他第一次有机会去维也纳参加纪念世界藏学之父乔玛的国际藏学学术讨论会,第二年又经国际藏学巨匠、匈牙利学者乌瑞先生推荐担任维也纳大学客座教授,此后很长一段时间内,他是活跃于国际藏学舞台的唯一一位中国代表。最初两次邀请王老师去维也纳的都是时任维也纳大学藏学佛学系主任的著名印藏佛学大家Steinkellner先生,他是王老师的好朋友,私下曾经透露给我很多有关王老师初访维也纳时的趣事。例如,Steinkellner

先生开了一辆红色的轿车亲自去机场接他，王老师不相信这么漂亮的一部车真的就是Steinkellner教授自己的车，坚持说这车一定是教授从哪里借来故意唬他的；当他走在维也纳的大街上看到街头有男女旁若无人地拥抱、接吻时，他口中直说这怎么可以呢？脚却站定了要看个究竟；首次带他去中餐馆吃饭，他觉得饭菜虽好，但价格实在太贵，非要把餐馆老板叫出来教训一番，告诉他北京的饭菜有多便宜等等。然而，在经历了这最初的"文化休克"之后，王老师马上就进入了角色，不仅凭借他出色的藏语文能力和对西藏历史、宗教的深刻了解，圆满地完成了他在维也纳大学的教学任务，而且还利用这难得的机会，四处寻访，广交朋友，对国际藏学研究的现状和动态有了十分全面和清晰的了解。

整个80年代，在国际藏学舞台上王老师是中国藏学唯一的一个品牌，他常常往来于欧美各藏学研究重镇，以其博学睿智赢得了世界众多藏学家的尊重，与他们结下了深厚的友谊，也为中国藏学赢得了荣誉。与此同时，他也是连接中国与海外藏学界开展交流合作的一座不可或缺的桥梁。不少西方藏学大家起初都是通过他的介绍才来到中国，开始与中国藏学家进行交流和合作的。他自己更不辞劳苦地收集大量西方藏学研究的优秀成果，并把它们及时地介绍给国内的学术同行。从80年代中期开始，王老师主编了《国外藏学研究译文集》，这曾经是我和我的同学谢继胜、陈楠等最早参与生产的学术作品，也是我们这一代人成长过程中获益最多的海外藏学著作。王老师为中国藏学与国际藏学的接轨、整合做出了无人能企及的卓越贡献。当下中国藏学与国际藏学之间的交流与合作已经司空见惯，然而这番格局的形成，与王老师几十年不懈的努力是分不开的，他的功德是永远不可磨灭的。

这万象更新、让人留恋的80年代无疑也是王老师学术人生中最丰收的一个季节。他一生最重要的三部学术著作《敦煌本吐蕃历史文书》《吐蕃金石录》和《吐蕃简牍综录》都先后于这十年间问世。在此以前，王老师更多是从语言和文学的角度来了解、研究和介绍西藏，从80年代初开始他才转入对敦煌古藏文文献和西藏历史的研究，而这三部著作的问世除了彰显他个人的学术臻至成熟并取得了非凡成就外，它在中国藏学学术史，乃至整个中国学术史上，都具有非同小可的重要意义。首先，《敦煌本吐蕃历史文书》的出版不但使遗失了的国宝重新回归祖国，而且也是中国学者在国际敦煌古藏文文献研究这一大舞台上首次发声，它既是80年代中国敦煌学研究迅速发展壮大的一个重要标志，同时也造就了王老师本人在中国敦煌学界的特殊地位；其次，这三部著作的问世使中国的吐蕃史研究进入了一个全新的阶段，它终于脱离了主要依赖新、旧《唐书》

"吐蕃传"等汉文文献来研究吐蕃史的汉学式研究,而进入了一个以古藏文文献为主、以汉文文献为辅的中国式吐蕃研究的新时代;再次,王老师的这三部著作将西方解读、研究敦煌古藏文文献的语文学方法,将西藏研究的国际性视野和学术规范引进了中国西藏学界,从此中国的藏学研究有了一根新的标杆,有了一种新的气象。

进入90年代以后,除了继续整理和研究敦煌古藏文文献,王老师又开学术风气之先,将其主要的学术兴趣转移到了对汉藏两个民族文化之交流历史的研究之上。他既研究汉文经典、汉族传统文化在西藏传播的历史,也研究古代汉文文献中出现的各种藏族文化,特别是藏传佛教文化成分,对汉藏两种文明交流、交融的历史做了有趣和深刻的刻画。要说国际藏学研究队伍极大,可像王老师这样真正兼通汉藏的学者却并不多,而要数能够发掘汉藏两个民族文化交融之历史资源来促进当下汉藏两个民族之相互理解和团结亲和的藏学家,则王老师无疑是头一位,也是迄今最有影响力的一位,我们当下积极倡导汉藏佛学研究首先就是因为受了他的启发和鼓励。晚近十年间,我曾无数次地听他在不同场合讲述汉藏两个民族你中有我、我中有你的历史,絮述中华民族大家庭中的各个成员应该合舟共济,各美其美、美美与共的大道理,殷殷之心,令人动容。王老师是汉族,也爱藏族,他终生研究藏学,乐此不疲,孜孜不倦,不为事权贵,不为稻粱谋,惟愿汉藏一家,休戚与共!

王尧老师走了,20世纪中国藏学最耀眼的一颗星星陨落了!

王老师,您为什么如此急着要走呢?莫非您是急着要去天国再次投奔于道泉先生,和他一起去寻求灵智?还是您急着要去兜率天宫与贡嘎活佛相会,让他再次为您指引前程?记得2012年9月当我们聚集在一起庆祝您从教60周年时,您一直在深情地向我们讲述于先生和贡嘎活佛的故事,看得出来您与他们情同父子,您真的十分地想念他们。可是,您忘了,当时在座的都是您的学生和您的学生的学生们,我们都敬您为人生的导师、指路的明灯,您是我们大家的根本上师,您何以忍心让我们从此失怙无依、迷失于此娑诃世界呢?

王尧老师是我平生遇见的最有魅力的老师,正是他向我和我的同学们、我的学生们展示了藏学研究不可抵挡的魅力和令人鼓舞的前景,才把我们大家引进了藏学研究的殿堂。今天王尧老师离我们而去了,20世纪中国藏学这颗曾经最耀眼的星星陨落了,中国藏学还能因为他而继续闪亮吗?

我们深切地怀念您,敬爱的王尧老师!

我记忆中的王尧老师[*]

谢继胜

1984年9月，我从西藏自治区人事局考入中央民族学院民语一系读研究生。从拉萨赴京前，单位的同事陈福、赵永芳和西藏档案馆的朋友高贺福等，都是民院藏语系七六届的毕业生，给我讲了很多系里的掌故，建议我最好跟着王尧老师学习藏语。很幸运，报到开学后，王尧老师真在历史系开了藏语班，当时来上课的有十多人，很多人中途离开了，留着的有王湘云、陈楠、沈卫荣、吴玉贵、史卫民，我们自豪地称这届藏语班是"黄埔一期"。

藏语课每周两次，每次四小时，两周时间讲藏语拼音。第一次上课，王老师上来先说，藏人是非常善良的民族，你看，汉人缝衣服，针尖朝外，由内往外扯线，容易扎到别人；藏人缝皮袍，由外向内扯线，针尖朝内，受伤的只能是自己。等学习了三十个字母和藏文词汇基本结构，王老师先让大家练习藏文拉丁字母转写方法。选读的课文是《猴鸟故事》《禅师与鼠》《米拉日巴传》和《王统世系明鉴》，讲授课文时特别注意串讲课文中出现的语词，我很多西藏文化的知识都是从王老师解释语词时得到的，有时一节课只讲几个词就到时间了。我至今记得的例子，说藏语du ba是燃烧柴草的烟雾，主要是灶火的烟雾，以灶烟统计安家立灶的户数，叫du ba gnam gtong，噶厦的乌拉差役很重，有人家就要支差役，"烟火差"叫du ba gnam gtong khral；又讲到《米拉日巴传》时提到水渠，说水在西藏古代农耕社会中非常重要，所以现代藏语的"水"的敬语是chab，"昌都"chab-mdo就是水的汇合处，敦煌文献形容藏布江波浪为chab chab，谁控制了水谁就有了权力，所以"政治"就是chab srid，"臣民"就是chab bangs。王老师最为满意的是对藏语mig"眼睛"的解读：现在的拉萨话mig没有前加字和下加字，后加字-g读音弱化，老师从嘉绒藏语中找到例证，mig"眼睛"读d-myi-g，完整地保留了古藏语的前加字和下加字，由此可以探索藏语声调的变化；讲解《米拉日巴传》时更是声情并茂，让我们了解了很多后藏的风土人情，老师脚踩上凳子，手搭凉棚，竖起耳朵，模仿米拉妈妈说"不

* 本文原载于《东方早报》，2016年2月28日。

会是我们家米拉闻喜吧？""没有比我们娘仁再悲苦的，她爸爸呀，看看你们家儿子吧"。然后讲到后藏民居屋顶的用途，讲到妇女围裙抖灰诅咒的习俗。藏语课下午一点半上课，整四个小时，教室是个十五平方米左右的旧办公室，王老师讲课声若晨钟，抑扬顿挫的藏语发音满楼道都听得见。

上课时讲得最多的题外话就是于道泉先生的"特立异行"，说于先生反复对人说明他只是翻译了《仓央嘉措情歌》正文，其中的藏语音系的解说出自赵元任先生，不敢掠美；另一条经典的段子是于先生晚年热衷藏汉文数码代字，与儿子交流要对方用代码回复。老师对于先生的尊崇溢于言表，说要为于先生编辑一本收录大部著作的专集，此后的十余年，王老师费心搜集各处文稿手迹，请季羡林先生和于先生的妹妹于若木先生写了前言，编辑了纪念专集《平凡而伟大的学者——于道泉》，2001年由河北教育出版社出版。

王先生对来自边远民族地区的学生尤其关照，我是祖居银川平原的宁夏汉人，王老师开玩笑说我有可能是西夏后人，要不就是洪洞县的山西人。一次下课推上自行车，王老师让我跟他出来，转到学校西门外胡同的一家小店，要了两碗炸酱面，边吃边嘱咐我要加强语言学习，说边疆高校的学生基本功不差，只是缺乏视野和方法，一张白纸，正好涂画。又说中文系毕业也没有问题，万金油，什么都可以学进去，就是做藏学，古汉语和文史训练也少不了，老师说他就是翻译《萨迦格言》和《藏戏故事》进入藏学的，讲到《萨迦格言》汉译稿在五十年代的《人民日报》连载两月，老师很是得意。临别，王老师给我两篇他参加国际会时带回的论文让我先试着翻译，一篇是美国藏学家戈尔斯坦的《1949年以前的拉萨街谣》，一篇是寓居法国的藏人噶美桑丹的《天喇嘛益西沃的文告》，我奋战两周，把两篇文章译完，交回王老师。大约过了几个月，一天，中国社科院民族文学所《民族文学研究》的编辑夏宇继女士给我打电话，说我有一篇译稿要发表，很纳闷，拿来一看，是王老师把译稿交到杂志发表了！后一篇译稿刊发在《国外藏学译文集》第二辑，因文集中已经有我翻译的译文，王老师将本篇署名改为"严申村"。

王老师知道我喜好美术，考过美院但两次落榜。一次拜访，王老师说我这里有两本书，你先拿去看看。一本是维也纳大学内贝斯基博士的《西藏的神灵和鬼怪：西藏护法神的形貌和造像》，另一本是波恩大学扎雅仁波切的《西藏宗教艺术》，当时找到国外的学术资料很难，看到国外书籍不容易，于是我迫不及待地找能够单独成篇的章节，逐章翻译出来，每月两期，在我同学邓侃主编的《西藏科技报》文物版连载，稿费有二十多元，可以补贴家用。此书后由西藏人民出版社于1989年结集出版，也是我研究西藏艺术史发表的第一部译作。内贝斯基的著作我也在同时翻译，王先生当时倡议编辑一套《国外藏学译文集》丛刊，联系了西藏人民出版社的杨志国和冯良编辑，陈楠、沈卫荣和我都加入了筹备，内贝斯基大著的一些章节和一些王老师带回来的国外论文的汉译稿都收在译文集发表了。此后，维也纳科学院斯坦凯勒教授和王老师都为《西藏的神灵和鬼怪》中文版撰写了序言。1993年，冯良责编的这部书由西藏人民社出版，上下卷，共966页。本书对促进当时及之后很长时间内西藏苯教及民间宗教神灵体系的研究作用甚大，一度成了北京地铁书摊的畅销书。

民院毕业后，我一直在中国社会科学院民族文学研究所工作，和王老师保持密切的联系，经常去老师家蹭饭。有次印名片，居然将王老师家电话当成自己的，王先生说接到了很多找谢继胜的电话啊。1988年，我儿子出生，王老师和师母送了我们一辆竹编童车。最令人难忘的是1994年冬天，我赴藏工作期间突发疾病，稍后被送回北京治疗，住了一个多月的同仁医院后回家休养，病情最严重时胸闷气喘不能下楼，需要吸瓶装氧气，整个人情绪低落，抑郁寡欢。三月的一天，天气晴朗，在屋里也能感受到初春太阳的温暖，王老师和师母带着孙女到劲松社科院宿舍，上到九楼来看我。当时忘了生病，从床上翻下来见老师，王老师说："小谢，没事啊，过些天肯定好了。"又说："我和中央美术学院金维诺先生前段开会碰见了，金先生还想招收有藏语基础的研究生做西藏艺术史，只有熊文彬一个还不够，你有美术基础，去考吧，我和金先生共同指导。"老师又宽慰了我一阵起身离开，我坚持送到楼下，看着王先生去广渠门坐52路，眼泪突然盈上眼眶。1995年5月，因为病没有好利索，我在西藏的画家朋友翟跃飞的陪同下，参加了帅府园美院五门课程的入学考试……或许这是我人生中最重要的学术转向。

王老师像民院很多老先生一样，有很强的民族家国情怀，时时刻刻念叨费老的十六字诀"各美其美，美人之美，美美与共，天下大同"，对元明以来汉藏佛教文化的交流着力尤勤，总是强调多民族共创中华文明史。我们经常讨论说，"想想白色覆钵大塔是北京、甚至是很多内地城市的象征"，想想宿白先生指出的藏传佛教的传播"从雪域高原到东海之滨""我们应该梳理藏传佛教及其艺术在中国内地的传播史"；西方西藏艺术史家把西藏艺术全部归于印度南亚艺术的支流，这不完全是事实，印度13世纪以后几乎没有佛教了，藏印之间此后也没有什么联系，即使吐蕃时期，我们存留的中唐敦煌壁画、汉藏边境发现的纪年摩崖石刻，与汉地敦煌的联系要比与印度的联系更密切。正是在这种思想影响下，我1996年发表了《唐卡起源考》，确凿地指出了唐卡的装裱形制源自宋代"宣和装"。回头一看,我这几十年的研究基本上都是在王先生、金维诺先生和宿白教授倡导的多民族佛教艺术史的框架内,我和廖旸、熊文彬、罗文华等十余年来在各自熟悉的地域对藏传佛教艺术在中国内地的传播进行了持续的调查,在个案研究的基础上完成了《藏传佛教艺术发展史》《江南藏传佛教艺术:杭州飞来峰石刻造像研究》。2005年调入首都师范大学后,王老师建议我看看黄灏先生的书,把北京的藏传佛教文物全面摸查下。当时在学校恰好招收了首届研究生,有了帮手,魏文、贾维维、杨鸿蛟、闫雪、李俊、郭丽平、孙林都参与了北京藏传佛教文物的调查,终于完成了三大卷的《元明清北京藏传佛教文物研究》,即将由北京出版社出版。2015年,我们申请了国家社科基金重大项目"文献、图像与西藏艺术史构建",以西藏腹地西藏艺术本体为中心,构建完整的西藏艺术史体系。这一切的学术脉络,都与王尧老师、金维诺教授和宿白先生的学术理想有关。

王老师是国内藏学界最早参加国际藏学会的学者。1999年,我从哈佛燕京学社回来,去看望老师,谈到我们曾一起参加的由印第安纳大学举办的国际藏学会,说能不能中国学者也组织一个专业国际会议。王老师说,据说申报手续很繁杂,你是"组织部里来的年轻人",没有上一辈的人事瓜葛,试试看。2001年3月间,我和同事廖旸,联络了藏学中心的熊文彬博士,开始张罗"第一届西藏考古与艺术国际学术讨论会",英文缩写成ICTAA,当时社科院民族所从所长到室主任都很支持,但是没有经费。恰巧我到川大藏学所去开会,努力地提交了"青藏铁路建设对我国藏族地区社会经济发展多元影响的追踪研究"的会议报告,媒体报道不少,估计藏学所所长霍魏、石硕教授都很满意,一拍即合,川大藏学所愿意和我们一起来筹备,提供经费五万元,所有的会议文件和与学者的通联都是廖旸和我处理,参加会议的各位大牛都帮忙做会议口译,并由此形成了西藏艺术国际会的传统,历届会议帮我们做会场口译的有张海洋、纳日碧力戈、沈卫荣、韦陀、彭文斌、宁强、景安宁、周文欣、王迎等。此后,虽然我调动过两个单位,但西藏考古与艺术国际会从2002年的第一届到2015年的第六届,已经成为国内外学界认可的国际例会。今年8月,陕西师大举行国外藏学中心成立仪式,其间和老师还谈到我所在浙大汉藏佛教艺术研究中心的发展和成立西藏考古与艺术研究国际学会的话题,说浙大有姜亮夫、蒋礼鸿以来的敦煌文献学传统,能在这样的一流高校建立个汉藏佛教艺术研究的机构,也算小谢你功德一桩,就看以后怎么发展下去。

我现在带研究生,经常请同学聚餐吃饭,同学问起,我说跟王老师学的。王老师实际上非常节俭，但经常招呼同学吃便饭，名言"教授就是请学生吃饭的"，那时候吃饭也就是在民院周边的小餐馆吃各种面条、炒饼。我记得比较奢侈的有两次，一次是请几位家在北京的弟子吃西单南口的全素斋，另一次，大概是1996年前后，大家一起讨论《西藏历史文化辞典》的编辑大纲，会后被各位弟子裹挟到魏公村的一家叫双盛园的海鲜店，七八位竟花了将近九百元，王老师"心痛不已"，说"九百啊"。记得2004年，我在台湾云林一所大学汉学所当客座教授上课，随王老师从斗六坐火车赴台北去看望他妹妹，出了台北车站，老师执意要坐公共汽车前往，出租车停下都不坐。虽然如此，老师将自己多年购藏、收集的善本分别捐献给弟子及再传弟子所在的高校资料室。

和我年龄相仿的这一辈学者，几乎都得到过王老师无私的帮助，有年轻人因为听了王先生的课程或讲座转向了藏学研究，很多年轻人的论著通过老师推荐发表，更有年轻人通过老师的朋友圈找到了满意的工作。自二十七岁从拉萨进北京到转赴西子湖畔浙江大学，至今已届三十二年，要说本人学术生涯中最为重要的人，只能是王老师。记得刚调到首师大，因为极不善于表达，开始上课时自己两腿先打哆嗦，准备了三节课的PPT，半节课就讲完了，记得王老师听我复述讲课内容后，说我是"茶壶煮饺子"，点拨说每节课讲清楚一个重点，反复讲透，语速要慢，课堂讲话语句主宾谓要完整，不要前言不搭后语，不指望把你知道的都要一下子全倒出来。王老师带学生多在言传身教与耳濡目染，能够得到老师具体指点，把我从"河套土著"改造成一位教师和研究者，真心觉得非常幸运。

我这两年，整个夏天一直在西藏考察，回来也多在杭州。一天，人民大学沈卫荣老师电话说王先生轻微中风，住院了。赶到武警总院医院病房，老师没能认出，同在病房照看老师的陈践老师说："王老师，是小谢。"等换了三层大病房，我再去看，王老师立刻认出来了，说自己没事，让我在南方好好工作，"你是西北人啊，待一段才能知道江南的好"。此后，王老师似乎完全恢复了，去西安参加了陕西师大国外藏学中心的成立会，其间还接受了陕西师大历史地理杂志的采访。过了两个月，沈老师给我电话，说王老师在家摔倒了，脊柱受伤，住在水利医院。等我赶到水利医院看他，已经住了近二十天，前期绝对卧床，我见到他时，已经能够扶着支撑架站起身来。见到我反复说，我这辈子有你们这些同学做朋友非常知足，藏学以后就要靠你们去发展了。离开时，王老师突然拉住我的手说："小谢，不要忘了我啊！"我当时一愣，赶紧说老师您很快就康复了。

　　此后王老师住到北京西郊的四季青敬老院,一天晚上我去看他,看住宿条件非常好,有个河南小姑娘照看,我说王老师您这是四星级饭店敬老院,王先生说好是好,我每月退休金都交这儿了。当时老师还能吃满一碗饭,喝一瓶酸奶。看晚上快八点了,说小谢你先回吧,住得远。

　　出了老师房间,记得敬老院的走廊很宽,几乎无人,院子里暖色的路灯穿过玻璃、非常耀眼。仅仅两月之内,再次见到王老师,已经是周身簇拥着鲜花……

怀念恩师王尧先生

熊文彬

2015年12月17日，藏学界的一颗巨星从空际滑落，著名藏学大家王尧老师不幸永远地离我们而去。与大家一样，我也无比惋惜和悲痛。回想起王老师近四十年的耳提面命、谆谆教诲和慈父般的关爱，至今仍令我泪眼朦胧，心中充满了无限的思念和感激……

一

能成为王尧老师的学生，是我的福气，也是我一生最大的荣幸和骄傲。

我是1986年考入中央民族大学藏学院的研究生。当时研究生的招生规模较大，报名时并未指定导师，第二年开始才根据每个同学的兴趣、爱好和每位导师的研究方向和要求进行双向选择。导师们都是当时藏学界的大腕、中央民族大学藏学界的精英。除王尧老师外，还有吴丰培、苏晋仁、王辅仁、佟锦华、李秉铨、索文清、陈践、谢后芳、罗秉芬老师等活跃在藏族历史、语言、文学研究等各个领域的大师。计划虽然招生30名，但实际不到一半，其中褚俊杰、袁晓文、苏发祥、拉毛措、冯智、王维强、王定朴、东主才让等同学毕业后一直在国内外各个藏学的相关机构工作。

当时，王尧老师在国外讲学。我上本科时王老师没有给我上过课，虽无机缘认识，但他在学术上的造诣、名望和人品却早已耳熟能详。因此，我最大的愿望就是能拜在王老师的门下，继续学习，提高古藏文和藏族历史的水平，但自知自己的学识和水平很差，有辱师门，心里犹如时下的流行语"理想很丰满，现实很骨感"，十分纠结，七上八下。第二年分专业时，王老师虽然尚未回国，但感谢陈践老师念我有些藏文基础，勉强将我收入门下，成为她和王老师共同指导的吐蕃史和敦煌藏文文献专业的学生，骨感的现实终于变成了丰满的理想，最后成为王老师的学生。

1987年王老师结束欧洲的讲学回国。至今仍清楚记得，陈践老师带褚俊杰、王维强和我去拜见王老师时的情景。陈老师介绍完我们三个学生的情况后，王老师得知王维强和我来自四川嘉绒地区的金川,随即勾起了他20多年前在马尔康市白湾乡调查、生活时的往事。20多年前经历的人和事,他不仅不假思索、随口即来,显示出超强的记忆力,而且言语、神情之中对白湾老百姓当时给予他的帮助无不充满感激之情,动情之处,双眼湿润,令我十分敬仰。接着,他勉励身为嘉绒藏族的王维强我俩多为嘉绒藏族文化的研究多做一些努力,因为王老师认为嘉绒文化在藏区文化中不仅十分独特,而且极其重要。他还以语言为例,将嘉绒方言同卫藏方言、安多方言和康方言进行了比较,认为嘉绒方言是藏语中最古老的藏语方言之一,对于古代藏语及其演变的研究非常重要。最后,王老师向我们简单介绍了他在欧洲讲学的一些情况和欧洲藏学界的最近趋势,尤其是提到了欧洲藏学界中的语文学派。他教导我们藏学研究必须从藏语文入手,同时要加强外语的学习和训练,基础要扎实,语文要过硬,眼光要放开,唯有如此,我们的藏学研究才能有所深入,才能避免孤芳自赏、自娱自乐的局面。

此次见面是我第一次认识王老师,时间虽然不长,但其教诲却至今仍在耳边回响,受用终生。

二

王老师不仅手把手地将我带入藏学研究的学术殿堂,而且随时随地为我授业、解惑,不厌其烦,直到去世前一天我去探望病榻上的他之时。

在读本科时,我虽然对藏族的语言、文学、历史、宗教、文化有了一个初步的了解,但对于如何提高自己的知识水平,尤其是使用现代科学的方法来从事研究,则一知半解。王老师十分强调语文、特别是藏语文在藏学研究中的作用。在敦煌古藏文的学习方面,他和陈践老师亲自讲解《敦煌古藏文文献选》《吐蕃金石录》等吐蕃时期的文献,而且请陈践老师带我们每周夫北京大学图书馆,利用其馆藏的微缩胶片,在《拉鲁目录》的基础上,对英藏和法藏敦煌古藏文文献进行整理。随后,王老师又忙前跑后筹集出版资金,最后北京民族出版社出版了此次学习、提高的成果,即《法藏敦煌藏文文献解题目录》。除加强古藏文的学习外,王老师认为古汉语也是藏学研究不可或缺的重要工具之一,因为唐以来汉文文献中关于藏族历史、宗教和文化的海量信息是藏学研究除藏文文献之外的又一重要材料。为了提高我们的古汉语水平和更好地利用这些珍贵的史料,王老师为此特意请苏晋仁老先生为我们讲解《资治通鉴》。

他山之石,可以攻玉,鉴于藏学具有强烈的政治属性,国内的藏学研究当时与西方又难以相提并论，因此王老师特别强调外语的学习和提高，并且为我们搭建了一个不可多得的训练平台，这就是他主编的《国外藏学研究译文集》。王老师每次从国外回来，都要带不少西方最新的研究成果，如以国际藏学讨论会文集为主的各种英文、日文、德文和法文等材料，让褚俊杰、王维强和我等各位同学翻译。记得第一次当我翻译完交差后，心里一直惴惴不安，因为水平确实太差，心里早已做好了时刻挨"训"的准备。未曾料想，当王老师将译稿交给我时不仅没有挨"训"，反而得到了不少鼓励的话语。令我非常敬佩的是，当王老师离开，我打开译稿后，映入我眼帘的是王老师密密麻麻修改的红字，几乎每一句都经过王老师的修改。当时脑袋一片空白，双颊微微发热，继而心里充满感激和敬佩之情。我一直将此译文小心珍藏，随后经过无数次的搬家，都不肯舍弃，就在前几天再次搬家时，仍在留意这篇译文的原稿，可惜书太多，不知放在何处，未能找到。

《国外藏学研究译文集》这个平台聚集和培养了一大批后来活跃于藏学各个领域的学者，尤其是青年学者。例如，中国藏学研究中心的陈庆英研究员、中国社会科学院的耿升和史为民研究员、青海民族学院的王青山教授、北京大学的荣新江教授、德国莱比锡大学的褚俊杰教授、浙江大学的谢继胜教授、清华大学的沈卫荣教授、美国米尼苏达大学的汪利平教授、中央民族大学的陈楠和向红笳教授等大批学者都曾从《国外藏学译文集》中受益。这些翻译成果为当时国内了解西方的藏学研究提供了重要的参考，极大推动了当时国内的藏学研究。

王老师就是这样手把手地把我带入了藏学的学术殿堂，到毕业，到工作，一直至今。1991年我到中央美术学院师从金维诺先生学习佛教艺术史，也是王老师推荐的。中央美术学院的三年博士学习改变了我随后藏学的研究方向，藏传佛教艺术史成为我至今仍在为之努力追求的目标。1994年我出版的第一部汉译英译著《早期汉藏艺术》的英文书籍也是王老师给我并鼓励我翻译出版的。出版前夕，王老师主动为该书写序，并且借用唐人高适"莫愁前路无知己，天下谁人不识君"的著名诗句来鼓励我耐住清贫和寂寞，专心治学。1995年我第一次出国到日本去交流，也是由王老师推荐的。在大阪国立民族学博物馆长野泰彦教授的帮助下，我不仅访问了京都大学、东洋文库等学术机构，结识了立川武藏等著名学者，而且阅读和收集了大量日本和西方藏学研究的最新成果，大大开阔了学术视野。可以说，我的每一次大的转折，每一个学术上小小的进步都浸透着王老师的心血。

三

在指导学生时，传道是王老师的重点。王老师具有中国绝大多数知识分子的优秀品德，常以国家的前途和命运为己任。在教学过程中，他没有生硬的说教，而是将此化为涓涓细流，悄无声息地浸入每一位学生的心田，润物细无声。

王老师不仅十分热爱藏族文化，经常叹服藏族文化的博大精深，更热爱藏族人民。汉、藏民族虽然都是中华民族大家庭的成员，但在思想、文化、生活、风俗等各方面都有各自的特点。为此，教导学生们如何正确理解汉藏文化就成为王老师经常关注的重点。他常以他个人的经历来告诫学生们，作为藏族文化的一名研究者，首先必须是一名学生，不仅要学习藏族的语言文字，而且还要与藏族人民打成一片，必须与藏族人民做朋友，唯有如此，才能了解藏族人民的生产、生活和文化，只有对藏族文化有了了解，才谈得上研究。王老师不仅是如此教育学生，也是这样身体力行的，因此他的藏族朋友遍及藏区他所到之地，不仅有僧人、俗人，也有贵族和普通百姓。他的藏族朋友人人都知道他的藏名叫"旺杰（dbang rgyal）"。

中国是由五十六个民族组成的大家庭，兄弟之间和睦相处、共同繁荣对于整个国家的稳定和富强极为重要，而平等互助、相互尊重和认同则是其中的基础。对于藏学研究，不仅要研究其发展规律及其特点和独特的内涵，更要注重研究和弘扬历史上各民族对中华民族的贡献和相互交流、影响和认同。唯有如此，才能增强各民族的自豪感和中华民族的认同感和凝聚力。王老师不仅是这样教育我们的，也是如此示范的。在藏学领域，王老师的兴趣非常广泛，并且也卓有成就，但他在藏族对中华民族的贡献和汉藏民族相互交流之间的研究倾注了大量心血，并取得了丰硕的成果。例如，《从"河洛图书""阴阳五行""八卦"在西藏看古代哲学思想的交流》《唐代马球考略——藏族人民在体育上的贡献》（与徐寿彭合撰）、《敦煌本吐蕃文书〈礼仪问答〉写卷译释》（与陈践合撰）、《唐拔川郡王事迹考——吐蕃大相禄东赞嫡孙仕唐故实》《南宋少帝赵㬎遗事考辨》《摩诃葛剌（Mahakala）崇拜在北京》《枭（sho）博（sbag）考源——西藏民间娱乐文化探讨》《〈红楼梦〉第63回中的"土番"正解》《〈金瓶梅〉与明代藏传佛教》和《藏汉佛典对勘释读之一——〈般若波罗蜜多心经〉》等汉藏五种佛典对勘等系列文章等等，不仅是其中的杰出代表，并且具有开拓性贡献。

正是在王老师的教育和影响下，本人从1990年受王老师之命翻译海瑟·噶尔美的

《早期汉藏艺术》以来，将主要的精力都放到了汉藏艺术文化的交流和影响的研究上。学长谢继胜教授在首都师范大学执教时还专门成立了汉藏艺术研究所，2012年调入浙江大学时还将这块牌子扛到了浙江大学。学长沈卫荣博士回国就任中国人民大学国学院的教授后，长期从事汉文、藏文、梵文、西夏文、蒙文、满文等各种文体佛经之间的对勘研究，从佛教经典的角度来探究藏族文化与国内其他兄弟民族文化之间的交流和影响。两位学长的这一选择，多少也与王老师的表率和影响有关。

四

　　王老师不仅是一位良师、益友，还是一位慈父，每次到王老师家都无不感受到回家的温暖。

　　王老师虽为人师，却没有师道之严，每次见面他都是笑脸相迎，上课更是幽默风趣，谈笑风生；虽非生父，却一直像父亲一样待我。每次到他家，总是离不开询问生活和工作的情况和老家父母的近况。硕士毕业时，询问将来工作的打算；分配到中国藏学研究中心工作时，又关心工作是否适应；单身时，关心我个人问题；谈朋友后，又关心进展是否顺利。当他得知我的女朋友是英语专业毕业生时，他把他所有的英文原版小说都送给了我。并说，这些小说虽然与他有多年的感情，他英文的进步从中收益不少，但现在对我们的用处更大，他留下除了纪念意义外，也无多大用处。希望我们充分利用这些小说来提高自己的英文水平，言语和神情之中充满了鼓励和期待。遗憾的是，我只读完了其中的几本，辜负了他的期待，至今我的英语也是结结巴巴，词不达意，写作更是差得无法示人。当时我还特意请教过王老师英文学习的秘诀：十年"文革"期间英文不仅无处可学，而您又曾长期下放，但您首次参加国际藏学讨论会就用英文发表论文，那您是如何做到的呢？王老师说，主要是研究的需要，于道泉先生当年回国时带回一些英国和法国收藏的敦煌古藏文写卷及西方的研究成果，如果不提高自己的英文水平，就无法得知人家的研究水平。当时的英文虽然很差，条件也不允许，但只有偷偷学。至今我还清楚记得，王老师告诉我，"文革"期间他曾经和费孝通先生一起负责打扫厕所时，每天早上他偷偷地在一张小纸条上写满单词，白天找空悄悄背；或者抄一句英文或汉文，白天悄悄琢磨翻译。晚上，他们二人则观察天象，一起数星星。他说，英文的学习，贵在坚持，久而久之，就有进步。在王老师的启发和鼓励下，当时我英文的学习，虽还算努力，但相形之下，自惭形秽。

　　毫不夸张地说，王老师就是我在北京的慈父。1992年我结婚成家时，他知道我囊中羞涩,特地叫我到他家里,将家里的一台东芝冰箱和一张几近崭新的饭桌送给我。要知道,在20世纪八九十年代的日本电器可是全国人民的稀有之物,只有有钱人和出国人员凭票才能消费。作为一位来自几千里之外藏区、同时在熙熙攘攘的大都市中举目无亲的藏族游子的我,当时感动得手足无措,言语哽咽,感激之情竟然无法言表。

后来,我有了女儿,每次见面,王老师不仅关心我爱人的情况,还关心我女儿的成长。所有这些情景,现在一一在脑海闪过,仍然令此时此刻的我,泪水盈眶。

在我眼中,王老师不仅是一位为藏学事业呕心沥血、贡献了毕生精力的学术大师,同时还是一位视学生如己出的慈父。他虽然离我而去,但会永远活在我的心中,值得我一生怀念和敬仰。

五

不仅王老师永远活在我的心中,其好友苏晋仁、索朗班觉、黄颢先生也永远值得我一生感念和追范。他们三位也是我学生时的师长和工作时的领导,祝福他们在彼岸平安幸福。

就在我撰写这篇纪念文章时,意外收到中央民族大学喜饶尼玛教授发来的几张微信照片,内容是1989年5月17日我硕士研究生毕业答辩时的日程和记录,当时喜饶尼玛教授是答辩会的记录者。最近他在查资料时无意查到我当时答辩的档案,然后当成特殊礼物送给我,弥足珍贵。

答辩委员分别为苏晋仁先生、索朗班觉先生、黄颢先生和罗润苍老师,苏先生是答辩委员会主席。时至今日,除罗老师外,其余先生都先后驾鹤西去,令人不胜惋惜。他们都是藏学界的大师,我毕业时他们的鼓励和指教,至今仍令我十分感激。他们的人品永远值得我追范,他们在藏学领域内的巨大贡献永远值得我敬仰。

苏晋仁(1915—2002),著名历史学家、佛教学者、藏学家。字公望,1915年出生于湖南长沙。青年时期曾受教于吴廷燮、周叔迦等著名大师,先后在中国佛学院、辅仁大学和中央民族大学等高校执教,曾在中国佛教文化研究所、道教文化研究所和中国佛学院等单位做兼职研究与教学工作。长期从事佛教史研究和中国古代文献典籍的校勘与整理工作,其中在藏学领域的贡献主要有《〈册府元龟〉吐蕃史料校证》《通鉴吐蕃史料》《唐蕃使者之研究》《唐蕃噶尔(论氏)世家》《元代对西藏地方的管辖与影响》和《藏汉文化交流的历史丰碑》等著作和论文。

索朗班觉（1932—2002），藏族，著名翻译家、编辑、藏学家。1932年出生于拉萨，9岁时入私塾，先后师从著名学者、十三世达赖喇嘛的经师察珠·阿旺洛桑活佛，敏竹林寺著名佛学家洛追曲桑和藏学家多吉杰博先生等人研习藏文和藏族传统文化。曾在西藏军区干部学校、西藏人民广播电台、西藏人民出版社、中央人民广播电台、中央民族语文翻译局和中国藏学研究中心工作，长期从事藏语文的翻译、培训和藏学研究工作。其中汉文名著《水浒传》和《红楼梦》的藏译本是其翻译水平的代表杰作，翻译质量之高，至今也令人难以企及，而《藏戏的产生及其特点》《诗境概说》和《藏族天文历算史略》等论文则是其藏学研究方面的重要成果。

黄颢（1933—2004），著名藏学家。1933年生于北京，父亲为汉族，母亲为满族。在其外公——中国语言学开创者之一、著名语言学家罗常培先生的影响下，考入中央民族大学学习藏族语言文学，从此与藏学结缘，毕业后在中国社会科学院民族研究所工作，并为之奉献终生。长期从事藏族社会、历史的调查和研究，笔耕不辍，将藏族的史学名著译注成汉文和发表大量高水平的研究论著是黄颢老师在藏学研究领域的两大重要贡献。他译注的藏文史学名著《贤者喜宴》《红史》和《新红史》不仅使当时众多学者受益，极大推动了20世纪80年代以来的藏学研究，至今仍是藏学界研究必备的参考书之一；他撰著的《活佛转世》（与蔡志纯合著）、《在北京的藏族文物》《藏文史书中的弸药》《北京法海寺藏族僧人助缘考》《唐代汉地医学对藏族医学的影响》和《夏尔巴人族源试探》等论著都是他对藏学研究的重要贡献。

十分庆幸，我在藏学领域的求索之初，就遇到了王尧、苏晋仁、索朗班觉和黄颢老师这样的贵人，尤其是王尧和黄颢老师对我学习、生活和工作上无微不至的关怀，令我终生难忘……

追思王尧先生[1]

乌云毕力格

尊敬的各界领导与学术界同仁：

各位上午好。

今天，本人谨代表中国人民大学国学院师生，在此缅怀王尧先生对中国藏学界所做出的卓越贡献，以此对先生的崇高品德与学术成就，致上最高的敬意。同时向先生的家属们，表达诚挚的慰问之情。哲人已远，然而先生所立下的道德与学术模范，将长存于我们心中，请家属节哀。

古人云为人有三不朽，即所谓立功、立言、立德。王尧先生一生，作为一位富有时代责任感的知识分子，为民族团结立下汗马功劳；作为一位勤于著述的学者，为学术界立言无数；作为一位春风化雨的师长，不仅为国家社会作育英才，更为后辈学人树立良好的道德楷模。由此看来，王先生此生于国家有功，于学林有言，于杏坛有德，可谓不朽矣！以下仅从我个人对于王尧先生的认识，尤其是王先生与人民大学国学院的宝贵缘分，做一段简短的回顾，以此感谢王先生一直以来对于人大国学院的支持与帮助，并纪念王先生与人大国学院师生之间真挚的情谊。

王尧先生是新中国培养起来的第一批藏学家之一，也无疑是其中最为杰出的领军人物。王先生早年毕业于南京大学中文系，为响应政府支援边疆与兄弟民族的号召，作为热血青年的王先生义无反顾地投身于藏学研究。自1951年初王尧先生进入中央民族学院师从于道泉先生，到2015年12月17日先生离开人世，在这近65载的岁月中，先生念兹在兹的，一直是汉藏之间，乃至藏族与中华民族整体之间的文化交流与民族团结。或许是长期在西藏生活的实际经验，更是出于对藏族同胞的真挚情感，我所认识的王尧先生，纵然是一博学的白发书生，却也是富有时代责任感的知识分子。相反的，王尧先生扎实的学术工作背后，有着强大的精神支持，即促成汉、藏乃至与中华民族整体

---

〔1〕 此文为乌云毕力格教授在2016年1月9日于中国藏学研究中心举办的"王尧先生追思会"上的致辞。

之间的相互交流与认同。王尧先生集一甲子之力，所出版之皇皇五帙《王尧藏学研究文集》，尤其是其中第四册《汉藏文化考述》，可以说充分展现了汉藏民族文化相互融合的历史进程。而王尧先生从学术视野为民族团结所付出的努力，可以说是为国家、为民族立下了不可磨灭的功绩。

在立功之外，王尧先生在立言方面的成就，更是广为学林所称道。王先生早岁在中央民族学院跟随中国藏学先驱于道泉先生学习西藏语文，复又师从贡噶活佛，先后在藏区工作二十余年。王尧先生以出色的语言天赋与过人的刻苦勤奋，造就了深厚的藏语文功底以及广博的藏学知识。王尧先生在藏学科研工作上所取得的巨大成就，可说与其在汉藏语文方面的精深造诣是无法切割开来的。从学术谱系上看来，王尧先生继承了陈寅恪与于道泉以降，强调语文学（Philology）实证方法及汉藏文献比勘的重要性，打破了西方人对中国藏学界不能善用非汉文字的刻板印象。而王尧先生对吐蕃三大史料，即对敦煌写卷、金石碑刻与简牍文字所进行的译注工作，一方面体现了王尧先生充分继承了陈寅恪、于道泉所宣扬之语文学传统，同时也自豪地向世界展现了新中国藏学学者的前沿水平。而这也正是王尧先生在立言方面，足以为不朽的主要原因。

最后，我想从立德的角度，谈谈王尧先生在人才培养与学术传承方面，为中国藏学界所树立的良好楷模。诚所谓"经师易得，人师难寻"，王尧先生的精神之所以不朽，在于先生不仅以文章名世，更以身教言教，对提携后学不遗余力。如《萨迦格言》所言："若是真正有学问，人们自然会请教；香花尽管在远方，蜂儿还是像云朵一样环绕。"王尧先生为人师正如同香花一般，吸引了大批优秀的青年才俊投入建设中国藏学的事业当中。而先生当年所培养的弟子，如中国藏学中心陈庆英老师，浙江大学谢继胜教授，以及我的同事沈卫荣教授，如今皆为中国藏学界之中流砥柱，即便放之世界学林，仍无愧为第一流之藏学家。2006年，中国人民大学在季羡林与冯其庸先生的倡议奔走之下，以"大国学"的精神建立了国学院。人大国学院所提倡的"大国学"视野与语文学方法，强调将藏学、蒙古学、西夏学、突厥学纳入国学范畴，并以民族文字开拓国学视野的构想，受到了王尧先生的极力支持与鼓励。王先生带头将一部分个人图书，赠予人大国学院图书资料室，为国学院师生的教学与科研工作，提供了极大的帮助。2008年王尧先生八秩华诞，在沈卫荣教授的主持下，人大国学院师生为先生举办了颂寿研讨会，使人大学子们有幸亲炙大师风采。遥想当时王尧先生虽年及杖朝，却仍能长保一颗赤子之心，先生的神采奕奕、平易和蔼与幽默风趣,历历在目。与王尧先生的善缘,将是人民大学国学院师生,最为珍贵的集体记忆。在此,我谨代表中国人民大学国学院,向王尧先生致上最高的敬意。

斯人已登极乐,先生风范长存。

从此无人唤我赵国人

——回忆与王尧先生的交往

石岩刚

　　每个人在不同的人生阶段都会遇上不同的人，但我们却并不能预见将会在什么时段遇见什么人，并与之交往，结果就将这一奇妙的过程称为"因缘际会"。我得遇王尧先生，并能够在王先生寓所"登堂入室"凡数十次之多，在我的人生里大概也只能用"因缘际会"来解释。

　　而今先生已经仙逝半载，每每翻到电脑里面保存的先生的照片、视频，辄唏嘘不已，与先生交往几年间的往事常涌现脑海。先生仙逝之后，有关先生之于中国藏学、先生之道德文章等等均已有诸位师长撰文纪念。凡此先生生平中之荦荦大端者，足令后人高山仰止，非我一后生小子所能恰当表述。故此，今天仅将我与先生交往过程中的二三小事，遵时间顺序记述于此，以表达我对先生的敬意与怀念。

　　我在读研究生之前并未曾了解、关注过藏学专业，第一次听说王尧先生是在2008年暑假随同谢继胜老师前往甘肃庄浪考察之时，其间听谢老师在聊天时多次提及王尧先生。及至2010年上半年，受沈卫荣老师之托，在我从人大返回首师大时，将几本沈老师出的新书带给王先生，这也是我第一次前往先生位于民大西门法华寺街的寓所。由于不熟悉先生家的具体位置，在颇费一番周章之后，终于到达先生门口。甫一见面，先生即询问我的姓名、籍贯，当我回答我是邯郸人时，他随口而出"赵国人"，这即是此后交往中，先生屡屡以"赵国人"唤我之始。临别之时，先生将他的《西藏文史探微集》签赠予我。

　　再次与先生相见，是当年的9月份，我在老家举行婚礼之后，回到学校，与同是刚办完婚礼回到北京的魏文学长，一起延请沈卫荣老师、谢继胜老师、廖旸老师及诸位同学庆贺。在两位老师的联系下，有幸请到王先生出席晚宴，并得到先生祝福，无论如何于我都可以说是一件幸事。

　　这两次交往之后，虽在有些会议等场合仍能见到先生，但都未曾有过交谈。如此到了2012年，我考入中国人民大学西域历史语言研究所攻读博士学位。同年9月份，任小波学长即将从人民大学博士后出站,前往复旦大学就职。熟悉王先生和小波学长的人都知道,从小波学长在民大求学阶段及至其在人大进行博士后研究时期,都是小波学长在为先生作助理,包括五卷本《王尧藏学文集》在内的许多先生新出著作,如果没有小波学长的协助,是完全不可能的。心思缜密的小波学长,在离开之前,有意为先生觅得一位继任助理,遂询问我是否有意担任这一使命。顾虑自己的能力不足胜任,于是当时答复小波学长:"你先再找找,如果实在找不到合适的人选,我可以试试。"过了一段时间之后,得到小波学长通知,决定由我来承担此任,并在小波学长出站报告答辩会,以及同时在答辩会后举办的《王尧藏学文集》小型发布会上,向在座的诸位老师报告了这一决定。于是乎,我就在"因缘际会"之下,成为了先生的助理,并和先生约定,每周六下午前往法华寺街寓所协助先生处理文字等工作。

接下来就是每周六上午打电话到先生家里,约定下午前去家里的具体时间。每次进门之后,都能看见王夫人洗好的水果、泡好的茶水,见面第一句话就是"赵国人来了,吃水果、喝茶",之后再开始其他的事情。有时待的时间长了,也会随同王先生和夫人出门,到楼下中协宾馆餐厅或者民大西门不远处的眉州东坡酒楼一起吃晚餐,这两处都是先生常去、也比较喜欢的餐厅。

念及先生,则不能不提到王夫人。在我与先生交往最为频繁的一段时间,亲眼目睹王夫人在幕后的辛劳,在感怀先生得到很好的照顾之时,也对先生卓越学术背后的家庭支持由衷赞叹。我与先生交往第一年内,他虽行动不太便利,但在王夫人的照料之下,无论出门还是在家,都穿着得体,干净利索,言谈间时不时发出爽朗的笑声,心情一直都不错。此时的王夫人,身体要远比王先生硬朗。家里除了有一位保姆阿姨处理一些诸如做饭之类的家务,其他有关王先生的饮食起居都由王夫人来照料。2013年王夫人突发心脏病过世,这对先生的打击由内而外都能非常明显地看出来。此后先生的身体每况愈下,远不及王夫人在世之时。王夫人的辞世,或许是先生后来仙逝的原因之一。

我虽说是王先生的助理,主要负责协助先生处理一些文字方面的事务,但实际上,这几年之间我仅为先生回复了十数封邮件,帮忙录入了一份纪念短文、一篇将要出版著作的序言而已。反而在其余的时间里,王先生完全变成了我的"私人教师",常常耐心地解答我所问到的所有问题,并且和我讨论我的博士论文选题、写作进展等。时或由先生主讲,我静耳聆听他对过往人和事的追忆、学林轶事、新出论著等,几乎无所不谈。其间先生一直保持着对藏学研究最新成果的关注。当然,在整个学术生涯都在向学生强调藏语文学习对于藏学研究重要性的王先生,同样也一直关心我的藏文学习。有一次,他问及我能不能读藏文草体，得到我否定的回答后，他即刻从书架上拿出珍藏的藏文刻本《朗氏家族史》，说道："你回去把这个练习转写并读一下，不明白的地方问我。"并加上一句："这个版本虽说不是全本，但是雕版印刷精良或可补以往版本之不足。"遗憾的是，不才如我，后来因忙于自己的博士论文，并没有认真地去完成先生布置的家庭作业，只好在将此刻本全部拍照数字化之后，将原本归还予先生。至于转写、阅读，我至今都未完成，藏文阅读水平仍与先生在世时一样，无甚进步。

先生除了在学习上给我以提点和帮助之外，在其他方面也尽力来帮助我。记得2014年，当我爱人博士毕业要找工作时，有一家单位需要专家推荐信。当再次去先生家里之前，我在电脑上拟写了一份推荐信，原本只是想在经过先生同意之后，将其打印出来请先生签名就可以了。当我将此请求向先生说出之后，先生说推荐信还是亲笔写的好，当即就让我准备纸笔，伏在案旁开始写这份推荐信。最终写就的，是一份两页稿纸四百多字的亲笔推荐信。后来我将这份推荐信扫描后，将打印版寄送了出去，原稿仍由我珍藏着。由于种种原因，这家单位最终并未录用我爱人，后来先生问起她的工作，我说还没定下来，可能会去浙江大学跟谢继胜老师做博士后研究吧。先生说："不如让她去陕西师范大学，王启龙在那边准备搭建一个藏学研究平台。"并且立刻就给王启龙老师打电话询问相关事宜。最终的结果就是她来到了陕西师范大学。我二人甚是感念先生，也希望能够如先生所愿，使藏学研究能够在长安这一唐代汉藏交流要地成长起来。这也是先生生前最后一次捐赠藏书给陕西师范大学的原因。

2015年我也毕业了。在我离开学校之前，先生将一批汉文和部分藏文藏书准备捐赠给陕西师范大学新成立的国外藏学研究中心，并受邀前往古城西安出席图书捐赠仪式和陕西师范大学国外藏学研究中心成立挂牌仪式。我当时承担了陪同先生往返西安和北京的任务，时间从2015年6月18—25日共计7天。其间，我和王启龙老师陪同先生尝试了西安各种小吃，每天傍晚用轮椅推着他出去转转，散步聊天，在大雁塔、曲江池等地都留下了我们闲游漫谈的身影。从陕西师范大学至曲江南湖公园，中间是一条几公里长的公园林带，以唐代文化为主题，随处可见唐代诗文石刻。这里作为旅游景点的同时，也为居民跑步、散步提供了公共空间。有天傍晚，我们几个边走边聊，每走到这些唐代诗文石刻之处，先生都要以其独有的抑扬顿挫的声调将其读出，特别是读到那几首跟吐蕃有关的诗作之时，喜悦之情更是在他的吟诵中洋溢着。我感觉，虽然先生以八十多岁的高龄，不顾舟车劳顿前往西安，但是在古城的那几天，先生的情绪一直是十分昂扬欢快的。我们从北京出发之前，我为了打发路上五个多小时的时光，随手从桌上抽了本书，到达西安之后，先生将其借走说要看看。回北京之前，我拿到先生还的书，上面有一段先生的签字，而这段话或正可说明先生在西安的心情、状态，兹抄录如下：

> 2015年，曾与赵州（国）人石岩刚同学相聚西安，从容细谈，十分相得。乃就其手中，借阅此册，高谈阔论，不一而足，乃途中一乐也。十分值得纪念！王尧谨题。

回到北京后不久，我就毕业了。在跟先生告别之后，我离开了北京。再次见到先生是在2015年10月8日至9日回北京参加乌云毕力格老师主持召开的"蒙古佛教与蒙藏关系研究国际学术讨论会暨蒙古文《大藏经》捐赠仪式"。在会议结束的第二天，我便坐车前往先生所在的四季青养老院探视。其间老少二人相谈甚欢，并且拍了最后一次和先生的合影。在告别准备离开之时，我悄悄地打开了手机的摄像功能，想留下先生的一段影像。如是就有了将会在我电脑里一直保存的、我最后一次见先生的一段录像。先生所言，闻之令人动容，今据实摘录如下：

> 你回去替我向同志们问好，我很想念他们。我真正地想念的，在心里头，就是我的这一批学生。我非常非常想念，阿弥陀佛。这些事情真是好事情。你能够来，也是老天爷的安排呀，真好。因为有这样些机会，我满心对老天的感激。

我再次前往先生家里，竟是协助先生子女、学生料理先生后事的时候了。我主要负责和中央民族大学老干部处的联通协调工作。其间看到社会各界纷至沓来的唁电，不能免俗的我也认识到，原来先生不仅在学术界久负盛名，在社会上也得到了各行各业人们的尊重和敬仰。我最后一次因为先生前往北京，则是为了参加2016年1月9日中国藏学研究中心联合多家单位举办的"王尧先生追思会"。

先生已去，从此无人唤我赵国人矣。

国外藏学

七十年来之西藏问题（一）[*]

孙作朋 原著　王启龙、杨黎浩 校订

整理者按：

这是一篇20世纪30年代清华大学的本科毕业论文，作者孙作朋。关于作者生平，暂阙考，我们仅据其论文封面得知，该文完成于1937年5月5日，作者系清华大学历史系1937年本科毕业生。

因为葛兆光先生20世纪末在清华大学图书馆旧馆四层阁楼的"考古发掘"，使得在阁楼里尘封已久的清华大学20世纪二三十年代的一批本科毕业论文得以移居二楼玻璃地板的外文书库。所以，当我们为《中国藏学史（1949年前）》（民族出版社、清华大学出版社，2003年）的撰写在清华图书馆搜集资料时，就非常幸运而容易地获睹此文。这要感谢葛老师的"考古"，感谢图书馆的辛劳搬运和保存。

这批论文有一部分已由葛兆光编入《学术薪火——三十年代清华大学人文社会科学毕业生论文选》（湖南教育出版社，1998年）一书中出版。由于篇幅所限，这本选集只收录了30年代清华大学本科毕业论文中的11篇。有更多篇目未收入其中，孙作朋的《七十年来之西藏问题》即其中一篇。在文集的序言《学术的薪火相传（代序）》中，编者对这批论文做了详细的介绍和深情的评述，文中不时对大学教育有发人深省的思考，并慨叹那道将喧嚣的世界与宁静的校园相对隔绝的围墙在今天的大学里已经消失。物理的围墙没了也罢，而我们更为精神上那道围墙的缺失感到深深的焦虑和恐慌。想当年在那战事频仍、国家危亡的年代，对纯粹学术的追求与对国家民族命运的关切在校园里和谐并行，完美融合。而今天敞亮的办公和学习环境却没有多少沉静的心灵来安放，这难道不让我们为当今教育、科学领域那些实用主义至上、浮躁之风盛行的行为而汗颜吗？

对此我们不再赘述。关于孙作朋这篇洋洋洒洒数十页，用毛笔小楷工工整整竖排

---

* 本整理校注文稿系国家社科基金重大项目"近代以来域外中国藏学研究经典整理与研究"（项目号：14ZDB115）的阶段性成果之一。

撰写的毕业论文，葛兆光先生在所编文选序言中也曾专门提及：

> 还有一篇资料翔实的论文《七十年来之西藏问题》，从英国与西藏之初次接触写到英属印度与西藏签订条约；一九三七年历史系毕业生孙作朋一方面严格地在作历史的梳理，一方面在一头一尾沉痛地检讨晚清以来中国国势衰微、疆土日蹙的原因，希望全国同胞团结一致，建立强有力的政府，合川滇甘兵力以巩固西康，继续谈判以否定森拉姆草案。

以上寥寥数语，即道出了《七十年来之西藏问题》一文的两个特点：一、以翔实的资料梳理晚清至民国70年间西藏问题的来龙去脉；二、夹叙夹议，在叙述历史的同时，不忘作政策的检讨及对策的提出，后者也是作者的写作目的所在。尽管这篇文章用今天的眼光看来尚有诸多不足，但是我们依然认为有必要将它整理校注并发表出来，对我们今天的同行们也许不无有益的启示。要知道，今天某些研究生论文未必有如此深厚的功力和严肃的研究态度。今天同样论题的论文出其右者恐怕也是寥寥无几。读者看后，相信会隔着时空与原作者进行一次超越时空的对话，并从特殊的心灵与学术交流中获益。

该论文用小楷毛笔书写于相当于今天的A3纸大小的方格稿纸上，从右至左竖排繁体，全文标记为74页。在论文的封面上，有一代学术泰斗陈寅恪教授为本文所批分数——70分，以及"史C.36"字样。此次整理改为简体横排。为了保持原文风貌，我们在整理时除对原文明显错漏之处进行校订外，对原文内容采取不删减、不增益、不节略的方式，谨遵原文，全文照录。由于版式的改变，为了便于读者阅读，我们做了如下处理：

一、原文除"楔子"和"结语"外，论文主体分七部分（无序号）："藏中多故之开始""英国武力入侵与英藏拉萨条约之缔结""英藏拉萨条约成立后四年中中英俄藏之交涉""清廷对藏政之整顿及达赖喇嘛与印度政府之态度""达赖出走印度与中英藏之关系""西藏独立与森姆拉会议""森姆拉会议后之西藏问题"，各部分之后分多少不等的小节（有汉文序号）。为了层次清晰，整理时我们均给各部分加了汉文序号，而各部分下面小节的序号改成阿拉伯数字表示。

二、关于注释：原文注释保持原貌，录于各部分文末；本文大量脚注是整理者对相关人物、时间和专业术语所做的注释。

三、关于标点符号：繁体竖排中人名地名惯用的左划竖线去掉；书名的左划波浪线改为书名号《》；原用引号「」改为""；原用省略号…改为……。

四、原文用汉字表示世纪和年代，整理时我们通改为阿拉伯数字表示。另外，为了避免重复，原文开篇的目次删去。

五、文中凡【　】中的内容属于对原文的订正内容；〈　〉中的文字系原文之衍文；［　］中的文字系原文之脱字。

谨此说明。

王启龙　2013 年 4 月于西安

楔　子

西藏位国之西南，为世界第一高原，境内层岩叠峦，高矗云霄；帕米尔高原密迩于西，昆仑山脉盘踞于北，喜马拉雅山蜿蜒于南，冈底斯山绵亘于中，河流以雅鲁藏布江、印度河[1]、怒江为最著。远古时代，即有多种民族繁衍于其地，迨隋初始有国家组织号秃发，唐宋时曰吐蕃，元曰西蕃，明曰乌斯藏，土人呼为唐古特或图伯特。

西藏种族之由来，异说纷纭，莫衷一是，其最著者约有四焉。一、苗种：《尚书》云"舜窜三苗于三危"，三危之地，自古沿称系康、卫、藏，或谓今甘肃嘉峪关外有三危山，但三危山南即今青海省，青海之南为康藏，在上古时代本为一地。二、氐羌种：古代西徼之种族曰西戎，亦曰西羌，《禹贡》云"昆仑析支渠搜（青海地）西戎即叙"。是古西戎居地即今青海也。三、鲜卑种：是说见《威州通志》[2]。四、阿利安种：《西藏新志》[3]载周赧王二年，额纳特克（中印度）有乌迪雅纳汗者，为邻国所败，自印度逃至雪山，住尔赞塘，遂呼为雅尔隆氏。其季子生有异表，众人推为汗，出兵四方，所向皆利，寻为图伯特王。要之今之西藏居民，实为多种不同民族混合而成，至于各族成分若何，殆已无可考寻矣。

当南北朝时，藏人仍事牧畜生活，部落分立，各有酋长【酋长】，民风贵壮贱老，重战死恶病终，以累世战殁者为贵族。迨隋唐之际，内部渐趋统一，遂征服近邻，蹂躏上缅

---

[1] 此处应指印度河上游干流和河源狮泉河（又称森格藏布），为西藏西部主要大河之一。

[2] 未见有关此书的记载，似已散佚，仅见《西招图略·西藏图考》对该书有引用。

[3] 许光世、蔡晋成编，宣统三年（1911）上海自治编辑社铅印出版。为清末最后一部西藏志书。

甸[1]，建立王国；终致领有青海全部，天山南路及云南各地，是即唐朝所谓吐蕃国也。西藏信史，亦始于此。贞观中其七世赞普（君王之称）名噶本布[2]者，遣使通中国并请赐尚公主，太宗以宗室女文成公主许之。公主贤明聪慧，信奉佛教，铸释迦牟尼像奉之入藏，汉族文化随之深入藏地，藏与内地关系亦自此日密。后尼泊尔王鄂特巴尔郭恰[3]亦以其女拜木萨[4]妻噶木布，拜亦笃奉佛教，赞普以二后之感化，广建寺院，令臣民皈依佛教，并自印度迎僧侣入居拉萨，用印度文字为国文[5]。及唐中宗景龙元年（707），吐蕃复遣使入贡，并请婚。诏以金城公主妻之。玄宗开元年间，《毛诗》《春秋》《礼记》《左传》《文选》等书籍传入藏地，藏中文明于是大启。不过吐蕃自降吐谷浑后，与唐室内地相接，连年东下侵掠无餍，终以内部分裂，与唐室并衰。

有宋勃兴号称统一，然幅员之广，实不及唐之丰。时西藏民族除吐蕃外，又有西夏王国逞强于西鄙，宋虽连年用兵，不能见功；但吐蕃始终以内政纷扰，未暇外向发展。宋亡元兴，世祖征服其地，置既【既置】宣政院于其地[6]，以理蕃事；又以其地广而险远，民犷而好斗，思因其俗而利导之，乃崇信其教。时有僧八思巴者，以道术得元庭信任[7]，世祖尊之为国师[8]，封之为"大宝法王"，予以政教大权；法王居后藏札【扎】什伦布附

---

〔1〕缅甸地区名，与"下缅甸"相对而言，指缅甸北部地区。

〔2〕即松赞干布（？—650）。本文此处之"噶本布"，应为"干布"之音译。

〔3〕梵文名为 Amsuvarma，音译为鸯输伐摩或阿姆苏·瓦尔玛，意译为光胄王。《大唐西域记》卷七尼波罗国："王，刹帝利栗呫婆种也，志学清高，纯信佛法。近代有王，号鸯输伐摩，唐言光胄。硕学聪睿，自制《声明论》，重学敬德，遐迩著闻。"《红史》《新红史》《布顿佛教史》《汉藏史籍》等藏文史书中记"光胄"为 vod zer go cha，鄂特巴尔郭恰为其音译。

〔4〕藏文名 bal mo bzav khri btsun，即"拜木萨尺尊"，意为"来自尼婆罗的皇后尺尊"。"拜"（bal）是当时藏族人对尼婆罗的简称，"木"（mo）在藏语中是"女子"的意思，"萨"（bzav）是"妻室"的意思。按梵文名 Bhrkuti Devi 则译为布里库提（波利库姬），毗俱砥。

〔5〕此说有误。吐蕃"国文"为藏文。据史载，藏文是 7 世纪吐蕃松赞干布时由藏族学者吞弥桑布札参照梵文（或即作者所谓"印度文字"），结合藏语实际情况创制而成，藏文并非印度文字。

〔6〕"置宣政院于其地"之说欠妥，宣政院为中央机构，其行使职权方式为在吐蕃地方分设三处宣慰司：吐蕃等处宣慰司都元帅府（又称朵思麻宣慰司）、吐蕃等路宣慰司都元帅府（又称朵甘思宣慰司）、乌思藏纳里速古鲁孙三路宣慰司都元帅府（又称乌思藏宣慰司）。宣慰司下辖安抚司、招讨司、宣抚司和元帅府、万户府等。

〔7〕八思巴并非"以道术得元庭信任"，其与世祖的关系有较为复杂的历史原因，具体可参见陈庆英：《帝师八思巴传》，北京：中国藏学出版社，2007 年；王启龙：《八思巴生平与〈彰所知论〉对勘研究》，北京：中国社会科学出版社，1999 年。

〔8〕后尊为帝师。

近[1]，其后嗣称"萨迦呼图克图"[2]。萨迦者，释迦之音转[3]，呼图克图意为再世，为生子袭衣钵计，不禁娶妻，其服装本印度袈裟旧式，衣冠皆尚赤色。

朱明统一中国后，惩于唐代吐蕃之乱，元代收抚乏效，乃更厉行怀柔政策，崇信其教，化导其民；教徒之来朝，礼之尤厚于元代，计先后封法王者八，授西天佛子者二，授国师者二十七[4]。惜此辈僧侣日久流于侈惰，又嗜茶贪利，以吞刀吐火惊炫流俗，尽失佛教本旨。迨明成祖永乐十五年，遂有宗喀巴（Tsongkaba）[5]者，起为宗教革命别创宗派，称为黄教，严禁幻术、密咒、娶妻等事，从者日众。明宪宗成化十五年，宗喀巴圆寂，其大弟子达赖喇嘛与班禅喇嘛遂世以"呼毕勒罕"之转生[6]，传授衣钵。达赖一世为吐蕃王室之裔，藏人推之为乌斯藏王，乌斯藏法王因之不传位子孙，而传于转生之喇嘛，黄教自是兼有西藏政权[7]。达赖三世有高德，曾亲往青海与漠南说教，各部斐然向化，东西数千里，悉改宗俯首称弟子。

明崇祯十年达赖五世立，闻满清勃兴于辽东，乃遣人至盛京奉书及方物。清亦遣使报之，称达赖为"金刚大士"，是为清与西藏通聘之始。世祖即位，达赖亲至北京，朝廷礼遇甚隆，封之为"西天大善自在佛"，使领天下佛教。终达赖五世西边安谧无事。

康熙二十一年达赖五世卒，其臣桑诘[8]秘不发丧，自专国政，藏地大乱者殆四十年。康熙五十九年（1720）春清廷以西宁军属都统延信出青海，以西川军属统领噶弼[9]出打

---

〔1〕此处应为萨迦寺。扎什伦布寺为明正统十二年（1447）宗喀巴弟子根敦主所建，此时尚不存在。

〔2〕此说不确。近人研究认为，"在元代，先后有14位土番高僧任帝师。其中，唯有八思巴一词之意为'呼图克图'外，其他帝师名字前后都不见'呼图克图'字样"。因此，萨迦派后嗣并无"萨迦呼图克图"称号。

〔3〕此说有误。"萨迦"（sa skya）系藏语音译，意为灰白土（sa为"土地"，skya为"灰白色"）。公元1073年（北宋熙宁六年），吐蕃贵族昆氏家族的后裔昆·贡却杰布（1034—1102）发现奔波山南侧的一处山坡，土呈白色，有光泽，现瑞相，即出资修建萨迦寺，后来逐渐形成萨迦派。

〔4〕《明史》卷三三一《西域传》称："初，太祖招徕番僧，本藉以化愚俗，弭边患，授国师、大国师者不过四、五人。至成祖兼崇其教，自阐化等五王及二法王外，授西天佛子者二，灌顶大国师者九，灌顶国师者十有八，其他禅师、僧官不可悉数。"除上述五王（阐化王、阐教王、沪教王、赞善王、辅教王）及二法王（大宝法王、大乘法王）外，《明史》列传二一七《西域三》又载（释迦也失）"宣德九年入朝，帝留之京师，命成国公硃勇、礼部尚书胡濙持节，册封为万行妙明真如上胜清净般若弘照普慧辅国显教至善大慈法王西天正觉如来自在大圆通佛"。

〔5〕宗喀巴（Tsong kha ba，1357—1419），藏传佛教格鲁派创始人。

〔6〕此处有误，达赖喇嘛和班禅喇嘛的名号是后世追认的。这里所谓"大弟子达赖喇嘛与班禅喇嘛"应分别指宗喀巴的弟子根敦朱巴和克珠杰·格勒巴桑。

〔7〕达赖一世为后世追认。名僧成（dge vdun grub pa，1391—1474），又译根敦主巴、根敦珠巴，是宗喀巴大弟子之一。他并非出身吐蕃王室，且此时黄教也并未领有西藏政权。

〔8〕即第巴桑结嘉措（1653—1705）。

〔9〕即噶尔弼。《清史稿》卷二九八《列传》八五记载"康熙五十八年，命噶尔弼驰赴四川佐总督年羹尧治军事"，没有明确记载他曾担任"西川军属统领"。此次出征时，噶尔弼被授予定西将军职。胜利之后，噶尔弼于康熙五十九年（1720）十一月撰文并书"噶尔弼平定西藏碑记"，刻于拉萨布达拉东山崖之上。

箭炉【康定】，分道入藏，8月中直抵拉萨，召集大小第巴[1]（摄理藏政之官名）宣示朝廷德意，护送西宁所立达赖六世入藏，受清册封恭登法座，藏地于以大定。乃令旧据西藏之厄鲁特部固始汗之孙拉藏汗旧臣康济鼐掌管前藏政权，颇罗鼐[2]掌管后藏政权，留蒙古兵二千镇之。逮雍正二年噶布伦[3]（达赖治下之职官名）三人欲杀康济鼐以争取政权，诱准噶尔部入寇为其声援，颇罗鼐不动声色，率后藏兵镇定之，世宗因封颇罗鼐为郡王，使总辖藏务，并留大臣二人领川陕兵二千分驻西藏，实行监抚，是为设置驻藏办事大臣之始。

乾隆十五年（1750）朱尔默特部叛乱，朝廷乃增驻藏兵千五百名，罢汗王、贝子等封爵以噶布伦分掌其权，统辖于达赖。乾隆五十六年班禅六世之弟舍玛尔巴[4]诱尼泊尔人入寇，高宗发大军进讨，尼酋乞援于印度总督，旋以清军迅捷，不及待英兵至即诣军前乞降；尼泊尔自是对清廷行朝贡礼。高宗因之益注意西藏守备，禁止藏人交通边外诸部，又谕驻藏大臣行事与礼制悉与达赖、班禅平等，兼握政治、财政及军备各大权，自噶布伦以下官吏，悉归办事大臣会同达赖选任。嗣又以"呼毕尔罕"[5]嗣续之法积久弊生，往往兄弟子侄继登法座，等于世袭，恐为后患，创掣签法[6]；颁金奔巴[7]二，一贮西藏大招寺【大昭寺】，一贮京师雍和宫，凡达赖、班禅为呼毕尔罕出世有争议时，即由驻藏大臣会同各寺大喇嘛赴大招寺，书其名投金奔巴，诵经降神金瓶掣签定之。自此西藏平靖，

---

〔1〕 此处"大小第巴"一语似乎不确。第巴为官名，为清初西藏地方政府管理卫藏行政事务最高官员名称的藏语音译，又称"第司"，俗称"藏王"。自明崇祯十五年（1642）设置第巴，到清康熙五十九年（1720）废除第巴制度，西藏共设立7任第巴。所以，第巴并无"大小"，仅有一位。《清史稿》卷二九八《列传》八五记载"噶尔弼集西藏大小第巴、头目及诸寺喇嘛宣上指安抚，封达赖喇嘛仓库，遣兵守隘，截准噶尔粮道，擒斩策零敦多卜所署置总管喇嘛五"。作者似乎省略"大小第巴、头目及诸寺喇嘛"之"头目及诸寺喇嘛"部分，而有此误。

〔2〕 关于颇罗鼐（1689—1747），请参阅陈志刚：《颇罗鼐家族总理藏政与清朝治藏》，吉林大学硕士论文，2004年。

〔3〕 噶伦，一作噶布伦、噶卜伦、噶隆，是清代西藏噶厦的长官。清康熙五十九年（1720），清朝废除西藏第巴官职，置噶伦三员，共同辅佐达赖喇嘛掌政。雍正元年（1723），噶伦员额改为五人。雍正三年（1725），封噶伦康济鼐为贝子，命其总理藏内事务，由噶伦阿尔布巴等协理。乾隆十六年（1751），清军入藏平定颇罗鼐之子珠尔默特那木札勒之乱，并正式设立噶厦衙门，定噶伦员额为四人，三俗一僧，正三品。

〔4〕 此即噶玛噶举红帽系十世活佛曲朱嘉措。魏源：《圣武记》卷五载："仲巴呼图克图，班禅剌麻之兄也，为班禅治商上事，遂尽有其财，虽其弟舍玛尔巴亦以习红教不得分惠。"因此，舍玛尔巴愤愤不平并记恨在心，后来借机勾结尼泊尔的廓尔喀人入侵后藏。

〔5〕 亦称呼必尔罕，今作呼毕勒罕。蒙古语音译，本意为"应身"（梵语：nirāmaṇakāya；藏语：sgrul sku，音"祖古"）。藏传佛教使用该词指活佛的应身，即该活佛的转世所成之人。

〔6〕 即用金瓶掣签的方式来认定藏传佛教转世活佛的制度，于清乾隆五十七年（1792）正式在《钦定藏内善后章程二十九条》中设立。

〔7〕 奔巴，即藏语 bum pa 之音译，意为"瓶"。

不生事变者百余年。

迨夫晚清，内政废弛，国势衰微，列强乘之肆意侵略，致疆土日蹙；英帝国对于印度之经营，又告成功，西藏遂逢多事之秋矣。

本节参考书：

《唐书·吐蕃传》《宋史·吐蕃传》《明史·西番诸卫传》《西藏图考》卷之二；《西藏源流考》

一、西藏多故之开始

1. 外人之探险

藏地峻岭环抱，居人休养生息，鲜与世通，此其所以有不可思议国之称也。[注一]但此非谓绝无外人曾履其地，其隶属于我中华者既数千年于兹，汉人经商或侨居其地者，固属极寻常事，无庸赘述。而外籍之入藏者，早在公元1325年，即有天主教徒至其地[1]，时尚无达赖喇嘛、班禅喇嘛之名称。后越三百年有西士德[2]者，亦天主教徒亲至拉萨，时值达赖五世在位，清顺治康熙年间也。

迨18世纪中叶以来，探险之风益盛，入藏外人亦指不胜屈，其尤著者：法人有胡斯（Huc）、盖伯特（Gabet）[3]、邦恩斐洛特（Bonvalot）、亨利多王子（Prince Henry Orleans）[4]、

---

〔1〕 即天主教圣方济会的意大利传教士鄂多立克（Odorico da Pordenone，1286—1331），也译为和德理。他于1318年开始东游，1325年从中国西北部横跨西藏，1330年到达欧洲。有《鄂多立克东游录》留世。

〔2〕 疑为天主教耶稣会的意大利传教士伊波利托·德西德里神父（Ippolito Desideri，1684—1733）。他于1716年到达拉萨，曾受到摄政王拉藏汗接见，研究藏语文，编纂辞书，进行翻译，整理教理，撰写著述等。1721年离藏。有《西藏报告》(*An account of Tibet: The travels of Ippolito Desideri of Pistoia*)问世，今有杨民译：《德西迪利西藏纪行》，王启龙主编：《洋人眼中的西藏译丛》，拉萨：西藏人民出版社，2005年。

〔3〕 胡斯（Huc），即法国遣使会士古伯察（Régis Evariste Huc，1813—1860）；盖伯特（Gabet）即秦噶哔（Joseph Gabet，1808—1853），也作秦神父。1844—1846年，古伯察和秦神父在华长途旅行，他们先在蒙藏地区游历、传教18个月，又在拉萨逗留两个月，经驻藏大臣琦善查获并上奏清廷，被遣送出藏。古伯察曾出版《鞑靼西藏旅行记》（1850）、《中华帝国纪行》（1854）与《中国、鞑靼与西藏的基督宗教》（1857—1858）三部著作，前两部之汉译本分别由中国藏学出版社和南京出版社于2006年出版。

〔4〕 邦恩斐洛特（Bonvalot），即Pierre Gabriel Édouarld Bonvalot（1853—1933），现多译为邦瓦洛特，法国探险家；Prince Henri Orléans（1867—1901）现多译作奥尔良王子，法国探险家。1889—1890年，他俩的亚洲考察队自北向南越羌塘经纳木错、念青唐古拉山，到达川西巴塘、理塘。邦瓦洛特著有《勇闯无人区》(*De Paris au Tonkin à travers le Tibet inconnu*, 1891)，奥尔良王子著有《云南游记——从东京湾到印度》(*Du Tonkin aux Indes, janvier 1895-janvier 1896*, 1898)。

来恩士（Dutreuil de Rhins）与格兰特（Grenard）[1]等。俄人布勒维斯基（Prejevalsky）[2]曾四度入藏，而1896年之地理学会会员拉波罗夫斯基（Raborovsky）与参谋部职员库斯罗夫（Kozlov）[3]、1896年之拨特梅夫（Badmaievs）[4]及1899年比夫特索夫（Pievtzov）[5]所率之俄国科学社远征队，均深入藏地。注二瑞典人斯文海定（Sven Hedin）[6]则尤著者也，两度入藏，曾搜获学术上极有价值之材料。日本之重要探险家，有河口慧海、成田安辉、能海宽[7]，能海宽氏由打箭炉入藏后消息杳沉；安辉扮行商由内地起程，滞留拉萨18日，晤达赖大堪布旋出印度归；河口于1897年自印度，历三年至拉萨，著有《西藏旅行记》。注三

上述诸国人之入藏，除极少数外，类为私人事业；惟英人早自18世纪中叶，即多受有政府之使命，如波格尔（Bogle, 1774）[8]、忒涅（Turner, 1780）[9]辈是。其无政府资助者，有莫

---

〔1〕来恩士（Dutreuil de Rhins），全名 Jules Léon Dutreuil de Rhins（1846—1894），现译为吕推，也有的译为杜特雷侬、兰斯、莱因斯，法国地理学家和探险家；格兰特（F. Grenard），即 Joseph Fernand Grenard（1866—？），现译为李默德，或译为格列纳，法国探险家和作家。吕推、李默德于1889—1894年穿越新疆、蒙古、西藏。1894年吕推在藏被杀，后来李默德据此次旅行所获各种资料编辑出版《1890—1895年高地亚洲科学考察团》（三卷，1897—1899年整理）（Dutreuil de Rhins, Mission scientifique dans la Haute-Asie 1890-1895）一书。

〔2〕全名 Nikolai Mikhaylovich Przhevalsky（1839—1888），今译普尔热瓦尔斯基，俄国地理学家、探险家。1870—1885年间四次在我国蒙古、青海、西藏、新疆等地探险旅行。著有《蒙古和唐古特人之国》《从伊犁越过天山向罗布淖尔前进》《从斋桑经哈密去西藏及黄河发源地》《从恰克图到黄河发源地、西藏北部的调查和经罗布淖尔横越塔里木盆地的道路》等书。并收集有大量的动、植物标本。

〔3〕Raborovsky 今译罗布洛夫斯基或罗博罗夫斯基（1856—1910），曾以动植物学家身份随普尔热瓦尔斯基和彼夫佐夫（见下文）多次入藏，带回大量的动、植物标本及自然人文资料。Kozlov 今译科兹洛夫（1863—1935年），曾多次入藏考察，出版有《蒙古与康》（1907）、《蒙古与安多》（1923）、《蒙古与西藏》（1913）、《西藏与达赖喇嘛》（1920）等著作。

〔4〕即巴德玛耶夫（1849—？），俄属布里亚特蒙古人，后改信东正教，认沙皇亚历山大三世为教父。1893年2月25日，向沙皇上"万言书"——《关于俄国东亚政策的任务》，人称"巴德玛耶夫计划"。受沙皇财政支持后，专门为此计划成立"巴德玛耶夫商务公司"，意图"将整个满清帝国并入俄罗斯"。据载，他曾化名巴兰洛夫于1898—1899年冬天率军队到达拉萨。

〔5〕今译为彼夫佐夫或佩夫佐夫（1843—1962），曾多次考察西藏，出版有三卷本《西藏探险集》。

〔6〕全名 Sven Anders Hedin（1865—1952），也译斯文·赫定，瑞典探险家。1893—1935年间多次到我国新疆、内蒙古、宁夏、西藏等地考察，搜集地质、古生物、考古、动物、气象等大量资料。著有《中亚考察报告》《西藏南部》《西藏西部》《冈底斯山》《戈壁沙漠横断记》《浪迹无定的湖泊》《丝绸之路》《中亚战迹》《中瑞科学考察报告》（共35卷）、《我的探险生涯》《长征记》等。

〔7〕关于上述日本人入藏探险经历，可参见秦永章：《日本涉藏史》，北京：中国藏学出版社，2005年。

〔8〕乔治·波格尔（George Bogle, 1746—1781），第一位踏入西藏的英国人。1774年5月，受印度总督哈斯汀士之命出访扎什伦布寺，意欲与西藏建立联系，搜集情报。同年11月，波格尔一行经西藏帕里、江孜、白朗等地抵达后藏重镇日喀则，并与六世班禅多次会面。

〔9〕塞缪尔·特纳（Samuel Turner, 1749—1802），第一部英国人关于西藏研究专著的作者。1783年七世班禅坐床之际，特纳等人受哈斯汀斯派遣前往日喀则祝贺，并会见仲巴呼图克图。1800年其使藏报告《西藏扎什伦布寺访问记》（An account of an embassy to the court of the Teshoo Lama, in Tibet）出版。今有苏发祥等的汉译本，纳入《洋人眼中的西藏译丛》（王启龙主编），由西藏人民出版社2004年出版。

尔克拉夫特（Moorcraft）[1]，曾探险西部，据云实已达拉萨，埋骨藏地。李却得（Richard）与亨利斯托莱其（Henry Strachey）曾游雅鲁藏布江之发源地[2]，加列（Carley）[3]、李特尔德尔（Littledale）[4]、鲍邦尔（Bower）[5]、威尔拜（Wellby）[6]、狄西（Deasy）[7]、罗林（Rawling）[8]等，曾探险于北部；而曼宁（Manning）[9]虽一再请求政府赡助，但获官方助力殊少，于1811年12月至拉萨，得至布达拉宫（Potala Palace）谒见达赖喇嘛。注四

世外桃源，举世目为神秘者，数十年间之探险，遂大白于世。自此外力骎骎而至，向之宁静碧流，顿起狂澜巨涛，舟子仍谋以常态处之，殆亦难矣。

注一：见日本西藏研究会编之《西藏》第一章，一页。

注二：Lee, *Tibet in Modern World Politics(1714-1922)*, PP.127-128.

注三：同注一第十六章，九一——九四页。

注四：孙煦初译《英国侵略西藏史》，三二页（原书 Francis younghusband, *India and Tibet*）。

2. 英藏之初次正式接触

1767年（清乾隆三十二年）英将罗伯德克来武（Robert Clive）[10]去位之际，恒河流域

---

〔1〕今译穆尔克罗夫特，东印度公司布萨地区种马厂总监兼兽医。1812年，他装扮成朝圣者，探察中亚地区，越境进入西藏查勘玛旁雍错的水文状况，调查该地区的羊绒贸易和俄国的商品渗透情况。

〔2〕李却得（Richard），即理查德（Richard Strachey, 1817—1908）；亨利斯托莱其（Henry Strachey, 1816—1912），也译为斯特拉彻，英国探险家，李却得之兄，曾在1846、1849年两次赴西藏探险。

〔3〕加列（Carley），此人事迹阙载。

〔4〕即李特达勒（G. R. Littledale, 1851—1931），或译里德戴尔，俄国探险家。1895年由新疆且末南转入西藏西北，欲前往拉萨，到距拉萨68公里处遇阻，遂改作横穿西藏中部的探测，经扎仑、日土，最后到达列城。

〔5〕即鲍厄尔（H. Bower），英国探险家，1891年自列城向东，横贯西藏抵达川边，全程3000英里（4800公里），其中800英里是新探测的地区。1894年发表《穿越西藏日记》（*Diary of a journey across Tibet*）。

〔6〕即韦尔比（M. S. Wellby），英国探险家，1896年曾到藏北无人区考察。他横穿羌塘北部，从日土北部进入，沿途经过的主要地点包括郭扎错、拜惹布错、流沙山、玛尔盖茶卡、多格错仁强错等地。

〔7〕即迪西（H. H. P. Deasy, 1866—1947），英国探险家，曾于1897—1899年间在喜马拉雅地区进行旅行探险，调查面积将近十万平方公里。著有《在西藏和新疆：对三年探险经历的记录》（*In Tibet and Chinese Turkestan: Being the record of three years' exploration, 1900*）。

〔8〕罗林斯（Rawlings），英国探险家，其探险活动主要集中于羌塘西部。

〔9〕托马斯·曼宁（Thomas Manning, 1772—1840），第一位到达拉萨的英国人。1811年底潜入拉萨生活4个多月，其间受到九世达赖喇嘛隆多加措和摄政王第穆呼图克图的接见。1812年4月被驱逐出藏。后有克莱门茨·马卡姆整理《乔治·波格尔西藏见闻及托马斯·曼宁拉萨之行纪实》（*Narratives of the Mission of George Bogle to Tibet and of the Journey of Thomas Manning to Lhasa*）出版。今有汉译本，纳入《雪域旧旅》丛书（王启龙主编），由四川民族出版社2002年出版。

〔10〕克莱武（1725—1774），英国殖民者，曾两度担任孟加拉省督（1758—1760、1765—1767）。

之统治权，固已几全入英人之掌握，哈斯汀士（Warren Hastings）[1]继任，旋且晋为印度总督，尤锐意改革，力谋削弱群酋，坚树英帝国在印度势力之不拔基础。哈氏印督之矫矫者也，其用心唯在扩充帝国领土，固不以获得印度为餍足，陇之得蜀即其所望，注一于是西藏史迹，遂踏进一新阶段。

1772年布丹【不丹】人举兵攻孟加拉（Bengal）平原，蹂躏库赤贝哈省（Kuch Behar）[2]，掳其法王，据其土地，库赤贝哈乞援于印督，哈氏立允其请，派兵驱逐布人。布丹，西藏之藩属也，时达赖喇嘛尚在幼冲，后藏班禅喇嘛遂出为布丹缓颊，至书与印督有云："余迭闻阁下方从事于德布藏嘉（即布丹王）[3]之敌对行动，据云系由德布方面寇掠贵国边境等不法行为所引起，彼原属粗犷蒙昧之种族……然余今以调人之地位，敬告阁下者，德布法王固臣属于达赖喇嘛者也。……阁下如必欲再施压迫于德布法王之国土，势将激怒喇嘛及其臣民而合力以反抗阁下，故基于我国宗教与习俗之观点，余敬祈阁下停止施于德布之一切敌对行为。……"哈斯汀士得书后，即予班禅满意之答复，并建议缔结西藏与孟加拉间友好通商条约，请藏方给一纸护照，以便遣使赴藏谈判。注二

哈斯汀士既决意乘机与西藏交往，遂遴选波格尔为交涉专使，至其旨趣可于其对使节之训令中窥见一斑，中有云："余盼尔能前赴拉萨……汝此番出使之目的，即在启发布丹人（即西藏人）与孟加拉人相互间之平等通商关系……应用何种谈判方法，使最易达到目的，悉以汝自身判断力指导之。汝可携往各种货物之样本，俾试行吾国所能供应之商品……汝更须留心考察凡在布丹可以获得之工业品生产品，与因交通他国而来之商品……又下述诸事，亦汝探寻之目标：——如拉萨、孟加拉边境间，道路邦邑之情形，与其政府财赋风土诸情形……汝如认定在拉萨有设立使馆之必要，勿须增加公司负担，而足由此后所获利益补偿之者，汝可尽早告余。……"注三

波格尔于1774年5月中旬自加尔各答启行，时距班禅书函自日喀则寄发之期，尚未及两月，哈氏用心之苦，行事之敏，可以想见。波氏于同年11月抵班禅驻锡之日喀则，晋谒班禅喇嘛呈递印督书函，并献一珠圈。至于谈判结果，印督虽期图极大，一如昭示于使节之训令者，波格尔且暗示班禅可否劝藏方与英人成立某种形式之联盟，以协力制止

---

〔1〕 哈斯汀士（1732—1818），现多作黑斯廷斯，英国首任印度总督（1772—1785）。

〔2〕 即今之库奇比哈尔。

〔3〕 即德布拉贾。1616年，西藏宁玛派高僧阿旺·杜贡（后称阿旺·纳姆加尔）来到不丹，战胜各教派并完全统治不丹，成为有名的沙布东一世，即教王，建立沙布东政体。1650年，他仿照西藏当时的摄政机构设立伦吉措克（即咨询会议）和德布拉贾职位（即 Deb-Raja 法王，俗称德布王）。此时的德布王为第十六世德布王希达尔，受比丘戒时得名索南·伦杜普（Sonam Lhundub）。

廓尔喀之侵略；但班禅除表示倾慕英人，愿得片土于恒河沿岸，俾便遣其子民前往祈祷^{注四}外，实无收获。拉萨之行，固阻于众议，而波氏于临别之晤见中，所示印督将遣臣仆，不时至书班禅之意，亦遭婉谢。^{注五}

注一：Cwrgon, *British Government in India*, Vol.ii, pp.155-156.

注二：《英国侵略西藏史》，七页。

注三：同上，九页。

注四：同上，十二页。

注五：同上，一九页。

3. 藩属之丧失

布丹　一名布鲁克巴[1]，东北达西藏，南接阿萨密（Assam）[2]，乃喜马拉雅山南之小酋长国。疆土不过二万方哩[3]，宗教风俗民情，同于西藏。境内旧分两族，一称布鲁咯，一称毕葛^{注一}[4]，清雍正年间两族互相仇杀，先后赴藏投诚，清驻藏贝子颇罗鼐为之和解，遂各遣使北上奉表贡物，两族亦言归于好合而为一，此后百数十年朝贡不绝。1772年曾与英军冲突，1826年英人并吞阿萨密后，二地接壤纠纷益多；迨同治四年（1865）英人借口其官吏爱登[5]遇害，大举攻布，结果布丹割第斯泰及亚山上部^{注二}归英，英岁给布丹王室经费若干[6]。同治十三年，英之探险家，有武员戈得浑及贵族忽雷者，入其国境以兵胁之，遣一统监驻其国都，自是所谓布丹王者，守府而已[7]。

尼泊尔　一名廓尔喀，《唐书》作泥婆罗，《明史》作尼八剌，北接西藏，东邻哲孟雄，由西而南为英领印度所包围，亦一小酋长国。面积约56200余方哩，居民分二种，一为廓

---

〔1〕 1620年，西藏竹巴噶举派阿旺·杜贡统一不丹地方，此后竹巴噶举派在不丹掌政，当地居民多信奉该教派，故而藏族人称不丹为"竹域"（brug yul），称不丹人为"竹巴"（brug pa），意为信奉竹巴噶举的地方或人民。藏文"brug pa"满文中音译为"burukpa"，故清代汉文文献据此又称不丹为"布鲁克巴"。

〔2〕 今作阿萨姆，位于印度东北部。汉文史料的最早记载出现在《大唐西域记》中，玄奘称之为"迦摩缕波"，此名系为梵文kāmarūpa（原意"色欲之都"）的音译，相当于今印度阿萨姆邦西南部坎如普县（Kamrup）。

〔3〕 方哩即平方英里，一方哩约为2.59平方公里。

〔4〕 "一称布鲁咯，一称毕葛"，此说不知出自何处。和宁《西藏赋》记载：布鲁克巴"信奉红教，分噶毕、诺彦林亲两部，长期互相仇杀"。《西藏志》也记载为"噶毕"和"诺彦林亲"两部。

〔5〕 爱登即阿什利·伊登（Ashley Eden，1831—1887），为负责孟加拉政府事务的官员。1863年奉命前去不丹缔结和平友好条约。未成，随即爆发英不战争，迫使不丹将边境地区割让给英国。史料并无其被害的记载。

〔6〕 按照《辛楚拉条约（Treaty of Sinchula）》规定，英国每年支付50000卢比给不丹。

〔7〕 "武员戈得浑及贵族忽雷攻占不丹事件"，此事史料阙载。

尔喀，属印度族；一为尼泊尔人，属藏族。前者多奉婆罗门教，后者则信奉喇嘛教。政权操于廓尔喀族，雍正十年（1734）[1]二族俱奉金叶表入贡，乾隆年间廓尔喀势强，两族合并为一；后自恃兵强迭与后藏媾兵，乾隆五十七年清廷乃派大军降服之，诏定五年一贡。注三时英帝国已灭孟加拉，乘胜胁攻尼泊尔，蚕其领土，独廓尔喀族血战力御未为少挫。嘉庆十九年（1814）英人又出大兵进攻，尼国终以众寡不敌乞和，与英订《萨各里条约》[2]，凡失地三区：一为南疆之太来，二为西境之古芒、卡华二省[3]，三为西境之森姆拉地方，此森姆拉地方后英人辟为避暑地。自此印度之西北界直抵喜马拉雅山麓与中央亚细亚相通，尼国沦为英之保护国，英人暗中监视其外交，随时利用其实力，不复为西藏之藩篱矣。

哲孟雄 一名锡金，在喜马拉雅山之南麓，东接布丹，西连尼泊尔，南面孟加拉，面积约2900余方哩，为印、藏交通要冲。居民四分之三为尼泊尔人，政府中要人则多为西藏人，宗教亦同于西藏，其历代王妃，皆求之于西藏贵族中，上流社会且惯于使用西藏语言，实不啻西藏之天然属国。英帝国自扩张势力于北印度后，即欲洞开西藏，哲国适当印、藏孔道，于是遂变为帝国志在必争之地。清嘉庆十九年英败尼泊尔，割取尼国土地二方[4]以与哲王，深相交结。此即所谓将欲取之，必先予之也。道光十九年英政府又以年金300磅赠哲王，而租得大吉领地。咸丰十年（1860）〈年〉金更增至1200磅，以取得哲国铁道建筑等权力，于是哲孟雄遂不复为国矣。

拉达克 地位后藏阿里与印度克什米尔之间，古之嚈哒[5]国也。其人奉回教，喜远游服贾，天山南路与西藏各地，在在有其踪迹，藏人称之为缠头回子，盖以其惯于以布缠头也[6]。清廷于前藏设有大头人三名，后藏一名，以统辖之[7]。光绪初印度之西克敦教【锡克教】徒伸威于北部，由克什米尔东向而袭西藏，掠拉达克；嗣后互相攻击，至光绪

---

〔1〕 此处误，雍正十年应为1732年。

〔2〕 即《塞哥里条约》(*Treaty of Segauli*)，《清史稿》记为《西古利条约》。

〔3〕 太来即特莱平原地区，古芒（Kumaon）即库马翁，也译作姑马乌，卡华（Garwhal）即加沃尔。

〔4〕 此两地为特莱、莫兰西。1788—1789年，尼泊尔侵入哲孟雄，占领两地。英国在第一次英尼战争胜利后签署的《塞哥里条约》中割占两地。1877年与哲孟雄签订《梯塔亚条约》，交还哲孟雄。

〔5〕 嚈哒，古代西域国名。为大月氏的后裔，一说为高车的别种。5世纪中分布于今阿姆河之南。东罗马史家称之为白匈奴。建都拔底延城。势力曾达到康居、安息、疏勒、于阗等国。北魏太安以后，每遣使节至北魏。后为突厥木杆可汗所破，部落分散。

〔6〕 回教即今之伊斯兰教，回子即穆斯林。

〔7〕 克什米尔人"奉回教，修髯伟貌，远游服贾，南路八城及三藏之地，处处有之……前藏设有大头人三名，后藏一名，以为管辖"。松筠：《西招图略·西藏图考》，拉萨：西藏人民出版社，1982年，第264页。

十四年两地边民又生龃龉,英方与清廷议界,拉达克竟划归于英,计失地12万方里,西藏西陲屏障,于焉又撤。

注一:《西藏图考》作罕诺彦林与噶毕两番族。

注二:据《西藏图考》云"布鲁克巴之南有英人新辟之地名亚山一曰阿萨密"则此亚山当即今印度北部之 Assam 之译音。

注三:《印度札记》及《西藏图考》谓定贡十二年一次。

参考书:洪涤尘:《亚洲各国史地大纲》第十一篇;谢彬:《中国丧地史》。

4. 英人入藏纠纷

英人既先后将西藏之藩属收为羽翼,遂谋进而直接窥伺西藏。同治十二年(1873)顷清廷以太平天国之乱,元气犹未恢复,英人即进行谋与西藏通商,光绪二年筑哲孟雄至藏边之大道,同年《芝罘条约》又取得派员入藏之权利。

先是光绪元年英人玛加里,由云南西出野人山[1]赴缅甸探险,及归过野人山中被害,英政府遂提出严重要求。结果清廷派李鸿章与英使于光绪二年九月签订《中英芝罘条约》[2]。英人入藏之谋久苦不得要领,至此遂要求准英人入藏一事,在条约上另置专款,其文曰:"现因英国酌议在明年派员由中国京师启行,前往遍历甘肃、青海一带地方,或由内地四川等处入藏以抵印度,为探访路程之便,所有应发护照,并知会各处地方大吏暨驻藏大臣公文,届时当自总理衙门,察酌情形妥为办理。倘若所派之员不由此路行走,另由印度与藏交界地方派员前往,俟中国接准英国大臣知会后,即行文驻藏大臣查度情形派员妥为照料,并由总理衙门发给护照,以免阻碍。"注一

---

〔1〕 即克钦山区,中国称为野人山或枯门岭,位于中缅印交界处,缅甸北部山脉,绵延约千里。由于此地居住的门巴族尚未"开化",故被称为野人山。

〔2〕 马嘉理教案("马嘉理"即文中之"玛加里"),1875 年初,英国陆军少校柏郎率领所谓"探路队"(实际为一支近二百人的武装部队)准备向中国进发。1 月 17 日,英国驻华公使威妥玛派遣使馆随员马嘉理,从北京经云南前往缅甸的八莫去接应。途中马嘉理不断刺探我国情报、勘测地形,开辟英国入侵路线。2 月初,柏郎的部队向中国边境前进。这件事引起我国云南的陇川等地景颇、傣、阿昌族和清军爱国官兵的警惕。当 2 月 21 日柏郎率队擅自侵入中缅边境的蛮允附近时,遭到我国景颇族群众的盘问和阻拦,马嘉理等人蛮横无理开枪,打死群众数人。在忍无可忍的情况下,我国群众奋起自卫还击,当场将马嘉理及其随行 5 人杀死,柏郎乘机逃跑。这就是所谓的"马嘉理事件"或"滇案"。1876 年(光绪二年),英国以"马嘉理事件"为要挟,强迫中国签订了《中英烟台条约》,该条约又名《芝罘条约》或《滇案条约》,因条约由清朝政府北洋大臣李鸿章与英国驻华公使威妥玛签订于山东烟台的芝罘岛而得名。

上项专条即中国政府正式承认英、藏交通之规定。至光绪十年（1884）印度政府秘书马可黎[1]欲实地探测西藏，请以少数人由中国内地入藏；迨护照获准，清廷并照会西藏官吏优礼相遇，不期马氏忽又变更计划，改为西藏矿山之调查，且由印度入藏。藏人遂群起反对，清廷对于藏人殆成"禁止不能，听之不可"之势。注二会是时英人实行并吞缅甸，缅甸我属国也，英欲取得其并缅国际惯例上根据，要求清廷与［之］缔《中英缅甸条约》，对于入藏事稍示让步，以诱清廷承认其吞缅之举。结果光绪十二年约成，清廷允放弃缅甸一切权利，关于英人入藏问题，明载于第四款云："《芝罘条约》另议专条，英国派员入藏一事，现因中国察看情形诸多窒碍，英国允将派员中止。至英国欲在藏印边界议办通商，应由中国体察情形，设法劝导，如果可行，再行妥议章程，倘多窒碍难行，英国亦不强请。"

马可黎入藏计划之中止，藏人认抵抗之有效，耸英人野心之难餍，急谋自卫；排外运动随之而起，尤以东部为甚。注三翌年（1887）且乘隙派兵横过哲拉伯山峡[2]，是乃春丕谷[3]至哲孟雄之要隘，亦两方之疆界也。旋又占领哲孟雄境内之林都（Lingtu）[4]，建炮台于要塞，严守以断英人贸易之路，劝哲王移居藏境，王从之[5]。印督闻讯大怒，光绪十四年三月派军向藏军进攻，旋据龙洞注四[6]，尽驱藏人出哲境，索哲王归国议和；结果英国置总监[7]于哲境内，监督其内政外交，王乃徒拥虚名。

此次藏兵入哲，论者多谓缘于英人中止入藏，引起藏人轻蔑英人之念，使其对英有所觊觎；细审其实，是说殊难置信，英吞印度之后，又岌岌于谋缅甸，勃勃野心，藏人固已习闻熟知，英人念念不忘通藏，藏人得无惊心动魄耶！其世世奉为上国之中国，1840年及1856年之两度屈辱于英[8]，已深足予藏政府一大教训；支手无援之西藏，谓其蓄谋侵略印度，信耶？揆诸事实，英人实先挑衅，而藏人曾两度退缩。注五睹1903年前，虽冒战争之险而不肯对外稍为开放，可知其对英畏惧之甚而非有所轻蔑也。故其出兵哲境，无

---

〔1〕 马可黎（Macaulay），现译为马科蕾，时任孟加拉省财政秘书。著有《赴锡金和西藏边境使团报告》（*Report of a Mission to Sikkim and the Tibetan Frontier; with a Memorandum on Our Relations with Tibet*）。

〔2〕 哲拉伯（Gelap-la），也作则拉普拉或哲拉伯拉，位于今亚东县西南之则利拉（或则里拉）。

〔3〕 春丕谷，位于今亚东县境南下司马镇春丕村。下同。

〔4〕 林都，也作林东，即隆吐山。

〔5〕 此哲王为土朵朗思。《西藏通览》记载"王从其劝，弃本国而入居西藏者殆二年余，其间英国数次迫王归国……如不遵行归国……则英必停给王之年俸以惩罚云云"。

〔6〕 龙洞（Gnatong）即纳汤（今之那塘）。

〔7〕 即英国所派锡金专员。

〔8〕 即两次鸦片战争，中国皆为英国所败。

乃拟加强其对哲之宗主权，以固疆图以防英人阴谋乎！至于英人斥藏兵入哲为侵略英国，尤属滑稽之至。哲国，藏之藩属，尽人知之，英初亦未尝予以否认；是以有饷之以土地，诱之以金镑，使渐脱离其宗主国，不然英将不作如此曲折矣。既如此，藏出兵哲境非法耶？抑英逐藏兵而据哲土非法耶？英对哲国之保护权，至1890年始获成立[1]，英所用以自辩者，非适足彰其非耶！是以不言侵略则已，如然，实非英莫属，西藏乌得【焉得】任其咎哉！为英自辩计，不当援引国际法例，而应诉诸国际"狼律"（Wolflaw），如斯太林【斯大林】（Joseph Stalin）所解释者："君强耶，义矣！君弱，则非。"注六

注一：《清季外交史料》卷七十二，十三页。

注二：同上卷十二，三十三页。

注三：Bell, *Tibet*, p. 60.

注四：《英国侵略西藏史》，四一页。

注五：Lee, op. cit., p.18; Bell, op. cit., p. 60.

注六：Lee, op. cit., p.17; *New york Times*, Feb.6, 1931, pp. 1, 12.

5. 藏印条约与藏印续约之缔结

英人既据有哲孟雄，哲国，西藏之属庸也，而西藏又为中国领土；恐日后我将以宗主国地位[2]，对其有所责难，且藏、哲边疆不可不确定，印、藏交通急宜改进，于是英政府迭命其驻京公使与总理衙门交涉，敦促清廷迅派全权委员与之会商。清廷初亦以国界不经确定，双方无遵守之根据，派升泰为全权大臣与印督兰斯顿（Lansdowne）[3]会议于加尔各答，不过在1889年中，双方虽不断磋商，只以清廷一再延宕犹豫，毫无结果。注一终至英使急不能耐，倡议作罢，其通告中国代表有云："决意结束哲孟雄问题之涉及中国者，而不复坚持特殊之协定。"注二是盖缘于印度政府审自力足敷保卫边围，且知清室已无力控制本身以外之事变。清廷见英人态度转变，忽感结束哲孟雄事件立约以息以后一切纠纷之必要，旋请印度政府再委正式委员与清驻藏大臣会议于龙洞。12月中（1889）会议复开，注三翌年3月草约完成，不数日即正式签字。睹此清廷外交当局之颟顸，可为浩叹。《藏印条约》，亦称《哲孟雄条约》，共八条，其要点：

〔1〕 即指下文所述，光绪十六年（1890）3月，清政府被迫签订《藏印条约》承认哲孟雄为英国保护国一事。

〔2〕 这种表述显然因作者受了西方著述之影响，盲从之故。

〔3〕 全名 Henry Charles Keith Lansdowne，又译兰士丹，时任英国驻印度总督。

　　一　藏哲之疆界，以分流哲属之梯斯塔河（Teesta）及由藏属莫竹河（Mochu）北流以入藏境诸支流之一带分水山顶为界。

　　二　中国承认哲孟雄之内政外交，专由英国保护监督。

　　三　藏哲通商、印藏官员文移往来、哲境内游牧等三项，俟日后双方妥议。

　　《印藏条约》成立后，印度政府又迭促清政府派员会商未决之通商、交往、游牧三项章程，至光绪十九年（1893年），清廷派四川越嶲营参将何长荣、税务司赫德（James Hart）为委员，与英特别政务司保尔（S.W. Paul）会议于加尔各答，同年10月28日签订《藏印续约》，内容共九条，其要点：注四

　　一　开亚东为商埠，听英商贸易，印政府派员驻扎该处，察看商务；自交界至亚东，听凭英商随意来往。

　　二　藏界内英人与中藏人民诉讼，由中国边界官与英员商办。

　　三　藏人至哲境游牧，遵守英国章程。

　　以《藏印条约》与《藏印续约》，西藏闭关自守之局，势不能不大为改变，不过二约不唯未能解决当时之纠纷，而印藏间之冲突，且自此益剧，此中关键之所在，约言之盖有三焉：一、在条约签字之际，藏人虽默不示意，及其与英人发生争执，反声明条约未经其同意，不能予以承认。注五　二、藏人否认剥夺其在哲孟雄固有之牧畜权。三、亚东距理想之商埠地址相差太远，是地乃山谷中之一洞，宽约五十码，既鲜居民，又峻岭环抱，日光鲜及，远在藏边，英商谋入内地，尚需经关卡多处。注六　以此数端，遂有日后藏人之破坏界碑，重征入口货税，在亚东东北设立关卡等违约事件之迭出，以及英人改易商埠地址之要求。清廷一向以推诿延宕为能事，终致予英帝国以籍【借】口，酿成其武力侵略之举。

　　注一：Bell, op. cit., p. 60-61.

　　注二：《英国侵略西藏史》，四三页及 Lee, op. cit., p. 19.

　　注三：Lee, op. cit., p.19; A. and P.（*Great British Accounts and Papers*），1904,（cd. 1920）Vol. LXVII no.2, p. 5.

　　注四：外交部政务司编《藏案纪略》，二页。

注五：Lee, op. cit., p.21; A. and P., 1904, op. cit., no. 21, p. 71.

注六：Lee, op. cit., p.22, A. and P., 1904, op. cit., no. 21, p. 71.

二、英国武力入侵与英藏拉萨条约之缔结

1. 事前局势

印藏冲突　以商务与疆界问题，《藏印续约》成立不久，印藏间即产生不解之纠纷。1895年印度政府谓接得藏人侵据哲孟雄北疆之报告，经多次磋商，清驻藏大臣表示愿与印度政府协力处理之。同年5月英委员怀特（Qaude White）依约赴藏边迎候驻藏大臣所派委员实行划界，至则仅获一函，称以喇嘛不予以运输上之便利，致不能实践前言。后委员赶至，又谋商延期，但为怀特拒绝，遂相偕确定界碑于哲拉伯，此系以分水线构成界域之处。此后双方委员约定7月1日会晤于达加列（Dakala）[1]之另一界路，而怀特在此期内则至东库克列（Donchukla）[2]树立碑柱，以备清廷委员之勘定；不过数日后哲拉伯之界碑已遭破坏，6月中怀特在东库克列所立碑柱亦同遭毁破。注一幸时印督厄尔金（Elgin）[3]态度较为和平，认树立界碑并非迫切之需要，且以驻藏大臣与西藏代表将至亚东与之会议解决一切纠纷，划界事乃暂罢。注二

英对藏贸易额在1885与1888年间，时印藏关系尚无若干限制，平均为50万卢比（Ruppes）；1888与1889年以在哲孟雄之军事行动，藏印交恶，总额缩至7349卢比；自1890年后，总额又逐增，计自280712至1149150卢比（1895年）。注三因之英谋推广贸易之念益切，且缘以龙洞地方高亢不宜畜牧，1899年遂声明如藏方允将商埠自亚东迁至斐利（Phiri）[4]，并废除一切贸易上之限制，英方对于疆界间之争执愿有所让步。藏方则以疆界问题，无关于商埠事，终以英人不肯放弃已获权利，毫无结果。藏人以条约之片面利英，愤愤不平，对亚东商埠输出入货免税，既不愿实行，且在亚东之东北设关征税。

俄国之图藏　柏林会议之后，俄对君士坦丁堡之企图，既告失败，谋中亚阿富汗之计划，以1881年之第二次阿富汗战争又见阻；对波斯之经济侵略，亦以印督克遵

---

〔1〕 也作达加拉，或作多喀拉。地望不详。

〔2〕 亦作东库克拉。地望不详。

〔3〕 即第九代额尔金伯爵维克多·布鲁斯，1894—1899年出任印度总督。

〔4〕 即帕里，也作帕克里，位于今亚东县境内，是西藏南部贸易中心和通往锡金、不丹、印度的交通要道。

(Curzon)[1]之敏睿善事抵御而失败。注四迫不得已，乃转而东向发展。是时缪拉维夫与伊那提夫（Muravieff and Ignatieff）遂倡建筑西伯利亚大铁道，注五维特（Witt）[2]更有经济侵略中国之阴谋。俄急剧东进政策之显著表示，为1895年联合德法迫日本退还辽东于中国，不久风传俄借巨款于中国，而喀西尼（Cassini）条约[3]亦甚嚣尘上。李鸿章访圣彼得堡之后，又有中俄成立同盟说，1898年租借旅顺、大连。俄当向满蒙发展至相当成功之际，其对西藏之野心亦随之大炽。先是俄国经营蒙古，准布里雅特人（Buriat,居库伦恰克图及西伯利亚贝加尔地方之佛教徒）信仰自由，且特别加意保护其寺院。俄本以希腊教为国教，国内向无所谓信仰自由，此举盖欲利用佛教以行政治上之策略耳。布里雅特族之喇嘛，因是往西藏修学者日多，同时俄政府亦多方劝诱是辈青年，至俄京修学，就中德尔智（Dorjieff）[4]者颖慧过人，既通俄语晓于欧洲大势，又善蒙古文学，俄皇颇优遇之，给资使留学西藏。氏留藏数年，竟夤缘而为达赖喇嘛之玄学宗师[5]。1901年衔达赖命使俄，俄皇亲自召见，同年俄著名之东方语文学家兹比科夫[6]亦佛教徒，赴西藏旅行。注六1903年初俄为表示其关心藏事，训令其驻伦敦代办至英政府照会内称：俄政府据可靠消息，英国远征军已到达康巴乌华列可（Komba Ovaleko）[7]，刻正取道春丕谷向北进展；俄政府认为英国此举或将发生异常严重之局势，因而迫令俄当局采取一切手段，以保护该处俄人之利益云。注七藏、俄关系已臻密切，可以想见。至其所以至此者，吾人固不能厚责于俄，西藏之属附满清者至是二百余年矣，彼此并无若何恶感于其间，只以清室庸弱之态毕露，边疆日蹙而无振作之意，致藏人深惧将步印度、缅甸之后尘，永沦于英

---

〔1〕 即乔治·纳撒尼尔·寇松（George Nathaniel Curzon,1859—1925）。1891年任印度事务副大臣。1895—1898年任外交副大臣。1899—1905年任印度总督。著有《中亚细亚的俄国》（1889）、《波斯和波斯问题》（1892）、《远东问题》（1894）等。

〔2〕 即谢·尤利耶维奇·维特伯爵（Count Sergey Witt,1849—1915），曾先后担任过沙皇政府的交通大臣、财政大臣、大臣委员会主席和大臣会议（内阁）主席，时任沙皇财政大臣。

〔3〕 亦称喀西尼协议。喀西尼也译为喀希尼，俄国外交官，1891—1897年任驻华公使。据传，俄国财政大臣维特伯爵为使清政府同意俄国取道满洲将西伯利亚大铁路修到海参崴，曾指令喀西尼与李鸿章秘密协议，此即为喀西尼条约。

〔4〕 德尔智，俄属布里雅特蒙古人，俄名道尔济耶夫，藏名洛桑阿古马，佛教徒，精通俄、藏、蒙古语言。1898年潜入拉萨，接近达赖喇嘛并成为其亲信，唆使后者投靠沙俄。1900—1901年间，两次受达赖喇嘛派遣，以"西藏特使"身份前往俄首都彼得堡，拜见沙皇和外交大臣，谋求与俄国发展关系。

〔5〕 "玄学宗师"恐不确，实际上德尔智曾充任十三世达赖喇嘛的侍讲（副经师）。

〔6〕 即G. T. Tzybikov（1873—1930），也作齐比科夫，俄国布里雅特人，1899—1902受俄政府派遣，在西藏进行秘密考察。著有《佛教香客在西藏圣地》等。

〔7〕 1903年2月初，沙俄通过驻英大使向英国照会，声称"俄政府接到可靠消息，谓英兵取道春丕，向北前进，已至康巴阿华力克地方"。英国外交大臣兰斯顿答复照会"康巴阿华力克一处，亦经查明，无此地名"。

帝国之统治下，加以俄人之乘间诱惑，乃有此外向之谋耳。

英日同盟 英国与欧洲大陆诸国向少竞争，他洲国家亦无足与之抗颜者，故英常以名誉孤立自诩。但自俄失败于近东后，一方炭炭经营满蒙，一方积极侵略中亚，殊予英一大威胁；而德之强据胶州湾，美之夺取菲律宾群岛，建为东方海军根据地，尤使其感霸权形将动摇之苦，所谓名誉孤立者，一变而为可怜之孤立矣。于是英政治家乃于谋与法接近之外，更倡与日同盟；盖时日本崛起东亚，与俄冲突日剧，两国同盟实深足予俄侵中亚野心一严重之警惕也。1902年1月盟约正式签订，以五年为期，是约之影响于西藏者，乃益壮英人侵略之胆耳。自此印督不复顾虑俄国之干涉，而畅行其之大欲焉。

注一：《英国侵略西藏史》，五〇页。

注二：Lee, op. cit., p. 23; A. & P., 1904, op. cit., no.16, p. 52; no.17, p. 53; no.18, pp. 53-60.

注三：Lee, op. cit., p. 23-24.

注四：Lord Roberts, *Forty Years in India*, pp. 339-340; 43-44; 46-51; 60-62.

注五：Krausse, *The Far East*, p. 112.

注六：Berlin, "England and Tibet", *Novii Vostok*, 1922, Vol. ii, p. 358.

注七：《英国侵略西藏史》，六七页。

2. 印督克遵之策动与胜利

克遵莅印度后，英帝国对西藏之政策大为之转变，氏见当时列强具【俱】在努力建树殖民帝国，亦决意从事积极经营西藏，尝谓英人统治他族为义务，如放弃此义务则为罪恶。[注一]任印督者之当前急务，在使阿富汗与西藏成为缓冲地以拒俄，认清廷对西藏之宗主权，直不过宪章上之假想。[注二]故一再谋与藏人直接交往。时有克齐乌秦（Ugyenkazi）[1]者为驻大吉岭布丹代表，尝以经商游历西藏，受印督委托以个人名义，致书达赖，建议请派高级藏官至印度讨论疆界及通商诸问题，旋得复书不允。又克什米尔助理行政官铿宁（Kennin）[2]岁常往来雷（Leh）【列城】与西藏边境，奉命持总督致达赖书，交由加托克（Gartok）【甘托克】藏方长官转呈，6月后藏官以原书退还铿宁，暗示此种书函，依照取缔外人擅入西藏之规定，不敢转呈至拉萨。1901年克齐乌秦复受命携函

---

〔1〕 也作乌金噶箕，时任布鲁巴克驻大吉岭代表。

〔2〕 也作坎宁、克尼恩，上尉，时任克什米尔行政副长官。

亲往拉萨投递,但达赖仍拒答覆。[注三]克氏至是深惧在其任职期无所成就,怏怏然曰:此不能与邻邦直接交往之事实,乃20世纪严重之地方错谬。[注四]氏力斥英国对藏政策执拗不变,既无效果且不荣誉云。[注五]时藏、印间划界改易商埠地址与贸易限制等问题,尚无解决端倪,1901年克遵向帝国政府报告,称印度茶社之输茶入西藏之企图见阻于喇嘛与官吏,1893年条约已等废纸,亚东贸易实际几等于无;布丹、尼泊尔不仅在斐利获得自由,并可深入拉萨,印商则独不能享受邻国所享之自由云。[注六]当时清廷虽已令何冠西[1]同亚东税务司帕尔(Parr)[2]与怀特会商悬案,但何氏患病而新任驻藏大臣到任尚需多日,克遵急不容待,于1903年1月8日乃呈其著名之文书于印度大臣,建议速采急进政策。

克遵意见应特殊注意者有二:一谓以怀特使藏致藏人所产生畏惧心应妥于利用,以资解决印藏间之纠纷,换言之即印度政府应采较为威胁之态度;二以中俄西藏密约之风传甚盛,如与西藏举行会议,讨论范围应扩大,除解决目前纠纷外,更应进而论及英政府容许其他国家在藏势力之限度。克氏历陈以往交涉之失败,尽由于中国对藏之宗主权力之薄弱,并谓:"中国当局常思打破蒙昧无知阻碍进化之障壁,而开放西藏对外贸易,以接受文明之影响;然其诚意之愿望,终不能战胜诸喇嘛目光短浅之愚见。同样西藏人对于英人之前进,以正自欢迎不暇,然宗主国又常以无上权力否决之,使终不克为此。"[注六]

读克氏上文,不免使人发问,信如是谁为贸易之敌耶?以克氏结论似暗示为满清,但此实属矛盾;盖克氏既谓"中国当局常思打破蒙昧无知与阻碍进化之障壁",英国又非无档案明示藏人不愿对外贸易,反对商埠迁至斐利,谋确定其在龙洞之权利,而拒英人入藏。藏人非无声明以满清开放其一门户而否认1890年及1893年之条约。伯尔(Bell)[3],英人对藏事娴达之外交家也,非曾愤然谓藏人筑墙绕亚东商埠以阻英商势力之深入耶! 1903年前印度政府之固执要求,清廷亦愿尽力劝导藏当局允英人将商埠自亚东迁至林琴冈(Rinchingong)[4],其所以无结果实缘藏人之坚决反对;克遵派荣赫鹏

---

〔1〕 何冠西,此名似乎有误,应为何光燮。时为三品衔特用知府。

〔2〕 亚东税务司帕尔(Parr),也译为巴尔,时任中国驻亚东关税务司。

〔3〕 即查尔斯·贝尔(Sir Charles Alfred Bell,1870—1945),英属印度藏学家。1908年被任命为锡金政治专员。1913年参加西姆拉会议。著有《西藏的过去和现在》(*Tibet: Past and Present*,1920)、《英藏口语词典》(*Manual of colloquial Tibetan*,1920)、《西藏的人民》(*The People of Tibet*,1928)、《西藏宗教》(*The Religion of Tibet*,1931)、《达赖喇嘛的画像》(*Portrait of a Dalai Lama: the Life and Times of the Great Thirteenth*,1945)等。

〔4〕 林琴冈,即今亚东县下亚东乡仁青岗村。

（Younghusband）[1] 使藏，藏人至用枪矛抵御，谓非反对英人之前进可乎？

克遵于非难前任印督之失策外，更示其具体办法：一、英国不当再信赖中国以为解决藏事之媒介；二、政策既定，不宜以外力之压迫而遽中（生）变；三、现任达赖喇嘛正年富力强，应请其参加日后之一切会议；四、来春举行会议于拉萨于商讨疆界问题、政治与商业关系外，应商定英可派遣代表常川驻于拉萨；赴拉萨之使节，印度政府虽然可以通告中国政府纯为商业，但须带有足以镇服一切敌对行为之军队，此外并主张力谋与尼泊尔合作及英帝国政府应重视印度政府之意见。英政府对克遵之意见，初时不同意远征队之派遣，认为毫无需要。2月2日训令克遵谋与清廷驻藏大臣重开会议，并邀西藏代表参加；其同意于印度政府者为"拉萨方面应以某种条件，承认英国之势力使任何其他强国欲施压力于西藏，以违反英印利益而不可能"。^{注八}

4月中，俄国声明与中国确无密约后，克遵复建议帝国政府，派荣赫鹏大佐为交涉专使，怀特为副使，偕同卫兵200赴干壩【坝】庄（Khambajong）[2] 与中藏代表会议，如中藏代表爽约，准予进军江孜。5月28日英政府训令克遵慎重将事，盼一切谈判仍限于通商关系及边界游牧权诸问题，而不应提及江孜或拉萨设置政治代表之建议。至11月6日，英政府更明令允印督所遣使节及扈从进趋江孜，不过嘱以不宜演至占领西藏之局势而已。^{注九}

至此印督主张，可谓自帝国政府获得伟大胜利，但彼实未以为足；其所切冀完成者，实正彼所受训令中禁止者，如长期占据西藏领土，驻使节于拉萨等。在帝国政府方面，以维持整个帝国利益为念，虽在允许使节前进之际，仍力谋避免国际纠葛，以却其敌对国家之疑忌，如山多（Ernest Stow）[3] 受命向清廷解释使节赴江孜目的，11月7日兰斯敦（Lansdowne）[4] 通告俄国大使声称英当局以藏人之不法行动，决定将使节向前推动进入藏境，惟此行动并非有意并吞甚或永久占领西藏领土之表示，盼勿误会云。^{注十}可见英帝国政府之行动，较印度政府慎重多矣。

---

〔1〕 荣赫鹏（1863—1942），英国军官、探险家。生于印度。1904年奉英政府之命率军侵入拉萨，强迫西藏三大寺寺主罗生夏尔等人在拉萨签订《拉萨条约》。1906年清政府在北京与英国签订《续订藏印条约》，将《拉萨条约》作为附约。1919—1922年任伦敦皇家地理学会会长。著有《印度和西藏》（1910年出版，汉译名为《英国侵略西藏史》）、《内幕》（1912）、《现代密宗》（1935）等。

〔2〕 也称干坝或甘坝，位于今日喀则地区岗巴县岗巴镇。此次会议也称"干坝会议"。

〔3〕 即萨道义，本名埃内斯特·马松·萨托（Ernest Mason Satow，1843—1929），日文名为佐藤爱之助，英国外交家、日本学家。1900—1906年任驻华公使，代表英国签署《辛丑条约》。

〔4〕 亦译兰斯顿，1900—1905年任英国外交大臣。

注一：Herris, *Europe and the East*, pp. 223-224; Lee, op. cit., p. 29.

注二：Lee, op. cit., p. 30; A. & P., 1904, op. cit., no. 60, pp. 150-170.

注三：《英国侵略西藏史》，五五页。

注四：Lee, op. cit., p. 31; A. & P., 1904, op. cit., no. 44, pp. 125-130.

注五：Lee, op. cit., p. 34; A. & P., 1904, op. cit., no. 26, pp. 74-99.

注六：《英国侵略西藏史》，六五页。

注七：Lee, op. cit., p. 36-37.

注八：Lee, op. cit., p. 37-38.

注九：Lee, op. cit., p. 40; A. & P., 1904, op. cit., no. 89, p. 190; no. 92, p. 192; no. 93, p. 192; no. 95, p. 193.

注十：Lee, op. cit., p. 42-43; A. & P., 1904, op. cit., no. 143, p. 295.

3. 英军侵藏经过

俄国积极经营满洲与高丽之际，亦印督克遵忙于筹备攻藏之日，任命荣赫鹏为处理西藏边务大使，怀特韦尔逊（Wilson）、滑尔师（Walsh）为副使，鄂康诺（Oconnor）[1]为秘书，麦克唐纳（Macdonald）统率军队[2]。注一先是克遵着怀特率兵至嘉冈（Giagong）【甲岗】屯驻于距藏方城堡半里之处（1902年6月），堡内驻有甘壩庄[3]守备并藏兵40人，怀特通告藏方，限24小时内撤去，因之在当时哲边已不复有藏军。1903年12月10日将军麦克唐纳与其干部人员，入藏军队以及荣赫鹏、怀特、华尔师等会合于龙洞，准备出发。时有实力计来自皇家炮队之七号山炮2尊，诺福尔克联队附属之麦格沁炮队一分队，廓尔喀第八队七磅大炮2尊，工兵第二队半连，锡金工兵23队之工兵8连，廓尔喀第八队中拨来6连，加以战地医院、战地工程队、军火纵队及雷信测量各部悉附属焉。而麦克唐纳率领战士1150名，大炮、麦格沁炮各4尊之第一纵队，亦同时并进。注二军容如是，其旨趣所在，可以想见。

英军之进展颇速，10月12日通过哲伯拉界岭，未遇何任【任何】抵抗即达林琴冈。注三1904年1月6日抵斐利，有拉萨三大寺代表及一统率莅止，请英军退返亚东，尊重喇嘛教云，荣赫鹏置之不顾。1月7日进据吐纳（Tuna）[4]，12日又有拉萨官吏请退军，

---

〔1〕 也译为欧康诺或卧克纳，时任英国驻江孜商务专员。

〔2〕 即 David Macdonald，时任英国常驻江孜亚东的商务代表，著有《旅藏二十年》《西藏之写真》等书。

〔3〕 即上文之干壩庄（Kham ba jong），也称甘坝庄，位于今之后藏日喀则地区岗巴县岗巴镇。

〔4〕 即堆纳，一个当地进入江孜孔道的小山村。

时日俄战争正酣，2月28日俄东洋舰队惨败，未二周日收高丽为属国，印度政府鉴于列强注意力之远移，图藏之念益形积极，4月11日英军不顾达赖喇嘛之一再抗议，进据江孜。22日荣氏电陈帝国政府谓：应付中藏之延宕政策，最上办法，唯有于最短期间俟军事预备完竣，即直捣拉萨，不在中途举行任何谈判；氏并谓其所以建议于最早阶段，以供政府之考虑者，目的在能充分利用良好之季节，且不欲坐听心理转变之瞬间消逝，而不予以利用也。^{注四}

对英军之节节进攻，清廷应付政策，唯有令驻藏大臣劝导藏人勿使抵御，期以理谕英军撤退，但藏当局则颇示异议。裕钢[1]于光绪廿九年十一月廿二日致外部[2]函称："钢早经飞饬沿路地方文武官，只能理阻，不准与英兵生事，但恐至帕克里地方番兵不无举动；查藏番用兵御侮之志牢不可破，虽经百般开导，该番等谓从前龙洞之役，藏虽败绩，尤可恢复，因升大臣力阻战争，以致失地；此次如再阻用兵，是藏臣又将误事等语。"^{注五}对于藏人之阻其与英会议，裕钢有云："自边报警传以来，开导藏番，速派葛布伦支应夫马不止数十次，面见达赖二次，译咨催办前后十余次，该番等总以英人欺凌无礼；始求咨请印度总督来亚东关再支奴才夫马，继请照会印督应将入亚东关前进之英兵，概行退出亚东，与汉番委员先议，俟有端倪再请奴才前来。"^{注六}故当时西藏之局势，信如裕钢所言："藏事情形，每遇咨商边务，达赖并不作主，全交公所[3]聚讼；而庶类庞杂，解人甚少，且无敢言和者，缘番规议事人凡系迁就洋务必处极法，因而众人规避重罚，遇事但附和一词。达赖则刚愎不仁，毫无阅历，只崇信护法降神，前失隆图【隆吐山】亦为护法所误，今仍其习不改。……是藏印交涉一事，在达赖不至一败涂地不悟。在公众不至激成大变不休。"^{注七}藏局如是险恶，清廷是时对藏既不能指挥如意，以收和处之利；又不改变方针，挺身出而【出面】责英之非法，与藏方合作御侮，只听颟顸喇嘛，凭佛禳寇，驱赤手藏民，惨酷牺牲，大好山河任人蹂躏，若不知者痛哉。

英军至江孜后，藏人曾有一度猛烈之反攻，但旋即败散。5月14日印度政府电荣赫鹏谓：帝国政府已同意彼等主张，倘藏方不允许在江孜举行谈判，则进趋拉萨。迨24日并有强有力之援军继至。（包有伊士特尔[Eastern]所率领之十磅大炮2尊，系由英国山

---

〔1〕 裕钢，字子维，蒙古镶黄旗人。历任理藩院誊录官、笔帖式、主事、员外郎等职。光绪二十六年（1900）擢驻藏办事大臣。应十三世达赖喇嘛之请，代奏将第穆呼图克图名号永远革除。二十八年（1902），以英国驻扎哲孟雄大员惠德带兵侵占藏干坝、纳金等处，派员进行交涉，不久离藏返京。

〔2〕 此处指外务部，清朝负责外交的中央机构，光绪二十七年（1901）由总理各国事务衙门改称为外务部。民国时期成立后，改外务部为外交部，本文仍称"外部"。

〔3〕 公所，似指西藏之民众大会。

炮队拨来，又本地工兵及矿工共1连，锡金兵50名、马队20名。）^{注八}6月1日印度政府向藏方提出最后通牒，限藏代表及驻藏大臣，于6月25日同至江孜谈判，如事不果成，则坚决将在拉萨举行会议。^{注九}旋以藏方之要求，限期展缓五日。但届时以达赖喇嘛所派代表无印信，荣氏拒与谈判，汤塞县长（Tongsa Ponlop，汤塞为布丹之东半，后县长立为布丹法王，颇倾向英人）[1]虽担保藏人确有诚意，荣氏亦不为之动。7月5日英军即大举进攻江孜炮台，藏代表遂遁逃。此时汤塞县长，固仍英之好友也，力向荣氏言达赖仍渴望和平，终无效。7月20日荣氏抵纳喀则（Negartse）【浪卡子】，藏使复至，要求英军退江孜以便媾和，迄无结果。^{注十}7月26日西藏国会函荣氏，谓如英军不入拉萨，愿即举行会议，荣氏置之。三日后又有数藏方代表访荣氏，并带有达赖喇嘛之信，请中止入圣城，时拉萨城中已露混乱现象，达赖已去拉萨18哩之遥，^{注十一}至8月3日英军乃入据拉萨。

注一：Lee, op. cit., 43; A. & P., 1904, loc. cit., no. 5., 155, 159, pp. 305, 307, CF. ibid., no. 29, enclosure 1, annexure 2, p. 30.

注二：《英国侵略西藏史》，一二六页。

注三：Lee, op. cit., p. 43.

注四：同注二，一五三页；及 A. & P., 1905, no. 2, pp. 1-2.

注五：《清季外交史料》卷一八〇，一六页。

注六：同注五。

注七：《清季外交史料》卷一七九，一页。

注八：同注二，一五八页。

注九：Lee, op. cit., p. 45; A. & P., 1905, op. cit., no. 49, pp. 16-17.

注十：Lee, op. cit., p. 47; A. & P., 1905, op. cit., no. 72, p. 24.

注十一：Lee, op. cit., p. 48; A. & P., 1905, op. cit., no. 111, p. 44.

4. 英藏拉萨条约之缔结

英使节进据江孜后，印督即拟定媾和条件电呈英帝国政府，其要点：一、必须维护帝国在藏之利益，永保帝国之威权；二、赔偿军费计自5月4日藏人反攻之日起，至条约签字后一月止，按日偿付5万卢比；^{注一}三、常川驻英使于拉萨；四、占据春丕谷。英帝国政

---

[1] 汤塞即通萨，也译为同萨、洞萨。位于不丹中部地区。

府对于印督意见书,颇多异议,尤以占领春丕谷、驻使拉萨及巨额赔款三者,认为无若何需要。迨英军迫近拉萨之际,英帝国政府颁媾和具体方案于印督,其要点:一、不必驻使于拉萨或西藏其他地方;二、中国不得割让西藏土地于他国,不得居中操纵其他列强在藏事件;三、赔款须根据藏人偿还能力而定,并当分期清偿;四、江孜辟为商埠;五、除去藏边境炮台,重建藏人所破坏之界碑;六、占据春丕谷仅为履行条约之担保。总观是项方案,较印督所建议者缓和处颇多,克遵氏虽迭谋实现其计划,以后日之成约观之,固仍未适如其意也。^{注二}

达赖出走之际,曾将印信交葛尔丹寺长罗生戛尔[1],英使据拉萨后,罗生戛尔曾暨噶布伦并色拉、别蚌【哲蚌】、噶尔丹【甘丹】三大寺之呼图克图[2],乃负责与英方进行和议。而驻藏大臣有泰在英使抵拉萨前往会见之时,自言无权,一切受制于上,对藏人又乏制服之权力,遇事不能不与之协商,协商又往往不从;且于英使复不肯支应夫马费,以示与己无关。于是英使遂以为中国在藏无主权之确证,一切交涉置有泰于不顾。^{注三}会议之初,藏方对英人要求之答复,关于新商埠之开辟愿让与者,惟有林琴冈一处(其地距亚东不过二哩);关于赔款额数,力言不克负担。但此次和议,英早胸有成竹,并不容藏人置喙,惟待其签字耳。9月初英藏条约草案完成;以季节关系,英军决定提前离藏。^{注四}9月7日(光绪卅年七月十八日)英、藏两方乃正式签字于布达拉宫,驻藏大臣以朝廷训令不许签字,仅与会而无签署。条约共十款,其要点:^{注五}

第一款　西藏应允遵照光绪十六年中英所立之约而行,亦允该约第一条所定哲孟雄与西藏之边界,并允按此款建立界碑。

第二款　西藏允将江孜、噶大克、亚东三处,照光绪十九年规定亚东开埠各款一律办理,又将来发见他处可开商埠时,亦许一律通商。

第五款　现在所商三埠,及将来续开之商埠,英藏皆得派员驻扎,又自印边境至江孜噶大克通路,不得稍有阻碍。

第六、七两款　西藏赔款50万镑,合卢比750万,分75年缴清,每付年【年付】10万,英军占据春丕谷75年。

第八款　西藏允将印度边境至江孜、拉萨之炮台、山寨等,一律铲除,并将妨碍

---

〔1〕 葛尔丹寺今译为甘丹寺,寺主即甘丹赤巴。罗生戛尔即第86代甘丹赤巴洛桑坚赞,达赖喇嘛出走时,委任其担任摄政职务。

〔2〕 并非都有“呼图克图”称号,实际为各寺院堪布代表。

交通所有之武备,全行撤除。

第九款 西藏允以下五端非英国政府先行照允,不得举办:一、西藏土地,无论对任何外国,皆不准有让卖租典,或别样出脱事;二、西藏一切事宜,无论任何外国,皆不准干涉;三、无论任何外国,皆不准派员或代理人入驻西藏;四、藏铁路、矿山、电信及其他种种权利,不准各外国国家及外国人民享受;五、藏政府岁入之货物或其他,皆不准向各外国作为担保借款。

克遵对藏政策,英帝国政府中早已不乏反对之者,迨2月14日(1905年)国会会议中,曾有多件责难印度政府之提案;时巴尔福(Mr. A. J. Balfour)[1]虽谋为印督缓颊注六,但上下两院不满之气非巴氏所能息止,而本乃曼(Campbell Bannerman)[2]不仅非难荣赫鹏与印督,且指斥帝国政府接受此种政策,以损国体。不过无论何派,对于远征军之劳绩,则同声赞许,结果议决将印督1904年11月11日之声明,附列于批准之《拉萨条约》中。声明之要点:一、赔款自750万卢比,减至250万;二、驻兵春丕谷时期自75年缩短为3年,注七睹此可知此役之是非屈直【曲直】,虽在侵略国度中,亦不难辨识也。

右约[3]之成立,不啻将西藏全境尽划归英国势力下,中国之丧权屈辱,殆将无过于是者。不过所以至此者,亦然偶然,此中原因约言之盖有三端:一、清廷外交向以延宕为法门,莫能逼之,则模棱以终古;1890年及1893年两次条约,于印藏通商、英人入藏及建立界碑之事,既经两国全权代表签订,又迟延不订细章,亦不在藏为寔施之预备,在清政府固已忘之,无奈英人之躁不可耐何!二、清廷在藏之一切权力已大低落,而仍不谋力起改进,致酿成"禁之不能,听之不可之势"。三、驻藏官吏类多庸懦无识,不知国家主权为何物,致有桂霖身任帮办大臣,竟上奏云:"迩来变故迭生,应接不暇,安得更有余力恢此远谟,既已情见势绌,莫若早为之所,宣布中外,藏部本系羁縻,今既自外生成,不遵约束,亦不欲强为扶植;即任其自主,该部内政外交,听自为之,悉不过问。如是明示拒绝,既不必授人指挥,更不至贻人口实,割创虽痛,犹愈养痈,实逼处也,亦事之无可奈何者也。"注八而驻藏大臣有泰则袖手坐视英军之进攻与《拉萨条约》之缔结,其与开门缉【揖】盗究何异乎!

〔1〕 今译贝尔福,英国自由党领袖,时任首相。

〔2〕 今译亨利·坎贝尔·班纳曼,1905年接替贝尔福出任英国首相。

〔3〕 原文为竖排,故曰右约,即上约之意。右,上也。下同。

注一：《英国侵略西藏史》，二一八页。

注二：Lee, op. cit., p. 48; A. & P., 1905, op. cit., no. 66, p. 22; no. 88, p. 30; no. 93, p. 31; no. 106, pp. 42-43; no. 144, p. 45; no. 115, p. 48; no. 182 enclosure, pp. 75-76; no. 184, p. 77.

注三：马福祥著《藏蒙状况》，一七二页。

注四：Lee, op. cit., p. 49; A. & P., 1905, op. cit., no. 142, p. 56.

注五：王光祈译《西藏外交史料文件》(Sir Charles Bell：*Tibet and Present*)[1]。

注六：Lee, op. cit., p. 54; A. & P., 1905, Vol. 141, p. 154.

注七：Lee, op. cit., p. 55.

注八：《清季外交史料》卷一七九，六七页。

三、英藏拉萨条约成立后四年中中英俄藏之交涉

1. 中英印藏续约

1904年后英国为巩固其在西藏之势力，取得国际法例上之根据以自辩护计，力谋与清廷会议，俾促成清廷对《拉萨条约》之追认。而清廷则怵于英国势力之突然膨胀，懔西南边疆之危急，亟思确定对藏之故有权力，以便从事改革；乃派唐绍仪[2]为全权大臣赴加尔各答与英之全权大臣费里赊[3]会商解决藏案。但会议迄无进展，唐氏旋以病于1905年9月返国[注一]，留秘书张荫棠[4]继续谈判。

张既留印与印方委员继续谈判，惟英国仍坚持初议，毫无让步表示。幸时英帝国内阁更易，驻华英使萨道义(Ernest Satow)[5]奉新内阁训令，向清廷外部提出更修条约之议，并约定在北京举行会议。清廷仍任唐绍仪与英使谈判，结果于1906年4月27日（光绪卅二年四月四日）签订《印藏续约》，正约全文六款，附约十款，其正约要点：[注二]

第一款　光绪卅年七月英藏所立之约，暨其英文、汉文约本均附入现订之约，

---

〔1〕　此处书名恐误，疑为 *Tibet: Past and Present*。

〔2〕　有关唐绍仪(1860—1938)，参阅郑天挺、吴泽、杨志玖主编：《中国历史大辞典》，上海：上海辞书出版社，2000年，第2540页。

〔3〕　费里赊(S. M. Fraser)，现多译为费礼夏，时任英印政府外事秘书。

〔4〕　有关张荫棠(？—1935)，参阅郑天挺、吴泽、杨志玖主编：《中国历史大辞典》，第1626—1627页。

〔5〕　亦名佐藤爱之助。英国外交官。1861年进入英国外交部，旋任驻日本领事馆翻译学生。1877年任驻日使馆日文秘书。1895—1900年任驻日公使。1900年继窦纳乐之后任驻华公使，10月抵北京上任，即参加列强与清政府的议和谈判。1901年代表英国在《辛丑条约》上签字。1906年在北京签订《中英续订藏印条约》。

作为附约,彼此认允切实遵守;并将印度总督更正批准之文据,(即减少赔款与提前撤兵之声明)亦附入此约。如遇有应行设法之时,彼此随时设法,将该约内各节切实办理。

第二款　英国国家允不兼并西藏及不干涉西藏一切政治,中国国家亦应允不准他外国干涉藏境及其一切内政。

第三款　光绪卅年七月英藏所订之约,第九款内之第四节所声明各项权利,除中国独能享受外,不许他国国家及他国人民享受。惟经与中国商定在该约第二条指明之各商埠,英国应得设立电信,通报印度境内之权利。

第四款　所有光绪十六年、十九年,中国与英国所订两次印藏条约,其中所载各约,如与本约及附约无违背者,概应切实施行。

右约在英国,《藏印条约》及《藏印续约》既获中国重新认可,而毫无法律根据强力威胁下所订之《英藏拉萨条约》,亦被承认;且得中国分任强制西藏履行条约之责,将俄国远摒于西藏之外,可谓大告胜利。在中国得英国正式承认,对于西藏之宗主权;以代西藏偿付对英赔款,取得藏方之不少友谊,获整顿藏政团结藏人之良好机会;对于《英藏条约》中所丧失之权利,不无相当之收复。清廷果能善用机缘,固结达赖内向之心,妥任精明干练之驻藏官吏,与地方切实合作,则侵略者将无所用其伎俩矣。惜清廷麻木如此,驻藏官吏纽于短见,致使英人利用附约第三款之规定,谋直接与西藏交涉,巧事联络之外,复飞语中伤,致中藏感情日恶,终酿成未来之分离。悲哉。

2. 英俄协定

俄自败于日后,国际地位既大低落,而内乱又日急,实已难言与其他列强争衡;在中亚英、俄二国积年之冲突,遂不得不求和平解决,以资相安。以此关于波斯、阿富汗、西藏之《英俄协定》,卒行成立。于1907年8月31日签字于圣彼得堡,其关于西藏方面之重要规定:注三

第一款　两缔盟国为保全西藏领土,各不干涉其一切内政。

第二款　(甲)英、俄两国承认西藏为中国所有,自后非经中国政府不得与西藏为何等交涉,但1904年之《英藏条约》与1906年《中英条约》仍遵约照办。(乙)英、俄二国人民之佛教徒关于宗教事务,得与达赖喇嘛及西藏僧官为直接交通,但两国

政府对于是等交通,应防范其不违犯本约之规定。

第三款　英、俄两国政府,互不派代表驻萨拉【拉萨】。

第四款　两缔盟国无论为自己为国民,相约不要求获取西藏之铁道、道路、电信、矿山及其他权利。

第五款　西藏各进款或货物金银钱币等,两缔盟国或两缔盟国人民不得取为抵押拨兑之用。

右约于正文外,以俄政府之意,更增"春丕屯兵,英国不可不如期撤退"一条,二国之互相牵制,致均承认西藏为中国所有,予清廷整顿藏政之机会,西藏似可暂免遭人宰割之祸。不过英人对于此约则特具慧眼,认此项协定系英、俄二国间之规定,与中国毫无关系,中国无权要求英国遵守是约云。

3. 中英修订藏印通商章程

1906年之《中英条约》承认1904年《英藏条约》为附约,中英两国彼此允认遵守,如遇有应行设法之时,彼此随时将该约内各节切实办理。又附约第三款称,1893年中英条约所有更改之处,应另行酌办;且在1906及1907年间,中、藏在边疆多所争持,而英政府又极注意印、藏之直接谈判,西藏官吏之任命,商埠之开辟,与已往条约解释之差异问题,致均感有召集会议之需要。与会代表清廷全权代表为张荫棠,英国全权代表为韦礼敦(Wilton),西藏代表为噶布伦汪曲结布[1]。会议之初,中国即坚持藏方代表须受中国代表之训示,经多方斡旋,始得英人同意。注四 草案于1908年4月20日签字于加尔各答,同年10月14日中、英换约于北京,约文共十五款,注五 其要点:

第一款　光绪十九年所定通商章程,与此次章程无违背者,仍应照行。

第二款　划定江孜商埠境界。

第四款　如英印人民在各商埠与中藏人民有所争论,应由最近商埠之英国商务委员,与该商埠裁判局之中藏官员,会同查讯,面议办法。……凡属此种交涉案件,均由被告之国之官主审,其原告之国之官只可会审。

---

〔1〕 即擦绒·汪曲结布,清代西藏噶伦。光绪三十四年(1908),同驻藏大臣张荫棠与英政府在印度加尔各答签订"中英修订藏印通商章程"。宣统二年(1910),钟颖率清军进入拉萨,十三世达赖喇嘛土登嘉措离藏出走,他和策默林·罗桑丹必坚参等管理拉萨政教事务。曾与联豫关系密切,因此父子被杀,庄园被没收。

第十三款 此次章程，自两国全权大臣及西藏代表签押之日起，应通行十年，若期满后六个月内彼此俱未知照更改，此章程应再行十年，每至十年俱照此办理。

右约藏代表亦得署名签字，是开中、英、藏三方并之先例，自此西藏问题愈趋繁难。是约自成立以来，虽尚无一方请求修正，似仍有效；但以签约后之种种事变，实际早已等于废纸。英国久谋与西藏成立直接之商业与外交关系，至此亦可谓已获成功。

注一：张荫棠《使藏纪事》卷一《接议》。

注二：《中外条约汇编》，五一页。

注三：王光祈《西藏外交文件》，九八—九九页。

注四：Lee, op. cit., pp. 96-101.

注五：同注二。

藏文文本的生成与西藏历史叙事的创建[*]

沈卫荣　　侯浩然

提要： 本文一是综述了近年来国际藏学界对藏文历史和宗教文献最新的研究，指出这些研究在不断丰富人们对西藏历史和宗教的理解和认识的同时，也对此前学界已有的研究以及传统的认识产生了挑战和冲击；二是受到了学者 Sheldon Pollock 提出的"三个维度中的语文学"（philology in three dimensions）和学者 Alexis Sanderson 提出的"以文本对勘来构建历史"（history through textual criticism）等方法论的启发，剖析了西藏历史中文本的形成和历史叙事传统（historical narrative）之间的关系，阐述了对如何利用历史语文学（historical philology)的方法来处理历史和宗教文献的新的理解和认识。

关键词： 藏学　藏文文本　历史叙事　语文学

一

傅斯年先生曾经说过"史料即史学"，主张"凡一种学问能扩张它研究的材料便进步，不能的便退步"。所以，历史学家首先要学会的本领是"上穷碧落下黄泉，动手动脚找东西"。对于研究西藏历史，特别是藏传佛教史和汉藏佛教史来说，傅先生的这个主张无疑是千真万确的。迄今为止，研究西藏和藏传佛教历史的每一次重大突破和进步都是与大量新资料的发现相伴随的。

藏学研究之所以能够于今日在全世界范围内蓬勃地开展起来，其中最重要的一个原因就是我们拥有几乎取之不竭、用之不尽的藏文文献。藏学是研究西藏历史、语言、宗教、社会和文化的一门多学科和跨学科的学问，而丰富的藏文文献为藏学研究的各个分支学科，乃至各个专门的学术领域的研究都提供了极其丰富的资料。随着藏学研究的不断深入，越来越多的藏文文献被发现和利用，我们对藏文文献之丰富及其价值的理

＊ 本文是笔者即将出版的《文本与历史》一书的导论部分。

解也越来越深切。从根本上说，藏学研究就是对藏文文本的研究，不管你从哪个学科，哪个领域入手来研究藏学，你所做的研究工作的最重要的内容都应该是对藏文文献，或者说是对各种不同的藏文文本的研究。

20世纪初敦煌古藏文文献（包括塔波寺文献）的发现和随后百余年来国际学界对它们的整理和研究，为国际藏学研究的发展和进步带来了巨大的推动，学界对11世纪以前西藏古代宗教文化和古代社会之历史的重构，其最根本的基础就是对敦煌古藏文文献的研究。而近年来我们对黑水城出土汉、藏、西夏文佛教文献的重新发现和研究，以及与此同时我们陆续发现和收集到的其他大量源出于西夏、元、明三代的汉文藏传佛教文献，成为我们揭露和重构藏传佛教自11世纪至15世纪于西域、中原传播之历史的最根本的第一手资料，没有这些文献的发现和对它们的解读、研究，这段历史一定至今湮没无闻。

可以说，藏学研究的主体是文本研究，其主流则是历史研究。不管是研究西藏的政治、经济、军事、环境，还是研究西藏的宗教、社会、文化、艺术等等，其主要的学术旨趣都不外乎尽可能地重构和再现它们丰富而多彩的历史。从这个角度讲，藏学研究最核心的内容即通过对文本的研究来重构历史。是故，对藏文文本的整理和研究与对西藏历史的重构和研究同生共长，相辅相成。对藏文文本的开拓和研究越广泛、越深入，对西藏历史的再现和重构也就越丰富、越明了；同样，随着西藏历史研究的不断深入和精细，我们就需要不断地开拓和利用新的文本，并对它们做出正确的解读和深入的研究。

藏文文本不但数量汗牛充栋，而且种类千差万别，它们既层出不穷，取之不竭，又高不可攀，深不可测，这大概就是藏学研究为何既色彩斑斓又魅力无穷的最首要原因之所在。迄今为止，国内外藏学界都对藏文文献、文本的收集、整理和研究投入了巨大的努力，取得了非常丰硕的成果。大量藏文文献重新得到了整理和出版，许多以前不为人知的，或者稀见的藏文文本被陆续发现和刊布，重见了天日。今日藏学研究者手中所能掌握的文本资料已经变得前所未有的丰富，而由美国学者Gene E. Smith先生于十五年前创立的"藏传佛教资料中心"（Tibetan Buddhist Resource Center）网站（www.tbrc.org），更为藏传佛教文本于世界范围内的利用和研究提供了极大的便利，它为整个世界的藏学研究带来了非常彻底的具有革命性的改变。

近几十年来，国际藏学界对藏文文献／文本的研究进入了一个全新的时代，对敦煌古藏文文献的研究继续牢牢地吸引住了世界各地不少优秀西藏学家们的注意力，他们从以往对敦煌古藏文世俗文献的专注中转移出来，开始重点研究其中的佛教文献，取得了丰硕的成果，行将对藏传佛教的历史，特别是藏传密教和处于前后弘期之间的所谓"黑暗时期"藏传佛教之发展的历史重新改写。而世人对藏文大藏经形成史的研究也越来越深入，从其翻译、编集、刊印的过程，到其内容、分类，以及各种版本间或梵藏、藏汉文本间的异同等，都有了越来越广泛和精细的研究。与此同时，也有越来越多的研究者将他们的学术注意力投入到了对藏文大藏经以外的藏文佛教文献，如《宁玛十万续》(rNying ma rgyud vbum)、苯教大藏经和其他与苯教相关的文献的研究上面，异军突起，取得了十分令人瞩目的成绩。从国际藏学的视角来看，藏学研究的主流不管是过去，还是今天，都是文本研究。用语文学的方法处理和研究藏文文本从来都是绝大部分藏学家们的看家本领，用精细的文本研究来再现西藏文明之各个方面的真实面貌和历史是迄今世界藏学研究所取得的最大的学术成就。

迄今为止，我们已经见到了多种专门对藏文文献，特别是其中的历史类文献进行综合性的介绍和研究的著作，其中最早的有俄罗斯学者 A. I. Vostrikov 所著的《西藏历史文献》一书[1]，分门别类地介绍了藏文历史类文献，并对其各自的特点、价值和代表作等做了扼要的说明；以后有美国学者 Dan Martin 著作的《藏文史书：藏文历史著作目录》一书，按其成书年代对每一本他认为是历史类作品的藏文文本的内容、价值及其研究和整理出版的现状等一一做了简单的介绍[2]。而迄今所见对整个藏文文献做了最全面和最权威的分类研究的综述性著作，是一部题为《藏文文献分类研究》的文集，它由世界各地，特别是北美藏学之各路权威学者联手撰写，无疑是当下我们了解藏文文献之全貌的最可靠、最好用的入门参考著作[3]。然而，类似这样的作品至今却依然不见于汉文藏学著作之中，我们对藏文文献的了解和利用远不如西方学者全面和深入。可是，如果今天我们对西藏历史的研究，依然只能停留在对诸如《红史》《青史》等几部常见的藏文史学名著的引用上，那我们的研究就显然已经大大地落后于今天国际藏学之普通学术水准了。有鉴于此，本书第一章《藏文文献与藏学研究：以〈一世达赖喇嘛传〉为中心》即以笔者近三十年间接触和认识藏文文献的经历和体会入手，对藏文文献的基本情况、其形成和发展的历史、分类、特点以及它们与藏学研究的关系等做了相对全面又有重点的

---

〔1〕 Vostrikov A. I., *Tibetskaia Istoricheskaia Literatura,* Izdatel' stvo Vostochnoi Literatury, Moscow, 1962; 其英文译本为：*Tibetan Historical Literature,* Curzon Press, Richmond, Surrey, 1994.

〔2〕 Dan Martin, *Tibetan Histories: A Bibliography of Tibetan Historical Works,* London: Serindia, 1997.

〔3〕 *Tibetan Literature: Studies in Genre,* edited by Jose Ignacio Cabezon and Roger Jackson, Snow Lion Publications, 1996.

介绍。而本书第三章《敦煌古藏文佛教文献、〈宁玛十万续〉〈西藏文大藏经〉及目录文本、闻法录文本、塔波寺文书和〈禅定目炬〉研究》则对以敦煌古藏文文献为主的早期藏文文献和藏文大藏经以外的佛教类文本及其对它们的研究做了比较全面的介绍，希望以此能够弥补我们对藏文文献及其对它们的整理和研究之现状了解的不足。

在接触到敦煌古藏文文献资料以前，我们对吐蕃史的研究根据的多半只是新旧《唐书》之"吐蕃传"等汉文古籍中的相关资料，或再加上《巴协》《贤者喜宴》和《西藏王统记》等几部后出的藏文历史著作中所保存的相对较早期的一些历史资料；而对吐蕃王国之后的西藏历史研究，则多半依赖《红史》《青史》《汉藏史集》《新红史》和《西藏王臣记》等几部著名的藏文史学作品。显然，这些文本不但远不足以帮助我们再现那两个时代之西藏的丰富历史面目，而且，严格说来它们也都不是第一手的原始史料，而是经过藏族史家之手，严格按照规定的体裁和佛教主义的历史观重新编排出来的准历史著作。职是之故，唯有敦煌出土古藏文文献，以及其他源出于吐蕃时代的金石、简牍等文献资料，才是我们研究吐蕃历史可以依据的第一手的原始资料，只有通过对它们的整理和研究，我们才可能成功地重构吐蕃的历史[1]。

对敦煌古藏文文献的研究已经持续了近一个世纪，然而对它们的研究方兴未艾，还在不断地走向深入。与此相应，今天我们对吐蕃王国以及吐蕃王国灭亡以后一个多世纪内的西藏历史有了完全不同于以往的理解。特别值得指出的是，随着近年来对敦煌出土古藏文佛教文献研究的不断深入，我们对11世纪前佛教于吐蕃传播的历史，以及藏传佛教传统如何形成的历史的理解有了翻天覆地的变化。本书第二章《藏传佛教文本

---

〔1〕 写作这篇前言之时，恰逢业师王尧先生不幸仙逝，不胜伤痛之至！王尧先生对中国藏学研究，特别是对吐蕃史研究的进步做出了不可磨灭的贡献，我等后学当永远牢记他的成就和功德，将他于20世纪80年代在中国学界开创的敦煌古藏文文献和吐蕃史研究继续做下去，并做得更好。以下是日前所写的一篇纪念王尧先生的文章中的一段，专述先生生于这一领域的成就，兹录如下，以作纪念："这万象更新、让人留恋的八十年代无疑也是王老师学术人生中最丰收的一个季节。他一生最重要的三部学术著作《敦煌本吐蕃历史文书》《吐蕃金石录》和《吐蕃简牍综录》都先后于这十年间问世。在此以前，王老师更多是从语言和文学的角度来了解、研究和介绍西藏，从八十年代初开始他才转入对敦煌古藏文文献和西藏历史的研究，而这三部著作的问世，除了彰显他个人的学术臻至成熟，并取得了非凡成就外，它在中国藏学学术史，乃至整个中国学术史上，都具有非同小可的重要意义。首先，《敦煌本吐蕃历史文书》的出版不但使遗失了的国宝重新回归祖国，而且也是中国学者在国际敦煌古藏文文献研究这一大舞台上首次发声，它既是八十年代中国敦煌学研究迅速发展壮大的一个重要标志，同时也造就了王老师本人在中国敦煌学界的特殊地位；其次，这三部著作的问世使中国的吐蕃史研究进入了一个全新的阶段，它终于脱离了主要依赖新、旧《唐书》'吐蕃传'等汉文文献来研究吐蕃史的汉学式研究，而进入了一个以古藏文文献为主、以汉文文献为辅的中国式吐蕃研究的新时代；再次，王老师的这三部著作将西方解读、研究敦煌古藏文文献的语文学方法，将西藏研究的国际性视野和学术规范引进了中国西藏学界，从此中国的藏学研究有了一根新的标杆，有了一种新的气象。"详见沈卫荣：《20世纪中国藏学最耀眼的一颗星星陨落了》，《文汇学人》第226期，2015年12月25日。

的形成与历史传统的创建》既对以敦煌古藏文文献为主的早期藏文文献及其对它们的研究做了全面的介绍，同时也对因这些文本的发现和研究而对吐蕃王国史，以及早期藏传佛教史研究所带来的种种改变做了比较细致的说明，并以此分析了藏传佛教文本的形成与藏传佛教历史叙事的创建，和藏文文本的发现与西藏历史研究的进步之间相辅相成的密切关系。

　　同样，对于吐蕃王朝之后的西藏中世纪历史的研究，我们也必须广泛地开拓和利用"王统记"（rgyal rabs）、"史册"（deb ther）和"教法源流"（chos vbyung）等传统藏文史书类作品以外的更加第一手的历史资料，否则，我们就很难超越中世纪西藏史家们的历史视野，对这段历史的了解也永远只能局限于他们已经为我们设计和勾勒好了的那些粗线条的、带有严重的佛教主义史观的历史框架之中。当西藏历史跨入中世纪时，藏族的文本文化空前繁荣，藏文文献之丰富，各种各样的文本之多，足以满足今天的历史学家对这段西藏历史进行全面探索的好奇心和史料需要，但是，如何以我们有限的能力和精力，尽可能地找到我们所希望找到的文本，并从这些文本中读解出我们建构这段历史所需要的真实、客观的第一手的资料，这才是摆在我们现代学者面前的一大难题。

　　中世纪西藏先后出现了数以千计的藏传佛教高僧，他们中的很多人有卷帙浩繁的全集（gsung vbum）传世，留下了难以计数的各种各样的文本，它们自然都是后世史家应该珍视和可以利用的第一手的历史资料。但是，这些文本中的绝大多数都是纯粹的佛教文本，即使是其中那些可以被归属于历史类的文献，其实际的内容也很少涉及佛教以外的世俗历史，其文本本身则充斥了大量佛教名相，常常令现代史家们望而却步，无从着手，难以将它们转化为他们所熟悉和需要的第一手的历史资料来利用。例如，藏文文献最突出的特色之一就是历代藏传佛教僧人都酷爱立传，留下大量的各种不同形式的人物传记，这些传记作品看起来最接近于汉文"高僧传"类的历史资料，但很难直接将它们转化成为当代史家撰写这些人物或者时代历史的有用素材。显然，在能从它们当中找到切实有用的历史资料之前，我们首先必须借助语文学家慢慢读书的耐心，花大力气去读懂它们，并从其字里行间去体会和领悟其言外之意。通常一部藏文高僧传记都是模仿佛陀的十二宏化和本生故事的形式，来讲述传主如何通过闻思修走上成熟解脱的道路，然后利益众生和教法的故事，故虽然传主的生活年代、生平事迹千差万别，但其传记的叙事模式和写作宗旨则千篇一律。读解和研究一部藏文高僧传记，我们必须从这些程式化、标准化的宗教内容中深挖细究、抽丝剥茧，用心再现传主生活于其中的那个广阔的社会和宗教背景，提炼出传主有别于他人的品行、作为和历史功德。本书第一章《藏文文献与藏学研究：以〈一世达赖喇嘛传〉为中心》即通过对一世达赖喇嘛根敦珠的几种藏文传记的相对细致的介绍，来举例说明我们应当如何利用像高僧传一类的藏文佛教文献，并把它们转化为研究西藏历史的第一手资料。对一部看起来甚至有点像是抄袭了克珠杰所造的著名的《宗喀巴大师传》的《一世达赖喇嘛传》，如果我们对它深究细挖，把隐藏在传记中出现的所有人物、事件和名相背后的背景彻底搞清楚，那么它就完全可以成为揭示格鲁派早期历史、达赖喇嘛转世制度形成史，乃至15世纪西藏政教历史的最珍贵的资料。

二

若要将史料提炼、转化为历史，即通过对文本的研究来再现和重构历史，史家必须掌握的最起码的本领当然是要能够读懂那些被用作史料的文本。然于藏学领域，要读懂那些可被用作史料的古藏文文本，并通过对这些文本的整理和研究来再现和重构西藏和藏传佛教之历史，这对于任何一位非藏族学者来说都不是一件很容易做到的事情，它非常具有挑战性。而若要能够广泛地发现和利用古藏文文本，细致地提炼其中的历史内容，深刻地领会其微言大义，这不但要求我们要有足够好的藏语文阅读能力，并对产生这些文本的宗教、历史、文化和社会背景有非常深刻的了解，而且还要求我们能够运用正确的学术方法来处理我们手中越来越多的藏文文本，从中寻找出对复原西藏和藏传佛教历史之真实面貌具有重要价值的历史资料。总之，若我们无法熟练地阅读和利用藏语文文献，我们自然就不是一位合格的藏学家。但每一位能够熟练地阅读和理解藏文文本的人也绝不天生就是一位合格的藏学家，他／她同样也必须掌握正确理解和处理藏文文本的学术方法。从文本到历史之间，我们必须跨越过一条十分艰苦、复杂和精致的学术道路。

迄今为止，于世界范围内从事藏学研究者所普遍采用的最基本的学术方法无疑是语文学（philology）。特别是在西藏历史和藏传佛教研究领域内，从文本出发，用语文学的方法来处理和读解文本，从而重构和再现西藏和藏传佛教的历史，这无疑是现代藏学研究之最普遍而主流的做法。美国著名印度学家、于当今国际学术界对语文学做了最不遗余力宣传的Sheldon Pollock教授最近对语文学做了一个最新的定义，指出语文学不是在文本中找到和确定信息、资料的一种能力，而是能够让文本产生意义，即能够解释文本的一门学问（the discipline of making sense of texts）。换句话说，语文学作为人文科学研究之必要手段的一门"软科学",它是教人如何正确地阅读、理解和解释文本的一门学问。

于以往中国之学界,人们习惯于将历史语言学(historical linguistics),甚至将其中的一项重要内容"审音勘同",即将对文本的语言研究与语文学相提并论,事实上前者只是后者的一个重要组成部分。将一个文本放回到其原初的历史的和语言的环境之中来阅读,从而对它做出与其本来的语境最相吻合的理解和解释,这是传统语文学的一个最基本的学术宗旨。然而,语文学作为现代学术,特别是现代人文学科的一个最基本的学术方法,其手段和内容似都不仅仅局限于此,不管是论其方法,还是说其概念,语文学都应该是多元的。如果说数学是自然这本书的语言的话,那么语文学就是人类这部书的语言,它是对语言的一种批评性的自我反省,是一种普遍的知识形式。作为一种实用的学术方法,语文学指的是用一切科学、合理的手段,广泛地发现和厘定文本,然后正确地读解文本,并对文本的意义做出恰如其分的解释,它是人文学科的一种最基本的和最普通的学术方法和学术态度。

最近,Pollock先生提出了"语文学的三个维度",或者说"三个维度中的语文学"(philology in three dimensions)这样的说法,指出语文学作为让文本产生意义的一门学科,其自身即定位于三个不同的意义层面,即这个文本的起源,它的被接受(认知)的传统,和它对眼下语文学家自己的主观性的参与等等。换言之,一个文本至少有三个不同的意义层面,或者说有三种不同的意义,和三种不同的文本真实(text truth)。第一种是这个文本产生时的意义,或者说是它的作者赋予它的意义,第二种是此前的阅读者们赋予它的意义,而第三种则是语文学家此时此地从这个文本中所读出来的意义。语文学家若要真正读懂一个文本,并能说明白它的意义,就必须同时兼顾这个文本于这三个不同层面上所产生的所有意义。Pollock认为这种文本解释的多元化视野是实证上最丰富的、认知上最有益的、伦理上最公平的一种语文学[1]。

Pollock这里所说的语文学的三个维度显然是对传统语文学的一大发展,后者关注和希望揭示的通常只是第一个意义层面。三维语文学对于我们用语文学的方法来处理和理解文本与历史的关系无疑具有很深刻的启发意义,它告诉我们每一个文本都有不同的意义层面,所以你读他读,古人读今人读,从中读出来的意义都可以是完全不同的。

---

〔1〕 Sheldon Pollock, "Philology in three dimensions," *Postmedieval: A Journal of Medieval Cultural Studies*, Vol. 5, 4, Macmillan Publishers Ltd., 2014, pp. 398-413.

与此相应，通过对相同的文本，或者说相同的史料的阅读，不同的人可以构建出完全不同的历史真实。所以，语文学不只是一种处理文本的工具，而且也是一种认识历史的哲学。虽然，三维语文学的出发点依然是文本，但在如何使文本产生意义，即如何理解和解释文本这一点上，它甚至与后现代的史学观念有很多契合的地方。后现代史学认为史料（文本）是不能作为历史书写基础的，因为作者用自己的语言构成的文本，它所表达的并不见得一定就是作者的内心意图，也不等同于它所描述的对象。以文本为形式的史料本身就是历史书写的结果，历代史家在书写历史时不断地引证前人的文本，所以历史书写说到底不过是通过旧的文本而形成新的文本。而在文本的意义上，新的历史作品与史料并无区别。因此，后人很难通过检验史料来判断史实的真伪，史料与史实没有区别，"史料即史学"，它们不过是不同的文本而已。

由于作者书写的文本所表述的不见得就一定是作者的本意，而每一个文本于其生成、流传的过程中都会经历很多完全不同的读解，具有很多不同层面的意义，所以否认史料与史实之间存在的区别，进而彻底解构历史学的科学意义，这种后现代的历史观显然有点矫枉过正了。但揭露文本具有不同层面的意义，提醒人们作为史料的文本实际上也不过是前人之历史书写的结果，这对于我们借助语文学的方法，通过对藏文历史文献的整理和研究来重构西藏和藏传佛教历史，无疑具有十分深刻的借鉴和启发意义。

显而易见的是，目前常常被我们当作史料来利用的藏文文本，绝大多数并不是我们传统以为的原始史料，它们确实是前人之历史书写的结果。除了极少部分留存至今的吐蕃金石、简牍，以及敦煌古藏文文献和塔波寺文书以外，今天我们所能利用的藏文历史文献基本都是12世纪以后才出现的文本，它们几乎无一例外都是于西藏社会、文化被彻底的佛教化以后才出现的作品。那些被后人归类为历史文献的藏文文本，明显都是严格按照佛教史观设计、书写的准历史著作，严格说来它们当然不能算是研究西藏历史的第一手的原始史料。而且，正是因为受了这些文本／著作的影响和限制，我们至今常常忽视了这类准史料与史实之间的差别，不加甄别地把藏族佛教史家精心构建出来的种种历史叙述（historical narratives）和大胆创造出来的种种历史传统，统统当成了实际发生过的历史真实，以至于我们对西藏和藏传佛教史的建构完全陷入了佛教主义史学的泥潭，形成了一整套固定的说法和陈词滥调，其中充满了想象和误解。

当我们带着对"史料即史实"的这份后现代的警觉，再来检视西藏和藏传佛教历史上种种人们早已习以为常的定论时，就并不很烦难地发现它们当中有很多都是后人精心构建出来的历史叙事，它们都是后人创造出来的历史传统，离历史的真实都很遥远。后世藏族史家笔下所描绘的西藏和藏传佛教史上的许多重大事件，例如"吐蕃（桑耶）僧诤""佛苯之争""朗达玛灭佛""前弘期、黑暗期、后弘期"之历史分期，"新译密咒和旧译密咒（萨玛和宁玛之争）"等等，与其说它们是历史事实，倒不如说它们是历史想象，或者说是一个又一个被想象或者创造出来的历史传统。

这些历史叙事的形成当然并非完全空穴来风，它往往要经历一个错综复杂的过程，除了佛教史观对西藏历史的形塑所施加的强有力的影响之外，还有现实政治、家族利益、教派之争等其他外在的因素也都在西藏和藏传佛教的历史记忆、想象和西藏历史传统的创造中留下了明显的印记，而文本的翻译、传播和创造不但对西藏的政治、社会、宗教和文化，而且也对西藏的历史书写产生了巨大的影响，藏传佛教文本的形成与西藏历史传统的创建同生共长，相辅相成。所以，若要对迄今为止人们通常信以为真的有关西藏和藏传佛教历史的种种陈词滥调进行解构，将历史的真实从前人建构和创造出来的历史叙事和历史传统中解放出来，我们就必须重新检讨藏传佛教文本之形成、发展的历史，探讨文本与历史叙事之间非常紧密和复杂的关系。

近一二十年来，国际藏学界再次掀起了对敦煌古藏文文献研究的高潮，取得了极其丰硕的成果。正是借助对这些相对而言或确可视为第一手的原始史料的藏文文本的研究成果，我们现在才可以对充斥于常常被人当作研究西藏历史之史料的后弘期藏族史家们所撰写的大量西藏历史著作中出现的各种陈说和偏见进行大规模的正本清源式的清算。本书第二章《藏传佛教文本的形成与历史传统的创建》对近年来国际藏学界对敦煌古藏文佛教文献的研究做了非常详尽的介绍和评述，展示了学者们如何通过对敦煌古藏文文本所做的精细研究来逐一解构那些在西藏和藏传佛教历史上早已被人长期接受了的历史叙事和历史传统的精湛过程，揭示了有关"黑暗期"的"集体失忆"在西藏历史书写中形成、发展和变化，亦即"黑暗期"这一概念和隐喻被后世史家们精心设计和创造出来的过程，以及它在西藏的历史书写和宗教竞争中所扮演的角色。这些研究成果充分说明西藏和藏传佛教的历史实际上就是藏文文本的历史，研究西藏历史必须将藏文文本的形成和西藏历史叙事、传统的构建二者结合起来考察，应该讨论文本的运输、翻译、传播、变形和接受、吸收的历史。唯有如此，我们才能将历史作为可流动的叙事传统来考察，说明历史不只是一个孤立的人物或事件，而是在时间的长河中人们在政治、宗教、文化和思想的多个层面的"运动"。研究历史并不只求还原一时一人一事之真实，而更要追求揭示这个"历时之运动"的过程。通过对文本内部之变化和发展的细致考察，揭示某种历史叙事之形成、发展和变化的复杂过程及其背景，这一定有助于我们突破对人物或事件进行微观考证的桎梏，我们所做的历史研究最终呈现出来的必将是一个更加丰富、生动和宏大的场面。

对不同时代、不同类型的文本做比较研究，例如将敦煌出土的古藏文文献与后弘期史家们所撰述的历史著作等传世作品结合起来做比较研究，或者将教法源流、宗派源流、高僧传记、闻法录等通常被认为是历史文献的藏文文本与仪轨、论疏等纯属宗教文献的文本结合起来进行比较研究，于它们的差异和变化处入手，寻找和梳理出这种差异和变化之形成和发展的轨迹以及内在逻辑，发掘出它们之间错综复杂的内在联系，这势将为藏文文本（文献）和西藏、藏传佛教历史的研究打开一个极为广阔的新局面。于此，或可以将我们对"吐蕃僧诤"之历史及其历史叙事传统的形成和变化的研究作为一个典型例子，来说明对不同时代、不同类型的文本进行比较研究的重要意义。

于诸多后弘期藏文历史文献中，有关"吐蕃僧诤"的记载几乎众口一词，都说于8世纪末吐蕃赞普赤松德赞在位时，以来自汉地的禅宗和尚摩诃衍为代表的顿门派与以来自印度的中观派上师莲花戒为代表的渐门派举行了一场面对面的宗教辩论，结果汉地禅宗顿门派败北，被逐出吐蕃，从此以龙树所传中观哲学为主流的印度渐门教法被确立为吐蕃佛教之正宗。追本溯源，我们发现这样的说法最早出自被认为是西藏第一部历史著作的《巴协》，而其后相继出现的藏文史书都照搬了这种说法，并不断地添油加醋，妖魔化和尚摩诃衍及其所传禅宗教法。

长期以来，人们对"吐蕃僧诤"这一藏传佛教史上的重大事件的真实性深信不疑，有关这一事件的历史叙事代代相续，一成不变。直到20世纪初敦煌汉藏文禅宗佛教文献的出现，人们在随后对这些文献进行深入研究的过程中才开始对这个历史故事的真实性产生了怀疑。首先，大量藏文禅宗文献的出现表明汉地禅宗教法确曾于吐蕃广泛传播，但所有这些文本中却并没有提到过有一场面对面的"吐蕃僧诤"事件发生。即使是大致成书于10世纪的藏文判教文献《禅定目炬》的作者似也根本不知道有"吐蕃僧诤"事件的发生，他毫不含糊地判定和尚所传的"顿门法"高于莲花戒所传的"渐门法"；其次，于敦煌出土的汉文禅宗佛教文献《顿悟大乘正理决》中隐约提到了和尚摩诃衍所传禅法与印度"小乘婆罗门"所传教法之间出现的意见分歧，双方各执己见，开展了长时间的笔战，最终摩诃衍大获全胜。最后，我们发现《巴协》中有关"吐蕃僧诤"的记载，实际上是根据莲花戒所造《修习次第》中一段他与某位未明确标明身份的论师之间的文字争论改编、演绎而来的。有鉴于此，至今我们基本可以肯定于后弘期藏文史学传统中出现的"吐蕃僧诤"不可能是一个实际发生的历史事件，而是后人根据当时曾经出现的两个教派之间于教法上的差异演绎、创造出来的一个历史传统。《巴协》的作者之所以创造出这样一个影响深远的历史叙事，其背后隐藏着与家族利益和家族斗争相关的深刻的政治背景。当时，《巴协》的作者源出的巴氏家族显然是渐门派的信仰和支持者，而与其家族对立的另一个吐蕃大贵族属卢氏却是和尚摩诃衍所传顿门法的热情支持者。所以，《巴协》中构建的这个最终以和尚摩诃衍败北告终的"吐蕃僧诤"的历史故事，实际上反映出的是吐蕃时代大家族之间激烈的政治斗争的历史背景。而《巴协》之后包括布思端大师在内的藏族史家之所以继续乐于宣扬和发挥这个历史叙事，持续地妖魔化和尚摩诃衍，甚至将他描述成谋杀莲花戒的恶僧，或者将摩诃衍所传禅法贬为外道等，除了已经把妖魔化了的和尚教当作教派间诤论和互相攻讦的一个有力工具外，其更深刻的动机在于贬低汉传佛教的地位，以确立藏传佛教为印度佛教的正宗传人、吐蕃乃世界佛教之中心的地位[1]。

如果我们从文本之生成和流传这一角度来考察"吐蕃僧诤"这一历史叙事于藏文历史书写传统中的形成过程，则同样具有十分典型的意义。《巴协》这一最早确立了"吐蕃僧诤"之历史叙事的藏文文本，显然不能被认为是第一手的史料，因为它本身就是历史书写的结果。而其后历代藏族史家在其书写"吐蕃僧诤"这段历史时，其主体部分就是不断地引证《巴协》这个文本，所以，在文本意义上，后世的藏文历史书写不过是通过旧的文本形成新的文本，而这些新的文本主体上与《巴协》这个旧文本并无区别，只是间或增加了一些新的内容。但是，如果我们对《巴协》中有关"吐蕃僧诤"这个故事的来历从文本之源流这一角度进行追踪的话，即可发现它也不是一个凭空捏造出来的故事。首先它的文本依据是莲花戒的《修习次第》，这是第一手的历史资料，虽然莲花戒并没有说他和禅宗和尚摩诃衍有过直接的僧诤，甚至并没有说明与他对立的论师究竟是谁，但当时出现过顿门和渐门两个派别在教法上的分歧当是不争的事实。其次，敦煌汉文禅宗佛教文书《顿悟大乘正理决》中更明确地说明当时吐蕃佛教中出现了顿门和渐门之间的严重分歧，这种分歧达到了如此严重的程度，不但和尚摩诃衍撰著了一系列文本，以驳斥敌方的谬论，而且其弟子中竟有人以自残等非常极端的方式来表示他们对敌方的不满和抗议。再次，敦煌出土藏文禅宗文献表明包括《顿悟大乘正理决》和和尚摩诃衍的作品在内的大量汉地禅宗佛教著作被翻译成了藏文，可见吐蕃的禅宗行者为

---

〔1〕 关于吐蕃禅宗的最新研究见 Sam van Schaik, *Tibetan Zen: Discovering a lost tradition, the stories told by the Dunhuang cave manuscripts*, Boston & London, Snow Lion, 2015. 其中关于"吐蕃僧诤"的讨论，见该书，pp.113-130.

数不少，而且他们也可能是这场冲突的直接参与者。最后，《巴协》中对顿渐二派争斗之激烈程度的描述显然是引证了《顿悟大乘正理决》中的记载，而且将这种教法上的矛盾冲突用一种十分戏剧化的一问一答的论辩形式呈现出来，这本来就是汉地禅宗佛教徒习以为常的一种形式，从中我们可以明显看出神会"滑台之会"的影子。或许正是《顿悟大乘正理决》中记载的这些论辩方式至少为《巴协》的作者于塑造"吐蕃僧诤"这一历史叙事时给予了形式上的启示，而这二者同样都是一种创造出来的对话。总而言之，虽然《巴协》不是一个可以作为第一手史料的文本，也正是它第一次塑定了"吐蕃僧诤"这一历史叙事传统，但我们不能因此而全盘否定《巴协》中确实包含了很多第一手的原始史料，也不能否认吐蕃佛教史上曾经出现过的顿门与渐门两派的激烈斗争。

尤其值得强调的是，即使《顿悟大乘正理决》有可能曾经是《巴协》的直接史料来源之一，而且从其形成的时间来看，它也当早于其他敦煌藏文禅宗文献，但是，我们并不能因此而把它当成是不偏不倚、绝对可靠的第一手历史资料，因为它显然也是"历史书写的结果"，不过是把一种汉地禅宗佛教习惯了的宗教斗争方式搬到了吐蕃佛教这个新的舞台，用汉地禅宗的论诤方式来形容和描绘吐蕃佛教中出现的顿渐之争，并使它以文本的形式固定下来，并最终使其渗入了藏族历史书写的传统之中。

而当我们最终理清了《顿悟大乘正理决》等敦煌汉、藏文禅宗文献、莲花戒造《修习次第》和西藏第一部藏文历史著作《巴协》之间在文本之生成和传承的过程中所存在的这种错综复杂的关系的时候，我们便对吐蕃时代出现的顿渐之争的历史，以及有关"吐蕃僧诤"这一历史叙事之形成和它在后世藏文历史作品中的再现和发展等都有了更为清晰的认识，而我们对"吐蕃僧诤"之历史的研究也就不再局限于对8世纪末期围绕顿渐之争而出现的这些具体的人物和事件的考证，而必须把它作为一个多层面的、流动的叙事传统和一个对藏传佛教历史的发展产生了深远影响的历时的运动过程来考察了，揭露的显然是远比莫须有的"吐蕃僧诤"这一历史事件更为丰富、宏大和深远的历史场面和历史意义。

三

本书第四章《文本对勘与历史建构：藏传佛教于西域和中原传播历史研究》和第五章《〈大乘要道密集〉与西夏、元、明三代藏传密教史研究》的主题都是介绍我们近年来新发现的，或者从那些长期以来被人所忽略的古代多语种佛教文献中重新发现的有关西夏、元、明三代藏传佛教于西域和中原传播的大量文本，讨论的是如何使这些看起来纯宗教的、缺乏传统的历史性内容的文本，能够转化为研究藏传佛教史的最有用的第一手历史资料，以及如何能够将从不同的地方、不同的年代所发现的不同语种的宗教性文本（修法、仪轨），通过对它们的对勘和比较研究，将它们整合起来，成为重构藏传佛教于西域和中原传播之历史的最基本的和最丰富的历史资料。

藏传佛教曾经于元朝蒙古宫廷中传习是一个广为人知的事实，然而，长期以来这段历史却被蒙上了一阵浓重的阴霾。于汉文化传统中，藏传密教被严重地妖魔化和色情化，它于蒙古宫廷的传习被认为是导致元朝急速灭亡的祸因，围绕这些离奇的故事甚至还在中国古代历史书写传统中形成了一套新颖的、充满异域情调的王朝末世之历史叙事。这一套显然有悖于元代历史之真实的历史叙事，其形成具有极为复杂的政治和文化背景，然而汉族士人对异族文化的无知、偏见和排斥无疑也是其中的一个重要因素。另一个不可忽略的重要因素是，后世史家严重缺乏有关这段历史的翔实和可靠的历史资料。后世以讹传讹的种种匪夷所思的故事，大部分都是从元末明初的一部野史——《庚申外史》中的那几个明显为小说家言的故事中演绎出来的。此后几百年间，汉族士人中对藏传密教之甚深和广大有深刻了解者史无明文，仅仅是《庚申外史》中出现的"秘密大喜乐禅定""演揲儿法"和"十六天魔舞"等几种相传为蒙古大汗热衷的藏传密教修习法就从来没有人把它们真正搞懂过，所以被统统贴上了"双修"或者"淫戏"的标签。对它们的解释也曾难倒过一批中外蒙元史学或者藏学大家，直至近日无人能够给其以令人信服的解释。蒙元史研究于中外学界皆人才辈出，成绩斐然，然唯于此领域，却长期滞足不前，无明显的进步。究其原因，一则或的确是因为藏传密教本身的秘密性质，对它的研究即使在国际藏学和佛教学界也只是到了近一二十年才有明显的起色，而国内学者至今对它甚少有较为深入的研究，局外之人难解此甚深密法之秘密亦在情理之中；二来或则是因为我们所熟悉的关于蒙元史的传统历史资料能够为我们提供的有关元代藏传佛教传播历史的历史线索实在少之又少，巧媳妇难为无米之炊，蒙元史家虽或有发心要攻克此难题者，却多不知从何下手是好。

然而，令人颇为惊讶的是，尽管在元、明时代各种传统历史文献中有关藏传佛教的记载确实少之又少，但从这两个时代流传下来的汉译藏传密教文本却实在相当的丰富。例如，有一部传为元代结集的、从清乾隆宫廷中传出来的汉译藏传密教仪轨集成——《大乘要道密集》就有四卷之巨，内录八十三个文本，内容极为丰富。十余年前，我们在俄藏黑水城文献中又重新发现了大量汉译藏传密教的修法、仪轨，由此证明藏传佛教早已于西夏时代就已经在西域和中原地区广为传播了，蒙古人如此迅速地接受了藏传佛教实在有其深刻的西夏背景。循此线索，我们还发现俄藏黑水城文书中的西夏文、汉文佛教文献，不但与《大乘要道密集》的内容互相补充、呼应，而且从类型到内容亦与20世纪初在吐鲁番发现的古代畏兀儿文佛教文献有十分紧密的关联，甚至它们也还可以与敦煌出土的汉、藏文佛教文献发生直接的连接，共同组成重构11世纪至14世纪西域佛教史的最基本和最重要的文献资料。在此之后，我们又在台北"故宫博物院"、中国国家图书馆、辽宁省图书馆和云南省图书馆等地陆续发现了一大批与《大乘要道密集》中所录的文本极为类似的汉译藏传密教文本，其内容之丰富足以编成一部新的《大乘要道密集》了。与此同时，我们在甘肃、宁夏、内蒙古等地新出土的西夏、元代文献中也发现了数量不少的西夏文和汉文藏传密教文本，随着这些省份考古新发现的不断出现，这类文本的数量也还在继续不断地增加之中。

近十余年来，我们一直专注于研究藏传密教于西域和中原传播的历史，努力寻找更多的曾于西域和汉地传播的藏传密教文献。今天我们不无惊喜地发现，我们手中已经拥有了大量与这个研究课题相关的各种文字的藏传佛教文献资料。这些多语种的佛教文本有的事实上并非十分难得，有的也早已为人所知，只是它们一直被忽视了。例如，《大乘要道密集》早在1930年代就已于北京刊刻、传世了，1960年代后还在港台地区多次重印，对于研究蒙元史或者藏传佛教史的学者来说，它并不十分难得。还有，像20世纪初于吐鲁番出土的畏兀儿文藏传密教文献，它们也早已被德国学者茨默（Peter Zieme）先生等于20世纪70年代翻译、研究过，其内容也早已公之于世了。即使是俄藏黑水城文献中的汉文、西夏文佛教文献，它们于中国学界也并非完全陌生，至少自20世纪80年代起就已经有不少人接触过西田龙雄或者克恰诺夫（E. Kechanov）先生先后编写的黑水城出土西夏文献目录。而这些今天看来弥足珍贵的佛教文献却并没有受到治蒙元史，或者治西藏史和藏传佛教史学者们的高度重视，长期以来它们被束之高阁，究其原因其中最主要的一条恐怕是我们对藏传密教的一贯的无知，我们当中很少有人能够真的读懂这些纯粹宗教性质的文本，更何况将它们转化为研究藏传密教于西域和中原传播历史的第一手史料。《大乘要道密集》于1930年代在北京刊刻之后，曾在修习藏传密教的汉人行者中间引起了巨大的反响，然于学界却只有吕澂先生一人曾于1940年代初对它做过初步和精湛的研究，其后半个多世纪几乎无人问津。更加令人扼腕的是，即使是时至今日，我们中间真正能够读懂《大乘要道密集》这样的汉译藏传密教文本者或依然寥寥可数，更不用说对它们进行深入的研究了。

如此丰富的多语种的藏传密教文献长期以来被束之高阁，未能被转化为用于研究藏传密教，特别是它于西域和中原传播历史中的重要文献资料，这实在是学界的一件十分令人遗憾的事情。造成这种状况的另一个重要原因，或当归咎于以往各相关学科之间壁垒森严、老死不相往来的局面。不管是研究西藏学、突厥学（古代回鹘研究）、西夏学、蒙古学，还是研究佛教学、蒙元史的学者，长期以来他们之间缺乏有机的连接和沟通，各个领域的学人们大多数缺乏多语种和跨学科研究的意识，以至于各自为政，对如此丰富的文献资料，如此丰硕的研究成果，互相熟视无睹，严重阻碍了藏传佛教于西域和中原传播历史研究的进步。

如前所述，在藏传佛教于西域和中原传播历史研究这个领域内，我们能够从传统的汉文历史文献中获得的知识极其有限，我们若希望在这个领域的研究有所突破，我们唯有依靠这些长期还没有引起足够重视的各种不同语言文字的纯粹宗教类文献。但是，我们若想要很好地利用和研究这些宗教文本，将它们服务于历史研究，则必须首先花大力气来整理和解读这些文本，而这并不是一件非常简单的事情。对于没有足够的密教知识和佛教研究训练的人来说，这些纯粹的宗教文本无异于天书，读懂它们非常困难。同时，在这类以实修之修法和仪轨为主的密教文献中，我们极少能见到传统意义上的历史信息，很多文本更是连作者、译者的身份都难确定，不少文本又残缺不全，故很难确定其成书的年代和传承的历史，这自然很难给史学家提供他们通常所需要的传统史料。所以，若要将这些宗教文本转化为能够再现和重构历史的第一手的史料，我们同样必须走过一条十分艰苦和复杂的语文学研究的道路。

以研究密教之起源而闻名于世界的英国学者 Alexis Sanderson 先生曾经倡导过一种被他称为"以文本对勘来构建历史"（history through textual criticism）的学术方法，其学术实践最关键的内容有两条，一是要尽可能地找出这些文本的源头（原文本），并围绕这个文本拓展阅读的宽度，形成以它为中心的一个文本群体，从而通过对这些文本的对勘和比较研究，构建出这些文本流传的一个大致的年代顺序；二是要对产生这些文本的那个文化（文明）有深切的了解和研究，从而真正读懂这些文本，并确定这些文本的形成和流传过程，随之也确定与这些文本相关的教法之形成和传承的历史。这种通过对文本的对勘和比较研究来构建历史的学术进路，我们可以把它理解为是对语文学的一种新的诠释和发展。传统语文学是一门厘定和理解文本的学问，以往人们较多地从语言学，特别是历史语言学，或者语言的历史研究这个角度，来理解作为一种学术方法的语文学，而理解一个文本仅仅依靠历史语言学的功夫显然还远远不够，它同时要求语文学家对产生这个文本的文明有深切的了解。

显然，以文本对勘来构建历史的学术进路也是研究元代藏传密教于西域和中原传播之历史的必由之路。迄今为止，我们手中陆续掌握的汉文、西夏文、畏兀儿文、蒙古文翻译的藏传密教文献的数量已经相当可观，接下来我们必须舍得花大力气，在浩如烟海的藏文佛教文献中一一寻找出它们的原文本，以此确定其最初的来历，然后通过对各种文字译本的对勘和比较研究，及其对传译者身份的钩考，大致确定这些文本传承的年代和先后顺序，从而大致勾画出藏传佛教于西域和中原传播的历史脉络。若要完整地揭开这段历史的真实面貌，则需要我们读懂这些文本的内容，正确地理解和解释这些文本中所涉及的藏传密教修法和义理。而这就要求我们对产生这些文本的藏传佛教本身有十分深切的了解和研究，对藏传密教的修习和教法有相当深入的把握，对各种类型的藏传佛教文献有全面的了解。确定这些译［传］本的藏文原本，然后利用原文本对勘、厘定和解读这些译［传］本的内容，不但找出与汉文历史文献中出现的那些藏传密教修习、仪轨之名相对应的藏文词汇，而且把它们放在藏传密教修习的本来的宗教语境中做出准确和合理的解释，无疑这才是保证藏传密教于西域和中原传播历史之研究取得成就的正道。

迄今为止，我们已经对我们所收集到的这些多语种的藏传密教文本作了初步的整理和比较研究，取得了十分可喜的成果。对于元朝或者元以后翻译的藏传密教文献，我们基本上都能找到与它们相应的藏文原本。例如，收录于《大乘要道密集》中的八十三个文本，除了那些与大手印修习相关的十余种文本外，其中绝大多数都是与萨思迦派所传之道果法相关的文本，而这些文本的藏文原本我们大多数都可以在萨思迦早期祖师的著作中找到。同样，那些见于台北"故宫博物院"、北京中国国家图书馆的汉译藏传密教文本，也大部分是萨思迦派所传的道果法文本，它们的藏文原本均不难找到。颇为令人不解的是，凡是有可能源出自西夏时代的那些汉译［集、传］藏传密教文献，则除了极少数的几个文本外，我们几乎都找不到与它们完全对应的藏文文本，这不免让我们怀疑西夏时代藏传密教的传播依靠的或许更多是西藏喇嘛们的直接的介入和传播，主要是以师徒口耳相传的方式传播，而不是像元、明时代更多依靠的是文本的直接翻译。

通过我们对这些多语种文本的对勘和比较研究，我们也对藏传佛教于西夏、元、明三代于西域和中原传播的历史产生了不少新的看法。首先，我们发现藏传密教传统的形成曾经与以敦煌为中心的西域地区有很大的关联，藏传佛教至少于这一地区并没有像在西藏中心地区一样经历过一个较长时期的停止期，或称"黑暗期"。其次，从西夏到蒙元，再到明朝，藏传密教曾经不间断地于西域和中原地区有了十分广泛的传播，不但蒙古迅速接受藏传佛教有其深刻的西夏背景，而且明代早期藏传密教的传播与其前朝相比也可谓有过之而无不及，明代历朝皇帝中的绝大部分都不排斥藏传密教的修行，如明初大国师智光等很多著名的汉僧都曾经是藏传密教的传人，他们翻译了大量藏传密教文本，为藏传密教于汉人信众中的传播做出了卓越的贡献。还有，于西夏、元、明三代所传藏传密法中，萨思迦派所传的道果法无疑流传最广，流传至今的汉译、西夏文译藏传密教文本中以与道果法相关的文本最多。而其他各派，甚至包括诸如息解、沙鲁、觉囊等藏传佛教诸小教派的教法也都曾于此三代在西域和中原流传过。而常被后人诟病的于蒙古宫廷内传习的所谓"演揲儿法"和"十六天魔舞"等修习实际上与"双修"法或者"淫戏"无关，它们分别是与道果法相关的"道果机轮"，或者说"道果幻轮"修法，和对胜乐中围所作的一种意生供养，这两种修法的修习都早在西夏时代就已经开始了，它们并不是到了元末才开始在宫廷修习的，它们也当与元朝的骤亡并无必然的联系。

当代美国藏学研究评论

——以洛培兹为例*

杜永彬

提要： 本文参考国外的相关研究成果，将美国藏学家洛培兹置于当代美国藏学的发展态势中考察和评论，论述了美国藏学家洛培兹的学术经历，评论了洛培兹的佛教及藏传佛教研究成果，并从国内外更敦群培研究的进展、洛培兹与更敦群培结缘、洛培兹对更敦群培的作品的翻译和研究三个视角分析和评论了洛培兹的更敦群培研究成果。

关键词： 美国藏学　洛培兹　更敦群培

一、当代美国藏学的发展态势与洛培兹的学术经历

（一）当代美国藏学的发展态势

国外藏学的地域格局，由亚洲藏学、欧洲藏学、美洲藏学、澳洲藏学构成，其中，欧洲藏学和美国藏学为国外藏学研究的重镇，澳洲和加拿大的藏学正常发展。国外藏学的学术格局，大致可分为"学术藏学"和"政治藏学"，其中欧洲以"学术藏学"为主；美国"学术藏学"与"政治藏学"并重；日本几乎是清一色的"学术藏学"，但近年来有下降趋势。国外多数藏学研究人员从事"学术藏学"，从事"政治藏学"和关注当代西藏及"西藏问题"的研究者只占少数。国外藏学的最新动向是，2016年6月19—25日，将在挪威奥斯陆特隆姆瑟的卑尔根大学（Bergen University）召开第14届国际藏学研讨会。

当代美国藏学研究的现状与格局（从西部到东部）：当代美国的藏学研究在国外藏学界具有重要地位，并呈现如下特点：首先，西部藏学研究走向衰落。西雅图华盛顿大

＊ 本文系国家社科基金重大项目"近代以来域外中国藏学研究经典整理与研究"（项目号：14ZDB115）的阶段性成果之一。

学，是美国藏学的摇篮，这里曾走出威利（Turrell V. Wylie）、金·史密斯（Gene Smith）、戈尔斯坦（Melvyn C. Goldstein）、范德康（Leonard van der Kuijp）等国际知名的藏学家；应邀到该校任教和研究的藏传佛教萨迦派的高僧和活佛德雄活佛、阿旺诺朗等，对推动美国的藏学研究做出了独特的贡献。这些藏学家中的健在者早已成为美国藏学研究的中流砥柱。加州大学伯克利分校也是美国西海岸的藏学研究重镇，老一辈藏学家韦曼（Alex Wayman）、雷森（Ferdinand Lessing）、华裔学者张琨等，曾在这里教学和研究；流亡的藏人藏学家达瓦诺布（Dawa Norbu）和现任教哈佛大学的女藏学家杰妮特·嘉措（Janet Gyatso）就是该校培养的博士。近年来，美国西部的藏学研究走向衰落，曾经引领美国藏学研究的西雅图华盛顿大学和加州大学已失去了昔日的辉煌。现在只有加州大学洛杉矶分校的南希·列文妮（Nancy E. Levine），加州大学伯克利分校的马提索夫（James A. Matisoff），加州大学圣巴巴拉分校的卡贝松（José I. Cabezón）等，在支撑着美国西部的藏学研究。其次，东部和中部藏学研究发展良好。东部哈佛大学的范德康和杰妮特·嘉措，哥伦比亚大学的罗伯特·瑟曼（Robert Thurman）、滕华睿（Gray Tuttle）、哈特勒（Lauran Hartley）、哈克特（Paul G. Hackett）、巴勒特（Robert Barnett）、夏伟（Orville Schell）等，弗吉尼亚大学的霍普金斯（Jeffrey Hopkins）、大卫·杰玛诺（David F. Germano），鲁宾艺术博物馆的大卫·杰克逊（David Jackson）、斯且菲尔（Kurtis Schaeffer），乔治·华盛顿大学的扎西饶杰；中东部的凯斯西部保留地大学的戈尔斯坦，印第安纳大学的史伯林（Elliot Sperling）、白桂兹（Christopher I. Beckwith），密歇根大学的洛培兹（Donald S. Lopez, Jr.），纽约州立大学帝州分校的谭·戈伦夫（Tom Grunfeld）等美国藏学的中坚力量，共同推进了美国藏学的发展，并将这些院校发展成为国际藏学研究的重镇[1]。

　　在当代美国藏学界，在东部的密歇根大学任教的洛培兹教授，在藏传佛教研究领域和现代藏族学术大师更敦群培论著的翻译和研究方面取得了显著成果，是一位值得关注的著名藏学家。但是，中国学术界对他的学术经历和藏学研究成果知之不多。鉴此，本文试探讨洛培兹其人其学，评论其藏传佛教研究和更敦群培研究成果，供中国学术界参考。

---

　　〔1〕 杜永彬：《美国藏学研究现状述评》，拉巴平措、格勒主编：《当代藏学研究的几个理论问题》，北京：中国藏学出版社，2002 年；杜永彬：《美国藏学研究的发展和演变——以华盛顿大学的藏学研究为例》，《西南民族大学学报》2009 年第 11 期。

（二）洛培兹的学术经历

唐纳德·小洛培兹，1952年生于美国首都华盛顿特区（Washington, D. C.）。其父唐纳德·洛培兹（Donald S. Lopez, 1923—2008），生于纽约市布鲁克林区，在佛罗里达州的达姆帕（Tampa）长大，曾在美国空军服役，任战斗机和教练机飞行员。退役后任史密森国家航空和航天博物馆（Smithsonian National Air and Space Museum）副馆长。小洛培兹中学毕业后进入弗吉尼亚大学学习，师从著名藏学家霍普金斯（Jeffry Hopkins），1974年获宗教研究学士学位（Hons），1977年获佛教研究硕士学位，1979年1月在攻读博士学位期间，赴印度南部学习藏文和藏传佛教，1982年获佛学博士学位。后再次赴印度南部学习[1]。返回美国后，应聘到密歇根大学任教，1979—1980年，任该校米德波瑞学院（Middlebury College）宗教学系讲师（Instructor），1982年任助教授，1983年任副教授，1988年任教授。1988—1989年，任佛罗里达萨拉索达（Sarasota）新学院（New College）人文科学分部（Division of Humanities）麦克阿瑟艺术与科学杰出访问教授（MacArthur Visiting Distinguished Professor of Arts and Sciences）。1996年5月，任洛桑大学（Université de Lausanne）东方语言和文明系访问教授（Visiting Professor）。1997年3—8月，任布里斯托尔大学（University of Bristol）高级研究所（Institute for Advanced Studies）列维修梅研究教授（Leverhulme Research Professor）。1998—2001年，任密歇根大学阿瑟·索罗教授（Arthur F. Thurnau Professor）。2000年起，任贝尔瑟尔（Carl W. Belser）佛学和藏学教授。2000年当选为美国艺术和科学学院（American Academy of Arts and Sciences）研究员（Fellow）。2002—2003年，任密歇根大学文学、科学和艺术学院（College of Literature, Science, and the Arts）学术事务副系院长（Associate Dean for Academic Affairs）。2003—2004年，任密歇根大学人文研究所（Institute for the Humanities）人文科学斯特恩杰出教授（Helmut F. Stern Distinguished Professor of Humanities）。2005年获任阿瑟·林克杰出大学佛学和藏学教授（Arthur E. Link Distinguished University Professor of Buddhist and Tibetan Studies）。现任密歇根大学亚洲语言和文化系（Department of Asian Languages and Cultures）主任。洛培兹还是耶鲁大学戴尔·马丁《新约》研究教授协会的长期协作人，其妻是密歇根大学历史和比较文

---

[1] "Foreigner at the Lama's Feet," in Donald S. Lopez, Jr., *Curators of the Buddha, The Study of Buddhism under Colonialism*, Chicago: University Of Chicago Press, 1ˢᵗ edition, August 15, 1995.

学教授、著名宗教研究学者、美籍日本人友子松泽(Tomoko Masuzawa)[1]。

洛培兹博学多识，研究领域广泛，成果丰硕。他已撰写和主编出版了多部关于亚洲宗教各个领域的图书，尤其长于后期印度大乘佛教和藏传佛教研究，并掌握了古典藏文和藏语。其学术成就主要体现在三个方面：一是宗教和佛教研究与编辑，二是藏传佛教研究，三是更敦群培研究。

二、洛培兹的佛教及藏传佛教研究评论

（一）宗教和佛教研究与编辑

1. 洛培兹关于佛教的论著。主要有：《中观自续派研究》(*A Study of Svatantrika,* Snow Lion Press, 1987)；《基督与菩萨》(*The Christ and the Bodhisattva,* edited with Steven Rockefeller, SUNY Press, 1987)；《〈心经〉解读——印度和西藏的评论》(*The Heart Sutra Explained: Indian and Tibetan Commentaries,* SUNY Press, 1988)；《空的阐释——〈心经〉的用途》(*Elaborations on Emptiness: Uses of the Heart Sutra,* Princeton University Press, 1996; reprint edition, Munshiram Manoharlal, 1998)；《佛教诠释学》(*Buddhist Hermeneutics,* editor, University of Hawaii Press, 1988)；《佛教——导论和指南》(*Buddhism: An Introduction and Guide,* Penguin UK, 2001；在美国出版的书名为《佛教的故事》〈*The Story of Buddhism,* Harper：San Francisco, 2001〉；Italian edition, 2002；Czech edition, 2003. Italian translation, Che cos'è il Buddhismo, Rome, Ubaldini Editore, 2002. Il buddhismo tibetano, Editrice Elledici, 2002)；《现代佛教启蒙读本》(*Modern Buddhism: Readings for the Unenlightened,* Penguin UK, 2002；Buddhist Scriptures,

---

〔1〕 友子松泽，美籍日本人，1975 年获东京国际基督教大学人文和哲学学士学位，1979 年获耶鲁大学宗教学硕士学位，1985 年获加州大学圣芭芭拉分校宗教学博士学位。1983—1984 年，任加州综合技术州立大学(California Polytechnic State University)哲学系访问讲师(Instructor)。1984—1986 年，任米德堡学院(Middleburg College)宗教系访问讲师和助教授。1986—1999 年，任北卡罗莱纳大学宗教学系助教授（1986—1992）、副教授（1992—1999）。1991 年冬，任密歇根大学"宗教研究项目"访问助教授。1999—2005 年，任密歇根大学历史和比较文学副教授。2005 年至今，任密歇根大学比较文学系和历史系教授。她的研究领域为 19 世纪欧洲知识史，关于宗教的话语、宗教史、心理分析等。她出版了多部宗教研究专著，主要有：《寻梦时代——探寻宗教的起源》(*In Search of Dreamtime: The Guest for the Origin of Religion,* 1993)；《世界宗教的发明——或欧洲的普遍性怎样在多元化的语言中得以保存》(*The Invention of World Religions: Or, How European Universalism was Preserved in the Language of Pluralism,* 2005)；《学术世俗的滥觞——十九世纪的大学运动》(*Making of the Academic Secular: University Movement in the Nineteenth Century*)；《翻译宗教——关于宗教的话语与现代日本的缔造》(*Translating Religion: Discourse on Religion and the Making of Modern Japan*)。

Penguin Classics, 2004）;《佛教研究术语评论》(*Critical Terms for the Study of Buddhism,* The University of Chicago Press, 2005）;《佛教与科学—走出迷惘的指南》(*Buddhism and Science: A Guide for the Perplexed,* The University of Chicago Press, 2009）;《科学的佛陀——他的短暂而快乐的生涯》(*The Scientific Buddha: His Short and Happy Life,* Yale University Press, 2012）;《从石头到肉体——佛陀简史》(*From Stone to Flesh: A Short History of the Buddha,* The University of Chicago Press, 2013）;《佛教与科学——历史批判》(*Buddhism and Science: A Historical Critique,* The University of Chicago Press）;《印度佛教史导论——对一部古典文本的翻译和研究》(*Burnouf's Introduction à l'histoire du Buddhisme Indien: Translation and Study of a Classic Text*）;《双日佛教辞典》(*Doubleday Dictionary of Buddhism,* Doubleday）; 与布斯维尔（Robert E. Buswell Jr.）合作主编《普林斯顿佛教辞典》(*The Princeton Dictionary of Buddhism,* Princeton University Press, 2013）。

　　洛培兹佛教研究的代表作是《佛陀的监护人——殖民主义下的佛教研究》[1]，该书是西方第一部对佛教研究的历史进行评论的论著，也是对该领域进行殖民的和后殖民的文化研究加以审视的第一部作品。该书在评论了19世纪初的佛教研究的起源之后，聚焦于"佛陀的监护者"（curators of the Buddha）——法国藏学家石泰安（Aurel Stein）、日本佛教大师铃木大拙（D. T. Suzuki）和瑞士心理学家卡尔·荣格（Carl Jung）等学者。洛培兹认为，由于他们创立并发扬了佛教研究（佛学）这一学科，因而在西方传播佛教知识方面扮演了重要角色。这部文集为一个多世纪以来形成的佛教研究路向及许多重要而未经考察的社会、政治和文化环境等研究领域带来了生机，有益于学术界澄清对于一套复杂的传统的曲解。文集的作者哈里赛（Charles Hallisey）、贝纳维德斯（Gustavo Benavides）、阿贝（Stanley Abe）、戈梅兹（Luis Gómez）、霞飞（Robert Sharf）和洛培兹等，挑战了佛教研究中一些长期存在的观念，如禅宗佛教首先是一种经验，藏传佛教是被污染的或原始淳朴的，佛陀形象起源于希腊或罗马，以及其他观念等。有学者认为，西方佛教研究的方法论反思形成于洛培兹所编的《佛陀的监护人——殖民主义下的佛教研究》论集。这本论集讨论了维多利亚文化下的佛教研究是如何炮制所谓"纯洁的佛教"（Pure Buddhism）的，以此凸显后来发展的汉传和藏传佛教为"不纯洁的佛教"，也揭示

---

〔1〕 Donald S. Lopez, Jr., *Curators of the Buddha: The Study of Buddhism under Colonialism,* Chicago: University Of Chicago Press, 1ˢᵗ edition, August 15, 1995.

了西方以及一些亚洲的佛教学者是如何将"佛教"视为在体制和哲学上有其恒常不变的"本质",确定了"佛教研究"的特定学术领域和对象[1]。2008年,洛培兹还在耶鲁大学做了关于"科学的佛陀——过去、现在、未来"(The Scientific Buddha: Past, Present, Future)的四场学术讲座。

2. 洛培兹编辑出版的宗教和佛教论著。洛培兹不但潜心于藏文典籍和论著翻译、藏传佛教和藏族人物研究,还致力于宗教和佛教论著的主编出版。1995年以来,他编辑了多部宗教和佛教论著,主要有:《佛教实践》(Buddhism in Practice, 1995);《印度宗教实践》(Religions of India in Practice, 1995);《中国宗教实践》(Religions of China in Practice, 1996);《西藏宗教实践》(Religions of Tibet in Practice, 1997);《亚洲宗教实践导论》(Asian Religions in Practice: An Introduction, 1999)等。其中,《西藏宗教实践》共36章,分为5个部分:实践和地点的记录(Accounts of Time and Place);非凡的生命(Remarkable Lives);仪式和技巧(Rites and Techniques);朝拜和讲经(Prayers and Sermons);应对死亡和其他魔鬼(Dealing with Death and Other Demons)。每章都包括1篇译文和1篇由研究西藏宗教的顶尖专家撰写的导论。洛培兹还编辑出版了《佛教解释学》(Buddhist Hermeneutics);《佛教经典》(Buddhist Scriptures);《佛教学习的关键术语》(Critical Terms for the Study of Buddhism)和《心经》(Heart Sutra)等。由普林斯顿大学出版社出版的这套"普林斯顿宗教读物"(Princeton Readings in Religions),是关于世界宗教的一套全新的丛书选集,代表了近30年世界宗教研究取得的重要进展。由此可见洛培兹的宗教及佛教研究的深厚功底和学术造诣。

(二)洛培兹的藏传佛教研究

藏传佛教是洛培兹的主要研究领域和专长。他在弗吉尼亚大学依止著名藏传佛学家霍普金斯学习并到印度游学,奠定了坚实的藏传佛教研究的基础。1998年,他出版《香格里拉的囚徒——藏传佛教与西方》(Prisoners of Shangri-La: Tibetan Buddhism and the West)[2]。该书以独特的视角,运用宗教学、语言学、心理学和比较研究等多学科

---

〔1〕 林镇国:《多音与介入:当代欧美佛学研究方法之省察》,《正观杂志》1997年第1期。

〔2〕 Donald S. Lopez, Jr., *Prisoners of Shangri-La: Tibetan Buddhism and the West*, Chicago: The University of Chicago Press, 1998, 1999. 该书荣获美国宗教科学院(American Academy of Religion)宗教研究杰出奖(Award for Excellence in the Study of Religion)。该书还被翻译成意大利文和法文出版:Italian translation, Prigionieri di Shangri-La, Rome, Ubaldini Editore, 1999; French translation, Fascination tibétaine, du bouddhisme, de l'Occident et de quelques mythes, Paris, Éditions Autrement, 2003.

方法研究藏传佛教，以一个名称（The Name，喇嘛教）、一部作品（The Book，即《西藏度亡经》）、一只眼睛（The Eye，即洛桑然巴的《第三只眼睛》）、一套咒语（The Spell，"六字真言"）、一门艺术（The Art，即藏传佛教艺术）、一个领域（The Field，即藏传佛教研究）和一座"监狱"（The Prison，即流亡政府的藏传佛教信仰）为思路，分7章介绍了如下内容：① 阐述了"喇嘛教"名称的由来以及西方人对喇嘛教的认识；② 西方对《西藏度亡经》的翻译和研究，以及《西藏度亡经》在西方的影响和西方人对死亡的认识；③ "骗子"洛桑然巴（Tuesday Lobsang Rampa）其人及其自传体"三部曲"：《第三只眼睛》（*The Third Eye*, 1956）、《来自拉萨的医生》（*Doctor from Lhasa*, 1959）和《然巴的故事》（*The Rampa Story*, 1960）的主要内容，洛桑然巴及其《第三只眼睛》制造的骗局及在西方的影响；④ 西方人对藏传佛教僧人和信众几乎每天都要念诵的"六字真言"的理解和认识，关于"六字真言"的一种新解释；⑤ 对藏传佛教艺术以及西方学者的研究和评价，"对本世纪艺术史研究者给予西藏艺术品的神奇想象所进行的各种假设和解释，以及如何通过重复这些奇想获得知识的状况进行一些探讨"；⑥ 作为一个学术领域的藏传佛教研究在北美洲的发展，尤其聚焦于1959年西藏大流散之后所发生的变化，西方尤其是北美洲的藏传佛教研究，藏传佛教在美国的传播和美国的藏传佛教研究，美国藏学和藏传佛学研究发展演变的轨迹；⑦ 流亡藏人的藏传佛教，"藏人所处的困境""流亡政府"内部存在的地区（三大藏区）矛盾和教派（四大教派）冲突及其根源，达赖喇嘛的双重角色——藏传佛教的上师和西藏"独立运动"的领袖。洛培兹最后指出，西藏并不是一个非暴力的社会，即使在达赖喇嘛于1642年执掌世俗权力之后。五世达赖喇嘛通过他的和硕特蒙古施主固始汗的军事介入，借助于他的军队击败了达赖喇嘛的对手藏王，才执掌了西藏的世俗权力。藏军于1681年向拉达克开战，1792年向准噶尔蒙古开战，并在18世纪多次武装入侵不丹。藏军抗击1788—1792年和1854年入侵的廓尔喀（尼泊尔）军队，并于1842年抵抗来自克什米尔的多格拉（Dogra）军队的入侵和1904年荣赫鹏（Francis Younghusband）率领的英国军队的侵略。九世、十世、十一世和十二世达赖喇嘛都幼年夭折，一些人，甚至所有的人都谣传他们是被毒害致死的，十三世达赖喇嘛幸免于他的摄政所策划的一次谋杀企图[1]。洛培兹在该书中揭示了藏传佛教在西方的影响和西方人对藏传佛教的了解、认识与研究，探讨了围绕西藏演变的"香格里拉神话"（Myth of Shangri-La），并沦为自己制造"监狱"的"香格里拉的囚徒"

---

〔1〕 杜永彬：《唐纳德·小洛佩兹：〈香格里拉的囚徒——藏传佛教与西方〉》，《中国学术》第七辑，2001年。

（Prisoners of Shangri-La），并试图澄清西方人对西藏文明和藏传佛教的种种误解和误读。该书对于了解和认识西方人对西藏的认识及其西藏观具有重要的参考价值。

洛培兹对藏文典籍《西藏度亡经》情有独钟，并多次进行探讨和解读：1998年出版的《"香格里拉"的囚徒——藏传佛教与西方》，辟专章探讨了《西藏度亡经》；2000年，牛津大学出版伊文思·温兹（Walter Evans-Wentz，1878—1965）和达瓦桑珠英译的《西藏度亡经》时，洛培兹应邀撰写了前言和后记；2011年，洛培兹出版《〈西藏度亡经〉传》（The Tibetan Book of the Dead: A Biography）[1]。《〈西藏度亡经〉传》由六部分构成：导论；第一章，美国；第二章，印度；第三章，西藏；第四章，世界；结论。《西藏度亡经》已成为西方最著名的佛教典籍，自1927年由伊文思·温兹和达瓦桑珠合作的英译本出版以来，已售出了100多万册。自1927年其英文版《西藏度亡经》问世以来，在西方世界相继出现了10多种"转世译本"（version of reincarnation）：①《中阴得度》（Il libro tibetano dei morti〈Bardo Todol〉），图齐（Giuseppe Tucci），Milano：Bocca 1949，1972年重印。② 里瑞、梅兹勒、阿尔伯特（Timothy Leary，Ralph Metzner，and Richard Alpert）《幻觉经历——以西藏度亡经为蓝本的一部指南》（The Psychedelic Experience: A Manual Based on the Tibetan Book of the Dead），新泽西斯达德尔出版社（Citadel Press）1964年版，1983年第2版。③《原始的美国度亡经》（The Original American Book of the Dead），加尼福利亚（Gateways/IDHHB Publishers）1974年版，1990年修订版。④ 弗兰西斯卡·弗雷曼德尔（Francesca Fremantle）和曲嘉仲巴（Chogyam Trungpa）翻译的《西藏度亡经——中阴闻教得度》（The Tibetan Book of the Dead: The Great Liberation through Hearing in the Bardo），1975年由加尼福利亚香巴拉出版社出版。1992年版：The Tibetan Book of the Dead: The Great Liberation through Hearing in The Bardo. by Guru Rinpoche according to Karma Lingpa. Translated with Commentary by Francesca Fremantle and Chogyam Trungpa。⑤《西藏度亡经的秘密教义》（Secret Doctrines of the Tibetan Books of the Dead），劳弗著（Detlef Ingo Lauf），德国 Aurum Verlag 出版，Graham Parkes英译，波士顿香巴拉出版社1977年版，1989年重印。⑥《西藏本教——西藏本波教徒的丧葬仪轨》（Tibet Bon Religion: A Death Ritual of the Tibetan Bonpos），莱顿：E. J. Brill，1985年。⑦ 索嘉活佛（Sogyal Rinpoche）撰写《西藏生死书》（The Tibetan Book of Living and Dying），旧金山哈伯科林斯出版公司（Harper Collins）1992年出版。⑧ 白

---

〔1〕 Donald S. Lopez, Jr., *The Tibetan Book of the Dead: A Biography*, University of Princeton Press, 2011.

玛桑巴瓦（Padma Sambhava）著，噶玛宁巴（Karma Lingpa）发现，罗伯特·瑟曼（Robert A.Thurman）翻译的《西藏度亡经》（*The Tibetan Book of the Dead: Liberation through Understanding in the Between*），1994年纽约班唐图书出版公司（Bantam Books）出版。⑨《三乘——佛教评论》（*Tricycle: The Buddhist Review*），Buddhist Ray, Inc.第6卷，第1号，1996年秋。⑩ 达瓦桑珠（Lama Kazi Dawa-Samdup）翻译，瓦尔特·伊文斯·温兹（Walter Y. Evans-Wentz）编辑的《西藏度亡经》，1927牛津大学出版社出版。

其中，达瓦桑珠·温兹版影响最大，该书全名为《西藏度亡经或关于中阴的死后体验：以喇嘛卡孜达瓦桑珠的英文译本为据》（*The Tibetan Book of the Dead or the After-Death Experiences on the Bardo Plane,according to Lama Kazi Dawa-Samdup's English Rendering*）[1]。荣格（Carl Jung）写过一篇关于该书的评论，里瑞将其改写为一部关于迷幻旅程（acid trip，服用迷幻药后所产生的飘飘然的幻觉体验）的手册，"甲壳虫乐队"（Beatles）则将里瑞的改写本引用于他们的歌曲《明天永远不会知道》（*Tomorrow Never Knows*）中。近年来，该书又被临终关怀运动（hospice movement）采用，被"企鹅经典丛书"（Penguin Classics）列为经典出版，还成为好莱坞著名影星理查·基尔（Richard Gere）诵读的有声读物（audiobook）。

洛培兹在《〈西藏度亡经〉传》中探讨了《西藏度亡经》藏文原著的由来、最初的英译版（达瓦桑珠·温兹版）、后来"转世"的各种英译版，以及近百年来国际学术界对该书的翻译和研究。洛培兹讲述了关于《西藏度亡经》的奇特的故事，声称《西藏度亡经》之所以持续流传源于三个因素：一是人类对于死亡的痴迷；二是西方对于西藏的虚构；三是伊文思·温兹把这部藏文经典以美国方式制作的影响。洛培兹认为："《西藏度亡经》并不是真正的西藏的，它既不是真正的一本书，也不是真正的关于死亡的书。它是关于再生的：是灵魂和经典复活的再生。""《西藏度亡经》是在美国的'唯灵论'走向国外时可能发生的一个显著的事例。"[2]洛培兹在其引人入胜的导论和简短故事中，讲述了这部相当晦涩难解和可塑性很强的不知起源的佛教经典选集是如何在西方被颠倒和曲解的奇妙故事。这篇故事的中心人物是伊文思·温兹，他来自新泽西州特伦顿（Trenton），是一位古怪的学者和精神探求者，他虽然不懂藏文，也从未到过西藏，但是却在印度噶伦堡的藏族僧人达瓦桑珠的帮助下英译了《西藏度亡经》。洛培兹指出，实

---

〔1〕 杜永彬：《〈西藏度亡经〉在西方的影响》，《中国西藏》2001年第5期。
〔2〕 Donald S. Lopez, Jr., *The Tibetan Book of the Dead: A Biography*, Princeton University Press, 2011, p.11.

际上,伊文思·温兹与达瓦桑珠合作英译的这本书与其说是关于西藏的不如说是关于美国的,这在很大程度上要归功于"通神论"(Theosophy)及其创始人布拉瓦茨基夫人(Madame Blavatsky),而不是雪域的喇嘛们。洛培兹暗示,该书长久的吸引力并非来自充满魔力和神秘感的西藏的源头,而是源于伊文思·温兹将这部经典翻译成了一种非常具有美国精神和灵性的语言。《新闻周刊》(Newsweek)的特约编辑俄华德(Kenneth L. Woodward)为该书所写的评论说:"在佛教及其传播到西方的历史方面,唐纳德·洛培兹是难以超越的大师。他在这里讲述的关于'不是真正的西藏的',也不是'真正的关于死亡的'的一本书的故事,闪耀着妙趣横生的嘲讽和引人注目的历史比较。……这是一本会心而非常令人愉快的书。"北卡罗莱纳大学的玛夫莱-吉普(Laurie F. Maffly-Kipp)说:"该书提供了关于《西藏度亡经》及其作为一种文本的生命在美国流传的一种精彩而新颖的探讨。"[1]洛培兹认为:"美国宗教生命的连续不断的线索——作为古代智慧宝藏的'发现'文本的传统,以及对死后生命的一种哲学兴趣——有助于解释该书及其作为一种文化作品的持久性的巨大成功。"[2]

三、洛培兹的更敦群培研究评论

(一)国内外更敦群培研究的进展

更敦群培(Dge vdun chos vphel, 1903—1951)是现代藏族史上的传奇高僧、学术大师和人文主义思想家。自他于1951年去世以来,国内外学术界非常重视对更敦群培的论著作品的收集、出版、翻译和研究,也十分重视对他的人生经历、学术成就和人文思想的研究。学界不但将更敦群培传世的论著全部整理出版,而且撰写出版了10多部研究更敦群培的专著,发表了100余篇论文,还完成了多篇硕士和博士论文[3]。在现代学术史上,一位藏族学术大师受到国内外学术界如此强烈的关注和研究是十分罕见的。以国外学术界为例,已出版海德·斯多达的《安多的托钵僧(更敦群培)》、蒙格勒的《更敦群培——20世纪藏族学者传略》、斯且德勒的《愤怒的僧人——对西藏的反思:以文献、历史和口述史料为据的纪录片》等3篇博士论文,以及霍普金斯与宇妥·玉珍翻译和研究更敦群培《欲经》的《西藏的情爱艺术》和霍藏晋美的《正直真诚受人欺骗的乞

---

〔1〕 Donald S. Lopez, Jr., *The Tibetan Book of the Dead: A Biography*, back cover review.

〔2〕 Donald S. Lopez, Jr., *The Tibetan Book of the Dead: A Biography*, Princeton University Press, 2011.

〔3〕 杜永彬:《更敦群培研究60年述评》,载《根敦群培研究60年》,北京:中国藏学出版社,2012年。

丐：安多更敦群培生平考辨》[1]等。洛培兹对更敦群培更是情有独钟,在其藏学研究生涯中一直关注更敦群培及其论著,不但英译了更敦群培的《龙树中论奥义疏》(藏文书名为：*Dbu mavi zab gnad snying por dril bavi legs gshad klu sgrub dgongs rgyan shes bya ba bzhugs so*,英文书名为：*The Madman's Middle Way:Reflections on Reality of the Tibetan Monk Gendun Chopel*)、《更敦群培的104首诗》(英文书名为：*In the Forest of Faded Wisdom: 104 Poems by Gendun Chopel*)和《智游佛国漫记》(藏文书名为：*Rgyal khams rig pas bskor bavi gtam rgyud gser gyi thang ma*,英文书名为：*Grains of Gold, Tales of a Cosmopolitan Traveler*)等,还花了很大精力研究更敦群培其人其学,在国外更敦群培研究领域用功甚多,成就显著,独树一帜。

---

〔1〕 迄今为止,国内外出版的研究更敦群培的专著主要有：① Klu sgrub dgongs rgyan《龙树中论奥义略论·无畏狮子吼》(*Klu sgrub dgongs rgyan la che long du brtags pa mi vjigs sengge nga ro*),格西喜饶嘉措 1956—1957 年撰,《喜饶嘉措文集》第 3 卷,西宁：青海民族出版社,1984 年；②《更敦群培大师传略》(*Mkhas dbang dge vdun chos vphel gyi rnam thar mdor bsdus*),那波·喜饶嘉措(Shes rab rgya mtsho,又名贡觉·阿波喇琼[Go vjo a pho bla chung])著,1973 年后收入《更敦群培文选》,成都：四川民族出版社,1988 年；③《更敦群培传略》(*Dge vdun chos vphel gyi lo rgyus*),詹东·土登曲达(Bkras mthong thub bstan chos dar)著,达兰萨拉：西藏文献和档案图书馆,1980 年；④ *Le mendiant de l'Amdo*《安多的托钵僧(更敦群培)》,海德·斯多达(Heather Stoddard)著,Paris：Societe D'Ethnographie,1985 年；⑤ *Tibetan Arts of Love: Sex, Orgasm & Spiritual Healing*《西藏的情爱艺术》,Jeffry Hopkins、宇妥·多吉玉珍英译,N. Y.：Snow Lion Pub.,1992 年；⑥《近代著名学术大师更登群培传略》,恰白·次旦平措等著,载《西藏简明通史》(下册),拉萨：西藏藏文古籍出版社,1991 年；⑦《更敦群培》(*Dge vdun chos vphel*),多杰加著,甘肃民族出版社,1997 年；⑧《肃清邪说流毒·金刚火舌——辩证教理的滚滚波涛》(*Log smravi tshang tshing sreg pavi lung rigs rdo rje me lce, rtsod sgrub rigs pavi rlabs vphreng*),曲杰桑丹、荣增喇嘛等著,兰州：甘肃民族出版社,1997 年；⑨《正直真诚受人欺骗的乞丐：安多更敦群培生平考辨》(*Drang bden gyis bslus pavi slong mo ba,Mdo smad pa Dge vdun chos vphel gyi mi tshe dphyad brjod*),霍藏晋美(Hor gtsang vjigs med)著,Dharamsala：Youtse Publication,1999 年；⑩ *Dge vdun chos vphel: A Biography of the 20th Century Tibetan Scholar*《更敦群培：20 世纪藏族学者传略》,蒙格勒(Irmgard Mengele)著,Library of Tibetan Works & Archives,1999 年；⑪《二十世纪西藏奇僧——人文主义先驱更敦群培大师评传》,杜永彬著,北京：中国藏学出版社,1999 年。又台湾佛光山文教基金会,2003 年；⑫ *Die Welt hat mich trunken gemacht*《更敦群培传》,赫赛尔(Elke Hessel)著,Theseus Verlag. Wien,2000 年；⑬《更敦群培》(*Dge vdun chos vphel*),阿旺·泽仁扎西著,成都：四川民族出版社,2005、2011 年；*The Madman's Middle Way: Reflections on Reality of the Tibetan Monk Gendun Chopel*《疯子的中观——还原西藏僧人更敦群培的本来面目》,Donald S. Lopez, Jr. 英译,University Of Chicago Press,2007 年；⑭ *Angry Monk: Reflections on Tibet: Literary, Historical, and Oral Sources for a Documentary Film*《愤怒的僧人——对西藏的反思：以文献、历史和口述史料为据的纪录片》,斯且德勒(Luc Schaedler)著,University of Zurich,2007 年；⑮《消逝在林中的智慧：更敦群培的 104 首诗》(*In the Forest of Faded Wisdom: 104 Poems by Gendun Chopel*),洛培兹(Donald S.Lopez, Jr.)译,英藏文合璧,University of Chicago Press,2009 年；⑯《话说更敦群培》(*Dge chos rgyang mjal*),交巴李加著,兰州：甘肃民族出版社,2010 年；⑰《更敦群培——西藏的第一位现代艺术家》(*Gendun Chopel: Tibet's First Modern Artist*),拉孜图书馆(Latse Library)与洛培兹合著,Serindia Publications, Inc,,2014 年；⑱《智游佛国漫记》(*Grains of Gold, Tales of a Cosmopolitan Traveler*),洛培兹英译,University of Chicago Press,2014 年。

（二）洛培兹与更敦群培结缘

洛培兹从了解、认识到研究现代藏族学术大师更敦群培有一个过程。他在《疯子的中观》一书的"导论"中叙述了与更敦群培结缘的过程：

1979 年 1 月，我正在印度北部的萨尔那特（Sarnath）访问，这里是佛陀第一次讲经的场所，是他"初转法轮"的地方。据说佛陀曾在萨尔纳特的鹿野苑（Deer Park）遇到了 5 名苦行者同伴，并向他们传授四圣谛。今天该地区仍然是一个公园，其中有一座大塔的废墟和一座残破的寺庙。这是一个浓雾弥漫的早晨，当我走进这个公园时，这座大塔忽然在浓雾中若隐若现。我围绕这座塔顺时针转了几圈之后，大雾开始散去，寺庙显现出来。考古证据显示，这是一座公元前 3 世纪的寺庙，显见的废墟的大部分可以追溯到 12 世纪。我走过这些废墟时，在一道残存的门前停下，门框是白石砌成的，过梁已失踪。一个年轻的西藏僧人正站在附近，我们彼此问好。他随即用藏语说："佛陀初转法轮时就站在这里。"我表示怀疑，虽然我对这里的考古记录知之甚少，也不知道（佛陀）初次讲经的确切遗址的任何标识，但是我还是礼貌地用藏语回答："哦，真的吗？"这个僧人说："是的，更敦群培是这样说的。"我这时才模糊地了解到更敦群培是谁。在我的弗吉尼亚大学的研究生课程里，霍普金斯曾经提到更敦群培曾写道，假如这片净土是由西藏人设计的，那么他们就会浸在酥油茶里。我知道更敦群培写过一本性手册（《欲经》），我知道他在 20 世纪上半叶曾在印度度过了一段时光，我还知道他写了一部论述中观哲学的书，书名叫《龙树中论奥义疏》，可是，除了书名之外我对该书几乎一无所知。我拍了一张遗址的门的照片，向这个僧人致谢，然后继续走我的路。

当时，我获得"富布莱特奖学金"（Fulbright fellowship）的资助前往印度从事研究，做关于中观哲学学派，特别是藏传佛教格鲁派对中观哲学的理解的博士论文，与住在印度南部格鲁派寺庙里的西藏难民僧人一道，正在阅读两部著名的格鲁派高僧的文集，一部写于 17 世纪，另一部写于 18 世纪。

在接下来的近 10 年里，由于我要出版自己的博士论文，随后又写了一部关于《心经》（*Heart Sutra*）的书，因而无暇再去想关于更敦群培的事情。1985 年，海德·斯多达出版了一部法文版的更敦群培传，书名为《安多的托钵僧》。中观研究的耆宿大卫·鲁埃格（David Seyfort Ruegg）于 1989 年在《皇家亚洲学会杂志》（*Journal of the Royal Asiatic Society*）发表的一篇书评中写道："判断更敦群培是一位有影响而敏锐的思想家，或只是一位有天赋的经院学者，还有待对以上提及的他那部由其弟子达瓦桑波编辑的具有争议的关于中观的作品即《龙树中论奥义疏》的研究。对这部作品的评价不是轻易就能做出的，因为有必要确定这部作品中哪些是属于更敦群培本人的，哪些可能是由他的弟子和编辑达瓦桑波加进去的。由于利用西藏中观辩证方法的这样一部作品的固有的困难，由于该作品以广阔的印度—西藏哲学背景为前提，还由于该作品已引起了批判性的回应和反驳。因此，对这部作品的鉴别对于我们在现代理解中观哲学无疑具有某种重要性。"

这一论述引导我想去研究这部作品，或许还会翻译。我的朋友伊丽莎白·娜佩尔（Elizabeth Napper）好心地把她的复印本送给我，于是我开始阅读这本书。我参考了纪念鲁埃格教授专集中的一篇文章，思考了文中关于格鲁派的著名创始者宗喀巴的见解，以及更敦群培详细论述中观是否持有任何哲学立场的有争议的问题。我对这部作品产生了好奇心，作者显然谙熟格鲁派的经院传统，但是却是以一种无论是本质上还是风格上我都从未见过的方式撰写的。它缺少大多数藏文学术文献的那种单调乏味的系统结构（"关于第一个主题，分为三部分，第一节分为五部分"）。相反，在最初阅读时，感到叙述方式非常不连贯，也许还有许多对话，在没有任何提示的情况就从一个话题跳跃到另一个话题。确实，其风格使我想起这是"哲学的考察"（Philosophical Investigations），而非我所阅读过的任何佛教文献。而且，这部作品对于读者和译者都有难度，需要呈现格鲁派学术词汇的全面知识，尤其是关于量论（pramana）和中观（madhyamaka）的知识，以及辩经场逻辑的编排（辩经术）领域的知识。

我在弗吉尼亚大学学习的几年当中，已经过严格训练阅读了格鲁派的经院哲学，可是在我获得该校的学位之后，几乎丧失了在这方面的兴趣。更敦群培的作品似乎为我提供了一个机会，得以再次利用已接受的格鲁派经院哲学的训练，即使是翻译一部嘲弄经院哲学的文本，这似乎是一个完美的项目。1992 年，我获得"国家人文基金会"（National Endowment for the Humanities）的研究资助，于次年完成了对这部文献的翻译。我在同藏传佛学界的朋友和同行的交谈中得知，欧洲和美国都有许多人已着手翻译这部作品，但是又都由于某种原因而放弃了。他们说，这项工作太难了，一些地方隐秘难辨，甚至更敦群培是否写过这部作品都还存在争议。所有这些事情都是相当真实的,这部作品充满了令人费解的哲学观点,我对自己译文中的许多观点也不确定。译文的篇幅也有些尴尬:译文大约有 100 页,作为一篇文章太长,作为一本书又太短。而且还有相关的驳论,有两位研究更敦群培的著名学者已撰写了详细的驳斥这部作品的文章,每篇驳论都比原文本身的篇幅长。(引者注:更敦群培的老师、格鲁派高僧格西喜饶嘉措大师于 1956—1957 年撰写出驳斥更敦群培的《龙树中论奥义疏》的长文,题为《龙树密意略论·无畏狮子吼》(Klu sgrub dgongs rgyan la che long du brtags pa mi vjigs sedgev nga ro),全文共 246 页,原稿的后部分已佚,系残本,详见《喜饶嘉措文集》第三卷,青海民族出版社,1984 年)这些著作都是高水平的格鲁派经院哲学的范本,我真希望把这类文献放在自己的译文之后。于是我的心思便转向了其他事情,并且转向了这位最令人着迷的人物的其他作品,特别是他的游记和诗词(这两类作品都在第一章中征引)。2003 年,更敦群培诞生 100 周年时,我获得另一项资助,又真正回到了这个项目上。是年 11 月,我应邀参加了一次纪念他诞生的会议,来自印度、中国西藏、欧洲和美国的学者,以及熟悉更敦群培的许多藏人聚集在一起。这是一件令人陶醉而激发灵感的大事,在纽约的拉孜当代西藏文化图书馆这样一个时尚的场所举行。与会者有更敦群培作品的英文和藏文翻译者,也有来自安多更敦群培家乡的人。会上举办了更敦群培绘画作品展览,其中的大多数绘画都是第一次展示。(引者注:2003 年在纽约曼哈顿召开纪念更敦群培诞生 100 周年学术研讨会)

2004 年,我终于完成了 10 年前就开始的项目,写成了这本书,该书以简要的篇幅论述更敦群培的生平,其中引用他的作品的片段加以点缀。接下来是对他的那部充满争议的作品《龙树中论奥义疏》的翻译。[1]

由上述文字可知,洛培兹是在 1979 年初与更敦群培结缘的。1989 年藏学家鲁埃格发表的论述更敦群培中观学说的文字激发了洛培兹研究更敦群培和翻译更敦群培作品的兴趣。1992 年着手翻译《龙树中论奥义疏》因遇到困难曾一度放下。2003 年又重拾旧译,到 2004 年终于完成了这部作品的英译,并于 2006 年出版,书名为《疯子的中

---

〔1〕 Donald S. Lopez, Jr., Introduction, *in The Madman's Middle Way: Reflections on Reality of the Tibetan Monk Gendun Chopel*, University Of Chicago Press, 2006.

观——还原西藏僧人更敦群培的本来面目》(*The Madman's Middle Way: Reflections on Reality of the Tibetan Monk Gendun Chopel*)。此后，洛培兹对更敦群培作品的英译和对更敦群培的研究又取得了新成果，相继出版了3部作品：《在森林中褪色的智慧——更敦群培的104首诗》(*In the Forest of Faded Wisdom: 104 Poems by Gendun Chopel*, 2009)；《更敦群培——西藏的第一位现代艺术家》(*Gendun Chopel: Tibet's First Modern Artist*, 2013)；《金颗粒——一位四海为家的旅行家的故事》(*Grains of Gold: Tales of a Cosmopolitan's Traveler*, 2014)。

（三）洛培兹的更敦群培研究

洛培兹对更敦群培的兴趣主要体现在更敦群培作品的英译与研究两个方面：

1. 更敦群培作品英译

洛培兹出版的关于更敦群培作品的译著主要有3部：

《龙树中论奥义疏》英译。2006年出版，英文书名为：*The Madman's Middle Way: Reflections on Reality of the Tibetan Monk Gendun Chopel*(《疯子的中观——还原西藏僧人更敦群培的本来面目》)。该书由六部分构成：生平(The Life)、文本(The Text)、评论(The Commentary)、作者(The Author)、批评(The Critics)、现代性问题(The Question of Modernity)[1]。

更敦群培诗词英译。2009年出版，英文书名为：*In the Forest of Faded Wisdom: 104 Poems by Gendun Chopel*(《林中褪色的智慧——更敦群培的104首诗》)，英藏文合璧。该书将更敦群培的诗词作品分为七个部分：导论(Introduction)；一位没有弟子的上师的教义(Teachings of a Master without Disciples)；一位不知名的圣人的哀叹(Laments of an Unknown Sage)；世界之道(The Ways of the World)；藏王之歌(Songs of the Tibetan Kings)；欲望的格言(Precepts on Passion)；英文作品(English Compositions)将更敦群培的诗词分为5种类型。

《智游佛国漫记》(*Rgyal khams rig pas bskor bavi gtam rgyud gser gyi thang ma*)英

---

[1] Donald S. Lopez, Jr., *The Madman's Middle Way: Reflections on Reality of the Tibetan Monk Gendun Chopel*, University Of Chicago Press, 2006. 笔者已将该书的第一部分"生平"(The Life)汉译发表，题为《更敦群培生平研究》，载《中国藏学》2013年第S1期。藏族学者白玛旺杰也英译出版了更敦群培的这部作品，英译书名为：*An Ornament of the Thought of Nāgārjuna Clarifying the Core of Madhyamaka*, Pema Wangjié and Jean Mulligan, Arcidosso, Italy: Shang Shung Publications, 2005, revised edition, 2006.

译。2014年出版。洛培兹最初将英译书名称为《金色的外表——一位四海为家的朝圣者的故事》(*The Golden Surface, the Story of a Cosmopolitan's Pilgrimage*),2014年正式出版时,将英译书名改为:《金颗粒——一位四海为家的旅行家的故事》(*Grains of Gold, Tales of a Cosmopolitan Traveler*)。对于更敦群培的这部篇幅最长的专著,国外学者有不同英译,海德英译为 *The Plain of Gold Dust*(《砂金的平原》)。更敦群培的这部专著由17章611页构成,约占其幸存作品的一半。洛培兹和土登京巴首次将其全部英译出版。该书的具体篇章如下:The chapter titles give a sense of the breadth of the work:① Initial departure from Lhasa(Thog mar lha sa nas phebs thon mdzad pavi tshul)自拉萨启程;② General description of the land of India and how it received its name(Rgya gar gyi yul spyivi chags tshul dang ming btags tshul)关于印度国土的一般描述以及如何获得地名的;③ How the lands were named[in the past](Yul gyi ming btags tshul)(从前的)地名是怎样命名的;④ The northern mountains and analysis of questions concerning them(Byang phyogs kyi gangs ri dang de las vphros pavi dogs dpyod)印度北部的雪山及相关问题辨析;⑤ What the famous regions of the past were like(Sngong gyi gnas grags can rnams ji ltar yod tshul)从前的名胜古迹是什么样子;⑥ Concerning the men, women, food, drink, and possessions(Skyes pa bud med bza vbtung go byad sogs kyi skor)关于男女饮食和器物;⑦ Identification of flowers and trees and how to recognize them(Shing dang me tog sogs kyi ngos vdzin dang ngos ji ltar vphrod tshul)怎样识别和辨认花草树木;⑧ The orthography of various regions from ancient times to the present(Sngon dang da ltavi bar yul so sovi yig rigs)从古至今不同地方的正字法;⑨ Concerning the letters of the Tibetan alphabet(Bod yig gi sgra sbyor skor)关于藏文字母(结构);⑩ The edicts of the dharma king Asoka inscribed on the stone surface of Mount Nagare(Chos rgyal mya ngan med kyi yi ge ri na revi brag ngos la brkos pa)纳嘎山的法王阿育王石碑的铭文法令;⑪ The Gupta Dynasty(Guptavi rgyal brgyud)笈多王朝世系;⑫ The period of the Pala Dynasty(Pa lavi rgyal brgyud skabs)波罗王朝时代;⑬ From 1600 years after the passing of the Buddha to the present(Sangs rgyas vdas rjes kyi lo brgya phrag bcu drug nas da bar)佛陀涅槃1600年后至今;⑭ Concerning the history of Sri Lanka(Singgalavi lo rgyus skor)关于锡兰的历史;⑮ Concerning the life of Tibetans in ancient times(Sngon dus bod pa rnams kyi gnas skabs dang tshul lugs ci ltar yod lugs skor)关于古代西藏人的生活;⑯ The religions of non-Buddhists(Mu stegs kyi chos lugs)非佛教徒的宗教;

⑰ Conclusion（Mjug rtsom）结论[1]。

2. 更敦群培研究

洛培兹对更敦群培的研究，主要体现在三个方面：

第一，发表研究更敦群培的论文。1995年，发表《中观遭遇现代性：更敦群培的生平与著述》（Madhyamika Meets Modernity: On the Life and Works of Gendun Chopel），载《三乘：佛教评论》（Tricycle: The Buddhist Review），春季号（SPRING 1995）[2]。1995年，发表《更敦群培关于〈回诤论自释〉的立场》（DGe vdun chos vphel's Position on Vigrahavyāvartinī），载《佛教论坛》（Buddhist Forum），Vol. 3 edited by Tadeusz Skorupski, London: SOAS, 1995[3]。1998年，洛培兹向第8届国际藏学讨论会提交了《更敦群培的〈龙树中论奥义疏〉：最终研究》（Dge vdun chos vphel's Klu sgrub dgongs rgyan: A Final Study），对《龙树〈中论〉奥义疏》的其余三分之二部分进行了研究，并得出结论："《龙树〈中论〉奥义疏》的内证暗示，该文献的后一部分也是更敦群培的作品，但是可能源于他向达瓦桑波的口授。"[4]2003年9月，洛培兹向英国牛津第10届国际藏学讨论会提交论文《更敦群培的殖民主义史》（Dge vdun chos vphel's History of Colonialism），阐述了更敦群培在《智游佛国漫记》等作品中反对欧洲殖民主义的思想。2003年11月，洛培兹参加了在纽约拉孜当代西藏文化图书馆（Latse Contemporary Tibetan Cultural Library）举行的"纪念更敦群培诞生100周年国际学术研讨会"，并萌生了翻译更敦群培的佛学论著《龙树中论奥义疏》和诗词的想法。2003年12月20日，洛培兹应邀参加由台北"蒙藏委员会"主办的"当代藏学——21世纪的西藏"研讨会，会议的议题之一是"更敦群培与21世纪之西藏宗教"（Dge vdun chos vphel and Tibetan Religion in the 21st Century），洛培兹向会议提交的论文是《更敦群培与21世纪的西藏宗教》（Dge vdun chos vphel and Tibetan Religion in the 21st Century）。2013年，洛培兹发表《〈欲经〉注释》[5]。

---

〔1〕 Grains of Gold, *Tales of a Cosmopolitan Traveler,* translated by Thubten Jinpa & Donald S. Lopez, Jr., University of Chicago Press, 2014.

〔2〕 http://www.tricycle.com/node/32300.

〔3〕 http://www.rigpawiki.org/index.php?title=An_Ornament_to_Nagarjuna%27s_Intent.

〔4〕 Donald Lopez, Jr., "Dge-vdun-chos-vphel's Klu-sgrub-dgongs-rgyan", A Final Study, a paper to the Eighth LATS Seminar, Bloomington, 1998.

〔5〕 Donald S. Lopez, Jr., "Notes on Treatise on Passion, A Tibetan Poem by Gendun Chopel", in Michigan Quarterly Review, vol.52, no. 2, Spring 2013.

第二,在翻译更敦群培的论著同时研究更敦群培。西方学术界有一个学术惯例,就是在翻译一部作品时,对该作品进行研究。因此,西文译著有不少都是翻译与研究合璧出版,至少西文藏学译著是如此,如英译版宗喀巴大师的《菩提道次第广论》、布顿大师的《佛教史大宝藏论》,还有《西藏度亡经》,以及霍普金斯和宇妥玉珍合作翻译的更敦群培的《欲经》等[1]。

洛培兹在翻译更敦群培的藏传佛教代表作《龙树中论奥义疏》的同时,对更敦群培的生平、作品(文本)本身、作者等都进行了详细考证、独到分析和深入研究。在"生平"一章,洛培兹从安多、拉萨、印度、西藏四个方面,深入研究了更敦群培传奇坎坷人生经历的四个阶段,并着重分析了他在南亚12年的游学生涯、研究历程和48年的短暂生平,揭示了更敦群培从传奇高僧转变成为博大精深的学术大师和离经叛道的人文主义思想家的演变轨迹和心路历程[2]。中国学者班班多杰对《龙树中论奥义疏》进行了深入探讨和研究,并从意义决定存在、认识和价值的缺失,对不可信赖的意见仍然需要信赖,更敦群培哲学思想的醉翁之意三个方面探讨了更敦群培的中观思想[3]。洛培兹对更敦群培这部作品的分析和研究,提供了西方学者的"更敦群培观"的新视野。

洛培兹在英译《更敦群培的104首诗》的同时,对作为诗人的更敦群培及其作品进行了深入的分析和研究。在"导论"中,洛培兹探讨了更敦群培创作这些诗词的背景和过程,并认为:"在近代历史上,没有一位诗人比更敦群培(1903—1951)更为著名。他在短暂而充满争议的人生历程中,既吸引了喝彩和称赞,也引起了苛责和批判。但是无论是他虔诚的支持者,还是他尖刻的对手,都有一个共识:他是一位完美的诗人。在诗学被视为人类语言的最高形式的一种文化里,更敦群培被推崇为西藏最伟大的现代诗人。"然后,洛培兹从"这些诗""这本书"两个方面对更敦群培的诗词及其英译进行了

---

〔1〕 *The Great Treatise on the Stages of the Path to Enlightenment (Lam Rim Chen Mo)* by Tsong-kha-pa, trans. by The Lamrim Chenmo Translation Committee, Joshua W. C. Cutler(Editor-in-Chief), Guy Newland(Editor), Snow Lion Publicaitons, 2000; *Buton's History of Buddhism in India and Its Spread to Tibet: A Treasury of Priceless Scripture,* trans. by Lisa Stein & Ngawang Zangpo, Snow Lion Publications, 2013; *The Tibetan Book of the Dead; Tibetan Arts of Love: Sex, Orgasm & Spiritual Healing,* trans. by Jeffrey Hopkins with Dorje Yudon Yuthok, Snow Lion Publications, 1992.

〔2〕 见洛培兹著,杜永彬译:《更敦群培生平研究》,《中国藏学》2013年第 S1 期。

〔3〕 班班多杰发表的主题相同的论文有 3 篇:《一个西藏流浪僧人的叛逆思想—根登群佩〈中观甚深精要之善说——龙树意趣庄严论〉解读》,《哲学研究》2005 年第 12 期;《意见与真理——〈中观甚深精要论〉的现代阐释》,《华东师范大学学报》2007 年第 1 期;《更敦群培〈中观甚深精要论〉一文的现代阐释》,《中观藏学》2012 年第 S2 期。

解释和说明[1]。法国女学者、更敦群培研究专家海德·斯多达在《更敦群培——21世纪西藏的最杰出的作家》一文中对该书进行了评论，并针对书名质问：为什么是104首？难道更敦群培所写或传世的诗词刚好104首吗？认为洛培兹确定为104首太主观臆断了。海德还对洛培兹关于更敦群培的论点做了批评[2]。

洛培兹在翻译《智游佛国漫记》的同时，对更敦群培这部篇幅最长的作品进行了深入研究，他在英译本的导论中写道："1941年，哲学家和诗人更敦群培曾通过轮船、火车和牦牛，翻越山脉和沙漠，把他的大量手稿寄回到他的安多家乡。5年后，他结束在印度和斯里兰卡12年的生涯返回故土。可是并没有受到他想象的欢迎：他被年幼的达赖喇嘛摄政（热振）的（噶厦）政府逮捕，以莫须有的罪指控他。3年之后他获释出狱时，已是一个心力交瘁的人（broken man），不久就去世了。更敦群培的生命虽然短暂，但是却是一位多产的作者。并且，他把自己的手稿《金颗粒》（《智游佛国漫记》）视为其生命之作，这是在论述古代印度和西藏历史的故事时让他的同胞感到欣喜的作品，同时又提醒他们，毗邻西藏南部边境的现代国家——英国的殖民地印度出现的奇迹和威胁。现在第一次可以得到《金颗粒》的英文版，这是汇集了游记、绘画、历史、民族志的关于南亚和西藏文化的一部独一无二的纲要。更敦群培描述他在南亚所发现的世界，从佛教圣遗的废墟到他学会能够阅读原著的梵文经典。他还尖锐地、通常又是幽默地批评幻想中的对西藏的热爱，揭穿一个又一个的神话，并发现了早起关于西藏朝圣记载的谬误。通过更广泛地探讨居于该地区中心的文化和宗教，更敦群培热切急于向他在西藏的佛教读者和听众描述他在旅行过程中所收集到的一切新知识。作为西藏历史上一位悲剧性人物的经验记录和一位卓越的学者的作品，《金颗粒》是由对遥远的过去和奇特的现在的发现的一种认识所生发的一部易于理解的、令人信服的作品。"

早在1996年，中国的藏族学者格桑曲批就汉译出版了《智游佛国漫记》的6部分：《自拉萨启程》（节译）、《印度北部的雪山及有关问题的辨析》《关于男女饮食及器物》（节译）、《各地的古今文字》《关于藏文的结构》《笼多王朝世系》（节译）[3]。但是，格桑曲批汉译出版的《智游佛国漫记》还不到原著的三分之一，汉译只有6部分，而且其中

---

〔1〕 *In the Forest of Faded Wisdom: 104 Poems by Gendun Chopel*, edited and translated by Donald S. Lopez, Jr., a Bilingual Edition, University of Chicago Press, 2009. 笔者已将该书的第一部分"导论"（Introduction）汉译发表，题为《更敦群培诗词研究》，《中国藏学》2012年第S2期。

〔2〕 Heather Marie Stoddard, "Gendun Chopel: 20th century Tibet's finest writer", *International Institute Asian Studies Newsletter*, Spring, 2011.

〔3〕 格桑曲批译，周季文校：《更敦群培文集精要》，北京：中国藏学出版社，1996年。

3部分还是节译。洛培兹和土登京巴合作,首次将更敦群培的这部篇幅最长的作品英译出版,并进行了较为深入的研究,不但推进了现代藏族学术大师和人文主义思想家更敦群培作品的研究,而且扩大了更敦群培及其作品《智游佛国漫记》在英语世界的影响。

正因为如此,国外藏学界对更敦群培的这部作品及洛培兹和土登京巴的英译给予高度评价。哥伦比亚大学教授哈特莱(Lauran Hartley)说:"更敦群培的《金颗粒》无可争辩地是20世纪独一无二的最杰出的西藏学者的杰作,洛培兹与著名翻译家土登京巴协作这一理想的天才的组合,巧妙娴熟地将《金颗粒》翻译成为可信而易于理解的英文。这部出色的译著将会得到学者们和一般读者的热情欢迎(和感谢)。"原斯坦福大学教授詹东·丹增朗杰(Kasur Tenzin N. Tethong)说:"非常高兴地欢迎20世纪西藏顶尖的知识人物更敦群培的《智游佛国漫记》的英译版面世。他将这部游记视为自己的佳作,仍将是他对于西藏的文化和文学遗产的许多贡献的一部分。"哈佛大学教授杰妮特·嘉措说:"这是由20世纪西藏杰出的知识分子和艺术家撰写的非凡的一部游记——史论。以信、达、雅的标准翻译,《金颗粒》向我们提供了亚洲宗教和生活怎样出现于西藏高原视野的难得的一瞥。我们从这部作品中聆听到一种美妙而完全原始的声音,潜心思考传统与现代性,所有这一切都意味着他所知道的世界末日的前夕。"不列颠哥伦比亚大学教授次仁夏嘉(Tsering Shakya)说:"学者、僧人和旅行家更敦群培是20世纪最伟大的西藏知识人物之一。《金颗粒》是论述他在印度这个居于藏传佛教世界中心的国家旅行的最优秀的文字作品之一。土登京巴和洛培兹首次提供了他的杰作的英译,这部译著美好地保留和唤起了更敦群培的快乐意识,并评论了他同周围环境的接触。它可以充当学习和研究西藏文学史的学生、学者和一般读者的一种不可或缺的资源。"

第三,专题研究更敦群培。2013年,洛培兹与纽约拉孜图书馆联合编撰出版了一部图文并茂的研究更敦群培的作品《更敦群培——西藏的第一位现代艺术家》(Gendun Chopel: Tibet's First Modern Artist)。"前言"由拉孜图书馆馆长白玛本(Pema Bhum)撰写。该书由更敦群培、更敦群培的艺术、(更敦群培的)绘画和素描作品三部分构成,由洛培兹撰写。在第一部分"更敦群培"中,洛培兹从《智游佛国漫记》、绘画、诗词、更敦群培的两首诗、返回西藏最后岁月、后记等方面探讨了更敦群培的生平、学术和思想,并着重阐述了作为艺术家的更敦群培杰出的艺术成就,文中还加入了降央诺布的母亲"对大译师更敦群培的一些回忆"和更敦群培的施主及弟子霍康·索朗边巴之子霍康·强巴旦达的"回忆更敦群培和我的父亲"。在第二部分"更敦群培的艺术"中,洛培兹从在西藏、水彩画、素描三个方面,研究了更敦群培的绘画作品和素描的创作年代、作品风格和绘画艺术水平。在第三部分"绘画和素描"中,绘画部分对传世的更敦群培的27幅绘画作品来源和出处及画作的主题进行了阐释。素描部分,展示了更敦群培的32幅素描和速写作品,只做了编号,没有进行标注[1]。

　　总之,作为一名资深的藏学家,洛培兹不仅在佛教及藏传佛教研究领域取得了重要成果,而且在更敦群培研究领域也取得了显著成就。他的藏学研究成果如《香格里拉的囚徒——藏传佛教与西方》《疯子的中观——还更敦群培的本来面目》《在森林中褪色的智慧——更敦群培的104首诗》《金颗粒——一位四海为家的旅行家的故事》以及《〈西藏度亡经〉传》等,不但奠定了密歇根大学在美国藏学研究中的地位,促进了美国藏学研究的发展,而且通过更敦群培作品的英译和对更敦群培的研究,推动了中美之间的藏学学术交流。

---

〔1〕 Trace Foundation's Lates Library, Donald S. Lopez, Jr., *Gendun Chopel: Tibet's First Modern Artist*, Serindar Publications, Inc..

法国探险家弥皋对于康藏地区的科学考察

耿　昇

提要：1945—1947年间，法国探险家和藏学家弥皋共用30多个月，对中国西部特别是对西康藏区作了重点考察。其考察成果很珍贵，在国内却鲜为人知。本人仅对弥皋从成都到雅安、康定和甘孜一段的科考过程和成果略作介绍。

关键词：弥皋　西康　雅安　康定　甘孜

一、引　言

西康或康藏地区，被外国学术界称为"汉藏走廊"地区。康藏地区或羌塘高原在理论上应包括四川西部、甘肃南部、青海南部和西藏东部，但学术界一般均具体指四川西部和西藏东部。该地区自古以来就是中国中原与西藏地区交往的要道。"唐蕃古道"经由青海，但也基本上属于这一地区。在该地区，不但中国汉藏两族的人民和商品交流络绎不绝，而且西方的科考探险家、旅行家和传教士也频频出没使康藏地区成了名副其实的"走廊"。

来往于这条古道上的法国旅行家确实不少。特别是在1846—1912年之间，更是法国人经康藏地区入藏的高潮期。最早经西康入藏的天主教遣使会传教士古伯察（Evariste Huc，1813—1860）于1845—1846年，偕其长上秦嘎哗（Joseph Gabet，1808—1853年），从当时属于内蒙古（今属河北省）的崇礼县出发，经内蒙古、宁夏、甘肃、青海进入西藏，著有《靼鞑西藏旅行记》（1854年首版）。法国女藏学家大卫-妮尔（Alexandra David-Neel，1868—1696）一生中四次入藏均经由康藏地区，其终生著有26部藏学著作。法国遣使会会士肖法日（Jean Fage，1824—1888）于1854年与其同教教友罗启桢（Charles Renou，1812—1863）前往西藏，被清政府抓获后押返广州。法国探险家和旅行家邦瓦洛（Gabriel Bonvalot，1853—1933）曾经由奥尔良王子资助，从巴黎经东京湾到西藏，后又经西康而到达蒙古和俄属突厥斯坦，曾著有《从巴黎经东京湾而到达陌生的西藏1889—1890年》（1892年初版）。法国探险家多伦（Henri d'Ollone，1868—1895）曾于

1906—1909年经西康地区旅行，著有《最后的蒙昧人》（1911年初级）。法国藏学家巴科（Jacques Bacot, 1877—1967）系法国科学院院士，曾任法国亚细亚学会会长，长期执教于法国高等实验学院。他于1906—1910年间，两次赴西藏东南部进行科考，曾到达过打箭炉（康定）地区，著有《动乱的西藏》（1912年首版）。

法国探险家吕推（Dutreuil de Phins）和李默德（Joseph-Fernand Grenard）于1893—1894年先后对蒙古和新疆考察后，准备进入西藏。他们于通天河流域（今青海称多县境内）被藏民杀死并抛尸通天河。其考察成果由李默德整理出版，即3卷本的《高地亚洲考察记》（巴黎，1987—1898）。

到20世纪40—50年代，法国的另一位探险家弥皋（André Migot，出生年月不详）也加入了对康藏地区的考察。弥皋诞生于巴黎，其博士论文是有关医学的，其学士论文也是有关自然科学的。他早年被任命为巴黎海洋文物实验室的助理研究员，参与了地中海与北非的各种科学考察团。他曾考察过阿尔卑斯山和比利牛斯山区，于1928年出版了《勃朗峰山脉》一书。他后来又逐渐考察了从巴黎到加尔各答沿途，如意大利、希腊、土耳其、叙利亚、伊拉克、阿富汗和印度。他于1939年赴西贡，1945年11月，他出发赴印度支那，特别是作为医生而居留于柬埔寨。1946年12月，他受当时设在河内的法兰西远东学院的派遣，前往中国中原和西南，特别是赴西藏从事一次科学考察活动。第一次他共用30个月的时间，在中国西南地区，特别是在康藏地区从事考察。当时那里还处于国民党政权的控制下，治安形势非常恶劣，在西康地区，土匪们抢劫了他的行李和财宝，甚至还剥去了他的衣服，他只好化装成乞丐，企图到达拉萨。

弥皋在华的基本路线是从金边到达中国云南的昆明，然后再经建昌和峨嵋到达成都。在成都他们为办理签证和钱币兑换手续以及考察佛教而停留了一段时间；他们在进入成都时便受到了土匪们的一次袭击，弥皋等人进入了西康的门户康定，主要考察的是藏传佛教；他们经过西康，从康定到达甘孜，然后又转入西康北路；他们转向青海，从德格到达玉树；主要考察了羌姆舞，也就是藏传佛教神舞或跳大神；他们转而从南方进拉萨，在湄公河源头受到藏族人的阻止，只好又返回玉树；弥皋等人在青海拜谒了吕推墓，又从玉树经草原沙漠到达青海湖；经中国政府干预，他们一行考察了北京和内蒙古，又返回长江三峡；弥皋一行最后从成都到香港，准备二次入藏。

弥皋这次试图进入西藏拉萨的旅行，取道西康地区，走的也是历代外国人入藏的传统道路。他将自己的游记整理出版，取名为《走向佛陀之旅：一名法国人经神秘的高地亚洲的旅行》，于1954年在巴黎由阿米奥–迪蒙（Amiot-Dumont）出版社首次出版。后来该著又经多次再版,成了法国有关进入高地亚洲和西藏旅行记中的名著。笔者仅根据他的游记,重点对他进入四川后,从雅安到达甘孜一段的经历加以介绍。

虽然弥皋不是一位地道的藏学家,但他一生中还是发表了不少藏学论文,如《初沙弥与巫师》(《法国—亚洲》,1947)、《汉藏关系史考》(《法国—亚洲》,1950)、《喇嘛教的度礼》(同上,1951)、《喇嘛教:解释与理解小释》(同上,1951)、《西藏的政教合一制》(同上,1951)、《西藏的佛教瑜伽和密教仪轨》(同上,1952)、《喇嘛教概论》(《亚洲文化与综合研究季刊》,1953)、《藏学研究,两个民间故事》(《法国—亚洲》,1954)、《西藏的走廊地区》(巴黎和纽约1955年版,伦敦1960年版)、《山羊尾巴的故事,西藏寓言》(《法国—亚洲》,1956)、《西康藏语方言研究》(《法兰西远东学院学报》,1957)、《藏戏札记》(《戏剧史杂志》,1958),《灵魂的大力王史:西藏民间故事》,(《法国—亚洲》,1959)、《班禅索南扎巴传》(同上,1961)等。

二、弥皋赴中国旅行的基本过程

1. 弥皋入藏考察的背景及其在云南地区的见闻

1946年12月5日,越南河南早已显示出了一种战争气氛,形势已经令人觉得惴惴不安。大街上只有很少的法国士兵,在越南兵哨所周围,到处都是铁丝网和拒马。新的战壕工事每天都在扩展。法国和越南的战旗迎着不同风向高高飘扬。在谅山和海防已经发生了武装冲突,陆续造成重大伤亡。一切都预示着,法国与越南之间的一场战争即将爆发。

弥皋在越南战争爆发之前,很希望前往中国,但由于中国中原实际上也处于大规模内战的前夕,他于是便决定出发赴西藏。他实际上于1939年的12月间,独自一人经过10个月的旅行而到达印度的加尔各答,中途先后经过法国、意大利、希腊、土耳其、伊拉克、伊朗、阿富汗和印度。这次旅行使其目光不可避免地转向了距加尔各答最近的西藏。这一次,他想经西贡绕道入藏。在法国被法西斯占领的黑色年代,"西藏梦"似乎支持了他的生活,西藏就如同通向宽阔领域的一条黑暗通道中的一缕光芒。其生活环境的暴力性和悲剧性,使他转向了佛教的温柔情网。

1946年,弥皋作为印度支那医学救助机构的医生前往柬埔寨,一边于自己所在的柬埔寨治疗病人,一边学习佛教。他坚持医生的道德准则,不被周围战争和仇恨的气氛所玷污。在柬埔寨那闷热的夏季,赴冰天雪地的西藏高原的愿景始终活跃于他的心中。

1946年12月，他终于获得了前往中国中原学习佛教的一次机会。他立即乘飞机到达云南昆明，飞越了他向往已久的、非常美丽和当时尚很难通行的北部湾（东京湾）地区。

在柬埔寨度过一年令人窒息的炎热气候之后，他到达了气候宜人的昆明。法国驻昆明领事布法奈（Bou ffanais）先生于家中招待了他。法国驻昆明领事馆座落在一个中世纪的漂亮院落中，位于老城区，有如同寺庙一般的大门。他们考察了云南的乡村、山岭和寺庙、隐没在丛林中的佛刹、紧傍碧波荡漾的昆明湖。他在昆明过的日子很安逸，但他还是想尽快离开昆明赴西康，再辗转赴西藏。当时最快的行程是乘飞机，但他不喜欢这种令人厌恶的旅行方式，而是希望实地考察这条西南丝绸之路和茶马古道，尤其是沿途的文明、生活、宗教和诸多方面的状况。为达此目的，只有一种可能性，那就是徒步旅行。他也没有走通向贵阳和重庆的公路，而是取道一条几乎遭遗弃的古道，经建昌、彝人地区、西昌和富林。他特别想考察的是昆明北部那些著名的大山脉，而且这些地方还是要通过马帮小道前往的。由于天主教传教区的神父们和中国商人都愿意带他同行，所以他们共租用了两匹马，以供驮运行李和供弥皋骑行，而且还要驮载他们的食品和卧具，以承包价租用。虽然弥皋掌握的汉语词汇很少，而且也不熟悉所穿越的地区，但这反而使他在旅行中无所顾忌。

1946年12月18日清晨，弥皋一行离开昆明市，穿过遍布灰色小屋的郊区，随同马帮一并轻松前行，使他很久以来就怀有的美梦变成了现实。他们通过在一片坚硬的红土地上开凿的土阶梯而攀上了高山。沿途中有无数挑夫，其中有许多是女性。他们搬运的货物种类很杂乱，其中既包括木柴、煤炭和矿盐这类笨重物资，也包括烟草、鸭子、黑肥猪和其他生活必需品。挑夫们步履沉重和在一声声号子声中有节奏地前进。他们大多数人使用柳条背篓；也有不少人使用两端挑货物的竹扁担，而且不用放缓速度便可以换肩膀。人们乘坐的也不是带密封帘的古老轿子，而是滑杆，类似一副绑在两根竹子之间的担架，轿夫们以小步快速随着负荷的颤动节奏而前进。轿夫们一般都是两班轮替，而且从不间断旅行。实际上，在汽车出现之前，滑杆和轿子是中国最方便的交通工具，滑杆流行于大半个中国。

12月18日中午时分，弥皋一行爬过了一座海拔3000多米的高山。下山后，他们便看到了一个美丽的小村庄，有蓝花蚕豆地、清澈的小河与漂亮的瀑布，这一切都使他联想到了比利牛斯小山谷的风貌。傍晚，他们一行到达富民小镇，那里有一座很漂亮的敞篷桥。林中所有的孩子都好奇地盯着他们这一行人，估计这里的西洋旅客很稀少。他们都握着拳头友好地欢呼"挺好"，相当于美国人所说的OK。这是在整个中国欢迎外国人的方式。这条路始终崎岖坎坷，他们在当地唯一一家小店中席地而眠。富民镇真正是一个富民之镇，是茶马古道上的重要一站。他们尚需要两日，才能到达中国古猿人的发祥地元谋镇。其地天气寒冷而天空晴朗，满山是生长茂盛的杜鹃花。中国当地政府为了预防土匪对弥皋一行的袭击，又给他们派去了4名卫兵。但这些士兵身穿草绳帆布鞋和头戴草帽，甚至还有人斜挎着一把小阳伞。他们自己反倒显得惊惶不安，不时地放枪以壮胆。沿途还有几颗被砍下的人头挂在树上。

元谋是一座风景如画的古城，其城墙是用很美观的棕色石块砌成的。但弥皋一行被迫在警局、兵站和旅馆之间奔走，每天都在喝茶、聊天和回答问题中度过。两天之后，其护照上才被加盖了当地的印鉴。他们首先进入了宽阔的扬子江流域金沙江段。弥皋终于亲眼见到了他多年梦想的这条"清江"（较黄河而言）。它江水清澈，水流疾速，与他在南京和重庆见到的同一条江的江水完全不同。其流域很荒凉，到处都是被侵蚀的沟壑。他们住宿在一个小村庄中，只有几间在江畔倚山而建的小土屋。这里的旅店只有一间公共睡房和一间马厩，全部挤满行客、马匹、柴薪和简单的农具，油灯灯光微弱而摇曳。夜间寒冷而又安静，只能听到马匹的铃声和踏地声。最有意义的是，他们在这里度过了圣诞平安夜。他认为自己不能想象出一个更漂亮的圣诞夜和更纯洁的蓝天了。他也听到了不远处马厩中牲畜的嘶鸣声。弥皋由此非常激动地想到了伯利恒（Bethleem），马利亚（Marie）和若瑟经过一天漫长而又累人的旅行之后，停留在一个穷困的村庄，休息在一间普通的农舍中，并在那里诞生了耶稣（Jesus）。他在辽阔的中国这个被人遗忘的军山口的贫穷小村庄中，独自守夜。随后他们离开了金沙江干流，进入了一条很快就干枯的支流，直到晚上六点钟才走出山谷。为了寻找一家客栈，他们进入了姜驿小城。

2. 弥皋一行在四川南部的见闻

直到四川惠理，这条路始终平淡无奇，只有许多松林。12月27日，弥皋一行进入了四川惠理城，这是他们这次旅行的第一大站。巴黎外方传教会的弗拉胡代（Marcel Louis Flahutez, 1903—1975）以及西班牙救世（赎世主）修会会士业凯莱（Miguelez）非常热情而友好地接待了他们一行。这是他第一次下榻于中国的一个传教区中，后来又多次做客于法国和其他外国人传教区会口中。中国人在多种情况下都肯帮助这些外国人，如在采购物品、运输、车辆和马帮诸方面。若无中国人的帮助，外国人的生存将会非常复杂。由于村中的孩子们到处围观他们，所以他们只好留在传教区内与神父讨论问题。由于这些欧洲神父在中国生活多年，完全断绝了与欧洲人的联系，已经忘记了许多西语词汇,甚至采用了某些法国式的汉语。

他们在惠理参加了一次中国人的葬礼。它于一个只有四幢二层房间组成的四合院中举行。其矩形内院很大,带有巨大的漆木柱子。死者周围有许多亲朋,其实都是希望前来饱享一顿口福的人。其近亲男子都外套粗布白衫,头戴白布孝帽,这是中国人的孝服。女亲人都头上白布缠头。他们在哭泣的同时,还接受幡、方形旗幡,上写表彰死者业绩的题记。最后便是一场酒肉盛宴。次日才是真正的下葬,其一眼望不到头的送葬队伍,向大街中伸展开来。这是为了昨夜"盛宴"的面子。

1942年1月1日9时许,有人通知弥皋一行说,有一辆卡车即将出发赴西昌,他们不能错过这一机会。弥皋于是在房间中加紧准备工作,匆忙地骑马赶到城市的另一端——卡车的停泊处。这是弥皋生平第一次乘中国卡车旅行,而且由于沿途周围的美景而减缓了其疲劳。他劝人们不要相信,这里无分别地用卡车运输货物和旅客,人们甚至在大城市之间也无法遇到它们。在中国的这些偏僻的地区,车中始终是人货混运。车主首先在客车中满装货物,再让旅客上车,而且经常超额载员,一般要比正常载量超重一倍。只有当其弹簧快要失去功能时为止,乘客群几乎失去了平衡。卡车出城了,又有几名旅客挤上了车,中国称之为"黄鱼"。弥皋成功地置身于一个大木箱的角落里,歪斜地倚在一个巨大的红辣椒包上。乘客们逐渐地坐得条理化了,各就各位,却不能有任何动作。在不同程度上对称的电话线,穿越了这条路,成了行车的里程杆。乘客车厢快被压瘪了。

弥皋等一行于1月1日下午两点钟出发,一路上事故频频,晚上停留在益门站。他们于晚上应邀在一家陶瓷厂内部临时搭建的木棚中过夜。由于卡车在沿途不断爆胎,人们甚至用橡胶鞋底来修补它。这条路上本来桥很多,但当时只存在遗迹状态了。因为桥梁建好之后,很少有人去关心去维护它们。桥梁、桥板和横梁均已腐烂,只留下那些石桥墩了。卡车只好开车涉水过河,被陷入了污泥中。所有旅客都只好下车推车。这在整个旅途中是司空见惯的事故。这反倒可以使行客那些因不正常姿态而长时间受压的关节舒展一下。

沿途的风景,只在安宁河河谷美如画。但当行进至西昌(宁远府)时,风景却变得很平淡无味了。在距西昌城10公里远的地方,卡车抛锚,恰好由一名美国军官开的一辆吉普车及时赶到。吉普车中正好有亨利·卡代尔(Henri Catel)神父[1]。弥皋曾于1945年

---

〔1〕 亨利·卡代尔(Henri Catel,1915—1961)是巴黎外方传教会的入华传教士。他于1912年8月9日诞生于法国孚日省。于1938年被派往四川建昌传教区,但直到1945年10月12日才到达目的地。他在会理州学习了汉语,后赴加拿大,于1961年1月22日死于法国勒庞热。

与该神父一道完成了从马赛到西贡的旅行。弥皋携带行李登上了吉普车。到达传教区之后,建昌主教包明扬[1]非常盛情地接待了他。西昌城的建筑很平常,但其郊区却相当漂亮。卡代尔神父带弥皋参观了属于芦山的一座大型佛教朝山礼佛的中心[2],距西昌首府有10多公里远。在俯瞰漂亮的遗址的地方那里,有许多古佛塔。

弥皋在西昌总铎府与阿尔诺神父[3]交谈了很长时间。此人在四川省已度过30多年,成为彝族文明无可争议的研究专家。当时,彝族特别是在西昌、富林、康定边境之间的建昌,人数特别多。神父向弥皋长时间地讲到了他所喜欢的彝族人民。在大清王朝平定云南、西康、缅甸、老挝和北部湾之前,这些土著民便定居在那里了。当中国中原王朝平定这片地区时,那里只是一条土著民族的走廊,居住着包括彝族、摩梭族、傈僳族和苗族等"西南夷"民族,他们后来都躲进深山老林中了。放弃了肥沃的平原与河谷,他们于中国西南边远地区,形成了原住民维持其古老文明的辽阔区地。在大山深处,尚有许多未被汉化的彝族人。

但这些山民中又有少数人具有土匪的行为倾向。甚至某些青年人,不参加几次抢劫活动,就无权利结婚。由于他们的经济状况与中原农耕经济处于隔离状态,才使他们顽固地坚持这种习俗。

这里的彝族人与汉族人完全不同,他们身材高大,身强力壮,性格豪爽,动作更要灵活得多。这些人肤色棕黑,二目圆睁,往往是鹰钩鼻子。这一切都使人更多地联想到了北美印第安人。他们也与安南和柬埔寨边境地区的摩伊人(Moï)具有共同特征。他们可能与摩伊人一样,最早发祥于印度尼西亚。他们个个都是武士,武装以从正规军手中夺取的武器,他们的存在使中国当局有些"丢面子"。当时驻扎在该地区的国民政府军中,包括许多真正的贫苦儿童,靠当地居民供养,只想开小差。国民党的士兵们配备着各种制式的枪支,但他们都不会使用。因为为了节约,他们只持有很少子弹,而且也未曾接受过任何军事训练。

---

〔1〕 包明扬(Stanisl Henri Bandry,1887—1954)是法国巴黎外方传教会的入华传教士。他于1887年1月27日诞生于法国塞夫勒河畔的拉波梅赖,于1913年12月10日赴四川建昌传教区。他学习汉语之后,于1914—1923年先后负责盐井、长坪子和西昌会口。他后来被任命为建昌主教,任职长达24年,于1951年被新中国政府驱逐,最终于1954年8月6日死于巴黎。

〔2〕 弥皋提到的Lou-shan的对音为芦山。但由于此处离芦山甚远,故疑为鲁(南)山或乐山之误。

〔3〕 费尔迪南·阿尔诺神父(Ferdinand Arnaud,1878—1948)是法国巴黎外方传教会的传教士。他于1878年12月16日诞生于法国安德尔省,1904年8月17日赴四川叙州府传教区。他在那里工作5年之后,于1910年又选定了建昌传教区,被任命为卫城彝族地区的教务负责人,后被任命到宁远府,最终于1948年1月9日客死于那里。

当时正有一名美国上校逗留西昌，以寻找在战争期间于该地区被击落的美国飞机的飞行员。他们是由于地图的不确切性，而在从加尔各答经缅甸到重庆的困难联络中被击落的。其中大部分飞行员都死亡了，该少校的使命是寻找到他们的遗骸，但他也试图寻找某些尚活着并已落到彝族人手中的美国飞行员。当地的国民党军官一方面信誓旦旦地保证与他合作，同时又极力制造障碍。当人们发现一具尸体时，到处都会出现纠纷，以期制造一种具有实质利益的敲诈。

1946年1月5日，弥皋一行再次乘坐一辆维护状态依然很糟的卡车，沿大渡河（Ta-Tung，疑为大渡河）之路前进。这条河紧傍山崖，山上到处有悬崖。它是在战争期间修成的，曾付出过数千个生命的代价。但它未被很好地维护，很快就无法使用了。其风景使弥皋联想到了法科尔（Vercors）的阿尔卑斯山的风貌，美丽的山脊经常被杉树和落叶松树林打断。他们于山谷中经常会遇到彝族人前往山谷的村庄中采购物品，他们保持了传统的习惯和服饰。彝族女子身穿非常鲜艳的服装，与当地的汉族女子完全不同。这些彝族女子在其头人的同意下，才让弥皋一行拍照。她们个个都很美丽俊俏。

7日上午，弥皋一行通过一条大索桥而渡过了大渡河。随同他的汉人对于大桥的坚固程度持怀疑态度，因为他们在上桥之前，先将行李卸下，让一大群挑夫们将行李挑到河的对岸。

弥皋一行翻过一个山口之后，便于11时许到达富林（汉源），这已经进入了雅安地区了。他们在富林受到了巴黎外方传教会的传教士勒鲁[1]的友好接待。弥皋后来在西康又与该传教士相会并作了长时间交流。弥皋一行本来想由此而携挑夫北上康定（打箭炉），但这条路上当时有"土匪"出没。这里的"土匪"大多出自由于鸦片交易而破产的农民。因为富林当时是毒品交易中心，鸦片的种植和交易往往是当时西康地区动乱和土匪行为的真正致因。国民党当局的大部分小官吏都强烈鼓动农民放弃耕种农作物，而大肆炫耀种植罂粟的巨额收入。每当罂粟开花时，便会有文武官吏前来巡视，并提示说中国严禁种植鸦片。其争论的结果是农民交一笔高额"罚款"，并保证将一部分鸦片收获品交给官吏们，以交换他们的默许。在对罂粟割浆时，又由其他官方人士重新开始了同样的仪式。这样一来，农民的收获完全被官吏们的双重敲诈耗尽了。烟农们在忍无可忍的情况下，也会冷静地杀死剥削者。烟民一无粮食收成，二又不会有金钱，

---

〔1〕 儒略·勒鲁（Jules Leroux, 1905—1978）修士是巴黎外方传教会的入华传教士。他于1905年9月1日诞生于法国康塔尔省，1931年4月20日赴藏区，于1932年被任命为打箭炉小修院院长，于1935年被调至冷碛会口，后又先后在从化与道孚会口工作。他于1951年被从中国驱逐，于1978年7月13日死于法国桑伯通。

只好变成大道上的强盗,直到最后加入正规军为止。

在富林(汉源县),当时几乎所有人都以这种鸦片交易为生,也有很少的人以武器交易为生。那些小商人在从生产者那里获得鸦片供应之后,便将它们运往域外并推销给来自成都的大商贾,他们当然都要依靠军官们的保护。同样的交易,也出现在从康定到雅安和成都的路上。弥皋在途中看到过一支长长的由军队保护的旅行队,队伍中包括20多架滑杆,上面盛有经仔细包扎的矩形包裹。每架滑杆都由武装以步枪和机枪,边走边开着机头并瞄准的兵勇护送。在这支队伍的首尾两头,其他士兵则武装以美式轻机枪,数名军官走在后面压阵。这是一支大运输队,属于一名巨富王先生。

3. 弥皋一行在嘉定乐山地区的考察

弥皋一行于1947年1月9日乘卡车出发赴嘉定[1],他们经过冰山和雪山之后,到达了嘉定附近(乐山)那座海拔高7000多米的贡嘎山。在此山之后,便是藏区的群山了。为了过夜,他们置身于一个位于阳光充沛的小高地上的王母山村。天气非常寒冷,甚至连卡车也被冻住,无法行驶。

嘉定这条路确实给人留下了强烈印象。它可能是弥皋一行在中国所遇到的最令人惊讶的路程。它的修建是一种了不起的成功,被开凿成了沿悬崖而行的悬空路,有时甚至是在陡峭的山麓中挖掘了隧道。当时建路工人们用绳索悬吊在山崖上,以安放炸药。这里全程都是忽上忽下和无穷尽的弯路。人们从几乎垂直的山谷向下望去,便看到酷似一条银带的大渡河。他们到达一个叫作峨眉的村庄,那里是朝山礼佛人的出发点。人们在那里到处都可以看到佛教小刹,还有成群手持念珠的佛教朝山礼佛人前往圣山。弥皋一行在乘船渡过岷江之后便到达了嘉定。

嘉定(乐山)是位于岷江与大渡河交汇处的一座美丽的小城。岷江江岸极热闹。向南有两堵数百米高的悬崖俯瞰大江,由一片四季常青的森林环抱,形成了两个绿色巨篮高悬在江河之上。这两座山丘中拥有数座佛教寺庙,其中最古老的一座建于唐代。悬在岷江之上的大岩壁上雕有一躯巨大的坐佛。从远处看来,它相当楚楚动人,但雕刻技术却极其粗糙,其造型也只不过是当时已经含糊不清的粗样。尽管这躯佛像有60米之高,但它远不及在阿富汗巴米扬(Bamyan)山崖上雕刻的那座两身大佛高,它们分别

---

〔1〕 当时乐山叫作康定,与清朝把打箭炉改成康定的地名不同。

高35米和53米。在嘉定城周围，还存在着许多由多伦[1]考察过的石窟寺，质量都很平庸。

1947年1月12日，弥皋一行又重新取道峨眉。他的一个法国工程师朋友向该居民中心的警察局长写了一封推荐信，该警察局长给他们一行派遣了一名士兵以作向导和保护人。他们赶了4公里路之后，很快就到达了报国寺的山门。寺门墙壁上留有许多藏文题记。他们沿一条小路进入寺中，甬道被踩踏得破损严重，说明该寺的香客和商客很多。他们一行在寺内过夜。

弥皋认为峨眉山是中国的七大神山之一，是西康藏汉两族香客最兴盛的寺庙之一。由于该山激起了许多民间想象力，因而它成了一片圣地。它向西与滇藏群山相连接，向东则进入了雅河与东河河谷。该山孤独地屹立在肥沃的嘉定平原上，以其3000多米的高度居于该城之上，直插青天。该山区那犬牙交错的形状和截顶状的山脊，完全可以赚取中国人的眼球，因为中国人酷爱大自然，尤其是高度评价山岳的奇形怪状，中国人尤为喜欢从中发现动物的形象，尤其是那些可以使人产生想象力的神龙和神话人物。

在中国佛教的最大朝山礼佛名山等级中，峨眉山占据第3位。这些圣山中的每一座均有一尊特殊的神。最著名的礼佛圣山应为晋北的五台山，人们在那里崇拜文殊师利（Manjusri）菩萨，专司形而上学的智慧；其后是普陀山，地处杭州湾的一个小岛上，距上海不远，是大慈大悲观音菩萨（Bodhisattva）的道场；处于第3位的峨眉山，是中国西部的主要圣山，其主要的神是普贤菩萨（Samantabhadra），而普贤又是毗卢遮那佛（Vairocana，大日如来）的弟子，是大乘教派的五大禅定佛之一，其藏文名字是Koun-tou Zon-po（至善法身，昆徒赞普）。他是藏传佛教中未曾改革过的多个教派的阿提佛陀（Adi-Boudha），即本初觉者或第一觉者。这可能正是礼佛朝山之地在藏族人中颇受崇拜的原因。

在峨眉山上有许多佛寺，并且还分布在香客们行走的沿途。它们都是按照汉地佛塔的模式建造起来的，但其特征是普贤菩萨在其中始终占有荣誉位置。此外，普贤是佛教密宗的创始人。峨眉山的所有和尚均属于该宗，相当于日本的真言宗（Shin-gon）。

---

〔1〕 多伦（Henri d'ollone,1868—1945）是法国的探险家。他经过于1898—1900年在科特迪瓦（象牙海岸）（Cote d'Ivoire）、苏丹（Soudan）和几内亚（Guinée）的探险之后，于1904年出发赴华，以期完成一次科学考察的使命，并且从中国带回了一份叫作《变法和战争中的中国》的报告。1906—1909年，他主持了赴中国南部的考察团，以研究中国的彝族、苗族和西番人。该考察团从当时法国的殖民地印度支那出发，考察了云南和四川，然后北上考察了甘肃和蒙古，最终返回北京。多伦特别在他的《最后的蒙昧人》中介绍了其旅行及考察成果，尤其是地理学和人类学科考成果。它们均被汇编于其7卷本的《多伦考察团科考文献》中了。

峨眉山上的报国寺是其中最重要的寺庙之一,它可能被奉为该山所有寺庙的基本建筑模式。那里首先有一座大塔,其中供有韦陀和弥勒佛的圣像。弥勒佛是中国佛教的典型人物,西方人对他也很熟悉,甚至经常把他视为佛陀本人。事实上,他仅仅是一尊菩萨。"菩萨"又仅仅是汉文中对大肚"菩提萨埵"的不正确简称,出自梵文Bodhisattva(道心众生)。他面部闪光,以一种满不在乎的趺跏姿态坐着,其周围是欢快和面颊丰满的儿童。在中国,到处都可以看到其圣像。他仅仅是未来佛弥勒(Maitreya)的一种形象。寺院后部是一个大院子,两侧由僧房簇拥,一直通向正殿,其屋顶由刷红漆的巨柱支撑。在该庙的中央,坐着历史上的佛陀释迦牟尼或释迦佛,背向他的是阿弥陀佛(无量寿佛或接引佛)的立像。弥勒佛起源于伊朗,在印度叫作Amitabha(阿弥陀佛),是一种光明佛。它后来变成了大乘佛教中居最前几位的神之一,特别是在净土宗或阿弥陀佛教派中受到崇拜。那些善人每天都持108颗珠子的佛珠念诵,无数声的"南无阿弥陀佛"正是针对他的。慈者曾许诺,他将于其西方极乐世界接待那些死前至少念其佛名一次的人。这种容易而又具有情感的虔诚,很适宜中国人那重情义而又少玄奥的思想状态。他也是生活艰苦的农民的唯一安慰。

在报国寺的后面,是一片栽培得极漂亮的大树,并掩蔽着两座多层大殿。第一进院中供奉有七佛像,即过去六佛与未来佛弥勒佛。在第二进院子中,法座上坐的是普贤菩萨,他是峨眉山之主,由众罗汉(Arhat,大贤和佛陀的同伴)簇拥。

于此附近,还有一座完全值得崇拜的古刹,被遗落在绿色草木从之中,地处一条长满青苔的石阶之上,居高临下地俯瞰河水。这就是伏虎寺,它在常见的神殿之外还拥有一座供有500名罗汉的大殿。夜间,和尚们举行夜课,鼓声沉闷,锣声间隔性地响起。

藏学新论

金城公主与"七七斋"习俗传入西藏[*]

赵晓星

提要: 唐景龙四年(710),金城公主和亲入藏,这一历史事件对汉藏均有重要影响。《新唐书·吐蕃传》载随金城公主入藏的包括锦缯、杂伎诸工及龟兹乐,可知流行于当时中原的一些技术和龟兹乐由金城公主而传入西藏。在藏文史料《拔协》中,还有一条重要信息,即金城公主还将汉地的"七日祭"习俗带到西藏,可惜这一说法在正史中无从查考。本文在前人研究的基础上,结合传世史料与敦煌文献,对金城公主与"七七斋"习俗传入西藏的史实进行一次探索性的考察。

关键词: 金城公主　七七斋　丧葬习俗

一、《拔协》的相关记载

神龙三年(707),吐蕃遣使请婚,唐中宗以嗣雍王守礼女为金城公主,出嫁吐蕃赞普赤德祖赞。景龙四年(710),以左卫大将军杨矩持节送金城公主入吐蕃。中宗亲幸始平县(今陕西兴平),并设宴为公主饯别,席间中宗"命吐蕃使进前,谕以公主孩幼,割慈远嫁之旨,上悲泣歔欷久之"[1]。《新唐书》载:"帝念主幼,赐锦缯别数万,杂伎诸工悉从,给龟兹乐。"[2]这是金城公主最初带入西藏的嫁妆,由此可知,当时流行于中原的一些技术和龟兹乐由金城公主而传入西藏。金城公主是否将中原的一些习俗引入吐蕃,正史中没有记载,但在《拔协》中有一条非常重要的信息,即:

blon po shi ba la zan skal med pas nged rgya nag chos dar bas mi shi ba la bdun

tshig (tshigs) yod/ bod la chos ma dar bas blon po snying rje zer nas mi shi ma thag tu

---

* 本文系国家文物局"文物保护科学和技术研究课题"《中唐敦煌密教文献研究》(合同号: 20110113)的阶段性成果之一。

〔1〕(后晋)刘昫等撰:《旧唐书·吐蕃传》卷一九六,北京:中华书局,1975年,第5228页。
〔2〕(北宋)欧阳修、宋祁撰:《新唐书·吐蕃传》卷二一六,北京:中华书局,1975年,第6081页。

lha mi stong tsam la mtshal (vtshal) ma re ston mo re byas vtshal/ de la bod kyi tshe zhes bya//[1]

佟锦华、黄布凡译为："吐蕃过去对死去的大臣们，没有祭奠的习惯。金城公主说道：'我们汉地佛法宏扬，对死者有七日祭的习惯。吐蕃佛法不昌盛，人死后享受不到祭奠，实在可悲可怜！'以后，便倡兴七日祭。从此，人死后，立即向成千的人天施焰食、摆设供养，以为祭奠和悼念。这就是所传的'吐蕃七日祭'（或'祭七'）的由来。"[2]

黄明信译为："又见大臣等死后无荐食，乃云：吾汉土佛法兴旺，人死后皆有七日（冥斋），吐蕃佛法未兴，大臣们可怜！请建人若死亡，随即设冥斋，追荐往生人天之制，蕃人谓之为'tshe'（寿命）。"[3]并有按语："《佛学大词典》'七七斋'条引《瑜伽论一》说：人命终后未受报之间是中有也。中有之寿命但极于七日而死，死而复生，未得生缘，则至七七日，七七日罪业审定，方受其白。此间亲属为亡者追福则转劣为胜云。"[4]

两种译文内容相近，只是翻译风格不同。从其中提到"佛法"的字样来看，这里金城公主所说的"七日"，应是指佛教中的"七七斋"。有关"七日"之概念，主要指人死之后在中阴所处的时间，常说的"七七"即指人死后在中阴所处的四十九日。为了亡者能够顺利通过中阴，不受中阴之苦，生者为其所行的死后仪式，被称为"七七斋"，其中第七追荐日被称为"七七忌"。"七七斋"为佛教术语，意思是："人命终后未受报之间是中有也，中有之寿命但极于七日而死。死而复生，未得生缘，则至七七日。七七日，罪业审定，方受其报。此间亲属为亡者修追福，则转劣而为胜云。《古婆沙论》五十三曰：'尊者奢摩达多说曰：中有众生寿，七七日。尊者和须蜜曰：中有众生，寿命七日。所以者何，彼身累弱故。'《瑜伽论》一曰：'此中有若未得生缘，极七日住。若极七日，未得生缘，死而复生，极七日住。如是展转，未得生缘，乃至七七日住。自此以后，定得生缘。'《地藏菩萨本愿经》上曰：'圣女又问：此水何缘而乃涌沸，多诸罪人及以恶兽。无毒答曰：此是阎浮提造恶众新死之者，经四十九日，后无继嗣为作功德、救援苦难，生时又无

〔1〕拔塞囊著，佟锦华、黄布凡译注：《〈拔协〉（增补本）译注》，成都：四川民族出版社，1990年，第87页。
〔2〕拔塞囊著，佟锦华、黄布凡译注：《〈拔协〉（增补本）译注》，第4页。
〔3〕黄明信：《吐蕃佛教》，北京：中国藏学出版社，2010年，第42页。
〔4〕同上注。

善因,当据本业所感地狱。"〔1〕累七斋,也称"斋七",是相应的佛教仪式,"谓人死后每七日营斋至七七日也。以人死生为中有之身,不得生缘,则每七日死生,而至七七日也。《释氏要览》下曰:'人亡每至七日必营斋追荐,谓之累七,又云斋七'"〔2〕。其具体的修法属于"灵供":"于亡魂供斋食也。人死七七日间,当生未定,谓之中有。中有之身,谓之健达缚。此译寻香,以寻香而食故也。故为进食物之香气于死者,而供斋食。《俱舍论》九曰:'欲界中有身资段食不?虽资段食,然细非粗。其细者何?谓唯香气,由斯故得健达缚名。'《行事钞》上曰:'今有为亡人设食者。依《中含》云,若为死人布施祭祀者,若生人处饿鬼中者得,余趣不得。由各有活命食故。《杂含》中广明此事,若亲族不生人处中者,但施心施,其自得功德。'《苏婆呼童子经》上曰:'若欲食时,先出钵中饭分为五分:一分准拟路行,饥人来者是,一分施水中众生,一分施陆地众生,一分施七世父母及饿鬼众生。'"〔3〕

二、汉文佛经与正史中的"七七斋"

以"七日"来计算时间,在佛教经典中十分常见,从一七日计算到七七日的方法,也早已有之,如《佛本行集经》载:"尔时世尊,从羊子种树林起已,安庠渐至一树林下,彼树林名差梨尼迦(隋言出乳汁林)。到彼林已,结加趺坐,经于七日,为欲受彼解脱乐故。尔时世尊,经七日后,正念正知,从三昧起。如是世尊,经七七日,以三昧力,相续而住。然彼善生村主之女,布施乳糜,一食已后,更不别食,至今活命。"〔4〕将"七日"的计算方式引入对人死后所处的境况,佛经中最初只见于讲中阴的时间为七日至七七日,而重点描述中阴之后以七日计算的处胎时间,如《鞞婆沙论》载:"中阴者,当言七日住、当言过耶?答曰:中阴住当言七日,何以故?身羸故住七日,不过七日。问曰:谓满七日父母不合会者,彼时为断耶?答曰:不断,但还生中阴。重说曰:中阴者,当言七七日。"〔5〕《道地经》《大宝积经》等经典中,记录了胎儿从一七至三十八七日在母亲体内的各种状

---

〔1〕 丁福保编纂:《佛学大辞典》,北京:文物出版社,1984 年,第 48 页。

〔2〕 同上注,第 963 页。

〔3〕 同上注,第 1491 页。

〔4〕 (隋)阇那崛多译:《佛本行集经》,《大正新修大藏经》(以下简称《大正藏》)第 3 册,东京:大正一切经刊行会,1924—1934 年,第 801 页。

〔5〕 (符秦)僧伽跋澄译:《鞞婆沙论》卷一四,《大正藏》第 28 册,第 518 页。

态[1]，也就是印度的七日住胎论[2]。而在形成较早的阿含经里，已经有了为亡人设食的习俗。那么，早在拉托托日年赞时期就有佛教圣物传入的藏地，为何到金城公主入藏前还没有死后荐亡的"七七斋"习俗呢？

在汉译佛典里，虽然早在阿含经里就有死后荐亡的习俗，后来又出现了将死后荐亡与中阴七七的时间联系在一起的经典，如唐实叉难陀译《地藏菩萨本愿经》称："若能更为身死之后，七七日内，广造众善，能使是诸众生，永离恶趣，得生人天，受胜妙乐，现在眷属，利益无量。"[3]但这些经典至多只是讲在七七日内广造众善，并未解释七七斋如何进行。实际上，明确提到七七斋习俗的传世经典多是在中土撰述的。到了唐代，行"七七斋"的事例才真正出现于佛教的记述，如唐道宣《集神州三宝感通录》载龙朔三年（663）崔义起妻亡后修三七斋[4]。宋代以后，成熟完备的"七七斋"才作为佛家的重要仪式被写入经典，如北宋释道诚所述《释氏要览》记有"累七斋"和"预修七斋"[5]，南宋志磐撰写《佛祖统纪》明确提到了当时人所行的"七七斋"和"预修斋"[6]，并有相应的典故为验。所以说，最初在印度可能存在于人死后七七日内进行荐亡的习俗，但成熟的七七斋仪轨很可能是在中国本土最终完成的。

从正史记载来看，中国的"七七斋"习俗早在南北朝时期就已流行。据《魏书·胡国珍传》载，"国珍年虽笃老，而雅敬佛法"，及薨，"又诏自始薨至七七，皆为设千僧斋"[7]。《北齐书·孙灵晖传》称，"从绰死后，每至七日及百日终，灵晖恒为绰请僧设斋，转经行道"[8]。从汉文佛经和正史的记载来看，中原地区佛教的"七七斋"习俗应是在印度原来以七日计时和中阴概念的基础上，在中国发展成为后来意义上的荐亡习俗"七七斋"。这一习俗在南北朝时已经形成，并载入正史。从唐初起突破信众范围，走向社会化，崔义起妻的三七斋即为证明。在敦煌文献的王梵志诗中也多有印证，如"急首卖资产，与设逆修斋""死经一七日，刑名受罪鬼""设却百日斋，浑家忘却你"和"承闻七七

---

〔1〕（后汉）安世高译：《道地经》，《大正藏》第15册，第234页；（唐）菩提流志译《大宝积经》卷五五，《大正藏》第11册，第323—325页。

〔2〕李勤璞：《印度七日住胎论及其在汉医的一个表现》，《中研院历史语言研究所集刊》，1996年第77本，第3、4分。

〔3〕（唐）实叉难陀译：《地藏菩萨本愿经》卷下，《大正藏》第13册，第784页。

〔4〕（唐）道宣撰：《集神州三宝感通录》卷下，《大正藏》第52册，第430页。

〔5〕（北宋）道诚集：《释氏要览》卷下，《大正藏》第54册，第305页。

〔6〕（南宋）志磐撰：《佛祖统纪》卷三三，《大正藏》第49册，第320—321页。

〔7〕（北齐）魏收撰：《魏书》卷八三，北京：中华书局，1974年，第1834—1835页。

〔8〕（唐）李百药撰：《北齐书》卷四四，北京：中华书局，1972年，第596页。

斋,蹔施鬼来吃"[1]等句。所以,金城公主入藏时的初唐时期,应是中原地区"七七斋"比较普及的时期,这是金城公主能够将"七七斋"带入西藏的社会历史背景。

三、敦煌文献中记载的吐蕃丧俗

吐蕃时期,人死后是否有荐亡的习俗,其情况具体怎样,保存的传世史料中少有记载,而敦煌古藏文文献的记载对这一方面是很好的补充。在敦煌文献中,保存了多件吐蕃时代苯教丧葬仪轨的资料,如P. T. 1042和P. T. 0239,前者是在墓地举行的为期三天的悼丧活动,后者是对与死者有关的物或人的发愿[2]。这两件文献中,都未提到与七日有关的概念。P. T. 0037则记录了受到佛教影响后的吐蕃丧俗。

关于敦煌古藏文文献P. T. 0037,才让《法藏敦煌藏文佛教文献P. T. 037号译释》[3]一文中有详细的研究,文中将这件文献分成了七个部分,即《调伏三毒》《开示净治恶趣坛城四门》《为亡者开示天界净土道》《宝箧》《回向》《向后人开示之经》《画像》。王瑞雷《敦煌、西藏西部早期恶趣清净曼荼罗图像探析》认为这件文献与恶趣清净曼荼罗有关,"不但记录了与恶趣清净系曼荼罗有关的图像,而且指明了该曼荼的功能及用途……该卷子篇幅虽短,但提出了四佛的具体方位及为亡者按经典绘制恶趣清净曼荼罗的用意,即通过绘制这一曼荼罗,迎请一切诸神,为亡者净诸恶趣,愿生于善趣天界,获得正觉佛位"[4]。作为超度仪轨的《恶趣清净怛特罗》,在吐蕃时代已被译成藏文并收入《丹噶目录》,敦煌古藏文文献P. T. 0037的发现,说明这种超度仪轨在同时代的敦煌也曾流行。

那么,P. T. 0037的内容与现在广为人知的《中阴闻教救度大法》之间是否有关系呢?才让注意到文献中的五佛在宁玛派的《中阴闻教解脱》中也有提及[5],但并未就此展开更深入的讨论。《中阴闻教解脱》即《中阴闻教救度大法》,现在较流行的译名为《西藏度亡经》或《西藏生死之书》。此书传说为莲花生大师所著,以伏藏的形式保存

〔1〕(唐)王梵志著,项楚校注:《王梵志诗校注(增订本)》,上海:上海古籍出版社,2010年,第15、32、38、72页。

〔2〕相关研究见石泰安著,高昌文译:《有关吐蕃苯教殡葬的一卷古文书》,中国敦煌吐鲁番学会主编《国外敦煌吐蕃文书研究选译》,兰州:甘肃人民出版社,1992年,第251—281页。

〔3〕才让:《法藏敦煌藏文佛教文献P. T. 037号译释》,敦煌研究院编:《敦煌吐蕃文化学术研讨会论文集》,兰州:甘肃民族出版社,2009年,第220—240页。

〔4〕王瑞雷:《敦煌、西藏西部早期恶趣清净曼荼罗图像探析》,《故宫博物院院刊》2014年第5期,第85页。

〔5〕同上注3,第224页。

到14世纪，被15岁的掘藏师卡玛林巴（Karma Lingpa）发现于冈波达（Gampodar）山上，"包括一份名为'寂静与忿怒诸尊自然显现于觉悟之中'的集册。著名的《中阴闻教救度大法》就在其中"[1]。

西藏后弘期的很多经典都被冠以莲花生大师所传伏藏之名，《中阴闻教救度大法》的主要仪轨出于《秘密集会》与《初会金刚顶经》。《秘密集会》的作者正是被传为莲花生之父的印度密教大师印打菩提，《初会金刚顶经》则是唐金刚智所译的《金刚顶瑜伽中略出念诵经》，这两种经典的传译都非常早，所以《中阴闻教救度大法》的思想与仪轨的起源较早，或可证实《中阴闻教救度大法》的确为莲花生大师所传。那么在前弘期，是否可以找到相关的内容呢？笔者认为，敦煌古藏文文献 P. T. 0037 记录的超度仪轨就与《中阴闻教救度大法》密切相关，现将两者比较如下：

P. T. 0037 第一部分《调伏三毒》，可与《中阴闻教救度大法》"诵法的实施"相比较。后者称，颂经前需为亡者读诵"请诸佛菩萨加被偈""护免中阴恐怖善愿偈""祈求护免中阴险难善愿偈"以及"六种中阴境界根本警策偈"[2]。《调伏三毒》的具体内容，与"六种中阴境界根本警策偈"中要求亡者不要"放逸、痴睡、妄想、贪著、畏惧"等基本要求相似。

P. T. 0037 第二部分《开示净治恶趣坛城四门》，与敦煌文献 P. T. 0298 为同一文献的不同写本。这一部分可与《中阴闻教救度大法》"死时现前的初期光明"相比较，前者写让亡者分别获得大圆境智和不动佛佛位、大平等智和宝生佛佛位、妙观察智和无量光佛佛位、及成所作智和不空成就佛佛位，后者所说的请亡者体验到普贤法界体性、普贤王佛、圆觉法身境界、阿弥陀佛[3]可与此对应。

P. T. 0037 第三部分《为亡者开示天界净土道》，可与《中阴闻教救度大法》"胎门的选择"部分相比较，前者讲要亡者远离三恶道，可选择善道投胎甚至转生于兜率天的弥勒净土，后者在"投生之处的前瞻"[4]部分同样强调远离三恶道，在"转识往生某个乐土"部分也提到了可以选择往生兜率天宫亲近弥勒菩萨。

P. T. 0037 第四部分《宝箧》，可与《中阴闻教救度大法》"转识往生某个乐土"相比较，同样强调希望亡者往生西天[5]。

---

〔1〕 莲花生大师原著，达赫释著：《图解西藏生死书》，西安：陕西师范大学出版社，2010年，第21页。

〔2〕 莲花生著，徐进夫译：《西藏度亡经》，北京：宗教文化出版社，1995年，第32—33页。

〔3〕 同上注，第36页。

〔4〕 同上注，第113—114页。

〔5〕 同上注，第116页。

P. T. 0037第五部分《回向》是亲友为亡者献供的祈愿文,在《中阴闻教救度大法》"诵法的实施"部分载有为亡者读诵此经之前所进行的供养法[1]。

P. T. 0037第六部分《向后人开示之经》,与《中阴闻教救度大法》最后部分强调的内容一致,即这种教法不是专门针对亡者的,相反主要是针对生者的,生前认真修行,死后才能很好地掌握认知中阴救度的方法,完成自身的救赎[2]。

P. T. 0037第七部分是一系列的画像,画像的第一幅标有古藏文"我们人"字样的人物应是亡者,其后几幅形体怪异的形象则应是亡者在死后中阴时遇到的种种神鬼,这与现在《中阴闻教救度大法》具有完整的曼荼罗来表示中阴时出现的诸尊形象的方式是一致的。只是P. T. 0037出现时代太早,还未能形成完备的诸尊体系,而仅以非常稚朴的单尊绘画形式进行表现。

经过以上的比较,可以看出敦煌古藏文文献P. T. 0037与《中阴闻教救度大法》之间的密切关系,P. T. 0037的结构与《中阴闻教救度大法》基本一致,特别是同时代的敦煌绢画EO.1148的寂静四十二尊也是《中阴闻教救度大法》主要尊格群之一,这或者可以说明莲花生大师的中阴救度思想或仪轨在吐蕃时期的敦煌就已经存在。

但是,有一点需要注意的是,敦煌文献P. T. 0037及同时代的恶趣清净系经典,与后来的《中阴闻教救度大法》最大的区别在于,后者将中阴设定为七七四十九天,中阴的每一个阶段都持续七日,这在P. T. 0037等文献中是没有提及的。这或者可以说明,在这时的吐蕃,虽然有于中阴做法事的习俗,但可能还没有刻意强调"七七"的时间概念,而这种概念直到《中阴闻教救度大法》一书完成才最终形成。《中阴闻教救度大法》传说由莲花生大师所作,作为伏藏,在14世纪被发现,这是此书形成的确切可考的年代。吐蕃赞普赤松德赞(742—797)[3]在位期间,迎请莲花生和寂护入藏传法,于公元763年兴建桑耶寺,寺成之后由寂护和莲花生举行开光安座仪式[4],莲花生约于804年离开藏地。如果此书确系莲花生大师所作,《中阴闻教救度大法》初传西藏年代最早当在公元八、九世纪。而敦煌文献P. T. 0037等古藏文度亡文献中没有"七七"的概念,《中阴闻教救度大法》"七七"的时间计算方式从何而来值得思考。

从敦煌文献来看,在吐蕃统治敦煌时期(786—848),吐蕃人已有开始行"七七斋"

〔1〕莲花生著,徐进夫译:《西藏度亡经》,北京:宗教文化出版社,1995年,第32页。
〔2〕同上注,第119页。
〔3〕王尧、陈践译注:《敦煌本吐蕃历史文书》(增订本),北京:民族出版社,1992年,第154页。
〔4〕陈庆英、高淑芬主编:《西藏通史》,郑州:中州古籍出版社,2003年,第72页。

的实例。 敦煌汉文文献Дx.06036V《吐蕃瓜州节度使上悉殁夕亡五七建福文》记载了吐蕃瓜州节度使死后于"五七"时举行的活动，现将全文转录如下：

1.瓜州节度使上悉殁夕亡五七建福如（后缺）

2.心经三千遍,诵无量寿咒三千遍（后缺）

3.伞一方圆各一箭,青绢裙一量（后缺）

4.七寸,大错彩绢幡一口,长七箭（后缺）

5.四百人供施,僧傔七两,马一匹（后缺）

6.东ˇ城大云寺麦两驮,僧俗尔曳奢（后缺）

7.坐禅,诵尊胜咒一千遍,金刚（后缺）

8.菩萨赞文殊经廿一遍,脱沙佛一万（后缺）

9.右件功德转诵已（后缺）

10.赤父马一匹,柒拾（后缺）

此件文献中的"五七"应为"七七斋"中五七日满时所行的祭奠仪式。这说明,在金城公主后不久的时代,已有吐蕃人行七七斋的事实,也就是说金城公主将七七斋传入吐蕃的可能性很大,或者说在金城公主入藏之后不久,吐蕃人已经接受了"七七斋"的仪式。如果是后者的话,"七七斋"也可能是从敦煌传入西藏的。这样一来,《拔协》的记载至少说明"七七斋"传入西藏的时间,在金城公主入藏后不久是可靠的。

这样,我们再看上述资料中提到的三个重要人物的生活年代：王梵志（？—约670）、金城公主（698—739）、莲花生（在藏时间763—约804）。从上述三人的生活时代,似乎可以理出"七七斋"传入西藏的基本脉络：在初唐王梵志时,中原已经普及七七斋,这是金城公主能将七七斋带入吐蕃的社会背景,金城公主将七七斋带入吐蕃后,稍后莲花生大师传入的《中阴闻教救度大法》中也有了"七七"的概念,但与中原流行的"七七斋"内容大不相同,这一点在晚唐以后的敦煌文献中有了更清楚的分别。

四、《中阴闻教救度大法》与《佛说十王经》

敦煌本《佛说十王经》为"成都府大慈圣寺沙门藏川述",其在敦煌流行的时间主要为五代宋初曹氏归义军时期,这一经典中记载了行"七七斋"的主要目的是为免亡人在冥司中受业报之苦,同时也强调了生人做"七七斋"所得的功德[1]。"七七斋"在晚唐以后大行于世,与《佛说十王经》的流行相辅相成。现存的《中阴闻教救度大法》与《佛说十王经》中的差别最能说明"七七斋"传入西藏后,在藏地和汉地后来流行演变出的巨大差异。

两部经典的相同与差异之处,钱光胜《试论〈西藏度亡经〉与敦煌写本〈阎罗王授记(十王)经〉的关系》[2]做过专门研究,在此仅简要述之。《中阴闻教救度大法》重点在阐述亡者在中阴四十九天所遇到的种种处境,并说明每种处境的识别与应对方法。这里的中阴是从停止呼吸后的第三天半或第四天开始计算的,也就是说初七是从死后第三或第四天才开始计算,并将中阴分成法性中阴和投胎中阴两个阶段。其中,在法性中阴阶段描绘了所遇到的寂忿诸尊。汉地习惯从死亡当天作为第一天开始计算,《佛说十王经》中记述从一七至七七日所过七王分别为秦广王、初江王、宋帝王、五官王、阎罗王、变成王、太山王,并将祭祀活动延续到百日、一年及三年。从中阴中所遇神灵来看,《中阴闻教救度大法》在一七、二七所遇者主要为密宗的寂静、寂忿与忿怒诸尊,带有后期藏传佛教的特点。而《佛说十王经》中一七至七七诸王除阎罗王外,其他几乎全为中国本土信仰之神。这种在中阴遇到神灵之不同代表的藏汉两地中阴和七七斋,各自基于本土环境发展演变出的藏化或汉化的特征。

从两种经典的差别来看,虽然在金城公主后"七七斋"丧俗从汉地传入吐蕃,但西藏地区流行的"七七斋"并不是汉地"七七斋"原模原样的翻版,而是进行了适合西藏本土特色的改革。这种丧俗最终以《中阴闻教救度大法》为经典依据固定下来,形成了具有西藏特色的"七七斋"仪轨。此外,需要注意的是,历史上曾出现过《西番十王经》,即藏文《十王经》,李勤璞《民众信仰与国家建构:关于黑秃阿喇的七大庙》[3]中已有论述。因为现存藏文典籍中没有《十王经》,那么《十王经》在后来西藏的传播又是新的课题。

现在,无论在内地还是在西藏,"七七斋"习俗都被延续下来。在内地,"七七斋"作为丧俗中最重要的部分被保存下来,但亡者的家属大多并不知道这种祭祀的由来与目

[1] 杜斗城:《敦煌本〈佛说十王经〉校录研究》,兰州:甘肃教育出版社,1989年;《"七七斋"之源流及敦煌文献中有关资料的分析》,《敦煌研究》2004年第4期,第32—39页。

[2] 钱光胜:《试论〈西藏度亡经〉与敦煌写本〈阎罗王授记(十王)经〉的关系》,《西藏大学学报》2013年第1期,第105—110页。

[3] 李勤璞:《民众信仰与国家建构:关于黑秃阿喇的七大庙》,余太山、李锦绣主编:《欧亚学刊》(第5辑),北京:中华书局,2005年,第69页。

的。在西藏，七七斋仍作为佛教丧俗的一部分，死者家属仍旧根据死者所信奉的藏传佛教教派，进行一系列追荐供施的佛事活动[1]。即便如此，在死后七七日内，每满七日进行相应祭祀活动的习俗仍是承自汉传的传统。因为莲花生《中阴闻教救度大法》更注重其间对亡者的引导，而不是通过亲属生者举行的法事活动来为亡者脱难。特别是在计算七七方面，现在西藏的"七七斋"也是以汉传的亡者断气当天为第一天的开始，而不是《中阴闻教救度大法》中的第三天或第四天。可以说，现在西藏的"七七斋"虽与金城公主时代已大不相同，但无法否认的是，金城公主从汉地引入的"七七斋"习俗在西藏影响深远。

---

〔1〕 冯智：《雪域丧葬面面观》，西宁：青海人民出版社，1998 年，第 111—113 页。

Cog ro 源流考：
以庄浪地名沿革与吐蕃属卢氏家族史考证为中心[*]

魏 文

提要： 本文运用历史地理学的方法，力图廓清自7世纪初叶以来甘青藏地区不断变迁的政治格局下藏文Cog ro一词从氏族名到地名蜕变的历史过程。通过较为详尽地考订，笔者将唐、宋、西夏乃至元明以来史籍中出现的若干族名和地名均同定为藏文Cog ro一词之异译，继而证明这些名称均由初唐以来广泛活动于西北地区的吐蕃诸部中的一支重要外戚贵族属卢氏族名衍化而来。并依此为基础，将原先分散的史料加以连缀和解读，上溯至吐蕃早期乃至西夏时期，较为深入地讨论了早期被雅砻悉补野部降伏纳入吐蕃拓边部曲的勋贵家族属卢氏之播迁历程及其在甘青走廊、且末、和阗一带乃至西藏西部活动的史事。借此一典型氏族部落流变之研究为切入点，期望可以从微观角度对吐蕃向外不断扩张的进程及其对中国多元族群国家格局形成的影响做一例证。

关键词： Cog ro 庄浪 属卢氏 卓啰 吐蕃

> 庄浪卫，汉之允吾县，前凉之广武郡也。东距黄河，南环大通，西界乌稍，北筑新边。其地狭，其山宽，其土瘠。兵民而外，土司十万，熟番之户三千。其于河东西为兰州门户，凉湟堂奥，甘肃之咽喉，靖夏之捷径，车马络绎，毂击肩摩，乃诸郡之统会，九遠之庄遠也。
>
> ——清初地理学家梁份（字质人，江西南丰人，1641—1729）[1]

一、导 言

庄浪卫设置于明代，位于现今甘肃省兰州市西北部的永登县，元代初年始称庄浪，

---

  * 本文写作涉及吐蕃的部分得到了上海复旦大学历史地理研究中心青年学者任小波先生的帮助，特此致以谢忱！

〔1〕（清）梁份：《西陲今略》，清光绪十九年（1893）抄本之"庄浪卫"条，载《续修四库全书·史部·地理类》，第七〇四册。

清康熙二年(1663)改称平番县,民国以来改土归流,遂称永登。此地元时建制为县,隶凉州,明洪武五年(1372)十一月壬子改为庄浪卫,隶陕西行都司治下[1],为河西走廊东端起点。庄浪卫地势狭长险要,广七百六十里,长四百七十五里,被山带河,沟渠纵横,耕地稀少,土地贫瘠。庄浪河由北而南沿庄浪卫东境流入黄河,大通河沿西境汇入湟水,城镇、堡垒和驿所沿两条大河的谷地一线展开。庄浪卫东二百二十里渡河即为兰州,西北距凉州三百四十里、甘州八百二十里、肃州一千二百四十里,是明清时期内地和甘、肃、凉三州以及罕东诸卫军事调动和输运粮饷的咽喉要道,经营河西而通西域,舍此便无他途可行。庄浪东北二百里即为三眼井,其地与靖虏相连,向东为通达宁夏之便道,北方蒙古骑兵常年袭扰宣府、大同、延绥、宁夏等镇,时可沿此一捷径奔袭庄浪,以图切断甘、凉与内地之联系。同时,庄浪卫西南有驿道联通大通河河谷,此是明清之际内地通往河湟谷地的必经之路,更是羁縻生熟番族、控驭整个朵思麻地区之要冲。可以说,庄浪卫是明代维系整个北疆九边防御体系安定、稳固中央王朝对西域、朵思麻乃至乌斯藏有效统治的肯綮所在,牵一发而动全身,故历来为朝廷经略西北的重中之重。然庄浪地区自中唐陷于吐蕃以来,即为西番诸族世代盘踞,朝廷难于驾驭。故自明庭建政以来,朝廷即倚重成吉思汗时期蒙古汗庭四大怯薛之一、速勒都思氏(Sūldūs)锁儿罕·失刺(Sūrǧān šireh)之子沈白(Chimbai)一系后人鲁氏土司家族统治这一地区,令其"世袭其官,世守其土,世长其民,世因其俗",并遵土流共治之道,为明朝北拒蒙古,南捍诸番,戍守边疆,以为藩屏[2]。

二、庄浪地名之钩沉

自元以来,庄浪因其枢纽性的战略地位而不绝于史册,然"庄浪"这一地名之由来向无定论。河西走廊一线地名或大多古以有之,如甘州、凉州、酒泉、敦煌等,已行用千年;或后期形成赋有祈望边地安靖、反映地貌特征之义涵,如永昌、镇番、山丹、归德、高台、武

〔1〕 牛平汉编:《明代政区沿革综表》,北京:中国地图出版社,1997年,第399页。所依据者为《明太祖实录》卷七十六,洪武五年(1373)九月十一日"壬子置甘肃都指挥使司庄浪卫指挥使司"。另(明)李贤、万安等纂修:《大明一统志》,天顺五年(1461)内府刻本,卷三十七,陕西行都指挥司下庄浪卫条。建文中改卫为守御千户所,洪武三十五年(1402)十月复改所为卫。参见《明史》卷四二《地理志三》。陕西行都司于洪武七年(1374)设于河州,原名西安行都卫,洪武九年(1376)罢撤,洪武十二年(1379)在庄浪恢复建制。洪武二十六年(1393)从庄浪移治甘州。参见吴浩军、张力仁:《〈陕西行都司志〉存佚考》,《中国历史地理论丛》,第二十五卷第二辑,2010年,第93页。
〔2〕 魏文:《元明西北蒙藏汉交融背景中的鲁土司家族政教史事考——以红城感恩寺藏文碑记释读为中心》,载沈卫荣主编:《西域历史语言研究集刊》第五辑,北京:科学出版社,2012年,第427—466页。

胜、丰乐等。而"庄浪"出现在汉文文献中最早只能追溯到金代，且几无意涵可寻。由此，我们或可认为其来源于藏文。在藏文材料中，"庄浪"（专指今永登地方）之藏文对音有文本和口语两种主要形式：一种见于庄浪卫红城子明嘉靖四年（1525）镌刻的《大明皇帝敕（建）感恩寺碑》(*Davi ming rgyal povi lung gi kan ngen si*) 和清中后期编纂的《安多政教史》(*mDo smad chos vbyung*) 两种文献材料，依次作 Drong lang 和 Krong ling[1]；另一种被认为是口语 vBrong lung 之发音，即"野牦牛沟"之义[2]。这两种说法中，前一种形式均显系汉文音转，若"庄浪"来源于藏文，那充分说明至早于明中期时已无人知晓"庄浪"本来的藏文写法，进而认为是纯然汉文地名。后一种则系地志工作者因音推字，故不足为凭。

然机缘巧合，笔者在博士论文写作中所涉及的一部西夏时期的汉译藏传密教写本为溯源"庄浪"提供了关键性的线索。这部写本为一部早期译校本之《上乐根本续》(*bDe mchog rtsa rgyud*) 的释论中，题名作《新译吉祥饮血王集轮无比修习母一切中最胜上乐集本续显释记》，系民国初年"八千麻袋事件"中从宫中内阁大库流散之物，后为罗振玉所得，藏于旅顺"大云书库"，抗战胜利后辗转为中国国家图书馆收藏。该文弁首列集、传、译、定人名，其中作者署名"释迦比丘庄哴法幢集"。"法幢"显系藏文 Chos kyi rgyal mtshan 之意译。"庄哴"作为法幢上师之族属名，明显系西夏文或是藏文的音译，而非汉文。其中，"哴"是典型的西夏时期创制的佛教译音字，旨在翻译一些在汉语中难以找到对应字音的梵语音节。"浪"字加"口"字旁，用以比况音节"ro"[3]。"庄"字若按 12 世纪左右西北方音发音规律，后鼻韵尾 -ŋ 脱落[4]。因此，"庄哴"应读若 tşua ro。幸运的是，我们在廓译师软努班（vGos lo gZhon nu dpal）所造《青史》(*Deb ther sngon po*) 上乐付法师传略中找到了这位上师，他于土阳鼠年（1108）出生于朵思麻，其名曰 Cog ro Chos kyi rgyal mtshan[5]。而 Cog ro 之发音无论在卫藏方言还是藏东北方言中均可以与

〔1〕魏文：《元明西北蒙藏汉交融背景中的鲁土司家族政教史事考——以红城感恩寺藏文碑记释读为中心》，第 429 页；扎贡巴·贡却丹巴饶吉：(Brag dgon pa dKon mchog bstan pa rab rgyas) 著，吴均、毛继祖、马世林译：《安多政教史》(*mDo smad chos vbyung*)，兰州：甘肃民族出版社，1989 年，第 133 页。

〔2〕崔明：《甘肃"庄浪"地名的历史人类学分析》，《青海师范大学学报》（哲学社会科学版）第三十七卷第一期，2015 年，第 107 页。

〔3〕孙伯君：《西夏新译佛经陀罗尼的对音研究》，北京：中国社会科学出版社，2010 年，第 78—79 页。

〔4〕李范文：《西夏文对研究古汉语的重要意义》，同氏：《李范文西夏学论文集》，北京：中国社会科学出版社，2012 年，第 115 页。

〔5〕桂·软奴班著：《青史》(*Deb ther sngon po*)，成都：四川民族出版社，1985 年，第 467—468 页。英译见 Roerich George N., *The Blue Annals*, Delhi: Motilal Banarsidass, 1988, p. 385.

tṣua ro 相对应。由此，"庄喺"应即Cog ro之音转，殆无疑义。

笔者沿此线索进而发现，"庄喺"二字作为族名，实与作为地名之"庄浪"存在前后沿革的关系。这首先还要先从庄浪卫地区的历史沿革说起。庄浪卫这一地区在11世纪初叶，为新兴的西夏王朝所占据，并且因其地处河西咽喉，故此常年处在夏、宋和唃厮啰交锋对垒的前沿。夏景宗李元昊（1003—1048）为有效控扼边陲，在这一战略要冲的红城子一带建立了卓啰（斗碼）城，置右厢卓啰和南监军司于斯（"卓啰"也作"卓罗"），是为史册记载的西夏十二/十七监军司之一[1]。"卓啰和南"这一名称亦值得加以讨论。从现在的研究来看，西夏所建立的左右厢各地监军司大多都是因地而名外加一个有吉祥祈福意味的词汇组成的，如"黑水镇燕""黑山威福""宥州嘉宁""韦州静塞"等等，由此来看，"卓啰和南"中的和南即是取"和顺南境，止息兵火"之义，现今的庄浪河当时称之为"喀罗川"[2]，"喀罗"与"卓啰"音近，当也是指称同一地名的不同音转，因中国古代河流的命名大多都取自主要流域的地名，所以这也证明了这一地区在当时被西夏人称为"卓啰"。颇为有趣的是，在西夏众多的监军司中，唯"卓啰"并非汉语，且对应西夏文之"斗碼"亦为音译，未有实在的含义。故此，"卓啰"当为借自其他语种的音转。笔者通过比对发现，"卓啰"应即是"庄喺"在不同语音系统中的另一种音译法。因为在西夏时期，"斗"读若tśiow，在元以前西北方音体系中其对音汉字亦可以是"庄"字。如西夏文《孙子兵法》中"鲁庄公"（掠斗昧）和"庄贾"（斗合）之"庄"字均用"斗"来音译[3]。"碼"读若ror，正与"喺"音相合。汉文文献材料中提及"卓啰"的史料全部来源于宋朝官方系统的史书，如南宋李焘《续资治通鉴长编》以及根据宋朝国史纂修而成的《宋史·夏国传》，故西北边地地名之音译全依通行中原的《广韵》音系，"卓"在《广韵》中读若tɔk，韵尾-k与cog后加字发音若合符节。而"庄喺"显系继承唐、五代以来的西

---

〔1〕（清）吴广成：《西夏书事》，南京：江苏广陵古籍刻印社，卷十二。至于卓啰监军司的地理位置，可参见（清）张鉴：《西夏纪事本末》，上海：上海古籍出版社，1996年，卷首下附"西夏地形图"。此外，杨蕤：《西夏地理研究》（第134页）认为卓啰监军司位于永登县城附近；周宏伟：《连城古城新考——兼与赵朋柱同志商榷》《西北师大学报》〈社会科学版〉1990年第5期）认为卓啰监军司即红城堡。另外，［日］前田正名著，陈俊谋译：《河西历史地理学研究》（北京：中国藏学出版社，1993年，第532—536页）专门讨论了卓罗监军司的统管范围以及监军司治所卓罗城的大致位置，文中引用了《续资治通鉴长编》卷四九一绍兴四年（1134）九月壬申条曾布章的奏言"卓罗去金城（今兰州）百二十里"，说明卓罗城在兰州西北一百二十里处。今天红城距兰州70公里左右，而古代军事重镇大多延续数个朝代，不轻易更换位置，因此，笔者猜测现在的红城即位于西夏卓罗城的遗址之上或附近。另，西夏文《天盛律令》之《司序行文门》提到了包括卓啰在内的十二监军司，其中绝大多数地名均可明显看出来源于汉文地名，参见杜建录、波波娃主编：《〈天盛律令〉研究》（《西夏文献研究丛刊》），上海：上海古籍出版社，2014年，第207页。

〔2〕谭其骧主编：《中国古代地图集》第六册《宋·辽·金时期》，北京：中国地图出版社，1982年，第36—37页。

〔3〕李范文编著：《夏汉字典》，北京：中国社会科学出版社，1997年，第241页。

北方音译法，产生并行用于河西地区。

"庄浪"二字最早出现则是作为所谓的"番姓"收录于西夏时期汉文本《三才杂字》中。如俄藏黑水城出土之2822号写本《杂字》"番姓名第二"中即有"庄浪"名[1]。然此写本年代尚存异议，其底本创作年代有学者考订为仁宗天盛年间（1149—1170）。而此"庄浪"应非党项部族，西夏文的《杂字》中"番姓名"中就没有列入此姓[2]。而且，其中夹杂了西夏文《杂字》里没有、也显然不是党项氏族的"芭里"（ba ri）。根据《金史·交聘表》载金世宗大定九年（1169）正月戊午朔，西夏武功大夫庄浪义显来贺正旦；大定二年（1162）夏，武功大夫芭里昌祖、宣德郎樜彦敬等贺正旦[3]。因此笔者认为此本虽然所依据的原底本创作于西夏晚期，但是它显然添加了不少非党项部族、但却臣服于西夏的外族姓氏。因此，笔者倾向认为这件汉文《杂字》极有可能是大朝到元初时期的抄本。而此本中的"庄浪"似应是主要活动于安多东部积石山附近的庄浪族。《金史·结什角传》云："天会中（1123—1135），诏以旧积石地与夏人，夏人谓之祈安城。有庄浪四族，一曰吹折门，二曰密臧门，三曰陇逋门，四曰庞拜门，虽属夏国，叛服不常。"[4]"旧积石地"宋时指以溪哥城为中心的"积石军"，位于今天西宁以南贵德、同仁一带。这一带和永登地区相去甚远，汤开建认为庄浪族以庄浪河得名，或在宋夏战争时躲避战乱迁居积石境。这种推测尚无直接证据可以确证，且庄浪河在当时名喀罗川，故此这种推测未免略有牵强[5]。总之，在没有新材料作为佐证的情况下，我们无法判断其与Cog ro是否存在关联。另《续资治通鉴长编》载"龙移、昧克，一云庄郎、昧克，其地在黄河北，广袤数千里。族帐东接契丹，北邻达靼，南至河西，连大梁、小梁族，素不与迁贼合。迁贼每举，辄为所败"[6]，此后因其与西夏为敌，故此宋真宗时授"以黑山北庄郎族首领龙移为安远大将军，昧克为怀化将军，以褒之"。从这一氏族的活动范围南至大、小梁，也就是凉州一带看，这个"庄郎（浪）"不能排除其与"Cog ro"同定的可能性，然缺乏有力的证据，一时尚难遽断。

除此以外，笔者注意到历史上称为"庄浪"的地方除了明代庄浪卫之外，还有甘肃省东部平凉地区亦有一县名庄浪。此县在元代至元年间曾为庄浪路，后于大德八年

〔1〕 黄皓：《俄敦二八二二号写卷〈杂集时用要字〉研究》，浙江大学硕士学位论文，2008年，第13页。
〔2〕 王静如、李范文：《西夏文〈杂字〉研究》，《西北民族研究》1997年第2期，第85页。
〔3〕 （元）脱脱等编纂：《金史》卷六十一，表三，北京：中华书局，1975年。
〔4〕 《金史》列传第二十九。
〔5〕 汤开建：《宋金时期安多吐蕃部落史研究》，上海：上海古籍出版社，2007年，第78—79页。
〔6〕 （宋）李焘：《续资治通鉴长编》，咸平六年（1003）。

（1304）降格为州，明清改设为县[1]。时至今日，仍保留庄浪县的这一地名。其地理位置远离朵思麻，曾改隶安西省（即元代之陕西）。因为史料缺乏，此庄浪之渊源我们也不甚了解。有学者认为是《长编》所载之庄浪，在元代初年南迁至此，因以为名，但这样的说法还没有史料作为依据。

宋代河西走廊及朵思麻地区番族林立，汉文史料多有记载，自不待言。然中古以后，宋、元、明时期关涉朵思麻地区的藏文历史资料十分缺乏，因此保留下来的众多汉文番族名称大多无法同定藏文原文。而汉文文献作者音译或依河西方音，或依中原方音，且用字十分随意，给拟音造成了极大困难。更有甚者，往往同一番族在历史材料中有多个不同音译出现，后人不查，竟以为不同族名，以讹传讹。再者，番族部落居无定所，时常迁徙，名称或有更迭。因此，在考察宋以来西北番族名称时，很容易望文生义，实际上却南辕北辙，不得不慎之又慎。另外还要提到一点，元朝以"庄浪"二字取代地名"卓啰"，这显然是使用西北方音系统的写法加以重新命名。元初重新厘定郡县名称以及元末编修正史的汉族士大夫显然已经搞不清楚西夏人何以在"浪"字左侧加"口"字旁，故此笔者推测"庄浪卫"之"庄浪"乃是从"庄哴"简化沿革而来。

三、藏文文献史料所见 Cog ro 氏之故实

Cog ro 在古写本中常作 Chog ro[2]或 Tsog ro[3]，在藏文史籍中亦作 Cog gru[4]、lCog ro[5]，皆音近语讹。在吐蕃时期的唐代汉文材料中其对译为"属卢"[6]、"烛龙"[7]或"竹卢"（敦煌文书 P. 3197V）。属卢（下文均以"属卢"指称 Cog ro）是吐蕃王朝的外戚贵族之一，也是延续整个吐蕃时期驻守吐谷浑地区和唐蕃边界地带最主要的戍边家族之

---

〔1〕（明）宋濂：《元史》，本纪第二十一。

〔2〕Brandon Dotson, *The Old Tibetan Annals, An annotated Translation of Tibet's First History*, 2009, pp.107, 112.

〔3〕大英图书馆（British Library）藏敦煌吐蕃文献 IOL Tib J 689 Recto, Ch.0021 中出现的两个人名的族姓实际上都为"属庐"：Tsog ro Byams pavi seng ge /Cog ro vChos kyi bshes nyes。

〔4〕如前弘期吐蕃三大译师之一 Cog ro kluvi rgyal mtshan，有时也写作 Cog gru kluvi rgyal mtshan，见拉萨版和捺塘版《甘珠尔》之《别解脱经》（So sor thar bavi mdo）跋尾。

〔5〕见于藏文本《弟吴宗教源流》（rGya bod kyi chos vbyung rgyas pa）。

〔6〕《唐蕃会盟碑》中蕃官题名中即有属卢氏贵族官员名"纰论属卢论赞热土公"（phyi blon bkav la gtogs pa cog ro blon btsan bzher lho gong），参见王尧：《吐蕃金石录》，北京：文物出版社，1982年，第18页；另见林冠群：《唐代吐蕃的氏族》，《中国藏学》2010年第2期，第18页。

〔7〕《新唐书·吐蕃传上》载烛龙莽布支入陷瓜州事，"烛龙莽布支"即敦煌本《吐蕃大事纪年》中的属卢莽布支绮穷（Cog ro mang po rje khyi chung）。

一。属卢氏之势力在7—8世纪主要及于吐蕃北部边陲，这与吐蕃王朝之建立和迅速扩张紧密相连。从史料来看，属卢并非如那囊（sNa nam）、没卢（vBro）、琛（mChims）这样最早就与悉补野赞普盟誓的元老贵族，而是藏东北汉藏交界地区之羌人后裔，后臣服于吐蕃，编入吐蕃中翼（dbu ru），下辖两个千户[1]。松赞干布建政时通颊之奎本（mthong khyab kyi khod dbon）即委任属卢氏的坚赞扬恭（rGyal mtshan g.yang gong）担任，是为吐蕃控制东北朵思麻南部广大地区的最高统治者[2]。其统辖以吐谷浑、苏毗部落等为首的通颊军团，在吐谷浑、河西陇右以及碛西等地的征伐中冲锋陷阵立下汗马功劳。在这期间，为了维系和扩张自身在朵思麻的势力、巩固吐蕃在藏东北的统治地位，在噶氏家族尚未失势之前（圣历二年，700），属卢家族就曾嫁女于藏东北边境的最高长官论钦陵兄赞婆之侄，论钦陵（Blon khri vbring）之子莽布支达赞（Mang po rje stag rtsan）为妻。同时也和吐蕃臣属吐谷浑王国莫贺退浑可汗（Ma ga tho gon khagan）联姻[3]。总的来说，属卢氏之权势和活动范围在吐蕃时期与通颊部落之军事调动息息相关，主要及于其北部边陲一线，家族成员随军播迁于朵思麻、河西走廊乃至若羌和于阗等广袤的地区，这从敦煌和新疆出土的不少文献材料中可以得到佐证[4]。直至吐蕃中期以后，赤松德赞、牟尼和赤祖德赞三代赞普倾心尊崇佛教，属卢氏作为奉佛政策衷心的拥护者，家族中不但出现了被后世誉为吐蕃三大译师（另说九大译师）之一的属卢龙幢（Cog ro Kluvi rgyal mtshan）这样藏传佛教史上赫赫有名的重要人物，赤松德赞和赤祖德赞也都借此与属卢家族联姻，其家族权势才在吐蕃腹地逐渐显赫起来。后吐蕃时代之初属卢氏在吐蕃腹地之政教权势主要在山南地区[5]，敦煌藏文文书IOL 689/2中即记载刺杀朗达玛的拉隆吉祥金刚（lHa lung dPal gyi rdo rje）为第九任桑耶寺堪布，而继承其法座的第十到第十二任堪布依次为吉祥狮子（dPal gyi seng ge）、慈狮子（Byams pavi seng ge）和法

---

〔1〕《弟吴宗教源流》载 Cog ro 氏在拉萨为中心的"伍茹"（dbus ru）下辖 gcong pa 和 vbring mtshams 两个千户。《五部遗教》（bKav thang sde lnga）之《大臣遗教》则记载其所辖两个千户为 zom steng 和 bcom pa 两个千户，而 vbring mtshams 则是 phyug mtshams 之下属千户，岩尾氏认为他们是平行的两个千户，似有不妥，见岩尾一史：《吐蕃のルと千戸》，载《东洋史研究》59-3，表1"军の千户一覧表"和表2"氏族リストの比较"。

〔2〕 巴卧祖拉陈哇著，黄颢译：《贤者喜宴摘译（二）》（mKhas pavi dgav ston），《西藏民族学院学报》1981年第1期，第6—7页。

〔3〕 杨铭：《关于〈吐谷浑纪年〉残卷的研究》，载饶宗颐主编，杨铭著：《吐蕃统治敦煌研究》，台北：新文丰出版公司，1997年，第142页。

〔4〕 可参见笔者另篇专论，待刊。

〔5〕 Karmay S. G., *The Great Perfection (Rdzogs Chen): A Philosophical and Meditative Teaching of Tibetan Buddhism*, Second Edition, 2007, p.78.

友（Chos kyi bshes gnyen），此三人均出自属卢氏，由此暗示其家族在山南地区的政教势力较为煊赫。故赞普幼妃蔡邦氏所生的斡松（vOd srung）排挤盘踞山南时即与属卢氏家族联姻结盟。属卢家族也自此衷心拥戴并长期追随斡松一系赞普后裔。随后，斡松和属卢妃嘉莫列（rGyal mo legs）之孙吉德尼玛衮一系王族西迁，在属卢、没卢（vBro）和巴曹（Pa tshab）三大贵族的拥戴下在阿里三围称制建国，继而分封产生的拉达克、普兰和古格三支王系皆出自吉德尼玛衮王妃属卢尚卡玛（Cog ro Zhang kha ma）之后[1]，故此属卢氏之权势愈加煊赫，更甚从前。

四、属卢民族源之索隐

属卢氏族源、地望向无定论。敦煌文书P. T. 1287之《赤都松赞普之事迹》载喀垓·野多日道芒赞词，称当木（vDam）之属卢氏女子为"绵阳女""山羊妇"，曾适吐蕃第三代赞普赤都松。黄布凡认为此"当木"为吐蕃腹地的当曲河流域河滩牧区，也就是今天拉萨北部当雄县（vdam gzhung）附近[2]。这种说法只是推测，经不起推敲。另外，山口瑞凤推断"当木"就是清《卫藏通志》卷十五所记"当木一名玉树纳哈暑番"中的"当木"，属卢应位于青海南部[3]。但是荣新江指出，这明显是用晚期材料推证早期地名，没有任何证据支撑此种观点。继而认为此"当木"虽然不能确证，但因通颊部落之位置，倾向认为其位于青海东南部地区[4]。值得注意的是，对吐蕃史料文献中出现的属卢氏人名进行类比可以发现，他们之中的名（mying）几乎都有kong这个音节，这一特点黎吉生（H. E. Richardson）很早就注意到了，并且认为这在很多吐蕃边地氏族中是很常见的[5]。他还认为属卢氏可能与青海地区的柴达木盆地有关[6]。而这显然是受到了英

〔1〕 Klimburg-Salter D E, Luczanits C. *Tabo : a lamp for the kingdom: Early Indo-Tibetan Buddhist Art in the Western Himalaya*, Milan, 1997, pp.229-255；汉译见伯戴克著，张长虹译：《西部西藏的历史》，四川大学中国藏学研究所编：《藏学学刊》第8辑，成都：四川大学出版社，2012年，第135—177页。

〔2〕 黄布凡编著：《敦煌藏文吐蕃史文献译注》，兰州：甘肃教育出版社，2000年，第266页。

〔3〕 Y. Zuiho, Matrimonial Relationship between the T'u-fan and the Tang Dynasties, Part II, p.60, Not 4, *Memoirs of the Research Department of Toyo Bunko*, No.28 , 1970.

〔4〕 相关论述可参见荣新江：《通颊考》，《文史》第33辑，北京：中华书局，1990年，第122页。

〔5〕 H. E. Richardson, Names and titles in early Tibetan records, in *High Peaks, Pure Earth: Collected Writings on Tibetan History and Culture*, Edited with an Introduction by Michael Aris, Serindia Publications, London, p.21.

〔6〕 H. E. Richardson, Futher Fragments form Tun Huang, *Bulletin of Tibetology*, Vol. Ⅵ, No.l, 1969, p.10. Ministers of the Tibetan Kingdom, *Tibet Journal*, No.1, 1977, p.25.

藏敦煌文献中的一件被称为《阿豺（柴）纪年》残卷的启发，这件文书记录了吐谷浑宫廷事迹，其中曾出现多个属卢氏人名[1]。

属卢氏之史事的确大多和朵思麻与河西地区密切关联，但关于其族居地，各家都没能得出一个清晰的结论。要厘清这一问题，我们还要回溯到原始文献材料中去寻找答案。

首先，属卢作为一个较为显赫的氏族并未见于《贤者喜宴》之"十二小邦"（rgyal phran sil ma bcu gnyis）和《小邦邦伯家臣及赞普世系》（P. T. 1286）所列王、臣族姓中，由此可知其不但不属于悉补野氏吐蕃王系部族，而且也不是吐蕃腹地土著的部落族群。因此，属卢有可能是来源于吐蕃以外、在其向外扩张时臣服于吐蕃的外来氏族。

再者，上述之敦煌吐蕃历史文书 P. T. 1287 之《赤都松赞普之事迹》实际上已经暗示了属卢并非吐蕃本部部族。众所周知，赤都松赞普时期吐蕃疆域迅速扩大，北扫吐谷浑、河西诸郡，后转而攻击唐朝西南边疆、唐朝西南地区的战略要地岷江畔的安戎（今四川马尔康县东南），继而又降伏南诏之地。这篇材料后半部分即为喀垅·野多日道芒颂扬赤都松赞普征伐四野之伟业的赞文，字里行间充分运用譬喻的修辞手法，文学色彩十分浓厚。文中以一连串排比句运用譬喻手法对赞普征服的北边回鹘和边鄙部族极尽鄙夷和奚落，之后紧接着对与赞普同居的属卢氏女极尽蔑视，如说她"气味腥秽那是鱼腥，最坏的锈斑那是铜锈"，并将悉补野发祥地雅砻的妃子赞誉为聪明又知礼，借以贬斥属卢氏女[2]。行文中如此鄙视之语是与上述对北部征服的蔑视连贯在一起构成排比句的，故此笔者认为合理的推断是，属卢氏也是吐蕃中心视角里的边鄙部落，因为征伐而降于吐蕃的部族。

属卢属下部曲在各种史籍中记载不一，然和吐蕃在甘青一带驻守、征伐的军事部落集团"通颊"颇有关联。《弟吴宗教源流》载属卢氏在拉萨为中心的"伍茹"（dbus ru）下辖 gcong pa 和 vbring mtshams 两个千户。《五部遗教》之《大臣遗教》则记载其所辖两个千户为 zom steng 和 bcom pa，而 vbring mtshams 则是 phyug mtshams 之下属千户。

---

〔1〕 F. W. 托玛斯编著，刘忠、杨铭译注：《敦煌西域古藏文社会历史文献》，北京：民族出版社，2003 年，第 7—14 页；乌瑞著，沈卫荣译：《吐谷浑王国编年史》，中国敦煌吐鲁番学会：《国外敦煌吐蕃文书研究选译》，兰州：甘肃人民出版社，1992 年，第 170—212 页；L. Petech, Nugae Tibeticae, I, A proposito di un documento di Tun-huang, R. S. O. 31, 1956, pp. 291-293；山口瑞凤：《吐蕃王国成立史研究》，东京：岩波书店，1983 年，第 576—595 页；周伟洲、杨铭：《关于敦煌藏文写本〈吐谷浑（阿柴）纪年〉残卷的研究》，《中亚学刊》第三辑，第 95—108 页。

〔2〕 王尧、陈践译注：《敦煌本吐蕃历史文书》（增订本），北京：民族出版社，1992 年，第 63 页。

岩尾氏认为它们是平行的两个千户,似有不妥[1]。从多种文献资料来看,"gcong pa"和"bcom pa"实为同一千户因文献来源不同和辗转传抄而造成的异写法,按出土材料应写作 gcom pa。也正因此,zom steng 也有多种写法,如 zo stengs 和 gzo steng。这两种记载具体反映了哪个年代的情况,乃至是否符合事实均无可考,但是其中的 vbring mtshams 和 phyug mtshams 与属卢颇有联系,前者为其所属似无可疑,因为《青史》中就曾出现 lCog［Cog］ro vbring mtshams 这样的地名[2]。而后者则隶属于吐蕃所设专司卫戍边地哨卡的"三勇部"(dpav bavi sde gsum)中,位于负责苏毗东北与唐和吐谷浑对峙的"下勇部"(smad gyi dpav sde),其由"通颊九政部"(mthong khyab srid sde dgu)和吐谷浑六千户构成,而上文已述及属卢氏坚赞扬恭为通颊部落之奎本。此"下勇部"最勇猛无畏、舍生忘死的为首者就是通通(ldong ldong)之子 phyug mtshams[3]。ldong ldong 实为 ldong thong 之误,ldong 和 thong 是史册中记载的前吐蕃时代四大氏族中的董氏(lDong)和东氏(thong),董氏据研究应指川藏边界之木雅(Mi nyag),而东氏则为卫藏东北之苏毗(sum pa),两大氏族部落地缘相近,因此之间联系绵密,后世即统称之为"董东(ldong thong)"[4]。又《娘氏教法源流》载四大氏族种姓特性,谓董氏威猛而东氏心思深沉[5]。由此可见,董东威猛睿智的声名早有传统,他们应是通颊部落中的主力军,故为卫戍边地开疆拓土之下勇部之首。更重要的是,他们原本即为藏东羌人,故熟悉吐蕃边地情形,吐蕃令其在藏东北作战显然是有"以夷伐夷"的意图。此外,这也说明实际上吐蕃赞普王系核心军事组织的伍茹千户中起码应有四个千户虽然隶属于伍茹,但并不是吐蕃本土宗族部曲,也不驻守其间,而是被收编或征服之外族部落,类似于野战军和边防军一类的机动部队与唐军及北面的吐谷浑作战,其性质有些类似于王朝边疆土司治下之土军。

---

〔1〕 岩尾一史:《吐蕃のルと千戸》,《东洋史研究》59-3,表 1 "军の千戸一覧表" 和表 2 "氏族リストの比较"。

〔2〕 George N. Roerich, *The Blue Annals*, Delhi 1988, p. 1028.

〔3〕 这段黄颢先生未译,原文见巴俄·祖拉陈瓦著,多吉杰博编:《智者喜宴》(藏文),北京:民族出版社,1986 年,第 189—190 页;荣新江在他的《通颊考》中认为这段文字虽然晦涩,但仍可把 phyug mtshams 理解为部落名;Brandon Dotson 在翻译这段时则把 phyug mtshams 理解为人名,但无论如何 phyug mtshams 都和通颊部落有密切关联则是肯定的,Brandon Dotson, *Administration and Law in the Tibetan Empire: The Section on Law and State and its Old Tibetan Antecedents*, D. Phil. Thesis, Tibetan and Himalayan Studies, Oriental Institute, University of Oxford Trinity Term, 2006, P. 385.

〔4〕 石泰安著,耿昇译,王尧校:《川、甘、青、藏走廊古部落》,成都:四川民族出版社,1992 年,第 6 页。

〔5〕 娘尼玛沃色著,许渊钦译注:《〈娘氏教法源流〉译注(四)》,《中国藏学》2014 年第 4 期,第 89 页。

五、吐蕃在甘青和中亚扩张背景下属卢氏之播迁历程

吐蕃在本土"五茹"设置的各个千户随着征伐战事的扩大，不断向前线进行军事调动。原属吐蕃本部的千户部落因此开始不断向东北朵思麻，乃至整个中亚地区进行迁徙。吐蕃所属统军贵族在河西走廊乃至中亚地区活动的史事主要见于中亚出土的简牍文书，有几个千户和氏族的名字频繁出现，可知其为吐蕃北进朵思麻和河西走廊军事集团中之主力，岩尾一史录其中一千户名为vbrong tsams，在中亚出土的简牍文献中有多件都与其有关[1]。笔者认为其极有可能就是属卢所统辖的vbring mtshams，历史文献中。mtshams之异写即为tsams，而vbring和vbrong只元音不同。而主要的领军贵族中即包括属卢氏，另两个重要氏族为没卢氏（vBro）和韦氏（dBavs）。此三者实为7世纪末以来吐蕃最为倚重的三大戍边贵族。

如新疆米兰出土的一件简牍提到一位名属卢藏热绮（Chog［Cog］ro rtsang bzher）的人物[2]。另一件出土于塔克拉玛干大沙漠西部和田河西岸麻扎塔格的简牍（Ⅱ（2）M. I. i, 3）的记载更为重要："在萨毗且末地方，通颊北边驻有个别守边斥候。根据旧令及新建万户之令，不可像盗匪般使庶民不信任，不可抢劫。但所属地区发生内乱，萨毗属地之内没卢氏和属卢氏等家族叛离，做尽坏事。"[3]萨毗位于今新疆若羌县东南约二百公里的地方，为吐蕃在西域地区的军镇（khrom）之一。且末，即播仙镇，位于若羌县西南部，隶属于沙州，大致上应属于瓜州军镇管辖。吐蕃对这一地区稳定的统治实始于755年安史之乱，吐蕃趁唐朝抽调河西驻军东趋平乱趁虚而入，属卢和与其长期存在密切关系的没卢氏家族作为通颊部落的贵族被派驻于这一地区，考虑到此简牍中提到的新建万户的信息，极有可能就是敦煌本《赞普传记》（P. T. 1287）所提到的赤松德赞时期在河西一线建立的五个通颊万户（mthong khyab khri sde lnga）之一。因为这与吐蕃在这一地区建立稳定统治的时间非常契合。此外，还有一件简牍（M. Tagh. a. III. 0063）

---

〔1〕 岩尾一史：《吐蕃のルと千戸》，表2。

〔2〕 此简牍王尧先生编号为175号Ⅱ302-2 M. Tāgh. 0378，见王尧：《吐蕃简牍综录》，北京：文物出版社，1986年。

〔3〕 此简牍王尧编号为172号Ⅱ（2）M. I. i, 3，见王尧上揭书。翻译参考了王尧先生和岩尾一史的译文，原文为"A: tshal byi car chen na// mthong khyab byang srungs pa byung shas shig mchis pa// bkav lung rnying dang// khri sde gsar btsugs kyi bkav lung dang sbyar na B: rtse rgod lta bur mying gis kha myi bstan zhing myi gtor bar vbyung las// mngav ris su vkhrug pa byung nas// tshal byi khams su lnga vbro cog lastsogs ste// glo ba rings pas// ma legs dgu zhig bgyis glo ba rings/ blo log pavm rgyab gtod byas pa/"。载王尧《吐蕃简牍综录》，北京：文物出版社，1986年；托玛斯：《有关西域的藏文文献与文书》第2卷，第121页。

也提到一名住在于阗的属卢贵族尚列(Cog ro Zhang legs)[1]。由此可推知属卢作为领军贵族,其活动已经达到吐蕃当时统治的中亚若羌、敦煌到于阗一带。另外,笔者也注意到,以属卢为代表的这些氏族在驻守地盘桓日久,渐已脱离军事性质,逐渐蜕变成拥有土地的贵族官僚地主,这在中亚出土书信文献中亦有所反映。如,若羌出土的一件官方发出的书信《论·赞孜致密泼及帕么书》(M. I. xxvii. 19.)就提到了末哩恰思乌斯庄园(vBri chags dbus)羊只被偷盗一事,而这座庄园的庄主(gzhis ma)即是的属卢家族的鲁桑(Chog[Cog]ro klu bzang)[2]。

朗达玛遇刺身亡后,吐蕃陷入长期分裂割据,朗达玛二妃之子云丹(gNam lde yum brtan)和斡松(Khri lde vod srong)分别以拉萨和山南雅垄河谷为根据地相互征战不休。持久的内乱,使吐蕃在藏东北地区的统治秩序迅速走向崩溃,时任洛门川讨击使的韦氏论恐热(dBavs Kho bzher legs stengs)[3]以讨伐绖氏妃所立云丹为口号起兵,击败国相兼东道节度使尚思罗的八万大军,后与鄯州节度使没卢氏尚婢婢(Zhang bying bying)相互攻伐长达二十余年。事实上,没卢氏、韦氏和属卢氏自7世纪末以来就在吐蕃北部戍首边陲,是与唐、突厥交兵的最主要的三个贵族,这从敦煌本《吐蕃历史纪年》《阿豺(柴)纪年》残卷以及于阗地区麻扎塔格和米兰出土简牍中可以较为清晰地反映出来。后吐蕃时代河西走廊一线陷入失控,导致这一地区最有权势的没卢氏和韦氏无所顾忌开始相互攻伐,争夺地盘。从敦煌文书P. T. 131、P. T. 999等文献来看,当时河西地区吐蕃部落所尊奉的赞普是暂据雅砻河谷的斡松[4]。这与上文已经谈到的山南属卢家族与斡松联姻结盟的史实若合符节,也与韦氏论恐热和没卢氏尚婢婢支持斡松的政治态度相一致。在这期间,吐蕃北部边境属卢氏的情况因为史料缺乏不甚明了。虽然伯戴克(Luciano Petech)曾援引上文引述的简牍史料Ⅱ(2)M. I. i, 3证明河西属卢氏族人曾和没卢氏是盟友关系并一同反抗韦氏论恐热,然他将其中新建之"万户"(khri sde)误读为赞普称号"墀德"(khri lde),故此,他错误地认为这件简牍的年代就是云丹执政时期,继

---

〔1〕 见此简背面,武内绍人(Takeuchi Tsuguhito), *Old Tibetan Manuscripts from East Turkestan in the Stein Collection of the British Library*, 2 vols. + Supplimment vol, Centre for East Asian Cultural Studies for Unesco, The Toyo Bunko, The British Library, Tokyo, London, 1997-98, CAT NO. 153.

〔2〕 武内绍人上揭书 CAT NO. 597。

〔3〕 见巴卧祖拉陈哇著,黄颢译:《〈贤者喜宴〉译注(十六)》,《西藏民族学院学报》1985 年第 1 期,第 26 页。

〔4〕 陈庆英:《敦煌藏文写卷 P. T. 999 号译注》,《敦煌研究》1987 年第 2 期;黄维忠:《9 世纪藏文发愿文整理研究:以敦煌藏文发愿文为中心》,北京:民族出版社,2007 年,第 79—81 页。

而认为属卢氏是没卢氏尚婢婢的下属与论恐热作战[1]。因此,属卢氏是否参与了没卢氏和韦氏之间的混战我们并没有足够史料可以说明。但是从敦煌写本和历史文献等诸多史料来看,属卢氏和没卢氏至少自7世纪初以来就存在某种程度的长期盟友关系,并一直保持到了后吐蕃时代西藏西部王国建立的时候,从吐蕃北部边陲、卫藏西部乃至阿里三围都能找到他们之间存在广泛联系的历史叙述[2]。

咸通七年(866),论恐热被杀,而此时已经崛起的归义军势力迅速发展,基本控制了河西地区,吐蕃的统治至此彻底结束。此时,河西一带吐蕃部落遗民甚多,这些失去驾驭的蕃人在吐蕃灭亡后近百年,业已成为散兵游勇,在没落的旧日贵族统领下交相勾结以剽掠路人为生,其活动范围遍及原先吐蕃占领的河西、陇右大片地区,汉文史料中将其称之为"嗢末"。"嗢末"一词据考证为vbangs myi音译,是庶民、属民百姓、奴隶之义[3]。亦有学者认为"嗢末"一词应为藏文写本中曾出的vod vbar一词,译言"举火,为吐蕃奴部义军之番号[4]。《新唐书·吐蕃传》记载:"浑末,亦曰嗢末,吐蕃奴部也。虏法,出师必发豪室,皆以奴从,平居散处耕牧。及恐热乱,无所归,共相啸合数千人,以嗢末自号,居甘、肃、瓜、沙、河、渭、岷、廓、叠、宕间……"[5]归义军时期敦煌文书S.6342《张议潮咸通二年(861)收复凉州奏表》亦谓:"咸通二年收凉州,今不知却□,又杂蕃浑。近传嗢末隔勒往来,累询状人,皆云不谬。伏以凉州是国家边界,嗢末百姓,本是河西陇右陷没子将。国家弃掷不收,变成部落,昨方解辨,只得抚柔。"[6]实际上他们就是《安多政教史》所谓的"没有赞普命令期间不得回防"(rgyal povi bkav ma byung bar du log)的噶

〔1〕 Luciano Petech, 'The disintegration of the Tibetan kingdom', Alex McKay, *The History of Tibet*, Volume I, Routledge Curzon, 2003, p. 289.

〔2〕 关于吐蕃时代属卢氏和没卢氏之间的关系,笔者在专门讨论属卢氏家族的论文中将有所论述,待刊。另外,可以参见罗伯托·维塔利(Roberto Vitali)的论文,其中有不少论述涉及后吐蕃时代到后弘期初期,也就是9到10世纪这段历史时期中两个氏族之间的关系。Roberto Vitali, "The Role of Clan Power in the Establishment of Religion (from the *kheng log* of the 9th-l0th Century to the Instances of the dByil of La stod and gNyos of Kha rag)', Christoph Cüppers, *The Relationship between Religion and State (Chos srid zung vbrel) in Traditional Tibet: Proceedings of a Seminar Held in Lumbini, Nepal, March 2000*, Lumbini International Research Institute, 2004, pp. 105-158.

〔3〕 陆离:《嗢末音译考》,《敦煌研究》2009年第4期,第97页。

〔4〕 任小波:《古藏文文献中的 Mun dmag: 吐蕃帝国军政体制探例》,《中国藏学》2017年第1期,待刊。

〔5〕 欧阳修等:《新唐书》,北京:中华书局,1975年,第6108页。

〔6〕 唐耕耦、陆宏基编:《敦煌社会经济文献真迹释录》,《敦煌吐鲁番文献研究丛书(一)》第四辑,北京:全国图书馆文献缩微复制中心,1990年,第363页。

玛洛（Ka［bKav］ma log）部落[1]。此一时期,绝大部分一直活动在河西一线的属卢氏族人仍留在这一地区而未撤回吐蕃本部,而成为汉文史籍中的"啒末"中一支的领袖。敦煌写本 P. 3197V《曹氏归义军时期甘州使人书状》记清泰二年(935)回鹘都督陈福海受命朝贡后唐一事。其第14—16行曰:"后至正月十五日,回鹘宰相都督领大兵攻击竹卢温［啒］末去来,至廿九日却回,军兵盈胜。"此写本年代学界有两种看法:一断为940年(或在此之前);另一断为936年前后。内容主要为竹卢啒末阻绕官道,劫杀朝贡使团,致使回鹘派兵征伐竹卢啒末方使河西道路畅通[2]。其中"竹卢"陆离认为即"属卢"之别译,竹卢啒末活动于甘州附近[3]。此是后吐蕃时代没落的属卢氏在河西走廊活动的重要证据之一。此外,我们也在一些归义军时期的帐籍中看到一些已经融入河西普通民户聚落的属卢氏族人。如 P. 3418《唐沙州诸乡欠枝夫人户名目》中就记载了敦煌欠枝纳枝人户中慈惠乡有民人名竹卢胡奴,效谷乡亦有民人称竹卢研心[4]。

五代、北宋以降,凉州一带成为河西走廊滞留大批吐蕃部族的主要聚居地之一,号称"六谷部",正如宋代人之记述"凉州汉户百余……凉州郭外数十里,尚有汉民陷没者耕作,余皆吐蕃"[5]。乃至北宋、西夏时,此地竟被认为"本吐蕃凉州地"[6]。宋明道元年(1032)九月,夏太宗李德明命元昊率军旅征讨西凉,将这一地区纳入夏国版图,吐蕃部落"六谷部"大部则逃亡青海湟水流域,依附唃厮啰政权。而历经数百年藏族部落的盘踞,这一地区已经深深地打上了藏民族的烙印,时至今日,凉州故地一带仍然是藏民族较为集中的地区。因此,这些地区的地名与吐蕃部落的名称息息相关。可以推论,属卢氏之部曲也是六谷部中的一个组成部分,主要在庄浪河流域活动,因而西夏时以其名之音译称呼置于此处的军镇,即宋人记述的西夏卓啰和南监军司。

自此之后,"属卢"(Cog ro)作为一个古老氏族的名称逐渐为历史所淡忘,而作为一个地名的"卓啰/庄啷/庄浪"则开始出现,沿革至清代康熙二年(1663)改称"平番"为止。时至今日,唯一还未抹去的历史记忆只剩下了缓缓流淌的庄浪河。

[1] dKon mchog bstan pa rab rgyas, *mDo smad chos vbyung*, New Delhi: Sharada rani, 1975-1977, p. 41; 智观巴·贡却乎丹巴绕吉:《安多政教史》,兰州:甘肃民族出版社,1989,第22页。

[2] 吴丽娱、杨宝玉:《P. 3197V〈曹氏归义军时期甘州使人书状〉考释》,《敦煌学辑刊》2005年第4期,第14—23页。

[3] 陆离上揭文《啒末音译考》。

[4] 郑炳林:《五代敦煌的粟特人与归义军政权》,郑炳林编《敦煌归义军史专题研究》,兰州:兰州大学出版社,1997年,第407—408页。

[5] (元)脱脱等编纂:《宋史》,卷四九二,北京:中华书局,1977年,第14151—14152页。

[6] 上揭书《西夏书事》,卷四。

六、结　语

　　以雅砻悉补野氏为核心的吐蕃部落联盟军事集团在扩张之路上不断征服青藏高原及周边沿途各地的土著部落，使大量骁勇善战的土民被裹挟其中，成为吐蕃征伐之精锐前驱，由此使吐蕃不断壮大势如破竹，进而逐步成为称霸中亚的庞大帝国。而这些部落民众因军事行动而广泛波迁于军旅所及之处，久而久之成为具有文化和政治认同感的吐蕃属民，乃至拥有很高政治地位的外戚贵族。这种基于领土扩张和军事需要对土著部落的重新整合，及其在数百年间在甘、青、西域等广袤的地区的迁徙和定居，深刻地影响了中古时期及其以后整个中国西部地区的族群构成和分布，乃至边疆地理的历史形态和人文观念。由是观之，中古时期吐蕃作为中国多元族群国家格局形成。

论宋代河湟地区的佛教

张虽旺

提要： 笔者曾有小文认为宋代河湟地区的佛教可称为历史上的藏语系佛教。后在读书过程中发现新的资料，认为原观点有修正的必要。本文通过对史料、资料的再梳理，分析了宋代河湟地区的佛教发展历程，认为宋代河湟地区的佛教应称为河湟佛教。

关键词： 宋代　河湟地区　佛教　传播方式　河湟佛教

河湟地区是藏传佛教"后弘期"的发源地之一，即藏传佛教"下路弘法"的起源地。然而，有宋一代河湟地区佛教发展的状况在汉藏史籍中都鲜有记载，即使专门记述安多地区佛教发展的《安多政教史》[1]也对藏传佛教后弘期的关键人物拉钦·贡巴饶赛仅有简单的交代。那么，处在"汉藏黄金桥"交通要道的河湟地区的佛教在宋代发展状况如何？有宋一代，河湟地区又是在藏族唃厮啰政权和北宋、西夏、金轮流控制和分治下的藏、汉等多民族杂居地区，这里的佛教归属是否应属于藏传佛教？笔者通过对史料、资料的梳理，认为此一时期河湟地区的佛教中存在两种因素：首先是汉传佛教继续传播；其次是在吐蕃部落中传播的佛教语言是藏语。宋代河湟地区的佛教因具有独特的特点，因此我们应称其为河湟佛教。

一、吐蕃佛教在河湟地区的影响

我们首先需要对吐蕃佛教做一界定。一般认为吐蕃佛教是印度佛教和吐蕃苯教相结合的产物，而对汉传佛教的影响则置之不理。今天仍有学者认为汉传佛教

---

〔1〕 智观巴·贡却乎丹巴绕吉著，吴均等译：《安多政教史》，兰州：甘肃民族出版社，1989年。

禅宗对吐蕃佛教毫无影响[1]；但也有学者研究认为汉传佛教禅宗一直影响着吐蕃佛教[2]。才让的研究告诉我们，"藏族古代的许多学者认为宁玛派的见地受到了禅宗的影响"[3]。佟德富认为禅宗思想对宁玛派、萨迦派、噶举派和宗喀巴的思想都有影响[4]。张亚莎根据敦煌藏文禅宗文献认为，吐蕃人虚空藏禅师是摩诃衍的弟子，他将汉地禅宗吐蕃化，创建了大瑜伽派。而虚空藏禅师的弟子布·益西央对大瑜伽派的理论加以整理，两人最后坐化的地点都是安琼南宗（今青海尖扎）。摩诃衍、虚空藏和布·益西央三人在公元790年至840年之间都在宗哥一带活动，使禅宗得以流行[5]。因此，吐蕃时期的佛教文化可以分为卫藏、敦煌、宗哥三种态势：卫藏地区主要接受印度佛教，同时接受汉传佛教的影响；敦煌佛教以法成系为主；宗哥佛教是由摩诃衍传承的藏人的禅宗传承——善知识传承[6]。而据李尚全的研究，法成也是摩诃衍的弟子[7]，那么敦煌法成系统也当属禅宗系统无疑（法成也是敦煌后期唯识宗的代表[8]）。由此可见吐蕃时期的佛教文化可以分成两个系统，即卫藏系统和敦煌、宗哥的汉传佛教系统（包括禅宗系统）。而在藏族佛教史作者笔下以及赤松德赞时期的"顿渐之辩"的结果来看，卫藏佛教才是吐蕃佛教的正宗，就是传统认识的吐蕃佛教[9]，禅宗系统是被排除在吐蕃佛教系统之外的。但是，作为吐蕃统治时期的敦煌、河湟地区的佛教，理应成为吐蕃佛教的一部分[10]。此说若成立，藏传佛教史作者笔下的吐蕃佛教史就应当改写了。因此，笔者在文章中采用的还是藏传佛教史作者笔下的吐蕃佛教之说。

吐蕃佛教在藏传佛教发展史上被称为"前弘期"。在藏传佛教"前弘期"，佛教的传

〔1〕 周拉：《从"顿渐之净"看禅宗在吐蕃的传播及发展趋势》，《青海民族学院学报》2007年第3期；李元光：《汉地禅宗退出藏区新说》，《西南民族大学学报》2007年第2期；尕藏加：《吐蕃佛教——宁玛派前史与密宗传承研究》，北京：宗教文化出版社，2002年。

〔2〕 王尧：《吐蕃佛教述略》，《青海民族学院学报》1980年第4期；袁晓文、郎伟：《汉地佛教在吐蕃传播述论》，《西南民族学院学报》1993年第3期；佟德富：《试论禅宗在吐蕃社会的传播和影响》，《内蒙古社会科学》1999年第3期；索南才让：《唐朝佛教对吐蕃佛教的影响》，《西藏民族学院学报》2008年第5期。

〔3〕 才让：《从〈五部遗教〉看禅宗在吐蕃的传播和影响》，《西藏研究》2002年第1期。

〔4〕 佟德富：《试论禅宗在吐蕃社会的传播和影响》，《内蒙古社会科学》1999年第3期。

〔5〕 张亚莎：《吐蕃时期的禅宗传承》，《西藏民族学院学报》2004年第1期。

〔6〕 同上注。

〔7〕 李尚全：《洪辩禅师行迹考》，《社会科学战线》2010年第3期。

〔8〕 赵晓星：《吐蕃统治敦煌时期的密教特点和定位——吐蕃统治敦煌时期的密教研究之一》，《边疆考古研究》第5辑，第123页；杜斗成等著：《河西佛教史》，北京：中国社会科学出版社，2009年，第371页。

〔9〕 尕藏加：《吐蕃佛教——宁玛派前史与密宗传承研究》，第110页。

〔10〕 黄颢：《敦煌吐蕃佛教的特点》，藏族史论文集编辑部：《藏族史论文集》，成都：四川民族出版社，1988年，第204页。

播还处于启蒙阶段[1]。即使如此，佛教在吐蕃的发展还是经历了一个传入、弘传和灭佛的过程。在这一过程中，佛教在吐蕃社会的影响程度如何？对河湟地区的佛教发展又有何影响？

佛教在吐蕃的发展过程，与汉传佛教的传播是紧密相关的[2]。吐蕃佛教的发展始终伴随着佛教和苯教之间的斗争，并且有一个发展过程。石硕即认为"松赞干布时候佛教文化之进入吐蕃及其传播还是表层的，并主要限于物质层面即出现了佛像、佛寺和佛物等，但尚未进入精神层面，尚未对吐蕃人的思想观念构成直接的影响和作用"[3]。佛、法、僧三宝具足是在赤松德赞时期形成的[4]。《拔协》专门记载了佛教在赤松德赞时期发展的状况，但是到朗达玛灭佛时六十余年的时间里，佛教在吐蕃的发展还是有限的。虽然佛教经过赤松德赞、赤德松赞、赤祖德赞祖孙三代赞普的努力，但是其影响还是很有限的，只是在王室直接控制的伍茹和约茹，也就是今拉萨和山南地区[5]，这一点我们可以从赤德松赞时期所留下的石刻碑铭中找到答案[6]。"佛教流行也主要限于贵族、大臣等社会统治者上层之间。"[7]"那时在吐蕃的汉、印僧徒，将大部分时间和主要精力用于翻译经典，为佛教的传播做准备。因此，佛教的影响主要在统治阶级的内部起作用，而广大百姓仍然信奉苯教，佛教还没有建立起牢固的社会基础。"[8]

在佛教经典翻译方面，吐蕃佛教翻译的经典主要是显教方面的经论[9]，密教经典的翻

〔1〕 索南才让：《唐代佛教对吐蕃佛教的影响》，《西藏民族学院学报》2008 年第 5 期。

〔2〕 黄颢：《唐代汉藏文化交流》，《藏学研究文集》，北京：民族出版社，1985 年，第 196、198 页；索南才让：《唐代佛教对吐蕃佛教的影响》，《西藏民族学院学报》2008 年第 5 期。

〔3〕 石硕：《松赞干布时代佛教文化传入之实际面貌与地位》，《西南民族学院学报》2000 年第 3 期。

〔4〕 戴密微：《拉萨僧诤记》，转引自麦克唐纳夫人著，汪晖译：《松赞干布时代的西藏宗教：作为历史的神话》，王尧编：《国外藏学研究译文集》第 3 辑，拉萨：西藏人民出版社，1987 年，第 259、260 页；冲本克己著，李德龙译：《敦煌出土的藏文禅宗文献的内容》，王尧编：《国外藏学研究译文集》第 8 辑，拉萨：西藏人民出版社，1992 年，第 198—231 页；张虽旺、王启龙：《从赤德松赞时期的石刻碑铭看佛苯并存状况》，《西北民族大学学报》2013 年第 5 期。

〔5〕 石硕：《达磨灭佛对佛教在藏区传播趋势的影响》，《中国藏学》1996 年第 2 期；同氏：《青藏高原的历史与文明》，北京：中国藏学出版社，2007 年，第 245 页；张虽旺、王启龙：《从赤得松赞时期的石刻碑铭看佛苯并存状况》，《西北民族大学学报》2013 年第 5 期。

〔6〕 张虽旺、王启龙：《从赤德松赞时期的石刻碑铭看佛苯并存状况》，《西北民族大学学报》2013 年第 5 期。

〔7〕 石硕：《达磨灭佛对佛教在藏区传播趋势的影响》，《中国藏学》1996 年第 2 期；同氏：《青藏高原的历史与文明》，第 245 页；张虽旺、王启龙：《从赤得松赞时期的石刻碑铭看佛苯并存状况》，《西北民族大学学报》2013 年第 5 期。

〔8〕 祝启源：《唃厮啰——宋代藏族政权》，西宁：青海人民出版社，1988 年，第 272 页。

〔9〕 黄颢：《敦煌吐蕃佛教的特点》，藏族史论文集编写组：《藏族史论文集》，第 204 页。

译受到限制,"密教在吐蕃时期并未得到广泛的传布,无上瑜伽密法未引起人们的重视"[1]。索南才让在《西藏密教史》也有相同的结论[2]。朗达玛灭佛事件说明了佛教在吐蕃的传播和影响的有限性。

那么,河湟地区是否受吐蕃佛教的影响?

吐蕃佛教的发展始于赤松德赞时期(755—797),吐蕃占领河湟地区也是在赤松德赞时期。赤松德赞时期,吐蕃佛教的发展主要接受外来佛教的影响,翻译佛经。桑耶寺的建成和8世纪末至9世纪初《旁塘目录》《丹噶目录》《青浦目录》的编制标志着吐蕃有了自己的佛教系统[3]。"中唐吐蕃佛教主要地把自己的理论体系置于'般若'基础上"[4]。就是说吐蕃佛教是以显宗为主。经过赤德松赞和赤德祖赞时期的大力发展,佛教有了一定的规模。据尕藏加的研究,吐蕃中心地区的僧尼达到一万五千五百多人[5]。但是佛教僧人忙于参与吐蕃内部的权力斗争,在史籍记载中也少有传播吐蕃佛教的记载。从今安多藏语较多地保留了古藏语的事实,也可从侧面说明在赤德松赞和赤祖德赞时期进行的针对译经规范化的文字改革尚未影响到安多地区时,吐蕃王朝就崩溃了,吐蕃佛教在河湟地区的影响自然也就无从谈起。据敦煌历史文献记载,吐蕃晚期及晚唐五代时期活动在敦煌地区的吐蕃高僧[6],是吐蕃王朝派驻的僧官[7]。

有研究表明,敦煌文献中大量的藏文佛经是在赤祖德赞时期由王妃贝吉昂楚及钵阐布贝吉云丹和娘·定埃增主持下大量抄经活动的结果,并且抄经活动是在公元826—830年前后10年之间完成的[8]。汉蕃佛教文化的交流也是大乘显教的般若类经典[9],"其原本大多出自内地业已广为流布的汉文本"[10]。敦煌的寺院僧人主要还是汉人

〔1〕 黄心川:《中国密教史序言》,吕建福:《中国密教史》,北京:中国社会科学出版社,1995年,序言第17、19页。

〔2〕 索南才让:《西藏密教史》,北京:中国社会科学出版社,1998年,前言第2页。

〔3〕 黄颢:《唐代汉藏文化交流》,藏族史论文集编写组:《藏学研究文集》,第199页。

〔4〕 黄文焕:《河西吐蕃文书简述》,《文物》1978年第12期。

〔5〕 尕藏加:《吐蕃佛教——宁玛派前史与密宗传承研究》,第110页。

〔6〕 F·W 托马斯编著,刘忠、杨铭译:《敦煌西域古藏文社会历史文献》,北京:民族出版社,2003年。黄颢:《敦煌吐蕃佛教的特点》,藏族史论文集编写组:《藏族史论文集》,第206页。

〔7〕 黄颢:《敦煌吐蕃佛教的特点》,藏族史论文集编写组:《藏族史论文集》,第202页;郑炳林:《晚唐五代敦煌地区的吐蕃居民初探》,《中国藏学》2005年第2期;杨铭:《试论唐代西北诸族的"吐蕃化"及其历史影响》,《民族研究》2010年第4期;陆离:《吐蕃统治时期敦煌僧官的几个问题》,《敦煌研究》2004年第3期。

〔8〕 张延清:《简析敦煌古藏文经卷的抄写年代》,郑炳林、樊锦诗等主编:《敦煌佛教和禅宗学术讨论会文集》,西安:三秦出版社,2007年。

〔9〕 黄颢:《敦煌吐蕃佛教的特点》,藏族史论文集编写组:《藏族史论文集》,第204页。

〔10〕 黄文焕:《河西吐蕃文书简述》,《文物》1978年第12期。

僧侣[1]，也有译经讲经的吐蕃人，如管·法成[2]。如前所述，管·法成是摩诃衍的弟子，精通梵、汉、藏语言，在敦煌期间藏汉互译了不少经典。其中《般若波罗密多心经》的汉文本就是由其从藏文翻译来的[3]这一说法似乎不确切。在他之前，隋代时汉传佛教经典《般若波罗密多心经》和《大乘无量寿宗要经》已经流传很广了；其时，唐玄奘也已经将《般若波罗密多心经》译成汉文，同时翻译的还有密宗典籍《大乘无量寿宗要经》[4]。藏族高僧管·法成曾在沙州开元寺讲述瑜伽部经典《瑜珈师地论》，见于记载的听讲者有十几位[5]。《瑜珈师地论》在唐玄奘时汉译本已经译出[6]，是唯识宗的基本经典。据李方桂的研究，"敦煌藏文写卷《瑜伽师地论》有可能是业已遗失的藏文《瑜伽师地论》的原本，其内容多少是按玄奘翻译的无著记《瑜伽师地论》的顺序来的"[7]。法成曾将玄奘的《解深密经疏》译成藏文。还有研究表明归义军首任节度使张议潮就是法成的学生[8]。

在敦煌，信奉佛教的主要是吐蕃王朝的贵族、官吏，佛教在信奉苯教的敦煌吐蕃世俗民众中看不到影响。在汉传佛教流行的河湟地区，佛教影响的范围和程度是可想而知的。"敦煌《龙兴寺藏经目录》告诉我们，吐蕃统治时期，敦煌的佛教大藏经仍然依据《大唐内典录》来组织和管理"[9]，"河陇地区佛教界，汉地禅宗有很大势力和影响。敦煌所出755年以后的禅宗经典和语录，证明禅宗在天宝朝以后有了进一步的发展和传授。这些经典大约有二十部左右"[10]。

研究表明，中唐、晚唐、五代到宋初敦煌僧人有饮酒习俗，并且有学者认为这是藏传佛教与汉传佛教的区别之一[11]。这种说法似乎有点勉强。吐蕃佛教只是佛教在吐蕃传

---

〔1〕黄颢：《敦煌吐蕃佛教的特点》，藏族史论文集编写组：《藏族史论文集》，第202页。

〔2〕王尧：《西藏文史考信集》，北京：中国藏学出版社，1994年，第17—33页。

〔3〕王尧：《西藏文史考信集》，第32页。

〔4〕黄明信、东主才让：《敦煌藏文写卷〈大乘无量寿宗要经〉及其汉文本之研究》，《中国藏学》1994年第2期；[日]藤枝晃：《吐蕃统治时期的敦煌》（下），《长江文明》第11辑。

〔5〕王尧：《西藏文史考信集》，第32页；荣新江《归义军史研究》，上海：上海古籍出版社，1996年，第269页。

〔6〕高楠顺次郎、渡边海旭：《大正新修大藏经》第30册，《瑜伽部上》卷1579《瑜伽师地论》，大正一切经刊行会，1934年印行。

〔7〕李方桂著，吴昭瑾、林英津译、梅祖麟校订：《敦煌的汉藏词汇表》，李方桂：《藏汉语论文集》，北京：清华大学出版社，2012年，第395页。

〔8〕沙武田：《敦煌吐蕃译经三藏法师法成功德窟考》，《中国藏学》2008年第3期。

〔9〕方广锠辑校：《敦煌佛教经录辑校》，南京：江苏古籍出版社，1997年，第445页。

〔10〕黄颢：《唐代汉藏文化交流》，中央民族学院藏学研究所：《藏学研究文集》，第200页。

〔11〕杨富学、许娜等：《鄯善敦煌僧尼饮酒习俗考析》，郑炳林、樊锦诗等编：《敦煌佛教与禅宗讨论会文集》，西安：三秦出版社，2007年，第612页。

播的启蒙阶段[1]，藏传佛教的真正出现是在10世纪末。吐蕃信仰佛教的僧人也不是以不遵守佛教戒律为传统的，如拉钦贡巴饶赛跟随藏、约、玛三位僧人所学习的吐蕃佛教就是律藏，充分说明吐蕃僧人中也有严守戒律的。吐蕃佛教贵族僧人受生活习俗影响喜欢饮酒，汉传佛教持戒不严的僧人对于破戒饮酒也是乐而为之，况且当时的戒律也不是所有僧侣都能严格遵行的，也不是所有的宗派都提倡的。中国禅宗发展到慧能和神秀时，"慧能与神秀弟子，还都是戒、禅合一。但到八世纪下半世纪，道一、希迁、无住，都只专提'见本性为禅'了"[2]。"中国禅宗是以'内在超越'为特征的。佛教作为一种宗教自有其弘扬教义的经典，一套固定的仪式，必须遵守的戒律和礼拜的对象等等。但自慧能以后的中国禅宗把上述一切外在的东西都抛弃了，既不要念经，也不要持戒，没有什么仪式需要遵守，更不要去崇拜什么偶像，甚至连出家也成为没有必要的了，成佛达到涅槃境界只能靠自己一心的觉悟，即所谓'一念觉，即佛；一念迷，即众生'。这就是说，人成佛达到超越的境界完全在其内在本心的作用。"[3]在唐代，岭南地区"间有一二僧人，喜拥妇食肉"，表明不守佛教戒律的行为依然存在[4]。吐蕃僧人作为敦煌佛教僧团的管理者尚且饮酒，一般僧人何乐而不为。另有研究表明，敦煌僧人还存在娶妻生子的现象，且这种现象也不是敦煌一地所特有，"从吐蕃占领时期开始到北宋，敦煌僧人亦有娶妻生子者，与岭南、蜀地、汴京皆有僧人娶妻之事相比，并不特别令人乍舌"[5]。宋太祖建隆二年（961）闰三月，开封府皇建院僧辉文等因携妇人酣饮传舍，为其党所告，逮捕按验得实，太祖即下诏"开封府集众杖杀皇建院僧辉文，僧录琼隐等十七人各决杖配流"[6]。况且敦煌流行的是汉传佛教禅宗，因此说不守戒律的现象并不是吐蕃僧人所特有的。

朗达玛的灭佛措施迫使一些僧人不得不逃离家乡。吐蕃禅僧[7]藏·饶赛、约·格

〔1〕 索南才让：《唐代佛教对吐蕃佛教的影响》，《西藏民族学院学报》2008 年第 5 期；黄颢：《唐代汉藏文化交流》，中央民族学院藏学研究所：《藏学研究文集》，第 198、196 页。

〔2〕 印顺：《中国禅宗史》，南昌：江西人民出版社，1999 年，第 26 页。

〔3〕 印顺：《中国禅宗史》，序言第 2 页汤一介语。

〔4〕 （唐）房千里：《投荒杂录》，见（明）陶宗仪：《说郛三种》第 4 册，上海：上海古籍出版社，1988 年，第 1107 页 "南中僧" 条，转引自李正宇：《晚唐至宋敦煌听许僧人娶妻生子》，郑炳林、樊锦诗等编：《敦煌佛教与禅宗讨论会文集》，第 13 页。

〔5〕 李正宇：《晚唐至宋敦煌听许僧人娶妻生子》，郑炳林、樊锦诗等编：《敦煌佛教与禅宗讨论会文集》，第 13 页。

〔6〕 （宋）李焘撰：《续资治通鉴长编》卷二，第 2 册，北京：中华书局，1995 年，第 42 页。

〔7〕 蒲文成：《河湟地区藏传佛教的历史变迁》，《青海社会科学》2000 年第 6 期。

迥、玛·释迦牟尼三僧就是在这种条件下来到了河湟地区[1]。有研究认为河湟地区地处边鄙之地，朗达玛灭佛没有波及这里，使得河湟地区拥有较好的佛教基础，不过研究者没有说明是汉传佛教还是藏传佛教基础，但是根据研究者相关研究的文意应该说的是藏传佛教基础。然而在没有受到朗达玛灭佛影响的河湟地区，三僧似乎并未遇见信奉佛教的吐蕃僧人，这也说明吐蕃佛教并未影响到河湟地区。而河湟地区的佛教基础实际上是由摩诃衍传承的禅宗基础[2]，以及敦煌的禅宗和律宗传承[3]。根据拉钦贡巴饶赛（831—915）在今化隆受比丘戒时（851，唐宣宗大中五年）邀请两名汉僧的事实[4]，我们可以得出结论："第一，朗达玛灭佛以后，出逃到多麦、多康地区的吐蕃僧人数量是极少的，至少是具有授戒和传教资格的高僧数量是有限的；第二，吐蕃佛教也没有在河湟流域造就具有授戒和传教资格的高僧；第三，在藏传佛教史作者笔下，拉钦贡巴饶赛应是河湟地区皈依佛教第一人。这是因为虽然朗达玛灭佛事件没有波及河湟地区，但三僧在河湟地区数年，似乎没有遇见信佛的吐蕃人，直到拉钦贡巴饶赛皈依佛教。同时也说明了吐蕃移民受汉传佛教的影响已经开始接受佛教了，也说明了在此之前信奉苯教的吐蕃移民尚未接受佛教。"[5]有资料表明当时敦煌有来自廓州寺院的僧人[6]，廓州寺院应该就是法讲寺[7]，而法讲寺是一座汉传佛教寺院。这些僧人应该是吐蕃派往河湟地区管理僧团的吐蕃僧人。"自称为顿悟的瑜伽人"[8]，在藏传佛教史家笔下不是吐蕃佛教正宗。

另外，笔者查阅现代有关敦煌佛教研究的文章，虽然有许多吐蕃密教经典以及壁画的存在，并且是公开传播的，但"从敦煌遗存看，汉人仍比较注重汉密，特别是唐代高僧所译的密典，汉传密教的图像在敦煌仍居于主导地位"。"敦煌的名僧中始终未发现有密宗高僧。""整个敦煌的密教仍停留在以信仰为主的层面。""敦煌密教状况是与唐代大乘思想、密教结合流行的潮流是一致的。吐蕃时期的敦煌，密教尚未走到宗派阶

---

〔1〕 智观巴·贡却乎丹巴绕吉著，吴均等译：《安多政教史》，第22页。

〔2〕 张亚莎：《吐蕃时期的禅宗传承》，《西藏民族学院学报》2004年第1期。

〔3〕 姜伯勤：《敦煌毗尼藏主考》，《敦煌研究》1993年第3期。

〔4〕 恰白·次旦平措等著，陈庆英等译：《西藏通史——松石宝串》，拉萨：西藏社会科学院、《中国西藏》杂志社、西藏古籍出版社联合出版，1996年，第248页。

〔5〕 张虽旺、王启龙：《试论宋代河湟地区佛教的发展》，《西北民族大学学报》2014年第6期。

〔6〕 陶玛斯：《关于新疆之吐蕃文献集》，转引自黄颢：《敦煌吐蕃佛教的特点》，藏族史论文编写组：《藏族史论文集》，第206页。

〔7〕 后文有论述。

〔8〕 恰白·次旦平措等著，陈庆英等译：《西藏通史——松石宝串》，第249页。

段,仍是与其他大乘思想一同在信众中流行。"[1]敦煌"吐蕃时期的密教以汉地密教为主"[2]。另据日本学者前田正名的研究,河西沙州的僧侣有汉人和西域人,文中没有提到有吐蕃僧人[3]。这不能不说明一个问题,即在佛教中心敦煌,在吐蕃占领期间,虽然发现有藏文佛教典籍,但却少有吐蕃人信仰佛教。这是由于吐蕃王朝只有王室和贵族大臣信仰佛教[4],抄写佛经是吐蕃统治敦煌时期兴佛的重点之一。敦煌的每所寺院都设有抄经的"经坊"[5],吐蕃佛教典籍只有作为信佛、崇佛的功德之一的写经在贵族的主持下相当盛行,《无量寿宗要经》就写了数千部。汉族及其他民族民众生活在吐蕃的统治下,在抄经、写经方面必然要用汉藏两种文字抄写,而其传播却是有限的。研究表明抄经生主要是汉僧或世俗民众,也有其他民族的抄经生,也有部分吐蕃人[6]。"敦煌《龙兴寺藏经目录》告诉我们,吐蕃统治时期,敦煌的佛教大藏经仍然依据《大唐内典录》来组织和管理"[7],也说明了吐蕃佛教在敦煌的影响有限。F·W托马斯在研究中列举了一些经院大师,也发现有古藏文历史文献记录了用汉藏文抄经的盛况[8]。黄维忠在《8—9世纪藏文发愿文研究——以敦煌藏文发愿文为中心》[9]一书中对藏文发愿文的研究,发现我们也只看到吐蕃贵族、地方官员的发愿文,却看不到吐蕃世俗民众的影子。可见对于信仰苯教的吐蕃世俗民众来说,他们并没有接受佛教,更何况远离佛教中心的河湟地区。再者,三僧所携带的是律藏方面的经典。律藏音译毗奈耶藏、毗尼藏,为各种戒律的合集[10]。吴均即称拉钦所传为严守戒律的拉钦学派[11]。宋代藏族唃厮啰政权时期的吐蕃移民后裔修炼佛法时不守戒律的现象,也说明了藏传佛教律藏影响

〔1〕 赵晓星:《吐蕃统治敦煌时期的密教特点和定位——吐蕃统治敦煌时期的密教研究之一》,《边疆考古研究》第5辑。

〔2〕 赵晓星、寇甲:《吐蕃统治敦煌时期的密教源流与艺术风格——吐蕃统治敦煌时期的密教研究之三》,《敦煌学辑刊》2007年第4期,第289页。

〔3〕 [日]前田正名著,陈俊谋译:《河西历史地理学研究》,北京:中国藏学出版社,1993年,第257—264页。

〔4〕 石硕:《青藏高原的历史与文明》,第245页;黄文焕:《河西吐蕃文书简述》,《文物》1978年第12期。

〔5〕 张延清:《简析敦煌古藏文经卷的抄写年代》,郑炳林、樊锦诗等编:《敦煌佛教与禅宗学术讨论会文集》,第514、515页。

〔6〕 黄文焕:《河西吐蕃文书简述》,《文物》1978年第12期;黄明信、东主才让:《敦煌藏文写卷〈大乘无量寿宗要经〉及其汉文本之研究》,《中国藏学》1994年第2期;褚俊杰:《敦煌古藏文本〈盘若心经〉研究》,王尧编:《中国民族古文字研究》(第三集);索南:《英藏藏文敦煌文献〈普贤行愿王经〉及相关问题研究》,《西藏研究》2013年第6期。

〔7〕 方广锠辑校:《敦煌佛教经录辑校》,第445页。

〔8〕 F·W托马斯编著,刘忠、杨铭译注:《敦煌西域古藏文社会历史文献》,第65—69、73—74页。

〔9〕 黄维忠:《8—9世纪藏文发愿文研究——以敦煌藏文发愿文为中心》,北京:民族出版社,2007年。

〔10〕 陈兵编:《新编佛教辞典》,北京:中国世界语出版社,1994年,第334页。

〔11〕 吴均:《论拉钦贡巴饶赛》,《青海师范大学学报》1990年第1期。

的有限。《岷州广仁禅院碑》记载："其人多知佛而不知戒，故妻子具而淫杀不止，口腹纵而晕酤不厌。"[1]可见吐蕃佛教在河湟地区吐蕃部落民众影响之微弱。拉钦的六名弟子曾因授戒师不足的原因还被称为"康地的六名假僧人"[2]，这一事件也说明吐蕃佛教影响的有限性。

《西藏通史》说藏·饶赛、约·格迥、玛·释迦牟尼三僧到达多麦时人们惊惶、诧异的表现，在很大程度上也可说明当地人民（三僧所到的地方应该是信奉苯教的吐蕃后裔居住区）对佛教还是敬而远之的。也可能是信奉苯教的吐蕃后裔尚对赤松德赞驱逐苯教徒一事心存恐惧。既然朗达玛灭佛并未波及河湟地区，这里的人们遇见僧人就惊慌地逃跑就使人感到莫名其妙了。

拉钦贡巴饶赛受戒以后，试图进藏学法的计划失败（罗列赫在其《青史》英译本第64页注释说："似乎有些奇怪，刚刚发生灭佛事件之后，格哇色居然要去前藏。"[3]），说明了他跟随受禅宗影响的僧人学法的可能性较大。即使是跟随藏族僧人学法[4]，其所学佛法的地域也应深受禅宗影响。拉钦贡巴饶赛54岁（一说49岁[5]）时返回丹底寺，"到了丹底寺后发现这里有许多自称为顿悟的瑜伽人，这些人不做善事，专行相悖于佛教之恶行，为了阻止邪见，修建了众多的庙宇和佛塔"[6]。修建众多的庙宇和佛塔需要一定财力的支持，而当时河湟地区刚经过吐蕃分裂后论恐热和尚思罗、尚婢婢之间的混战以及嗢末起义的创伤，在尚未信奉佛教的吐蕃人中集聚财力建造众多的寺庙和佛塔似乎是不可能的。由此这许多"顿悟的瑜伽人"应该是河湟地区修炼禅宗的吐蕃僧人。藏、约、玛三僧来到河湟地区多年竟然没有遇见"顿悟的瑜伽人"实在令人不解。研究表明，拉钦之时，丹斗寺只是一个佛教道场，并无寺院建筑[7]。

从拉钦贡巴饶赛受戒学法的过程来看，在有深厚汉传佛教基础的河湟地区，吐蕃佛

---

〔1〕 张维：《陇右金石录》卷三，甘肃省文献征集委员会校印，1943年，第37—39页。
〔2〕 达仓宗巴·班觉桑布著，陈庆英译：《汉藏史集》，拉萨：西藏人民出版社，1986年，第126页。
〔3〕 转引自管·宣奴贝著，王启龙、还克加译，王启龙校注：《青史》（足本，第一部），北京：中国社会科学出版社，2012年，第73页注6。
〔4〕 恰白·次旦平措等著，陈庆英等译：《西藏通史——松石宝串》，第249页；智观巴·贡却乎丹巴绕吉著，吴均等译：《安多政教史》，第23页。
〔5〕 蒲文成：《青海佛教史》，西宁：青海人民出版社，2001年，第26页。
〔6〕 恰白·次旦平措等著，陈庆英等译：《西藏通史——松石宝串》，第248页。
〔7〕 黎宗华：《河湟古刹白马寺》，《青海民族学院学报》1987年第4期；蒲文成主编：《甘青藏传佛教寺院》，西宁：青海人民出版社，1990年，第110—111页；索南才让：《藏传佛教后弘期下路律法发祥地——丹斗寺》，《群文天地》2011年第12期。

教对河湟地区的影响是微乎其微的。即使有影响也以掺杂大量汉传佛教禅宗的影响为主,况且"吐蕃佛教伊始就与汉地佛教紧密相关"[1]。研究认为拉钦贡巴饶赛到过"北部甘州木雅西夏人地方,拜果戒森格札为师,习修律藏。获得四部律典"[2]。木雅即党项,又称弥药。甘州即今张掖,唐代内迁党项人时并未将其迁往甘州[3]。据《旧五代史》卷一三八《回鹘传》载:唐会昌年间,回鹘"余众西奔,归于吐蕃,吐蕃处之甘州"[4]。吐蕃处之于甘州,说明当时甘州为吐蕃所据,才能把归附于它的回鹘人安置在甘州辖区之内。拉钦贡巴饶赛于公元851年受比丘戒,此时甘州已在归义军统治之下,甘州已是回鹘人居住地[5]。虽然甘州居住有少数吐蕃人[6],由于此时吐蕃边将混战,公元850年,鄯廓八州遭到论恐热的劫掠[7]。如前所述,佛教中心沙州尚且少有吐蕃僧人,何况甘州。归义军起义时对当地吐蕃统治阶层及僧团的打击也很大,因此拉钦贡巴饶赛北去甘州学法一事就让人产生怀疑。"公元940年(应为880年),公巴饶萨四十九岁时返回故里,定居丹笛,广建神殿佛塔,传教弘法,先后收巴贡·益希雍仲、仲·益希坚参、粗·喜饶却等著名弟子十余人(一说六人)。"[8]"喇钦的6名高足弟子之一的巴贡意希雍仲给仲意希坚赞授戒。仲意希坚赞给卫藏十人授戒。"[9]

鲁梅等人于公元978年(宋太宗太平兴国三年)受戒出家时[10],仍有汉僧作尊证师[11]。可见,吐蕃移民的后代所接受的佛教以汉传佛教的影响为主。

今青海省平安县境内的白马寺(古称玛藏岩寺)以及今化隆县境内的丹斗寺(亦称丹底寺)的洞窟壁画的残存,都具有宋代的风格[12]。"宋代的风格"给人造成了所指不明

〔1〕黄颢:《唐代汉藏文化交流》,中央民族学院藏学研究所编:《藏学研究文集》,第198页。
〔2〕恰白·次旦平措等著,陈庆英等译:《西藏通史——松石宝串》,第249页;蒲文成:《青海佛教史》,第26页。
〔3〕周伟洲:《唐代党项》,西安:三秦出版社,1988年;汤开建:《隋唐时期党项部落迁徙考》,《暨南学报》1994年第1期。
〔4〕(宋)薛居正等撰:《旧五代史》卷一三八《吐蕃传》,北京:中华书局,1976版,第1841页。
〔5〕林幹、高自厚:《回纥史》,包头:内蒙古人民出版社,1994年,第181页。
〔6〕[日]前田正名著,陈俊谋译:《河西历史地理学研究》,第472页。
〔7〕荣新江:《归义军史研究》,第7—8页。
〔8〕蒲文成:《关于西藏佛教前后弘期历史年代分歧》,《西藏研究》1982年第3期。
〔9〕东噶·洛桑赤列著,陈庆英译:《论西藏政教合一制度》,北京:中国藏学出版社,2001年第1版,第27—28页、28页注1。
〔10〕东噶·洛桑赤列著,陈庆英译:《论西藏政教合一制度》,第27—28页。
〔11〕吴均:《论拉勤贡巴饶赛》,《青海师范大学学报》1990年第1期。
〔12〕吴均:《论拉勤贡巴饶赛》,《青海师范大学学报》1990年第1期;索南才让:《藏传佛教下路律法发祥地——丹斗寺》,《群文天地》2011年第12期。

的印象。根据历来敦煌研究者对于敦煌佛教壁画、洞窟的研究时,在著述中明确说明是吐蕃佛教（藏传佛教）或是唐代风格、宋代风格来看,"宋代的风格"应是指汉传佛教的风格。有研究表明河湟地区远离西藏文化中心地带,与"当时西藏本土佛教艺术好像没有发生过直接的接触"[1],因此这里宋代的风格只能指汉传佛教了。

二、唐末五代河湟地区汉传佛教的传播

《重建显庆寺碑记》载:"自佛之来西域也,河湟实为首被教化之地。"[2]经过魏晋南北朝时期佛教发展的影响,佛教在河湟地区已经深入到社会的各个阶层。汤用彤认为隋代佛教史上有两件大事:"一关中兴佛法,一舍利塔之建立。"[3]《法苑珠林》载"右隋代二君四十七年,寺有三千九百八十五所,度僧尼二十三万六千二百人,译经八十二部"[4]。隋朝两代皇帝修建了数千座的寺庙,如果说在河湟地区的西平郡、枹罕郡、金城郡、浇河郡、临洮郡以及河源郡等郡没有修建一座寺庙,似乎是不可能的。炳灵寺石窟第8窟隋代佛像雕塑及供养人壁画可以作为隋代河湟地区汉传佛教发展的证据。今西宁北山寺石窟内中窟内的壁画佛像画也明显具有隋代的风格[5]。

虽然唐代的基本国策是崇奉道教[6],但唐代却是佛教的"盛世"时期。河湟地区的佛教发展也从未停止,有学者对唐代河湟地区的寺院做过不完全统计[7]。据《嘉庆重修一统志》,清时河州尚有"建于唐代"的炳灵寺和万寿寺;兰州有嘉福寺（唐高昌王建时称宝塔寺,俗称木塔寺,元改嘉福寺）[8]和普照寺（唐贞观年间建,又名大佛寺）[9]。据《兰州市志》,唐高祖武德二年（619）兴建有庄严寺。唐代修建的庄严寺、宝塔寺和普照寺三座寺院一直保存下来,金代还重修过普照寺。在今兰州西固西柳沟建有长庆寺,在寺儿沟有万寿寺。在榆中暖泉建有龙泉寺。武则天执政时,可能也修建有大

---

〔1〕 叶拉太:《青海东部丹斗地区藏传佛教的实地考察》,《中国边疆史地研究》2013 年第 3 期。
〔2〕 龚景瀚编、李本源纂修:《循化厅志》卷六 "寺院",台北:台湾成文出版社,1968 年,第 143 页。
〔3〕 汤用彤:《隋唐佛教史稿》,南京:江苏教育出版社,2007 年,第 3 页。
〔4〕 (宋)释道世撰,周叔迦、苏晋仁校注:《法苑珠林》卷一〇〇,第 6 册,北京:中华书局,2003 年,第 2894 页。
〔5〕 赵生琛、谢端琚等著:《青海古代文化》,西宁:青海人民出版社,1986 年,第 158 页。
〔6〕 范文澜:《唐代佛教》,北京:人民出版社,1979 年,第 57 页。
〔7〕 李映辉著:《唐代佛教地理研究》,长沙:湖南大学出版社,2004 年,第 89 页。
〔8〕 《四部丛刊续编》史部《嘉庆重修一统志》第十六册卷二五二,《兰州府》(二)十七页 "寺观",北京:中华书局,1986 年。
〔9〕 《四库全书·甘肃通志》卷一二。

云寺[1]。鄯州龙支县(治所在今青海民和古鄯镇[2])有圣明福德寺(此寺经过吐蕃分裂后的边将混战、嗢末起义,在公元867年,即唐咸通八年还在,说明《资治通鉴》所载公元850年"论恐热大掠河西、鄯、廓等八州,杀其丁壮,剚刖其羸老及妇人,以槊贯婴儿为戏,焚其室庐,五千里间,赤地殆尽"[3]一说过于夸张)。据《敦煌遗书总目索引新编》,在公元867年左右,汉僧释惠菀应该也一直活动在鄯州龙支县的圣明福德寺[4];另据《重建显庆寺碑记》碑文"论古迹必推显庆寺为最远,唐宋时累建高封"的记载,河州显庆寺也应是建于唐代以前[5]。唐贞观年间廓州(今青海贵德)有法讲寺[6]。根据当时许敬宗写的《瑜伽师地论新译序》说"廓州法讲寺沙门道深详证大义"[7]可知,沙门道深既然是参与翻译佛经的高僧,当时法讲寺应该是一座规模不小的寺院。《瑜伽师地论》的翻译在贞观二十一年五月到贞观二十二年五月(647—648),廓州之地于贞观九年(635)才被唐朝征服,根据唐太宗对佛教不予扶持的态度来看[8],我们是否可以推测法讲寺的建造年代早于唐代? 据杨铭对敦煌古藏文历史文献《岱噶玉园会盟寺愿文》的研究和英国F·W托马斯的研究可以确定在青海湖以东今日月山附近,唐蕃双方都修建有寺庙[9]。当时修建的寺庙今已荡然无存,史籍也无记载。所建寺庙是两国为纪念会盟所修,规模当不会小。从当时河湟地区存在的寺院来看,佛教的传播已很广泛。不空曾受河西节度使哥舒翰之请前往河西武威开元寺传播佛法[10],就有"士庶数千人"接受了密教的灌顶仪式[11]。

据《敦煌遗书总目索引新编》,在公元867年左右,汉僧释惠菀应该一直在鄯州龙

---

〔1〕 兰州市地方志编纂委员会:《兰州市志·民族宗教志》,兰州:兰州大学出版社,2007年,第116—117页。

〔2〕 刘满:《凤林津、凤林关位置及其交通路线考》,《敦煌学辑刊》2013年第1期。

〔3〕 (宋)司马光编著,胡三省注:《资治通鉴》卷二四九,第17册,北京:中华书局,1956年,第8044页。

〔4〕 敦煌研究院编:《敦煌遗书总目索引新编》P.4660(24)(39),北京:中华书局,2000年,第321—322页。

〔5〕 (清)龚景瀚编,李本源纂修:《循化厅志》卷六"寺院",第143页。

〔6〕 界明、陈景福:《密宗祖庭大兴善寺》,西安:三秦出版社,2002年,第64页;马祖毅:《中国翻译简史》,北京:中国对外翻译出版公司,2004年,第64页;李军、赵青山:《〈唐五代佛寺辑考〉续补——以敦煌吐鲁番文献为中心》,《西北大学学报》2010年第4期。

〔7〕 马祖毅:《中国翻译简史》,第64页。

〔8〕 汤用彤:《隋唐佛教史稿》,第6—12页。

〔9〕 杨铭:《吐蕃统治敦煌与吐蕃文书研究》,北京:中国藏学出版社,2008年,第160页;F·W托马斯编著,刘忠、杨铭译:《敦煌西域古藏文社会历史文献》,第88页。

〔10〕 高楠顺次郎、渡边海旭:《大正新修大藏经》第55册,《目录部》卷2157《贞元新定释教目录》卷15,第881页b。

〔11〕 高楠顺次郎、渡边海旭:《大正新修大藏经》第50册,《史传部二》卷2061《宋高僧传》卷一,第712页c;[美]斯坦利·威斯坦因著,张煜译:《唐代佛教》,上海:上海古籍出版社,2010年,第59页。

支县的圣明福德寺[1]。释惠菀为沙州僧正,于唐大中五年(851)被加封为京城"临坛大德"[2],唐大中九年(855)三月,当法成在沙州开元寺开讲《瑜伽师地论》时,释惠菀的弟子恒安也在听讲之列[3],说明释惠菀当时尚在沙州,其到龙支圣明福德寺担任主持可能在公元855年之后。据伯希和敦煌文献P.4660(38),释惠菀在担任圣明福德寺主持时曾给阴律伯(离缠)写真仪赞[4]。根据此真仪赞前接P.4986号邀真赞的写作年代为公元890年,可以推定释惠菀可能于公元855年至公元890年之间在圣明福德寺担任主持。

公元978年,鲁梅等十人到丹底寺学法受戒时,"仍有汉僧作尊证师"[5]。宋代吐蕃潘罗支和唃厮啰政权时,佛教在吐蕃移民后裔中逐渐战胜苯教成为较普遍的信仰。

三、宋代河湟地区汉传佛教的继续传播

关于宋代河湟地区佛教的传播状况,《青唐录》和《岷州广仁禅院碑》有简单的记载。宋朝统治者认为河湟居民是"羌戎、戎或蕃"。但研究表明,汉族仍是河湟地区的主要居民,汉僧依然在河湟地区广泛活动[6]。况且唃厮啰政权时期佛教内部并无教派的纷争,佛教的传播仅仅是语言的区别,汉传佛教在河湟流域的继续传播就没有障碍了。

宋代,汉传佛教的传播也从未中断,只是汉文史籍所记仅有河湟地区的几座寺院,而对于佛教发展的规模少有涉及。根据吴均的研究,当鲁梅等十人于公元978年(宋太宗太平兴国三年)到丹底寺学习佛法时,"据说受戒时,仍有汉僧作尊证师"[7],证明了汉传佛教在宋初依然在河湟地区存在。

李远《青唐录》记载:

自墨城西下,坡十余里始得平川,皆沃壤,中有流水,羌多相依水筑屋而居,激

---

〔1〕敦煌研究院编:《敦煌遗书总目索引新编》P.4660(24)(38),P.4986,北京:中华书局,2000年,第321—331页。

〔2〕荣新江:《归义军史研究》,第3页;范文澜著:《唐代佛教》,第276页。

〔3〕荣新江:《归义军史研究》,第3页。

〔4〕敦煌研究院编:《敦煌遗书总目索引新编》P.4660(38),第322页。

〔5〕吴均:《论拉勤贡巴饶赛》,《青海师范大学学报》1990年第1期。

〔6〕刘光华主编,齐建丽著:《甘肃通史(宋夏金元卷)》,兰州:甘肃人民出版社,2009年,第144页。

〔7〕吴均:《论拉勤贡巴饶赛》,《青海师范大学学报》1990年第1期。

流而硙。由平壤中有行三十里至湟州，城周七里，东倚高山，北临宗河桥，西入章峡，上峻岭二十余里至湟，复由小径下十余里，道出峭壁间，萦行曲折，不容并驰，其道断处，凿石为栈，下临湟水，深数百尺，过者寒心。崖壁间多唐人镂字，中途过平地绝广数亩，羌因之卓帐建寺焉。四十里出峡，屈曲下至大川，城川也，长百里，宗河行其中，夹岸皆羌人居，间以松篁，宛如荆楚。[1]

这里的"依水筑屋而居，激流而硙"的"羌"应该是定居的从事农业生产的汉人，"羌因之卓帐建寺"所建的寺院就应该是汉传佛教寺院。

北宋前期有不少汉族僧人西行求法，只是史籍多阙载求法的行程路线。但也有一些文人著作对此有所涉及，如宋人范成大《吴船录》记载，僧继业一行三百人于宋太祖乾德二年（974）西去印度求法的行程和路线如下：

业自阶州出塞西行，由灵武、西凉、甘、肃、瓜、沙等州，入伊吴、高昌、焉耆、于阗、疏勒、大石诸国，度雪岭至布路州国。[2]

从阶州（今甘肃武都）至灵武（灵州）的路线是走岷江、洮河的青海路支道至灵州，就是说继业一行路过河湟地区。继业的求法团队不但在佛教史上，而且在中国古代史上，恐怕也是官派留学生最早、最多的一次[3]。如此庞大的佛教队伍路过河湟地区，其影响一定不小。据顾吉辰考证，北宋宋仁宗以前先后从天竺取经返回的宋僧达140余人[4]。这些僧人的西行路线史籍阙载，也就无从考证。宋真宗咸平五年（1002）三月李继迁攻占灵州以后，阻断了宋与河西及西域的交通，此后西行求法的僧人所走的陆路路线走青海路是选择之一。如宋真宗大中祥符八年（1015），僧继全自西天还，至扬州建塔；僧人怀问等在真宗和仁宗朝时期先后三次去天竺为为皇太后、真宗、仁宗建塔[5]。这些经过河湟地区的僧人也一定在沿途传播汉传佛教。

宋仁宗时期曾对阶州寺院敕牒。嘉祐七年（1062）十二月一日，敕牒阶州福津镇

〔1〕 孙菊园辑：《青唐录辑稿》,《西藏研究》1982年第2期。
〔2〕 （宋）范成大：《吴船录》卷上，转引自顾吉辰：《宋代佛教史稿》，郑州：中州古籍出版社，1993年，第117页。
〔3〕 顾吉辰：《宋代佛教史稿》，第2页。
〔4〕 顾吉辰：《宋代佛教史稿》，第139页。
〔5〕 顾吉辰：《宋代佛教史稿》，第115页。

（今武都）弥陀院为"广严院"和敕牒阶州将利县犀牛江罗汉院（今康县犀牛寺，建于唐昭宗天复年间）为"仁济院"[1]。

宋神宗熙宁元年至熙宁六年（1068—1073）收复河湟的熙河之役，宋朝"修复熙（今临洮）、河（今临夏）、洮（今临潭）、岷（今岷县）、叠（今卓尼）、宕（今宕昌）等州，幅员二千余里，斩获不顺蕃部一万九千余人，招抚大小蕃族三十余万"[2]。之后为了稳定熙河地区的统治，宋朝统治者"以蕃俗佞佛，故以佛事怀柔之""乃敕数州皆建佛寺"。"非中土之教为之开示提防而导其本心，则其精诚直质且不知自有也""必全以中国法教驭之"[3]。可见敕建佛寺的目的是以汉传佛教来规范河湟地区的佛教徒，这也可以看作汉传佛教的再次西进。熙宁五年（1072）十月，在熙州建有"大威德禅院"[4]。熙宁六年（1072）十月，在河州建成"德广禅院"[5]。同年十一月，又在熙州新建"东山禅院"，赐名为"慈云"，以及"东湖禅院"，赐名为"慧日"[6]。神宗元丰七年（1084）八月，在岷州建有"广仁禅院"[7]。岷州长道县骨谷（清代长道县属西和州）的广福院[8]也应是熙河之役之后所建。宋所建造的这些寺院都是汉传佛教寺院，如"广仁禅院"首任主持是汉僧海渊。海渊是岷州长道县（今甘肃陇南西和县长道镇）僧人，居长道县之骨谷，海渊被宋廷派往岷州主持修建广仁禅院，"其道信于一方，远近归慕者众"[9]，得到了"人大归信"[10]的声誉。海渊在宋朝对熙河地区的羁縻怀柔政策中起到了一定的作用，以至于陕府西路转运使王钦臣评价其"既能信其众，又能必其成，复能知其终，必以示后皆非苟且者"[11]，足见汉传佛教影响之一斑。

僧智缘到河湟地区虽然是为宋朝的羁縻怀柔政策而去，但作为僧人，在与蕃僧结吴叱腊等人的接触中[12]，势必会论及佛教，可谓以佛会友。

北宋时期，河湟僧人有向宋朝乞赐紫衣、师号的行为，这种行为无疑也是河湟佛教

[1] 张维：《陇右金石录》，兰州：甘肃省文献征集委员会校印，1943年，卷三，第33—34页；卷四，第21页。
[2] （宋）王安石撰：《临川先生文集》，卷五六，《表·百寮贺复熙河路表》。
[3] 张维：《陇右金石录》，卷三，第37—39页。
[4] （宋）李焘撰：《续资治通鉴长编》卷二三九，第17册，北京：中华书局，1995年，第5809页。
[5] （宋）李焘撰：《续资治通鉴长编》卷二四八，第17册，第6021页。
[6] 刘建丽：《宋代吐蕃风俗述略》，《西北民族研究》1988年第2期。
[7] 张维：《陇右金石录》，卷三，第37—39页。
[8] 《宋会要辑稿》二〇〇册《道释》之三。
[9] 张维：《陇右金石录》，卷三，第37页。
[10] 张维：《陇右金石录》，卷三，第37页。
[11] 张维：《陇右金石录》，卷三，第38页。
[12] （元）脱脱等撰：《宋史》卷四六二《智缘传》，第39册，北京：中华书局，1977年，第13524页。

僧人对中原汉传佛教的认可,是汉传佛教对河湟佛教产生影响的反映。北宋朝廷对河湟僧人赐予紫衣、师号是政府主导下的行为,是宋朝对河湟政策的一部分。日本学者岩崎力认为:"在宋朝时期,紫衣和师号是根据需要赐给非汉人的,特别是出于安抚的目的,根据特殊政体与宋朝之间的关系而赐予的。所涉及的僧人也不必是颇有名望的僧人。"[1]这种看法有点片面,宋朝也曾对汉僧赐紫衣、师号来奖励汉僧[2]。《续资治通鉴长编》载有宋仁宗庆历二年(1042)二月赐予渭州僧人紫衣、师号:

> 乙巳,赐渭州崆洞山慧明院主赐紫僧法淳号志护大师,法涣、法深、法汾并赐紫衣,行者云来等悉度为僧。[3]

宋朝赐予河湟僧人紫衣、师号的行为史籍有载。据刘建丽统计,宋朝对河西陇右、河湟吐蕃僧侣赐紫衣的行为有十三次[4],其中多数是对河湟吐蕃僧侣赐予紫衣、师号。如《续资治通鉴长编》载宋真宗大中祥符八年(1015)赐紫衣、师号的记载:

> 玮又言,泾原路蕃僧哩硕琳布齐(仁波且)等四人乞赐紫方袍、师号,诏从其请。[5]

司马光《涑水纪闻》载:

> 诏唃厮啰前妻赐紫衣、师号及法名。[6]

北宋对河湟僧侣赐紫衣、师号的行为一直持续到北宋后期,《续资治通鉴长编》载元符二年(1099)闰九月庚辰:

〔1〕岩崎力著,李德龙译:《北宋时期河西的藏族部落与佛教》,陈庆英、耿昇等编《国外藏学研究译文集》第13辑,拉萨:西藏人民出版社,1997年,第63页。
〔2〕刘建丽:《宋代西北吐蕃研究》,兰州:甘肃文化出版社,1998年,第371页。
〔3〕(宋)李焘撰:《续资治通鉴长编》卷一三八,北京:中华书局,1985年,第3328页。
〔4〕刘建丽:《宋代西北吐蕃研究》,第372页。
〔5〕(宋)李焘撰:《续资治通鉴长编》卷八四,第1917—1918页。
〔6〕(宋)司马光撰:《涑水纪闻》卷一二,《宋元笔记小说大观》第一集,上海:上海古籍出版社,2001年,第897页。

熙河路奏,乞降空名宣扎一百五十,紫衣师号牒一百,以备新羌。从之。[1]

北宋以后,西夏与金分治河湟,而西夏与金的佛教政策也都对其境内的汉传佛教传播给予支持,因此汉传佛教在河湟地区的传播从未中断过。

四、宋代河湟地区的佛教

《青唐录》记载了唃厮啰政权青唐城的寺院建筑情况:

城之西有青唐水注宗河,水西平远建佛祠,广五六里,缭以冈垣,屋至千余楹,为大象,以黄金涂其身,又为浮屠三十级以护之。阿里骨敛民作是像,民始离。吐蕃重僧,有大事必集僧决之,僧触法无不免者,城中之屋,佛舍半,维国主殿及佛舍以瓦,余号主之宫室亦土覆之。[2]

宋《岷州广仁禅院碑》载:

西羌之俗,自知佛教,每计其部人之多寡,推择其可奉佛者使为之,其诵贝叶傍行之书,虽侏离鴃舌之不可辩,其音琅然如千丈之水赴壑而不知止。又有秋冬间,聚粮不出,安坐于庐室之中,日坐禅,是其心岂无情粹识理者,但世莫知之耳。虽然其人多知佛而不知戒,故妻子具而淫杀不止,口腹纵而荤酣不厌,非中土之教为之开示提防而导其本心,则其精诚直质且不知自有也。[3]

史料反映了青唐城佛教寺院建设的规模和唃厮啰政权时期河湟流域吐蕃部落民众在信仰佛教上不遵守戒律的事实,然而不守戒律却不是他们独有的现象,在敦煌的汉传佛教也有此种现象。据郑炳林研究:"晚唐五代敦煌僧人不遵守戒条违反戒规不是一种个案,而是一种普遍现象。佛教教团或者寺院对于僧人的限定也只是在例行的法会活动

---

〔1〕 (宋)李焘撰:《续资治通鉴长编》卷五一六,北京:中华书局,1993年,第12275页。
〔2〕 孙菊园辑:《青唐录辑稿》,《西藏研究》1982年第2期。
〔3〕 汤开建:《宋〈岷州广仁禅院碑〉浅探》,《西藏研究》1987年第1期。

中，重提旧条，避免在正式场合出现违规现象。"[1]

关于藏传佛教后弘期开始的年代，笔者倾向于公元978年[2]一说，即公元978年拉钦的弟子鲁梅等将河湟佛教传播到卫藏地区。那么，河湟流域用藏语传播的佛教始于何时？依据藏文史籍的记载，我们认为是从拉钦贡巴饶赛开始的。拉钦贡巴饶赛一家信奉苯教的历史事实[3]说明了吐蕃佛教影响的微弱。而当时吐谷浑人和汉人是信奉佛教的[4]。生活在佛教盛行地区的拉钦贡巴饶赛对佛教没有了解是不可能的。

宋代河湟地区的佛教归属至今尚无定论[5]。根据《新编佛教辞典》和《佛教文化辞典》[6]对藏传佛教和藏语系佛教的解释，唃厮啰政权时期的佛教也在一定程度上符合定义的内容。然而河湟地区佛教是藏传佛教后弘期的发源地之一，吐蕃佛教又几乎没有影响，因此，就无法归入藏传佛教教派之内。但是，宋代河湟流域藏族民众中传播的佛教是用藏语传播的事实是毋庸置疑的，因此我们可以称其为河湟佛教。

宋代河湟地区吐蕃部落民众普遍信奉佛教一事在学界已达成共识，但河湟人所信奉的佛教归入藏传佛教范畴还是属于汉传佛教的范畴，由于史料的缺乏，目前在学界有三种观点：一是认为河湟吐蕃部落信奉的佛教应归入藏传佛教范畴，但受汉传佛教禅宗影响[7]；另一种观点说河湟吐蕃部落佛教受藏、汉两地佛教的影响且具有自己的特点[8]。从两种观点来看，认为其受汉传佛教禅宗的影响倒是一致的。另有一种观点认为吐蕃时期的佛教文化分为卫藏、敦煌、宗哥三种态势。卫藏地区主要接受印度佛教；敦煌佛教以法成系统为主；宗哥佛教是由摩诃衍传承的藏人的禅宗传承——善知识传承[9]。而据李尚全的研究，法成也是摩诃衍的弟子[10]，那么敦煌

〔1〕 郑炳林、魏迎春：《晚唐五代敦煌佛教教团的戒律和清规》，《敦煌学辑刊》2004 年第 2 期。

〔2〕 张虽旺、王启龙：《试论宋代河湟地区佛教的发展》，《西北民族大学学报》2014 年第 6 期。

〔3〕 恰白·次旦平措等著，陈庆英等译：《西藏通史——松石宝串》，第 248 页。

〔4〕 周伟洲：《吐谷浑史》，桂林：广西师范大学出版社，1983 年，第 129 页。

〔5〕 浦文成：《青海佛教史》，第 36 页。

〔6〕 陈兵编著：《新编佛教辞典》，北京：中国世界语出版社，1994 年，第 2、7 页；任道斌主编：《佛教文化辞典》，杭州：浙江古籍出版社，1991 年，第 26 页。

〔7〕 祝启源：《唃厮啰——宋代藏族政权》，第 272、279 页；蒲文成：《青海佛教史》，第 37 页；吴均：《论拉钦贡巴饶赛》，《青海师范大学学报》1990 年第 1 期；秦永章：《唃厮啰政权中的政教合一制统治》，《青海民族学院学报》1988 年第 1 期；朱普选：《宋代藏传佛教及其在青海的传播》，《青海民族学院学报》2008 年第 4 期。

〔8〕 刘建丽：《宋代吐蕃风俗述略》，《西北民族研究》1988 年第 2 期；汤开建：《宋〈岷州广仁禅院碑〉浅探》，《西藏研究》1987 年第 1 期。

〔9〕 张亚莎：《吐蕃时期的禅宗传承》，《西藏民族学院学报》2004 年第 1 期；冲本克己著，李德龙译：《敦煌出土的藏文禅宗文献的内容》，王尧编：《国外藏学研究译文集》第 8 辑，第 216 页。

〔10〕 李尚全：《洪辩禅师行迹考》，《社会科学战线》2010 年第 3 期。

法成系统当属禅宗系统无疑。由此可见吐蕃时期的佛教文化可以分成两个系统即卫藏系统（吐蕃佛教）和敦煌、宗哥的禅宗系统。而从藏族佛教史作者笔下以及赤德松赞时期的"顿渐之辩"的结果来看，卫藏佛教才是吐蕃佛教的正宗。据张亚莎的研究，吐蕃人虚空藏禅师是摩诃衍的弟子，他将汉地禅宗吐蕃化，创建了大瑜伽派[1]。而虚空藏禅师的弟子布·益西央对大瑜伽派的理论加以整理。两人最后坐化的地点都是安琼南宗（今贵德）。三人在公元790年至840年之间在宗哥一带活动，使禅宗得以流行[2]。此说如果成立，就解决了藏文史籍所载的拉钦贡巴饶赛返回丹底寺后，发现河湟地区"有许多自称为顿悟的瑜伽人"[3]的来历。"顿悟的瑜伽人"指的应是吐蕃移民后裔，而非河湟地区的其他居民。拉钦的弟子巴贡雍仲即属于"顿悟的瑜伽人"，后"跟随拉钦学习律藏中的戒律，认识到了过去顿悟做法的错误，悔改后授了比丘戒"[4]。而宋代河湟信奉佛教的僧人却是不守戒律的，就是说严守戒律的拉钦学派在河湟吐蕃人中也无多少影响。因此，笔者以为宋代河湟吐蕃部落民众所信奉的佛教无法归入吐蕃佛教的范畴。拉钦戒律学派的存在，在藏传佛教史作者笔下只是为了说明吐蕃佛教发展到藏传佛教的连续性，并可将其上溯到松赞干布时期。而汉传佛教久已传播，吐蕃人信仰佛教以后，又增加了在吐蕃人中流行的用藏语传播的禅宗佛教。吴均认为五代时期"河陇地区原吐蕃移民与当地诸属部以及嗢末部后裔、党项、吐谷浑、突厥、回纥诸族部及近百万汉族人民交错杂居，互相依存，走向融合发展的道路"[5]。可见河湟地区的汉人还是占多数，因此，宋代河湟吐蕃部落民众所信奉的佛教可以部分地归入汉传佛教禅宗的范畴。然而其又有独自的特点：如藏汉双语都是佛教语言，所诵经籍是贝叶傍行，修行方式是不守戒律。因此我们可以称之为禅宗系统的宋代河湟佛教。在熙河之役后，汉传佛教在宋朝所敕建寺院的熙、河、兰、会、阶、岷等州广为传播，则是明确的汉传佛教范畴。

北宋朝廷控制河湟地区以后，通过借助佛教、广建佛寺、重用僧侣来达到对河湟地区控制。同时汉僧也在这一地区不断活动[6]。

---

〔1〕《"大瑜伽"与密教的"大瑜伽"没有直接联系》，木村隆德著，李德龙译：《敦煌出土藏文禅宗文献的性质》，陈庆英、耿昇等：《国外藏学研究译文集》第12辑，拉萨：西藏人民出版社，1995年，第101页。

〔2〕张亚莎：《吐蕃时期的禅宗传承》，《西藏民族学院学报》2004年第1期。

〔3〕恰白·次旦平措等著，陈庆英等译：《西藏通史——松石宝串》，第249页。

〔4〕恰白·次旦平措等著，陈庆英等译：《西藏通史——松石宝串》，第249页。

〔5〕吴均：《论拉勤贡巴饶赛》，《青海师范大学学报》1990年第1期。

〔6〕刘光华主编，齐建丽著：《甘肃通史（宋夏金元卷）》，第144页。

西夏、金分治河湟地区时期可分而论之。金朝的佛教管理政策基本沿袭了唐、宋的僧官体制，金熙宗皇统八年至金世宗大定十三年(1148—1173)，在解州(今山西省运城县西南)天宁寺雕刻汉文大藏经，即后世所谓的《赵城藏》(也称《金版大藏经》)。在金统治河湟区域内的藏、汉人中的佛教传播也在继续进行。西夏的统治者对佛教也极为推崇[1]。噶举派和萨迦派的教法就是在仁孝时期进入西夏王国的。《贤者喜宴》对西藏佛教噶玛噶举派进入西夏也有记载。王尧先生考证了西夏黑水桥碑立于1176年，碑刻藏文"文字已经规范，绝少不合正字法的书例"[2]，说明了藏文文字改革后的藏族文化在西夏的影响。然而藏传佛教噶举派和萨迦派在西夏后期传入西夏，此时距西夏灭亡仅四十余年，河湟地区又处于西夏边鄙之地，西夏又值多事之秋，根据藏传佛教在元代开始在河湟地区传播的历史事实[3]，可以认为受藏传佛教影响的西夏佛教对河湟地区并未产生影响。

南宋高宗绍兴二十九年(1159)，噶丹巴·得协(1122—1192)在康区建成"康区第一座寺庙"[4]即噶陀寺，在此传播藏传佛教宁玛派教法。据史籍记载此派教法并未影响至河湟地区。

根据蒲文成等的研究，藏传佛教开始在河湟地区传播已经是在宋末元初，最早的传播者是学经于萨迦派的西纳格西。笔者在《元代河湟地区的藏传佛教》[5]一文中认为西纳格西并未在河湟地区传播萨迦派教法。噶当派在河湟地区传播是在元末，1349年顿珠仁钦(1309—1385)在今化隆县查甫乡修建夏琼寺开始。1359年，应元顺帝召请，噶玛噶举派黑帽系四世活佛乳必多杰(1240—1383)路经青海时，才为宗喀巴授近事戒。见于史籍记载的河湟地区早期噶举派寺院是于1392年由三罗喇嘛(? —1414，法名桑杰扎西)修建的瞿昙寺[6]。

结　语

处于"汉藏黄金桥"紧要位置的河湟地区是后弘期藏传佛教的发源地之一。现代研究一般笼统地将宋代河湟地区佛教归为藏传佛教，或者说受汉传佛教和藏传佛教影

〔1〕 史金波：《西夏佛教史略》，银川：宁夏人民出版社，1988年，第41页。
〔2〕 王尧：《西夏黑水桥碑考补》，《中央民族学院学报》1978年第1期。
〔3〕 张虽旺、王启龙：《元代河湟地区的藏传佛教》，《西北民族大学学报》2015年第5期。
〔4〕 蒲文成：《青海佛教史》，第38页。
〔5〕 张虽旺、王启龙：《元代河湟地区的藏传佛教》，《西北民族大学学报》2015年第5期。
〔6〕 蒲文成：《藏传佛教诸派在青海的早期传播及其改宗》，《西藏研究》1990年第2期。

响。针对宋代河湟地区佛教的归属问题，由于史料的限制，一直以来缺乏深入的研究。吴均、蒲文成和黄奋生等将唃厮啰时期的佛教归入藏传佛教"旧派"宁玛派[1]，却没有给出具体的史料加以解释说明。笔者以为将河湟佛教归入宁玛派范畴不够确切。首先，在藏传佛教史家笔下，拉钦贡巴饶赛为河湟吐蕃人接受佛教第一人，在此之前，尚无吐蕃人信奉吐蕃佛教。藏、饶、赛三僧所带来的是吐蕃佛教律藏，而非宁玛派的典籍，自然也就没有旧派"宁玛派"的传承和教法可言。而河湟地区的佛教来源是汉传佛教禅宗。其次，吐蕃佛教的发展主要在卫地，"佛教流行也主要限于贵族、大臣等社会统治者上层之间"[2]。吐蕃佛教在河湟地区产生影响的是律藏。第三，宁玛派形成教派规模始于大素尔·释迦炯乃（1002—1062，又称乌巴隆巴），他把宁玛派教法做了整理，并且创建了宁玛派的第一座寺院——乌巴隆寺，宁玛派开始有一定规模[3]。而河湟吐蕃部落早在宋真宗大中祥符七年（1008）李立遵就拥立唃厮啰。唃厮啰于宋仁宗明道元年（1032）底迁居青唐城后，就已经兴建佛教建筑，河湟地区佛教已经极繁盛。第四，河湟吐蕃僧人娶妻、饮酒等不守戒律的现象并非吐蕃佛教僧人所独有的现象，"从吐蕃占领时期开始到北宋，敦煌僧人亦有娶妻生子者，与岭南、蜀地、汴京皆有僧人娶妻之事相比，并不特别令人咋舌"[4]。唐末五代时期，吐蕃佛教对河湟地区既影响微弱，而藏传佛教后弘期的各个教派尚未形成，因此，宋代河湟地区佛教归入藏传佛教范畴就无证据可言。

笔者通过对宋代唃厮啰政权时期及北宋、西夏和金时期在河湟地区传播的佛教来源进行分析，认为宋代河湟地区的佛教来源以禅宗为主。河湟佛教的发展以两种不同的方式进行：一是汉传佛教在继续传播；另一传播方式是在吐蕃后裔中用藏语传播的，深受汉传佛教禅宗影响的却不同于藏传佛教的佛教发展道路。据此，我们可以将宋时河湟地区盛传的佛教称为"河湟佛教"更为恰当。藏传佛教在河湟地区的初传是在元代，至明末清初，由于受到中央政府的大力扶持，藏传佛教在河湟地区的传播达到了黄金时期，藏传佛教逐渐成为河湟地区信仰佛教民众的主要信仰。

---

〔1〕 吴均：《论拉钦贡巴饶赛》，《青海师范大学学报》1990 年第 1 期；蒲文成：《青海佛教史》，第 37 页；黄奋生：《藏族史略》，北京：民族出版社，1985 年，第 171 页；秦永章：《唃厮啰政权中的政教合一制统治》，《青海民族学院学报》1988 年第 1 期。

〔2〕 石硕：《达磨灭佛对佛教在藏区传播趋势的影响》，《中国藏学》1996 年第 2 期；同氏：《青藏高原的历史与文明》，第 245 页。

〔3〕 达尔查·琼达：《藏传佛教宁玛派》，拉萨：西藏人民出版社，2007 年，第 27 页。

〔4〕 李正宇：《晚唐至宋敦煌听许僧人娶妻生子》，郑炳林、樊锦诗等主编：《敦煌佛教与禅宗讨论会论文集》，第 13 页。

唃厮啰主政时期河湟吐蕃与西夏关系考述

魏玉贵（才让扎西）

提要： 整个11世纪，在古老的中华大地上连番上演着或南北（宋与契丹、唃厮啰与西夏等）或东西（宋与西夏、宋与唃厮啰等）的彼此征伐，不同生产方式（主要是农耕文明与游牧文明之间）导致的一系列矛盾——特别是经济发展不平衡导致各政权间的贸易失衡，并由此引发了一系列的政治、军事冲突。由于史料特别是可以信赖的史料严重缺乏，以至于研究西夏和唃厮啰困难重重，至今西夏和唃厮啰的历史链条缺失颇多。本文尽力集合散见于各史料中的片言只语，对唃厮啰执政时期的河湟吐蕃与西夏政权的关系略作考述，以期在具体史实上略补阙疑。

关键词： 唃厮啰　河湟吐蕃　西夏　青唐

在六谷部吐蕃政权衰微之际，散处于河湟地区的吐蕃各部落也正在寻找相互联合与结盟的有利时机，以便应付外来西夏、回鹘、契丹等强大势力的侵袭。而河湟地区自唐末以来，由于未遭受大规模战争的袭击和破坏，其政治环境相对较为安宁和平稳。这种政治态势为河湟吐蕃政权的兴起创造了有利条件，同时也为河湟地区吐蕃各部落的大联盟提供了有利时机。六谷部吐蕃联盟政权崩溃以后，其首领厮铎督率领手下残部投奔于宗哥族[1]的唃厮啰部。在此历史背景下，以宗哥族为基础发展起来的河湟地区吐蕃大联盟政权的势力得到空前发展和壮大。宋仁宗明道二年（1032），由其大首领唃厮啰正式建政于青唐（今西宁市夏都大街一带），自此，开始了其独掌政权的唃厮啰王国时期。

与此同时，恰逢西夏开国皇帝李元昊即位，并积极准备称帝建国的特殊历史时期。西夏为了扫除其南下入侵中原之障碍，解除来自其西部边境唃厮啰势力之威胁，以扩大其疆域，便在占领凉州、甘州、瓜州、沙州等整个河西走廊地区的基础上，大力推行其以军事扩张为主的外交政策。在与宋朝相抗衡的同时还欲将其西部之唃厮啰政权吞并，

---

[1]　宗哥族，在李焘《续资治通鉴长编》中写作"总噶尔族"，最初隶属于西凉府六谷部吐蕃联盟，后来随着其势力的发展，便从六谷部中分裂出来，走上了独立发展的道路。因其居住在宗哥河也即宗喀（tsong kha）（今湟水流域）地区而得名。唃厮啰政权就是在宗哥族的基础上建立和发展起来的。

并以此作为侵宋的后方基地。为此，元昊首先选准了处于西夏侧背的唃厮啰作为其军事扩张的第一站，企图一举歼灭之，进而吞并整个河湟地区，并以此为中心，进一步壮大自身军事势力，更好地与大宋王朝相对抗，为其南下入侵中原打下坚实基础。经过前期的一系列军事准备，河湟吐蕃与西夏的战争一触即发，并于宋仁宗景祐二年（1035）正式拉开了帷幕。

一、青唐城之战

西夏统治者李元昊乘唃厮啰迁都青唐立足未稳之际，于宋仁宗景祐二年（1035）大举进军青唐城，向以唃厮啰为首的河湟吐蕃各部发起军事攻击。是年，"元昊遣其大将公苏奴儿（索诺尔）将兵两万五千攻打唃厮啰"[1]，欲一举攻下青唐城，解除其后方的军事威胁，以达到饮马于河湟地区之目的。而对唃厮啰政权而言，此次战役的胜败直接关乎着其政权和民族存亡的命运，其重要性不言而喻。而唃厮啰作为最高领导者在面对这种突如其来的军事进攻时则表现得十分沉稳。在西夏大军逼近青唐城时，唃厮啰调兵遣将，组织武装力量进行殊死抵抗，双方激战于位于青唐城北部的牦牛城（今大通县毛家寨一带）[2]。由于唃厮啰部众上下一心，加上其军事力量占据绝对优势，故而有效地抵御了西夏大军的进攻，夏军"败死略尽，苏奴儿被执"[3]。李元昊得知西夏兵败的消息后大为震惊，对惨败之事并不服气。翌年，他亲率大军再度进军青唐，攻打牦牛城[4]。面对西夏大军咄咄逼人的进攻态势，唃厮啰深知不能坐以待毙，于是，他再度统领大军反

---

〔1〕（元）脱脱等撰：《宋史》卷四八五，《夏国传上》，北京：中华书局点校本，1977 年，第 13994 页；又见李焘：《续资治通鉴长编》卷一一七，宋仁宗景祐二年十二月壬子条记；戴锡章撰，罗矛昆校点：《西夏纪》卷六，银川：宁夏人民出版社，1988 年，第 151 页；张鉴编撰，龚世俊等校注：《西夏纪事本末》卷八，《青唐构怨》，兰州：甘肃文化出版社，1998 年，第 55 页；吴广成：《西夏书事》卷一一，见《续修四库全书》，上海：上海古籍出版社，1996 年，第 382—383 页。

〔2〕关于牦牛城的具体位置，学术界看法不一，大致有两种说法：其一认为是在今大通县新城乡旧城；其二认为是在今西宁市北部大通回族土族自治县南部北川河东岸的毛家寨一带。但是迄今为止，后者占主导地位。根据《宋史·地理志》之记载，其最初称为牦牛城，在宋徽宗崇宁三年（1104），改为宣威城。其地东至绥边砦四十里；西至宁西州界三十五里；南至西宁州界二十五里；北至南宗岭九十里。

〔3〕（元）脱脱等撰：《宋史》卷四八五，《夏国传上》，第 13994 页；又见李焘：《续资治通鉴长编》卷一一七，宋仁宗景祐二年十二月壬子条记；戴锡章撰，罗矛昆校点：《西夏纪》卷六，第 151 页；张鉴编撰，龚世俊等校注：《西夏纪事本末》卷八，《青唐构怨》，第 56 页；吴广成：《西夏书事》卷一一，见《续修四库全书》，第 383 页；（宋）彭百川撰：《太平治迹统类》卷七，《康定元昊扰边》，适园丛书本。

〔4〕同上注。

击西夏的进攻。由于唃厮啰在青唐保卫战的初战大捷，其士兵士气十分高涨，加上唃厮啰突出的军事指挥才能，故而成功坚守牦牛城长达一月之久[1]，其间夏军未能踏足牦牛城半步。牦牛城久攻不下，李元昊深知仅靠武力获胜的可能性不太大，因而他一改往日单纯军事进攻的战争策略，转而向唃厮啰使用计谋。他声言欲与唃厮啰修好，唃厮啰在未知其底细情况下便贸然同意与其议和，并随即下令打开城门，迎接夏军到来，中了李元昊诈和之计，最终败于西夏，牦牛城也随之陷落[2]。李元昊率军进入牦牛城以后，烧杀抢掠，无恶不作，以泄其愤，严重扰乱了牦牛城内广大吐蕃民众的正常生活秩序，同时也使吐蕃人民的生命财产受到了严重威胁。西夏大军在攻占牦牛城后不久，旋即又领兵攻打"青唐（今西宁市）、安二（互助县高寨）、宗哥（今平安县）、带星岭[3]诸城池"[4]。

这一时期，唃厮啰由于牦牛城战争失利，军事力量大为削弱，不足以再与西夏大军相抗衡，但是西夏军队却并未有罢兵之心。面对这种来势凶猛的军事态势，唃厮啰作为河湟地区吐蕃大首领而言，必然要担负起保家卫国的重要责任。然而，唃厮啰基于其军队势力已大不如西夏兵力强大之考虑，加之唃厮啰在对牦牛城之战中被西夏大军大败的惨痛经验教训，使得唃厮啰对西夏兵力作出了全面的分析和总结，不敢再像过去那样贸然率军反击夏军。当元昊亲率大军进逼青唐城时，唃厮啰采取"壁鄯州（今西宁市）[5]不

---

〔1〕（元）脱脱等撰：《宋史》卷四八五，《夏国传上》，第13994页；又见李焘：《续资治通鉴长编》卷一一七，宋仁宗景祐二年十二月壬子条记；戴锡章撰，罗矛昆校点：《西夏纪》卷六，第151页；张鉴编撰、龚世俊等校注：《西夏纪事本末》卷八，《青唐构怨》，第56页；吴广成：《西夏书事》卷一一，见《续修四库全书》，第383页；（宋）彭百川撰：《太平治迹统类》卷七，《康定元昊扰边》，适园丛书本。

〔2〕关于牦牛城陷落之时间，各史籍记载都不一致。《宋史·夏国传》《西夏纪》《西夏纪事本末》均载其为景祐二年（1035）。《续资治通鉴长编》记载为景祐二年十二月壬子。《西夏书事》载为明道二年九月，实误。《长编》的史料价值相对较高，据其记载，元昊攻打牦牛城长达一月之久。以此推算，牦牛城陷落和被夏军血洗的时间应定为景祐三年（1036）初较为合适。

〔3〕关于带星岭的具体位置，学术界尚无一致看法。据祝启源考证，认为很可能是在《西宁府新志》卷四《地理山川》西宁县条中所记载的星岭，可能大致位于今大通县长宁镇一带。

〔4〕戴锡章编撰，罗矛昆校点：《西夏纪》卷六，第151页；又见李焘：《续资治通鉴长编》卷一一七，宋仁宗景祐二年十二月壬子条记；（元）脱脱等撰：《宋史》卷四八五，《夏国传上》，第13994页；吴广成：《西夏书事》卷一二，见《续修四库全书》，第385页；张鉴编撰，龚世俊等人校注：《西夏纪事本末》卷八，《青唐构怨》，第56页；彭百川撰：《太平治迹统类》卷七，《康定元昊扰边》，适园丛书本。

〔5〕鄯州，即今之西宁市。本为陇右道和陇右节度使治所，建于北魏孝昌二年（526），起初的治所在今青海省乐都县。唐朝灭亡后，曾被吐蕃和党项民族先后占据，宋神宗熙宁年间被北宋收复。宋哲宗元符二年（1099），复建为鄯州，并将其治所移置于今西宁市，仍然隶属于陇右节度使；宋徽宗崇宁三年（1104），改为西宁州。《太平寰宇记》载其地曰："其东南至东京三千一百六十九里；东南至西京二千七百四十九里；东至长安一千九百九十三里；东至兰州广武县一百一十三里；南至廓州一百八十里；西至青海三百七十里；北至凉州昌松县南界一百四十三里；东至河州凤林县故城二百八十里。"

出，避而不战"的军事策略[1]，企图实现拖垮和消耗夏军兵力的军事目的。李元昊对唃厮啰"避而不战"的军事策略大为恼火，于是，不仅加大军事力量攻击青唐城，而且还扩大了军事进攻的地域范围。经过约两百多天的城寨争夺战，最终于景祐三年（1036）五月十五日[2]，一举攻下唃厮啰首都青唐城，唃厮啰也被迫退居邈川[3]。西夏虽然最终成功占据了青唐城，但也为此付出了惨重的代价，夏军在攻打青唐等城寨时，由于受到河湟吐蕃各族部众的顽强抵抗而变得疲惫不堪，加之此时恰逢河湟吐蕃地区饥馑，西夏军粮来源受限，后勤补给没有保障，致使其大部分士兵饿死，战斗力已经大为减弱。

在此背景下，退居邈川城的唃厮啰计划乘机反攻西夏以夺回青唐城。唃厮啰首先派遣侦察人员探察夏军虚实，同时又派大将安子罗亲率吐蕃大军切断夏军退路。当唃厮啰侦知夏军在宗哥河中插入旗帜标示河水深浅，作为其战败后渡宗哥河而归的标志之事后，便立即遣人将插入浅水中的旗帜移至深水处，以误夏军，并欲借助宗哥河水将夏军全部淹死。如史载："元昊已渡河，插帜志其浅，唃厮啰潜使人移植深处以误元昊。"[4]待到唃厮啰大败元昊，西夏大军借宗哥河之便逃奔时，其"士视帜渡，溺死十八九，所卤获甚众"[5]。唃厮啰通过这一奇计彻底打败了西夏大军，使"元昊遂不敢窥其境"[6]。这次青唐城之役历时长达三百余日[7]，最终以西夏大败宣告结束。这次青唐城保卫战，虽然使唃厮啰王朝的军事实力和河湟吐蕃民众的生命财产遭受了巨大损失，但它却成功地捍卫了新兴的唃厮啰吐蕃政权。通过这次战役，唃厮啰个人的军事威望得到了空前的提升，他本人不仅在吐蕃民众心目中，而且在周邻各族民众心目中已然成为

〔1〕（元）脱脱等撰：《宋史》卷四九二，《吐蕃传》，第14161页。

〔2〕参看崔永红、张得祖、杜常顺主编：《青海通史》，西宁：青海人民出版社，1999年，第221页。关于西夏攻占青唐城之事迹，史籍多无明确之记载。

〔3〕邈川，应为吐蕃统治时期的行政建制，是宋代乐州之旧称，宋哲宗元符改为湟州，宋徽宗宣和二年又改为乐州。《宋史·地理志》记其地东至把拶宗六十里；西至龙支城界六十里；南至来羌城界一百四十里；北至界首赊兀岭一百一十里。关于其具体位置，据吴均先生考证，应该位于今天青海省民和县县治川口镇一带。参看吴均：《论邈川、宗哥、安儿三城及省章、安儿、青唐三峡的位置》，《吴均藏学文集》，北京：中国藏学出版社，2007年，第517页。据《宋史》之记载，笔者也比较同意吴均先生的观点。

〔4〕（元）脱脱等撰：《宋史》卷四九二，《吐蕃传》，第14161页；又见李焘：《续资治通鉴长编》卷一一七，宋仁宗景祐二年十二月壬子条记；吴广成：《西夏书事》卷一二，见《续修四库全书》，第386页；张鉴编撰，龚世俊等校注：《西夏纪事本末》卷八，《青唐构怨》，第56页；马端临：《文献通考》卷三三五，《四裔考十二》，万有文库十通本；曾巩撰：《隆平集》卷二〇，台湾影印文渊阁本；彭百川撰：《太平治迹统类》卷七，《康定元昊扰边》，适园丛书本。

〔5〕同上。

〔6〕（元）脱脱等撰：《宋史》卷四九二，《吐蕃传》，第14161页；又见戴锡章撰、罗矛昆校点：《西夏纪》，第152页；吴广成：《西夏书事》卷一二，第386页。

〔7〕（宋）李焘：《续资治通鉴长编》卷一一七，宋仁宗景祐二年十二月壬子条记。祝启源在其《青唐盛衰》一书中认为长达二百余日。可见是接近一年。

英雄；同时，唃厮啰政权在吐蕃及其周边各族中的影响得以加强。可以说，青唐之捷，彻底打破了西北地区自宋初以来由西夏党项族独霸一隅的政治格局，确立了西北地区由唃厮啰吐蕃政权与西夏两股强大政治势力相互对峙，三股势力鼎足而立的新兴政治格局。

二、兰州城争夺战及其西夏外交政策的调整

唃厮啰与北宋军事联盟关系的确立，并未从根本上阻止西夏对河湟流域唃厮啰的进攻计划。自唃厮啰迁都青唐以来，西夏的势力就不断伸向河湟唃厮啰地区。西夏统治者欲乘唃厮啰迁都立足未稳之际，将其一举吞灭，以解其南下中原、攻打宋朝的后顾之忧，同时也想借此拓展西夏的领土，达到"饮马湟泉"的政治目的，为其称帝建国做准备。面对西夏大军的不断寇扰，以唃厮啰为首的吐蕃各族并未坐以待毙，反倒是大规模组织武装力量，动用全部军事力量予以殊死抵抗。唃厮啰建政以后，鉴于西夏军事力量强盛，宋夏关系紧张的政治形势，为巩固和发展新生的政权，唃厮啰不得不开始谋求新的发展出路。面对北宋和西夏两股强大政治集团的窥伺，唃厮啰深知，必须要选择依附于其中一股势力，与之结成同盟合作关系，方能起到维护和巩固唃厮啰政权的作用。在这种情况下，唃厮啰权衡利弊后便制定出"联宋抗夏"的军事战略决策，这一决策一直贯穿于整个唃厮啰王朝。后来的历史证明，该决策无疑是正确的。

夏主李元昊即位后，鉴于过去西凉府六谷部吐蕃军事力量微弱被一举攻破的历史因素，将河湟唃厮啰与之一并看待，过低估计了唃厮啰的军事实力，认为它不足以对抗西夏。于是，西夏旋即大举用兵河湟唃厮啰。但是，自青唐之役大败后，西夏统治者对以唃厮啰为首的河淖叶蕃各族的军事实力和地位有了较为清楚和全面的认识。青唐城战争失利的经验教训，尤其是三川口战争的失败，迫使元昊对其军事政策进行了全面调整。元昊将其军事政策由单纯的军事打击和武力征服转为剿抚并用、恩威兼施、分化瓦解，企图联合与唃厮啰有矛盾的吐蕃各部共同夹击唃厮啰，以期实现削弱唃厮啰实力的政治目的。李元昊在攻占河西走廊全境后，"欲南侵，恐厮啰制其后"[1]，于是乘机再度率军南下进攻兰州吐蕃诸部。西夏大庆元年（1036），元昊在击败兰州及其附近地区的

---

[1] （元）脱脱等撰：《宋史》卷四九二，《吐蕃传》，第 13994 页。

吐蕃各部后，又亲率大军沿阿干河"南侵至马衔山，筑路瓦蹉凡川会，留兵镇守，以绝吐蕃与中国相通路"[1]。此后，西夏便派军长期驻于北宋与唃厮啰相互往来的交通要道瓦川和会川一带。这样一来，唃厮啰与宋朝双方间在政治、经济和军事上的友好往来与联系随之被阻断。对西夏而言，这就实现了隔绝蕃宋军事联系、打破双方军事联盟的政治夙愿。从唃厮啰方面来讲，此役后，唃厮啰便失去了其盟友北宋在军事上的援助，终因得不到及时的军事援助而陷入孤立无援的不利处境。

而唃厮啰不利的政治处境却给西夏寇略河湟吐蕃以可乘之机。元昊以分化、诱降和离间的政治手段，对河湟吐蕃各部加以分化与瓦解，企图分化和削弱唃厮啰的军事力量。元昊具体采用了两步走的战略方针：一方面，他采用离间计，挑起唃厮啰家族的内部矛盾。唃厮啰一生娶有三位妻子，其中前两位均是其第一任大相李立遵之女[2]，而后一位则是其第二位大相邈川大首领温逋奇之女[3]。唃厮啰被迎立至河湟地区后，时任大相的李立遵为了巩固其大相地位，曾先后将自己的两位女儿嫁予赞普唃厮啰，并育有瞎毡（董毡）和毛毡角（磨毡角）二子[4]。三都谷战役以后，李立遵与唃厮啰的关系彻底决裂。唃厮啰为壮大自己的势力，巩固自身政治地位，便与有着雄厚势力的乔氏家族联姻。唃厮啰娶乔氏后，其夫人李氏遂与之发生后宫争斗，最终导致唃厮啰家族内部矛盾重重，家族成员之间关系日趋冷淡，整个唃厮啰家族内部随之陷入

---

〔1〕（宋）李焘：《续资治通鉴长编》卷一一九，景祐元年十二月辛未条记；又见戴锡章撰，罗矛昆点校：《西夏纪》卷六，第157页；张鉴撰、龚世俊等校点：《西夏纪事本末》卷六，《青唐构怨》，第56页；吴广成：《西夏书事》卷一二，第388页；李埴撰：《皇宋十朝纲要》卷五，《仁宗》，东方学会印本；周春：《西夏书》，列传卷之四，《外国传》，见《续修四库全书》，上海：上海古籍出版社，1996年，第665页；魏泰撰：《东轩笔录》卷三，北京：中华书局点校本，1983年，第33页。关于瓦蹉凡川会，各史籍记载不一致。大致看来，应该是瓦川和会川两个地方，《长编》当误。（元）脱脱等撰：《宋史》卷四八五，《夏国传上》，第13994页。

〔2〕关于唃厮啰前两位妻子的记载，各史籍均不尽一致。《宋史》卷四九二，《吐蕃传》《西夏书事》《西夏书》《乐全集》卷二二和《梦溪笔谈》卷二五都载："其二妻皆是李立遵之女。"《长编》卷八七、《文献通考》卷三三五《四裔考十二》和《宋会要辑稿·蕃夷四之七》皆载其二女均为李立遵之侄女。《太平治迹统类》卷一六中认为其二位妻子均是李立遵之妹。学术界一般公认为是李立遵之女。

〔3〕唃厮啰的第三位妻子，姓乔氏，实为居住于历精城的吐蕃大族乔家族之后。当唃厮啰与李立遵决裂，迁居到邈川之后，便与之结婚，以联姻的方式得到乔家族的支持，以图壮大自己的势力。乔氏育有一子，也即董毡，乃唃厮啰政权的第二代国主。《长编》称其为"董毡"。

〔4〕（元）脱脱等撰：《宋史》卷四九二，《吐蕃传》，第14165页；又见李焘：《续资治通鉴长编》卷一一九，宋仁宗景祐三年十二月辛未条记；曾巩撰：《隆平集》卷二〇，见《文渊阁四库全书本》，台北"故宫博物院"藏本，第371卷，第200页；张方平：《乐全集》卷二二，《奏第二状》，见《文渊阁四库全书》，台北"故宫博物院"藏本，第1104卷，第218页；沈括：《梦溪笔谈》卷二二，见《文渊阁四库全书本》，台北"故宫博物院"藏本，第862卷，第851页。关于瞎毡与毛毡角的出生问题，史籍记载基本一致，均认为是唃厮啰长妻李氏之子。戴锡章撰，罗矛昆校点：《西夏纪》卷六，第157页；吴广成：《西夏书事》卷一二，第388页。

了分裂和松散的境地。李立遵与唃厮啰彻底决裂后,不久便死去。唃厮啰鉴于李立遵叛乱的经验教训,对其两位女儿(唃厮啰之妻李氏)自然怀有痛恨之情,而李氏也终因失去政治靠山而被唃厮啰所抛弃。在这种形势下,唃厮啰抛弃了与李氏昔日夫妻之情,将其"斥为尼,置廓州,并禁锢其子瞎毡"[1]。后来,李氏在其子(磨毡角)和母党李巴全等人的多方营救下偷偷逃奔于宗哥一带居住。这样一来,唃厮啰昔日强大的军事力量也就随之大为削弱。而后,唃厮啰家族内部矛盾重重,"唃厮啰不能制,磨毡角因抚有其众"[2],加之其母和哥哥被囚禁的缘故,磨毡角遂与唃厮啰完全决裂,走上了独立发展之路,最终与唃厮啰分庭抗礼。这样,唃厮啰政权的统治基础便发生了动摇。与此同时,瞎毡奔走于凫谷(今甘肃榆中县),长期占据河州[3],并与唃厮啰分道扬镳,走上了相互对抗的道路。自此,唃厮啰政权分裂,致使唃厮啰军事势力受到了前所未有的削弱,这在客观上为西夏进一步进犯河湟创造了条件。在此情况下,元昊决议要以唃厮啰家族内部矛盾为突破点,利用唃厮啰与二子之间的内讧关系,乘机对其进行分化与瓦解,达到弱化唃厮啰政权势力的目的。为此,元昊派遣亲信携带重金贿赂瞎毡和磨毡角两位吐蕃首领,并离间二子以叛唃厮啰,史载"元昊闻斯赉二子怨其父,因以重赂间之"[4]。

另一方面,元昊又派遣使者前往邈川,联络邈川大酋一声金龙[5],共同攻击唃厮啰。一声金龙为邈川大首领温逋奇(bon po che)[6]之子。曾因父亲温逋奇被唃厮啰斩杀之故,与唃厮啰有不共戴天之仇。双方间一直处于一种不稳定的政治状态,一声金龙一直

〔1〕(元)脱脱等撰:《宋史》卷四九二,《吐蕃传》,第14163页;又见李焘:《续资治通鉴长编》卷一一九,宋仁宗景祐三年十二月辛未条记;彭百川撰:《太平治迹统类》卷一六,适园丛书本;沈括撰:《梦溪笔谈》卷二五,第851页。
〔2〕同上注。关于磨毡角居住之地,各史籍记载也不尽一致。《宋史·吐蕃传》《乐全集》《隆平集》和《太平治迹统类》皆认为是宗哥。《长编》和《梦溪笔谈》都认为是邈川。
〔3〕(宋)李焘:《续资治通鉴长编》卷一一九,景祐三年十二月辛未条记;另见张方平撰:《乐全集》卷二二,《奏第二状》,第218页;沈括:《梦溪笔谈》卷二二,第851页。以上史籍均载董毡奔走之地在河州。而彭百川撰:《太平治迹统类》卷一六和曾巩撰:《隆平集》卷二〇却载:"瞎毡居河州合龙谷(凫谷)。"齐德舜在《唃厮啰家族世系史》一书中认为,瞎毡应居住在凫谷,其子木征时期,由木征迁居至河州。
〔4〕(宋)李焘:《续资治通鉴长编》卷一一九,宋仁宗景祐三年十二月壬子条记;又见戴锡章撰,罗矛昆校点:《西夏纪》,第157页;吴广成:《西夏书事》卷一二,第338页。
〔5〕"一声金龙",《长编》称为"伊实龙噜或温纳木扎尔颖沁",《宋史》称为"温讷至郢成",徐松:《宋会要辑稿》称"温讷至郢成四",《乐全集》称"郢成俞龙"。现今学术界一般统称为"一声金龙"。
〔6〕"温逋奇",《长编》称"温布且",是邈川吐蕃大首领,同时也是唃厮啰政权的第二任论逋(大相),后因叛乱被唃厮啰所杀。据刘建丽考证,其应属于湟州吐蕃大族亚斯家族。其居住区域为河州之北,西接董毡,南距黄河勺家族,东界拶家族,北邻夏国,所居至河州四驿。管辖有二十八部族,有兵约六万四千人。

不听命于唃厮啰的调遣，独以邈川为基地发展自己的势力，并时常引兵攻击青唐唃厮啰。元昊对一声金龙与唃厮啰之间的仇恨和矛盾了如指掌，他以唃厮啰杀死温逋奇为由，离间一声金龙叛离唃厮啰，并以政治官爵为诱饵，引诱金龙及邈川吐蕃诸酋豪归附西夏，企图借邈川吐蕃之力更好地攻击唃厮啰。而一声金龙也因其父被杀之故，早有归附西夏，借西夏强大军事之力替父报仇之心。于是，双方结成了政治上的盟友关系。元昊遣使前往邈川一声金龙处，并乘机以"重赂间之，且阴诱诸豪"[1]。一声金龙为父报仇心切，遂率众万余归附元昊[2]。对于一声金龙的归降，元昊十分欢迎。而一声金龙为表示归附的忠心，将自己的亲生女儿嫁给元昊之子宁令哥为妻，以结姻缘，史载"乃与昊贼结姻，复纳女于元昊宁令伪号梁王者"[3]。这次联姻，使唃厮啰的军事实力受到了空前的削弱与分化，对于唃厮啰本人也产生了不可低估的影响，"厮啰常忧祸发肘腋，意益衰怯"[4]。

唃厮啰家族内部分裂，加之邈川吐蕃一声金龙的反叛，致使唃厮啰政权受到严重的军事威胁。前有瞎毡和磨毡角与之分庭抗礼，今又面临一声金龙联合夏军进取青唐之势。在这种内忧外患的政治情势下，唃厮啰政权陷入来自三方势力的重重包围之中，其势也就随之日趋衰弱。唃厮啰本人也终因"势蹙，更与乔氏自总噶尔西徙哩沁城"[5]，以避政治锋芒。至此，元昊的企图联合董毡和一声金龙夹击唃厮啰，从而分化和瓦解河湟唃厮啰军事实力的政治目的初见成效。

三、河湟等地争夺战

唃厮啰西徙历精城（哩沁城[6]）后，其部下乘唃厮啰政权内讧之机，纷纷叛离。宋仁

---

〔1〕（宋）李焘：《续资治通鉴长编》卷一一九，宋仁宗宝元元年（1038）十二月癸酉条记。

〔2〕祝启源：《青唐盛衰——唃厮啰政权研究》，西宁：青海人民出版社，2010年，第315页；又见《祝启源藏学研究文集》，北京：中国藏学出版社，2002年，第109页；杜建录：《西夏与周边民族关系史》，兰州：甘肃文化出版社，1995年，第145页。

〔3〕（宋）李焘：《续资治通鉴长编》卷一一九，宋仁宗景祐三年十二月辛未条记，又见同书卷一二三，仁宗庆历元年六月己亥条记；另见张鉴撰，龚世俊等校点：《西夏纪事本末》卷六，《青唐构怨》，第57页；周春撰：《西夏书》列传卷之四，《外国传》，见《续修四库全书》，上海：上海古籍出版社，1996年，第665页。

〔4〕（清）张鉴撰：《西夏纪事本末》卷六，《青唐构怨》，第57页。

〔5〕（宋）李焘：《续资治通鉴长编》卷一一九，仁宗宝元元年十二月癸酉条记；另见戴锡章撰，罗矛昆校点：《西夏纪》卷六，第157页；吴广成：《西夏书事》卷一二，第338页。

〔6〕历精城，《长编》称作"哩沁城、林擒城、林金城"。据《宋史》卷八七，《地理志》载：其地域在"东至汤厮甘二十里，西至厮哥罗川一百里，南至京鹏岭二十里，北至金谷崄四十里"。

宗嘉祐三年(1058),其属下"擦罗部阿作等叛厮啰归凉祚"[1]。凉祚帝大悦,并遣大臣没藏讹庞予以负责具体事宜。讹庞奉命按照首领级别和威望大小,均授予不同的官职。此时,西夏王朝由于母族没藏氏的专权,国内政治大为动乱。凉祚皇帝因不满周岁即位,致使皇权旁落于母族没藏讹庞之手。时任西夏王朝国相的没藏讹庞由于手中权力的增大而变得骄奢淫逸,专恣跋扈,为所欲为。史载其"出入仪卫拟于王者"[2],并且还揽朝政大权,诛杀任情,臣民皆惧之[3]。没藏讹庞飞扬跋扈的政治行为使逐渐长大的凉祚帝无法容忍。因此,双方间出现了政治裂痕,最终使双方友好的甥舅关系彻底破裂,矛盾也日趋激烈和尖锐化。

在此背景下,凉祚帝于公元1059年诛杀了没藏讹庞,并将其余党一并诛杀,彻底结束了由母族没藏氏统治西夏的历史局面。凉祚帝诛灭没藏氏的势力后,开始亲政。凉祚亲政后,出于扩大西夏王朝统治疆域,解除用兵中原后顾之忧的目的,继续推行进军河湟地区的军事扩张政策。恰逢此时唃厮啰部下擦罗等部族叛附于西夏,迎合了西夏入侵河湟吐蕃的军事心理。所以,凉祚便乘机令其为向导,提兵西进,寇略河湟各地。面对夏军的步步进逼,唃厮啰及时组织强大的军事力量予以顽强的抵抗,最终打败夏军,"获酋豪六人,收橐驼战马颇众"[4],迫使夏军退出河湟,同时还降服了此次参战的党项大族"隆博、哩恭、玛颜克三大族"[5]。此后,唃厮啰变被动为主动,乘胜率军主动进击夏军,并取得了一系列的胜利。然就在唃厮啰连连获胜、得意洋洋之时,适逢契丹皇帝耶律洪基遣使"送女妻其少子董毡,乃罢兵归"[6]。实际上,此次辽蕃联姻是建立在双方共同抗击西夏的政治目的之上的。西夏李元昊称帝建国以后,夏辽关系亦随之恶化。西夏为进一步拓展领土,在辽国的边境地带屡挑事端。辽国为遏制西夏势力的东向发展,采取了联合周边回鹘等强大政治势力,抵御夏军的军事战略政策。其中,就有唃厮啰。而此时的河湟唃厮啰也正处于西夏大军的不断入侵之中。凉祚亲政后,继承其父元昊时期的军事扩张政策,对位于其西北地区的河湟唃厮

[1] (元)脱脱等撰:《宋史》卷四九二,《吐蕃传》,第14162页;李焘撰:《续资治通鉴长编》卷一八八载:"先是,嘉勒斯赉、纳克垒、阿布尔等叛归夏国。"
[2] (清)吴广成:《西夏书事》卷一六,见《续修四库全书》,第441页。
[3] 李范文主编:《西夏通史》,北京:人民出版社、银川:宁夏人民出版社,2005年,第222页。
[4] (元)脱脱等撰:《宋史》卷四九二,《吐蕃传》,第14163页。另见李焘:《续资治通鉴长编》卷一八八,宋仁宗嘉祐三年九月乙亥条记。
[5] 同上注。
[6] 同上注。

啰也同样屡挑事端,并多次主动发起战争。于是,"河湟吐蕃为了自身的安全,必然要借辽夏交恶之际,结好辽朝以增加对抗西夏的军事砝码"[1]。基于双方高度的政治利益关系,辽、蕃间达成了政治上的共识,并以政治联姻为纽带,促成了双方军事联盟关系的达成。为了遏制西夏,辽乘机对吐蕃加以笼络,遂不远万里将公主下嫁河湟[2],企图实现争取唃厮啰为其军事盟友的政治夙愿。为了与辽国结盟,也不想破坏双方间的军事合作关系,唃厮啰便放弃对夏的作战,率军返回青唐,为董毡举办婚礼。后来,由于辽国使者的挑唆,致使辽蕃关系一度恶化,甚至反目为仇。西夏乘机再度领兵攻击唃厮啰。

可见,此次河湟之役,以唃厮啰为首的河湟吐蕃取得了绝对的胜利。而夏军的失败是有客观原因的。西夏自景宗元昊即位以来,长期忙于对宋和唃厮啰用兵,凉祚亲政后,更是如此。连年的军事行动致使其军事力量大为削弱,在一定程度上,为其军事上的连续失利埋下了种子。另外,凉祚以唃厮啰旧部作为此次战争的先锋,这一点也是其失败的原因之一。因为擦罗等部族的归附在某种程度上也值得怀疑,或许其归附完全是唃厮啰使用的政治计谋。

四、陇右争夺战

凉祚帝攻打唃厮啰进军河湟的愿望破灭后,他对进取河湟吐蕃的军事政策做了一番新的调整。夏主凉祚一改往日单纯主攻湟水流域吐蕃各部之策,转而重点经营陇右地区吐蕃各部。夏毅宗凉祚在位时期,由于继续推行军事扩张的外交政策,西夏对外树立了许多的政治敌人。这一时期,西夏与北宋、辽国的关系都不太融洽,与河湟唃厮啰的关系也因多次战争而变得很不和谐。面对这种不利的政治处境,凉祚帝并未停止其军事战争,反而继续奉行对外扩张的军事政策。西夏拱化元年(1063),凉祚乘契丹与唃厮啰关系恶化之际,率兵屯古渭州(甘肃陇西),企图侵吞陇右吐蕃诸族,切断河湟吐蕃与陇右吐蕃间的联系,以阻止唃厮啰联合陇右吐蕃前后夹击西夏,以使河湟吐蕃陷于孤立无援的不利境地,为顺利进军河湟地区扫除军事障碍。但凉祚的企图终因受到秦州守将张方平和陇右吐蕃诸族的共同反击而未能得逞。"凉祚惊厮啰来侵,便筑堡于古渭

---

〔1〕 彭向前:《辽蕃和亲初探》,《青海民族学院学报》(第34卷)2008年第3期,第73页。
〔2〕 同上注。

州,侧以兵守之"[1]。宋仁宗嘉祐八年(1063)正月,河州刺史王韶率军攻打熙河,降服洮西吐蕃各族,并率军向定西、兰州一带进发。是年四月,驻守西使城[2]一带的吐蕃大将禹藏花麻不顺命,秦州钤辖向宝率军攻略之,花麻迫于北宋钤辖向宝的强大军事攻略,自知其力不支,遂以西使及兰州一带土地举籍献夏国,降附于西夏。"凉祚帝大喜,遣兵戍之,而以宗女妻花麻,封驸马"[3]。禹藏花麻的归附,不仅为西夏进取陇右吐蕃提供了良机,同时也为西夏分化瓦解河湟吐蕃各部的军事势力起到了巨大作用。为进一步拉拢和利用禹藏花麻,凉祚帝在接受其归附的同时还通过联姻的手段对其加以政治笼络和抚慰,以使其能够效忠西夏,为减轻西夏的西部军事压力起到积极作用。翌年(1064)夏,西夏贵族邈奔等人由于与唃厮啰作战屡次失败,对西夏攻击唃厮啰一事丧失了信心,继而便联合其叔溪心,以陇、珠、阿诺三城叛凉祚归厮啰,唃厮啰接纳了他们,并且还给予了相应的安排。但是由于唃厮啰对邈奔等人的投归之举始终存有戒心,故而未能委以军事重任。这样,邈奔等人对唃厮啰也就逐渐失去了信心,其归顺之心发生了根本性动摇。在看不到自己前途的情势下,邈奔等人率军复归西夏凉祚帝,并向凉祚请兵,企图夺取所献的西夏土地,而凉祚不仅没有治他们叛国投降之罪,反而对其寄予了足够的信任,委以军事重任,并为其"出万余骑随邈奔、溪心往取,不能克,但取邈川归丁家五百余帐而还"[4]。虽然此次邈川之战终究未能取得空前大捷,但是这也在一定程度上给了唃厮啰王朝一次致命打击。

综上所述,唃厮啰执政时期,河湟吐蕃与西夏在政治上主要呈现为一种军事战争的关系。纵观唃厮啰一朝,两者间以军事战争和军事攻击为主线,而以军事联盟和军事合作为辅线。这种关系的转变主要是围绕宋夏战争而随之展开和发展的。这一时期既是西夏强盛时期,同时也是河湟吐蕃强盛之时,两者间为了争夺领土,扩充疆域,便发生了一系列的冲突与矛盾,致使双方卷入战争的漩涡之中,描绘出了一幅幅激烈的战争画卷。实际上,早在凉州六谷部吐蕃政权时期,两者间就已出现了矛盾,且随着形势的发展愈演愈烈,后来的战争只不过是原来矛盾激化的延续而已。西夏挑起战端的实质就是领土的扩张和西北霸主野心的膨胀,正因为如此,故北宋王朝、甘州回鹘等也被卷入

---

〔1〕(清)吴广成:《西夏书事》卷二○,见《续修四库全书》,第458页。

〔2〕 关于西使城的位置,据祝启源考证,应在今甘肃榆中县一带。《宋史·地理志》和《西夏书事》均作西使城。《夏国传》称为西市新城。

〔3〕(清)吴广成:《西夏书事》卷二○,见《续修四库全书》,第458页。

〔4〕(元)脱脱等撰:《宋史》卷四九二,《吐蕃传》,第14162页;又见马端临撰:《文献通考》卷三三五,《四裔考十二》。

了这场无休止的战争之中，使得该时期的战争呈现出许多错综复杂的政治性特点，两者间的战争演变为北宋、吐蕃和西夏三者间的复杂三角关系，完全打破了西北地区相对安稳和宁静的政治局势。

宋朝在这场战争中实质上扮演了重要的角色。从战略决策的角度讲，宋廷其实起到了一种制衡的牵制作用，其惯用的"以夷制夷"的政治策略在某种程度上有效地牵制了吐蕃与西夏两者军事实力的发展和壮大，同时也很好地捍卫和保护了自身的领土利益。纵观唃厮啰一朝，宋廷始终抱有一种消极的、妥协的政治态度，即既不想帮助吐蕃歼灭西夏，也不想帮助西夏除掉吐蕃，自始至终总是在两者的牵制和制衡问题上想办法，可谓是绞尽脑汁。然而，历史事实证明，此乃大宋之失误决策，不仅没有达到牵制西北少数民族坐大和南下入主中原的政治目的，反而恰好为西夏的壮大和南下创造了条件，后来的宋夏战争愈演愈烈足以说明这一点。假如宋朝能够及时出兵援助河湟吐蕃攻打西夏，也就不至于让西夏势力壮大得那么迅速，至少能够起到一种牵制作用，甚至有可能会推迟宋夏战争的步伐。因为从当时历史的角度而言，当时的吐蕃并无西夏势力强大，就算宋廷帮助吐蕃击败西夏，至少在短时期内，河湟吐蕃也不一定能够迅速强盛壮大，假如宋廷能够采取有效的政治措施，及时拉拢和笼络河湟吐蕃大首领，诚意与其合作，真正发挥河湟吐蕃镇守边疆地区的作用，或许能够避免宋夏战争的大规模爆发，同时也能够赢得更多的时间对付南下的契丹大军。总而言之，北宋灭亡的原因之一就是因为其处于西北、北部等地区各割据势力的夹击之中，未能腾出手来专门对付，陷入种种伏击中不能自拔，最终被各大割据势力宰割。北宋之灭亡，无疑是宋廷外交策略之误。

谦逊的供养人与菩萨王者

——16 至 19 世纪内陆亚洲藏传佛教绘画俗家信众画像研究*

沙怡然（Isabelle Charleux）著　郭丽平 译

提要：本文主要讨论藏传佛教艺术中的世俗信徒，尤其关注内亚，特别是蒙古。世俗信徒们的肖像尺寸，从位于某一画作底部的小尺幅到大尺幅的帝王、王后肖像都有。首先，我将尝试去了解这些肖像画描绘的是委托作画的在世施主，还是画作委托者已逝去的亲属，并以此来提出对这些画作的不同的社会、政治、宗教目的的假设。

虽说在 16 世纪到 18 世纪早期，西藏绘画当中世俗人的画像与僧人画像相比是十分稀见的，但在蒙古世界（从元到清）其出现频率和重要性更大。蒙古统治者被描绘时通常有古老的内陆亚洲的权力标志物，诸如：装有弓和箭的箭筒、旗和装有马鞍的马匹。除此之外，甚至将一些统治者，包括王后描绘成需要被崇拜的形象，具备佛教特征的环绕头部的头光的正面像，使其可与佛和菩萨相比拟。在有成吉思汗一系贵族的时候，高僧常处于一种次要的位置。这些蒙古肖像画的具体的新发展，展示了佛教的功德观念是如何向与祖先崇拜和权力合法性相整合的转变。

关键词：蒙古绘画　中亚绘画　西夏　世俗信徒　祖先崇拜

在藏传佛教绘画中，世俗信徒们画像的尺寸从在一幅画底部描绘的小尺寸发展到作为一幅画主尊的王和王后的较大尺寸。我将把本文的视角局限于关注内陆亚洲尤其是蒙古壁画和卷轴画中的所谓世俗供养人（donors or patrons）[1]的画像（迄今为止，藏传

---

* 原作者注：在此我要特别感谢河南财经政法大学艺术系郭丽平博士为翻译拙文付出的心血与辛劳。

译者注：本文的汉文翻译得到了沙怡然女士的支持和授权，在此表示感谢。

英文原题为 "Humble Donors and Bodhisattva Kings: On Some Portraits of Laypersons in Tibetan Buddhist Painting of Inner Asia, 16th-19th Centuries"，即将刊布于廖旸主编《汉藏佛教艺术研究：2015 年"第五届西藏考古与艺术国际学术讨论会论文集"》。

〔1〕 我将不涉及佛教故事画，诸如释迦牟尼佛传里面描绘的俗人画像。正如基督艺术一样，这些描绘的俗人往往身着古老的异域服饰。

佛教绘画中最大数量的肖像画是西藏高僧们的画像[1]）。

一般来说，在内陆亚洲尤其是在西夏[2]和蒙古艺术中，较藏中地区更多地描绘世俗信徒[3]。在绘制有5至14世纪壁画的敦煌莫高窟的492个洞窟里，7000铺"供养人像"占了全部洞窟总壁面的三分之一面积[4]。当贵族的权力在"神权"笼罩下的西藏有所削弱的时候，它在内陆亚洲犹得维持，这一事实可以解释该现象。

与西方学者研究肖像画的常见方法相反[5]，我将不关注相貌的相似：在使用摄影术之前，我们从来不能确定画像的逼真性，并且在有些情况下，我们不知道画像中的人物形象是意欲描绘历史上的个人，还是仅仅描绘社会阶层[6]。这也正是为什么一些学者宁愿避免使用"肖像画"一词的原因。我将宁愿关注画像的目的、角色、信号和含义，以理解介于祖先崇拜和佛教崇拜之间的连接。这些画作是为了为自己做佛教功德，或是为了某个人的祖先（将功德转予他们）而绘制的呢，还是为了祭拜一个人的祖先（丧葬画作），为了纪念或者为了现世权力的合法化而绘制的呢？

佛教艺术中描绘的世俗信徒概述

世俗男女们通常作为一类次要对象出现在卷轴画底部的一个角落处，在佛和菩萨的下面；出现在壁画上时则在侧壁的较低壁面上。他们通常较佛和菩萨要小：缩减的尺寸表明相对的地位——即艺术史家泽克尔（D. Seckel 1997）所称的"等级制"（见下文图3）。我们常常明确地将俗人画像从佛教诸神里分离出来，以表明它们在本质上与超

---

〔1〕 描绘喇嘛画像的目的和描绘俗家信众画像的目的有所不同：前者往往绘制于一位大师去世之际，并出于公共和私人纪念的目的而分发予其追随者。绘制这些画像也有政治目的（尤其是描绘宗教世系之时），以用作使一个派别的佛法（dharma）传播合法化。这些画像兼起圣像的作用（尤其是当大师的手印或脚印被"印制"在其背部时），并传播一种宗教。参见 Casey Singer（1995：85-95）；Seckel（1997）；Stoddard（2004）。

〔2〕 Dunnell（2001）细数了在《消失的帝国》一书展览目录中所列举的65幅唐卡中的16幅带有世俗信徒的唐卡（出自黑水城 Khara-Khoto 的科兹洛夫 Kozlov 收集品，Piotrovsky1993）。可将这些唐卡作品添加到榆林窟的世俗信徒壁画里（安西，第29窟，20位世俗信徒；第3窟）。

〔3〕 关于1000—1400年前后40多幅藏传绘画作品中肖像画的研究，参见 Casey Singer（1995）。

〔4〕 Wiercimok（1990：204）。

〔5〕 参看自从17世纪之后用欧洲语言对"肖像"一词的定义："按照他的模样画出一个人的图像。"（Pommier 1998：16-17）

〔6〕 Casey Singer（1995：82-84）和其他学者已表明：在大多数情况下，艺术家遵照肖像的社会类型和美的准则。引用 Coomaraswamy（1934：20-21），她坚称："相似不应被理解为精准的身体的相像；相反地，主体品质的回想远远超越了纯粹身体的外貌。"关于根据相像度对西藏宗教肖像画的分类，参见 Stoddard（2004），关于哲布尊丹巴呼图克图肖像画的相像问题，参见 Tsultem（2009）博士论文。

世俗的世界不同[1]。

按照惯例,世俗信徒常以四分之三侧面像的形式加以描绘(图1、图2、图3),而正面像则仅限于表现佛、尊神和佛教大师。他们通常站着或跪着,同时向主尊奉献供品。他们可以成小组、或列队形成一个饰带出现在壁画里(图2)。在壁画里,他们的形象在殿堂内的位置"在供养人自己看来是至关重要的"[2]。在莫高窟第332窟,元代的蒙古信徒们分别在洞窟入口的两侧彼此站成一排,面朝主佛(图2)[3]。

图1

图2

〔1〕 Bautze-Picron(1995)指出:描绘男女信徒的习俗出现于9世纪的印度佛教艺术中(他们双手合十做礼拜,或供养花环,或跪在他们的供品之前)。他们被描绘在浅浮雕作品的基座上,但有时与基座分开。

〔2〕 Klimkeit(1990:191)关于吐鲁番壁画中供养人的研究。

〔3〕 在榆林窟第2窟,蒙古男性信徒被绘于南壁,女性信徒被绘于北壁。以及其他例子:吐鲁番洞窟、柏孜克里克(第20窟),库车(吐火罗王,8世纪末,入口边墙), Russel-Smith(2005: 2)。

图 3

在敦煌壁画中,所描绘的世俗信徒几乎等身大小,比柏孜克里克石窟里的世俗信徒更大。这些画像的发展表明,他们在敦煌的重要性不断增加。正是在这里,统治者们将他们自己展示为宗教艺术的最重要管理者。

当绘制世俗信徒时,画师不必拘泥于经典图像志,并常常描绘源于真实生活里的细节;因此,服饰可以作为判定无纪年画作的一个标准[1]。从人种志的视角来看,这就使这些画作非常有价值,因为它告诉了我们有关衣着、头饰、发式、首饰、社会地位和性别角色等信息。在多数情况下,与画作里描绘的相似头饰和衣着在墓室里也有发现[2]。不过也有些例外,比如在北京雍和宫的一幅画作里,一位世俗信徒(可能是一位满族的贵族)穿着一身唐代皇室的服装(图3)[3]。

描绘俗人的社会、政治和宗教目的是什么呢?

艺术史家们通常称这些俗人为"施主"或"供养人",假定这些画作首先是为在世

---

〔1〕 Waley(1931).

〔2〕 相似的服装和衣着可在各地发现,例如在拉达克发现的织物(Casey Singer 1995);在蒙古发现的元代服装和罟罟冠。

〔3〕 Lessing(1954).

的供养人增长功德而绘制,同时也是作为他们对民众慷慨的一种象征来纪念他们的捐资。的确,这是捐资绘制一幅画的基本动机。丹·马丁(Dan Martin)给出了为艺术家提供经济支持的供养人(藏 sbyin bdag 或 yon bdag "功德主")的宽泛定义(2001,第167页):最初构想出该项工作的人,一般也就是无论通过什么方式——包括他们自己的财力或设法从别人〔……〕那里获得捐助——使该工作得以完成者。

在西藏,画作常描绘在世的供养人。供养人像中有一类将他们描绘成一般被解释为由一位金刚大师主持的献祭仪式里的修行者(梵 sādhaka/ā)。根据丹·马丁"使藏传风格佛教唐卡真正不同于大多数其他文化里画作的是:唐卡被当作修行实践(sādhana practice)的一部分,而且供养人亲身参与到修行实践之中"[1]。其他在世信徒的画像被添加到这些画作里,它们因特定的誓愿诸如健康、长寿(画作完成于重要的生日之时)或生育而绘制[2]。

画像也有其他目的,例如肯定某个人的社会地位,同时对统治者而言,画像帮助宣称他们的权力和使他们的统治合法化,或者正如我们将要看到的,甚至将他们自己表现为转轮王(cakravartin ruler),即神授的统治者。

这在基督教艺术中也是一个传统的主题:在"威尔顿双联画"(Wilton Diptych,约1395—1399)中,英国的理查二世(Richard II)正跪在一位夫人(圣母玛利亚)和孩子的面前,双手合十祈祷,全身呈正侧面姿势[3]。

在西夏艺术中,在汉地佛教绘画和藏传佛教绘画(诸如水月观音〔引路菩萨〕和阿弥陀佛)中出现的世俗信徒表示了往生净土[4]的愿望(他们也出现在描绘普贤菩萨、摩利支、药师佛或大黑天的画中)。有些画作可能绘制于供养人的生命行将结束之际,以用作死前对虔诚修行和禅修的个人帮助[5]。

但是,这些画作中的许多幅事实上描绘了已故的信徒。如邓如萍(R. Dunnel)所言:"在东亚,宗教人物画像的生产和使用从十世纪以来经历了重大的改变,显见常常与葬礼和纪念仪式有关。"[6]发愿文常常解释为此画是为了将功德转计给一位已故的

---

〔1〕 Martin(2001:167)。我没有在蒙古绘画中发现相似的描绘。

〔2〕 Dunnell(2001:122)举例了一幅西夏汉地风格的观音菩萨(Avalokiteśvara)绢画。

〔3〕 在意大利,其他的例子包括"狄奥多拉皇后及其侍从",圣维塔利教堂,拉文纳,约547年;以及《东方奇博士来拜》,桑德罗·波提切利,1470—1475年,佛罗伦萨(此处将美第奇家族成员描绘为携带着供品的东方三博士)。

〔4〕 往生的灵魂是一个可在画作上部看到的裸体婴儿,同时亡者的画像在底部(Dunnell 2001:104;Samosyuk 2006)。

〔5〕 Dunnell(2001:107).

〔6〕 Dunnell(2001:103);也参见 Foulk 和 Sharf 有关禅宗肖像画的研究,Foulk and Sharf(1993-1994).

亲属而绘制。转让功德给祖先是一个极其重要的活动，它始于古代印度佛教[1]。它是一种披着佛教外衣的祖先崇拜。在许多敦煌壁画中，长期以来被认为是描绘了"施主"（donors）或"功德主"（patrons，委托完成该项工作的人）的人如今常被断定为已故的亲属，因此，不应称他们为"施主"[2]。然而，一旦没有题记，没有东西能使我们将画中在世的供养人与已故的亲属区别开来[3]，在世的供养人也委托绘制他们自己的画像[4]。

在大多数情况下，画像是与典型模式相符合的类型化表现，图像符号（等级的象征、服装、位置、标志物）或题记给出了其身份。当画作描绘了一位死者时，往往有这样一种解释：它不是在世信徒的画像，而是表现他或她的精神在"佛土"的情形[5]。即使元代祖先画像在一定程度上有容貌上的相似，他们也是理想化的表现，因为死者处于一个超凡的存在空间，他们失去了其人性的身体，而且面部毫无表情[6]。

佛教背景下的元代蒙古皇室画像

蒙古画作阐明了如何将功德转移的佛教观念与祖先崇拜和权力的合法化相互融合。

蒙古人有种前佛教传统，表现和崇拜某些特定祖先——大部分是王和巫师（见萨满用语"翁衮"，蒙ongon"偶像"，大体上说此物为脱离肉体的灵魂提供容身之所）。1247年，曾到蒙古帝国旅行过的普兰诺·卡尔平尼（Plano Carpini）描述了一尊位于贵由（Güyüg）营地的成吉思汗金身塑像。在元代，祖先的等身大小石质塑像（"石人"）立于墓旁（上都附近的正蓝旗羊群庙被认为是元代主要的祭祀遗址之一）[7]。在另一篇文章

---

〔1〕 关于为了他/她灵魂的超度和一个较好的转世而将功德（梵文：parināmana）转让给一位已故的父母，这通常在阿弥陀佛净土可见，参见印度桑吉大塔的还愿题记：Schopen（1997）.

〔2〕 Soymié（1999）；Russel-Smith（2005: 193-197）；Klimkeit（1990）.

〔3〕 Wiercimok（1990: 205-206）写道："供养人，也就是请人绘制膜拜画作、开凿石窟等的人［……］和那些经由供养人转让而获得功德的人［……］并没有不同。仅仅题记可以告诉我们图像涉及的是供养人、功德主，或是其家族的一位在世或已故的成员。"

〔4〕 宁强有关敦煌（2004）、Klimkeit有关吐鲁番（1990: 192："供养人"在他的/她的画像旁边的题记里签上他/她自己的名字）的讨论。

〔5〕 Klimkeit（1990: 193），仅很少的画作有特别可辨识的特征。

〔6〕 不描绘感情、自豪、谦逊、恐惧和愤怒。这些画作可与中国的祖先画作相比较，后者里的已故者变得少有个性，"典型的"祖先（参见Stuart and Rawski 2001: 52, 58）。关于作为一个"双重"身体的肖像，中国人相信当画作完成之时其主体有时就死亡了，因此部分解释绘画的习惯是仅仅描绘死者的画像：Faure（1998: 799-805）.

〔7〕 魏坚、陈永志《正蓝旗羊群庙石雕像研究》；内蒙古文物考古研究所和正蓝旗文物管理所《正蓝旗羊群庙元代祭祀址及墓葬》。

中,我将这些塑像与萨满教偶像(翁衮)加以比较:二者都接受酒和食物这样的祭品[1]。

成吉思家族通过给他们的祖先供奉祭品的方式来崇敬他们的画像,通常是在他们去世的日子,但是,成吉思汗的画像也是一位被神化的统治者的形象,以此用来使其统治权合法化和神圣化。

在元代,一种皇帝和皇后的公众祖先崇拜发展起来,编织或绘制的皇帝画像连同其牌位一同陈列在儒家风格的祖先祠堂里(北京或大都的太庙)。蒙古皇帝的画像也陈置在翰林院。

后来,被称为御容的已故皇帝及其皇后的大幅机织纺织品画像被放置于元帝国主要佛寺内的影堂里(影堂,后来称为神御殿或御容殿)。皇帝去世后,在佛寺内建起他自己的影堂,用于安置他与其祖先的画像[2]。

唯一的实例是众所周知的收录于著名的《元代帝后像》内的由元宫廷著名艺术家诸如李肖岩和尼泊尔艺术家阿尼哥绘制的皇帝及其皇后的半身画像,外加一些单独的画像[3]。这些明显自然主义的画像绘制于皇帝去世后,而且谁也无法判断画像是否逼真。

影堂内的原始画像是刻丝制品,它们描绘的均是等身大小尺寸的皇帝和皇后端坐于椅子上面[4]。《元代帝后像》内的画像可能是用作所有绘画和刻丝品中扩大版画像的粉本。因为皇帝们的面部略微面向右侧,而皇后们则面向左侧,我们可以推测:这些画像并排而挂,妻子坐在她丈夫的左边。

在影堂里也悬挂缂丝曼荼罗(在汉文文献里称为佛坛[5]),皇帝和他的皇后作为较小的人物形象出现在画面底部:他们被描绘为崇拜者,双手合十祈祷,在同一水平线上是护法神。最好的例子是保存于纽约大都会艺术博物馆里的大威德金刚(Vajrabhairava,或阎曼德迦 Yamāntaka)曼荼罗(约1328—1329,图4)。在画面底部左、右角,通过藏文题记可将这两小组崇拜者辨识为图帖睦尔(Tug Temür)皇帝(文宗,1329

---

[1] 沙怡然(2010)。

[2] 在大都的大圣寿万安寺,忽必烈和裕宗(真金)的影堂分别位于寺内中轴线的西侧和东侧。这些寺庙均在太禧宗禋院的管辖权限之内。

[3] 服装、帽子和编成环状的头发是元代的特征。关于该集子的书目,现藏台北"故宫博物院":沙怡然(2010)。

[4] 沙怡然(2010)一文的附注。

[5] 景安宁(1994: 75)声称皇家画像"肯定被画成端坐于佛台之上的坐姿,正如文献里所表明",并引用唯一的一种文献——《元代画塑记》(第1页),其提及和三个"佛坛"一起的三幅皇家画像。他总结说:"显然,每一幅皇家画像均与一个佛台相匹配。"(该文注171)我不同意景安宁的翻译,因为此处的佛坛指一幅曼荼罗,而并非一个其上端坐有一个人像的"佛台"。

图 4

至 1332 年在位）和他的哥哥和世琜（Qosila），其中，后者于 1329 年简短在位，是为明宗。此外还有他们各自的皇后——卜答失里（Budasiri）和八不沙（Babuša），皆着盛装和帽子。图帖睦尔皇帝的画像可与他保存在《元代帝后像》里的画像相比。缂丝制品的年代备受争议，而且，也不清楚它是描绘了在世的供养人、还是已故的祖先。[1]

等身尺寸的画像和曼荼罗是大尺寸的缂丝制品：约长 245 厘米、宽 210 厘米，花费巨大且难以制作[2]。因此，在影堂里陈列所有大尺幅已故皇帝和他们的皇后及其曼荼罗的唐卡，他们在曼荼罗里作为谦逊的信徒而出现[3]。在这座殿堂里，皇帝和皇后们被描绘成神圣化的祖先和佛教崇拜者。他们在一座寺庙内的位置和在他们面前举行的仪式皆表明他们的角色介于佛教偶像和中国崇拜的祖宗之间。这种情况并非仅限于皇帝与皇后，例如：忽必烈之女妙严及其家人的等身尺寸画像就陈列在北京附近潭柘寺内的观音殿里，妙严正是在这里出家为尼。

16 至 17 世纪蒙古壁画中的世俗佛教徒画像

世俗佛教徒的画像在 16 至 17 世纪蒙古三处古老的寺窟壁画中也有发现，分别为：内蒙古鄂托克旗阿尔寨石窟（百眼窑石窟）、内蒙古包头市土默特右旗美岱召和漠北蒙

---

〔1〕 Watt and Wardell（1997: 95-100, cat. no. 25）认为该缂丝为 1330 年之前定制，并于 1332 年之后完成；葛婉章（《辐射与回向：蒙元时期的藏传佛教艺术》，第 256 页、第 264 页注 95—97）提出为 1328—1329 年。

〔2〕 元代量度为 9½×8 英尺。它们在同一作坊编织完成。

〔3〕《元代画塑记》和《经世大典》均提及了和曼荼罗一起的皇家画像。参见所给出的与 1321 年 1 月 15 日爱育黎拔力八达（Ayurbarwada）及其皇后，以及与其一起的其左、右两侧相同尺寸的曼荼罗相关的条目。另见 Weidner（1989: 41），Watt and Wardell（1997: 98）。

古额尔德尼召。

1. 阿尔寨石窟

在第31窟（约16世纪？）窟门的左侧，在一铺财宝天王（Vaishranava）壁画的下方描绘有僧人和俗人。他们面向北壁上的一铺释迦牟尼壁画（图5）。他们双跏趺坐于宝座之上，这在佛教盛行的蒙古是最表敬意的姿势。

在第28窟，8个人坐在一顶黑色的帐篷下面，在一张桌子前面放满了供品，同时接受上百人的致敬（图5）。在这两铺壁画中，所有俗家信徒都是正面姿势。

中国考古学家诸如王大方、巴图吉日嘎拉和杨海英将第28窟中的俗人辨识为成吉思汗及其家族，并称该壁画是一铺为成吉思汗举行献祭仪式的"御容"图。阿尔寨石窟可能是一处重要的"成吉思汗的佛教纪念堂"[1]。我不同意这种解释：阿尔寨石窟首先

图 5

---

〔1〕 王大方、巴图吉日嘎拉和张文芳《百眼窑石窟的营建年代及壁画主要内容初论》。

是一处佛教圣地，主要的特征——三叶冠可能是一位喇嘛的宝冠或帽子[1]。该场景应当描绘了一位金刚上师主持一场仪式的情景[2]。此外，该铺壁画仅仅覆盖了南壁（至入口右侧）的一小部分壁面，上面是一尊大的财宝天王形象，同时，该窟是献给守护神和藏传佛教大师的。他们显然描绘的是世俗信徒或已故的信徒们主持一场密宗仪式的情景。

2. 额尔德尼召

第二个例子是一组描绘了蒙古可汗——喀尔喀阿巴岱汗（Abadai Khan, 1554—1588）的壁画，他是成吉思汗的后裔，并于1585年建造该召庙。壁画可能位于建造于1675年的达赖喇嘛庙，我们所知的是一件复制品。主要的特征是正面像。在三个场景里，阿巴岱汗独自双跏趺坐，或者与他的妻子（图6）并坐。他手持佛教标志物：一串念珠和一本经书，或一颗如意宝珠。在其中的两个场景里，侍从手持可汗的弓和装有箭的箭筒，以及一匹装有马鞍的马；在第三个场景里，装有弓和箭的箭筒系在他的旗上。阿巴岱汗接受较小人物献以杯子、哈达、帽子、宝石和烟斗……的致敬。在其中一幅壁画里，十个男人可能是向一尊佛或神致敬，该画的其中一部分没有保存下来（图7）。佛教象征符号同古代中亚世界的权力象征符号相混合：旗、备鞍的马和装有弓箭的箭筒[3]。

图6

---

〔1〕 帽子、服装和大体的风格均指向一个更晚近的年代（17 或 18 世纪？）。
〔2〕 参见罗文华《"阿尔寨石窟学术研讨会"述评》；沙怡然（2010）。
〔3〕 参见拉施德丁（Rashid ad Din）在其著《史集》（*Jami al tavarikh*）中对 14 世纪伊儿汗国画作中蒙古皇帝的描述。

图 7

原初的壁画绘制于阿巴岱汗去世之后,额尔德尼召在当时变成了阿巴岱汗家族的一座家庙。他被葬于那里,他的祖庙在此受到崇拜,在一个大的蒙古包王宫内保存有他的宝座、武器和雕像(蒙古包后来被移至现今乌兰巴托的大库伦)。

3. 美岱召:蒙古贵族礼佛图

内蒙古美岱召是位于呼和浩特之西65公里处的一座16世纪城寺。在大经堂的后殿内,召庙的供养人就绘制于一铺7米高的宗喀巴壁画下面(图8和图9)。该壁画描绘了9个主要人物和51个较小的人物,以及两尊神。该场景满是佛教的标志物:念珠、如意宝珠、成堆的宝石和八吉祥等。

画面中的主要人物是两位16世纪初统治土默特(Tümed)的王妃。画面左边围绕有钟金哈屯(Jönggen Khatun,在汉文文献里称三娘子),她是阿勒坦汗(Altan Khan)著名的第三任妻子,曾和始自阿勒坦汗的四代可汗结婚(图8)。以尊敬的姿态向她弯腰的男子很可能是她的第三任丈夫——阿勒坦汗的孙子扯力克(Chürüke,图9)。她看起来像是一尊菩萨,这可由她的正面姿势、她的大耳垂、她的珠宝饰物、她的黄色长袍和她手持的甘露瓶加以证实。此外,看起来像是印度僧人的两位喇嘛向她鞠躬,与佛的侍从相像。她的正面画像和两位喇嘛意味着她被当成佛看待。该铺壁画很明显是她无可争辩

图 8

图 9

的权利的公开性政教宣言。在经书译本的跋文里,她被认为是度母的化身。

在画面右边,玛齐克哈屯(Machag Khatun,又译五兰妣吉)王妃面朝麦达里活佛(Maidari Khutukhtu)——一位红帽喇嘛,他被达赖喇嘛派到呼和浩特,换取身为蒙古人的第四世达赖喇嘛前往拉萨。该场景阐明了世俗供养人和喇嘛之间的供施(mchod yon)关系,但是,与成吉思系贵族相比,麦达里活佛和其他的喇嘛仍处于一个下等的地位(图10)。两位王妃的尺寸比麦达里活佛的尺寸大[1]。恰恰在观者视平线上的壁画高度(16×2米)凸显了俗人,他们不再是位于一边的较小的谦卑的人物形象[2]。

图 10

像额尔德尼召一样,美岱召在王妃们去世后也成为了一座家庙。美岱召的太后庙供奉着其中一位王妃的灵塔以及八幅大尺幅卷轴画(后者已佚)。其中,它们表现了钟金哈屯坐于宝座之上、游行或娱乐的场景环绕在她的身旁。直到20世纪初,喇嘛们依旧在那为阿勒坦汗的家族举行仪式。该壁画可能最初绘制于17世纪上半期(在两位王妃去世之后吗?),清初重绘但保留了明代的风格特征[3]。

在美岱召和额尔德尼召这两个例子里,壁画作为他们的后裔纪念和奉献的画作。蒙古汗王和王后被表现为在一尊大佛下面的佛教信徒,同时他们自己也接受崇拜。蒙古贵族的形象将用作崇拜的祖先偶像和受崇拜的信徒画像相结合。他们的正面姿势表

---

〔1〕 比较,参见江孜描绘了忽必烈汗(Khubilai Khan)会见八思巴喇嘛(Phakpa Lama)的15世纪壁画,以及描绘1652年清顺治帝在北京会见第五世达赖喇嘛的布达拉宫壁画。

〔2〕 参见沙怡然(1999)和沙怡然(2014)。

〔3〕 参见沙怡然(2014)对该画作年代的讨论。该寺在1632年和1634年间毁于一场大火,康熙时期重修。

明他们是偶像，同时也是佛教尊神。此外，阿巴岱汗的埋葬、阿勒坦汗及其一位王妃的灵塔（正常情况下仅限于僧人使用）均表明他们被看成是神圣化的祖先。

清代使用佛教术语和内陆亚洲标志对成吉思裔祖先的赞颂

像西藏绘画一样，世俗信徒常出现在蒙古唐卡的底部（图11）。一些成吉思汗裔祖先也被描绘为唐卡的主尊。下面详述的四幅清代绘画描绘了佛教的或佛教化的（Buddhicized）伟大祖先。头两幅画的是非佛教背景下的成吉思汗裔祖先，属于成吉思家族的祖先崇拜。在归为成吉思汗的蒙古包诸如八白室（the 8 White Tents）和归为阿巴岱汗以及其他人的蒙古包内保存着可汗及其士兵的塑像、遗物、属于他的各种武器和物件，以及画作和苏勒德旗（*sülde* standards，权力的一种主要政教标志物）。这些东西，尤其是体现了汗王祖先灵魂的旗用于合法化实际的权力，用于保护国家和帮助击败敌人[1]。

图 11

第一个例子为竖构图，保存在成吉思汗陵（鄂尔多斯伊金霍洛八白室），据说是一幅元代晚期画作的复制品。该画描绘了成吉思汗及其左边的正妻，二人皆手持杯子，并被敬献武器、杯子和马匹的诸子或侍臣围绕（图12）[2]。此画可能断代为清代（18世纪？），

---

〔1〕 沙怡然（2010）。

〔2〕 在另一本出版物里，我指出了在内陆亚洲王室和皇室画像里描绘夫妻的重要性（沙怡然2010）。关于拉施德丁《史集》中的14世纪伊儿汗国画作，正如额尔德尼召的阿巴岱汗壁画一样，统治者与其正妻均平等地被加以描绘（《史集》，柏林国家图书馆普鲁士文化遗产东方部，第70叶，第10面）。在直到17世纪初的帝国时期，皇家的一些"杰出女性"在蒙古政治中扮演了一个决定性的角色。请注意，在蒙古，女人坐在她丈夫的左侧，右边是令人尊敬的地方（这与中国的情况相反）。

但却表现了古老的内容[1]。它添加了佛教的语汇(唐卡的形式、头光、宝石供品)和古代内陆亚洲的权力标志物:跪着的侍从(儿子、侍臣、仆人)拿着装有弓箭的箭筒、装有马鞍的马匹和旗(也可在额尔德尼召阿巴岱汗的壁画中看到)。从古代内陆亚洲画作里借鉴的另一个元素是杯子(参见突厥和元代的"石人"手持的杯子,以及14世纪伊儿汗国绘画中出现的杯子)。杯子令人联想到皇室的登基典礼和其他的仪式,诸如诸侯的授职仪式、婚礼仪式以及当在世的后裔象征性地与他们的祖先共饮时的丧葬宴会:它是交流(communion)的象征。在侍臣或儿子的手中,杯子这样的祭品和跪着的姿势意味着奴役、接受封臣和崇拜[2]。在16世纪后的佛教绘画中(美岱召和额尔德尼召),汗王和王后手中的杯子常被佛教的标志物,诸如哈达、念珠或如意宝珠所取代。

17世纪时,成吉思汗不仅被崇拜为蒙古皇族的祖先,而且作为护法神被吸收进佛教神谱加以供奉[3]。图13的唐卡悬挂在成吉思汗的两位主要后裔呼图克台彻辰洪台吉(Khutugtai Sechen, 1540—1586)和萨冈彻辰(Sagang Sechen, 1662年成书的《蒙古源流》

图 12

图 13

---

〔1〕 关于该画的年代见罗文华《"阿尔寨石窟学术研讨会"述评》。
〔2〕 在回鹘(Uighur)画作里,杯子也被敬献给马上要由四方之王即位的佛(Esin 1969)。
〔3〕 其旗帜的精灵也独特地被表现为一尊被称为苏勒德腾格里(sülde tngri)的神。

[*Erdeni-yin tobci*]的作者）的祖庙里，位于鄂尔多斯市乌审旗大坟滩（现在在陕西省）[1]。成吉思汗被描绘为一位凶猛的护法神（dharmāpala）。在他下面，呼图克台彻辰洪台吉被描绘成一位祖先：他正面坐在宝座上，手持一串念珠，两个侍从向他敬献杯子。在他的右边举起五个军旗。萨冈彻辰以四分之三侧面的姿势坐在他的左边。两人都是神圣化的祖先。呼图克台彻辰洪台吉似乎是成吉思汗的转世。

第三个例子将阿巴岱汗画成一位转轮王，他坐在宫殿里，周遭环绕众妻子、侍臣、宝冠王子和表现他虔诚生活的小幅场景（图14）。在他下面是他建造的召庙——额尔德尼召。中央的人物及其侍从是从上文提及额尔德尼召众阿巴岱汗画作中的一幅复制而来的。汗王双跏趺坐，左手持经书，由牵马的武官侍从和两个搏斗者伴随。可在汗王的左边看见一面带有弓、箭和箭筒的旗。阿巴岱汗头戴一顶上置金刚杵的帽子[2]，其左、右手分别持上置金刚杵和剑的莲花（二者都是一些著名的佛教尊神的重要标志物），这是菩萨的标志物[3]。他的位置、宫殿和侍臣均可与一幅19世纪唐卡画作中的香巴拉王相比较[4]。在他的上面没有佛或佛教大师。

图 14

---

〔1〕 我不知道它是否得以保存。

〔2〕 这顶上置金刚杵的帽子是达赖喇嘛作为土谢图汗（Tüsheet Khan）统治权的一种象征而赐给阿巴岱汗的，并传给一世哲布尊丹巴札那巴札尔（First Jebtsündamba Zanabazar）及其继任者。

〔3〕 在1586年，阿巴岱汗之子——图们赛因诺颜汗（Tümen Sain Noyan, 1558—1640）被认定为观音菩萨的转世。

〔4〕 参见 Tsultem（1986）中的19世纪香巴拉（Shambhala）绘画：目录37。

第四个例子是波兰华沙国家博物馆收藏的一幅唐卡(图15)。一位身着蓝色袍子的蒙古贵族呈四分之三侧面坐于唐卡中央的精致宝座上。他的头部上方有三位喇嘛,其左、右由两尊神围绕,其下描绘有五种蒙古人饲养的家畜动物[1]。

在以上所有这些例子里,所描绘的汗王和他们的王后均有头光环绕其头部,这反映了印度的转轮王观念神圣地启发了统治者,同时,他们中的一些人被认为是佛教尊神的化身(成吉思汗是金刚手的化身,而钟金哈屯和玛齐克哈屯分别为白度母和绿度母的化身)[2]。他们不描绘在世的供养人,而是描绘已故的贵族。呼图克台彻辰洪台吉唐卡和华沙汗王唐卡的画面顶部都有喇嘛,这使得他们成为宗教世系的继承人。这些画作开启了将乾隆皇帝描绘为文殊菩萨化身的著名唐卡(但是后者是在世皇帝的画像,具有强烈的个性特征)[3]。

图 15

---

〔1〕 参见 Szpindler(2014),它将是一本即将出版的出版物的主题。

〔2〕 头光常见于西藏人描绘的王室成员、贵族和圣人,例如阿奇寺(Alchi)的"王室宴饮场景"(Casey Singer 1995:81)。

〔3〕 关于将明代皇帝描绘成僵硬死板的正面姿势的佛教神像,这可能与仪式的改变有关(当图像取代牌位,祖先的仪式变得具有公开性),见 Ching(2008)。Ching 认为,永乐时期,皇家肖像转化为统治者权力地位的偶像,并成为皇帝权力和权威的视觉表现。

结　论

很可能是因为，在蒙古，人的描绘是警惕和禁止的对象，所以，这里所展示的大多数蒙古画作中的蒙古贵族都是已故的祖先——可能除了元代曼荼罗，在曼荼罗画作中，世俗信徒可能是"供养人"。相比之下，在元代世俗绘画中，蒙古皇帝在其有生之年、狩猎或接受贡品期间被加以描绘，这开创了将被清朝帝王复制和发展的一种新的绘画风格[1]。

蒙古贵族画像的一种独特性就是他们不仅被描绘成佛教徒（在佛的下面），而且受他们随从的膜拜（美岱召、额尔德尼召或呼图克台彻辰洪台吉唐卡）。在清代，他们甚至作为神圣化的祖先而出现，其头部环绕着头光，同时也是唐卡的主尊（清代阿巴岱汗画作和华沙唐卡）。元代之后蒙古贵族的标志性正面像描绘和大尺幅与中亚及藏传绘画中世俗信徒们通常的四分之三侧面姿势及相对较小的尺寸形成了对比[2]。这些祖先是"偶像化的"，他变得几乎等同于一尊佛或菩萨[3]；他被描绘在一个超凡的世界里，正好

图 16

---

〔1〕《元世祖出猎图》，立轴，归于刘贯道，元代（台北"故宫博物院"藏）；《顺帝接受献马图》，周朗绘，1342 年（北京故宫博物院藏）。

〔2〕有一些例外：参见木斯塘一座寺院内一位王的正面画像（Thubten1979［1971］）和塔布寺一位贵族的正面画像（Klimburg-Salter et al. 1997: 50）。在中亚画作里，Wiercimock（1990: 210）将正面出现的众俗人中的第一个人物断代为隋或初唐，但这只限于随从人物；主要的供养人仍为四分之三侧面像。

〔3〕"死亡"的蒙古语说法之一是"成佛"，在石刻铭文中的常用说法之一是"愿我成佛"。

在佛教尊神的下面,在清代时尤其是与佛教尊神平等[1]。因为已故的统治者犹如佛,所以人们也应当尊重在世的统治者。在他们的神殿里供奉的祭品和做的祈祷均直达所有的佛和祖先。这些蒙古贵族信徒的重要性可由成吉思及其继承者崇拜的重要性给出解释,已故的蒙古汗王们继续使他们后裔的权力合法化:他们被神化为伟大的祖先。在蒙古帝国与元代,他们不仅用唐卡加以表现,而且还用雕塑加以表现,唐卡和雕塑被"喂"以酒和祭品,以至于他们能够保佑其后裔和保护整个国家[2]。

当他们的姿势和标志物明显模仿他们所被认为的化身菩萨时(例如钟金哈屯)[3],或者模仿想象中的佛教王者诸如宇宙君主(转轮王)[4]或香巴拉王时,这种情况甚至更加明显。因为他们体现了所有世俗的和宗教的权力,所以蒙古统治者在地位上比著名的喇嘛要高。这种视觉方式表明了佛教使世俗权力合法化,这被视为宗教权力的一种化现。因此,供施关系似乎显得不平等:佛教大师低于世俗供养人一等。汗王和皇帝们出于政治目的的偶像化也处在佛教功德制作、个人丧葬崇拜和为其后裔合法化公共工具的十字路口[5]。

通过以上这些作为一种语言去强调一条反映了僧、俗界精英政治野心的特定信息的画作,我们可以看出蒙古人如何借用西藏的视觉文化,凭借该文化的力量,一种新的文化含义被有意识地创造出来并得以显现,但却依旧使用古老内陆亚洲的权力象征物。不同于西藏[6],佛教大师的形象没有取代早期皇室和贵族画像的传统。

正如图16所展示,已故皇帝的偶像——窝阔台(Ögedei)、成吉思(Chinggis)和忽必烈汗(Qubilai Khan)均源自于保护蒙古的菩萨——金刚手,直至保护整个蒙古国。

---

〔1〕 一般而言,在佛教绘画里通常有一段距离(分离,或尺寸的极其不同),因此世俗信徒从不完全被包括进这个神圣的世界。然而,Dunnell 给出了一位王室供养人将他自己作为佛顶尊胜佛母(Ushnishavijaya)的神化侍从绘入一幅曼陀罗的例子,同时引用 Linrothe (1996)给出了一位具有头光的(王宰的?)人物的例子,此人位列于佛足处的众哀悼者之中,因此"在神圣的故事里很突出"(榆林窟第3窟)(Dunnell 2001:125)。
〔2〕 一幅画没有和肖像雕塑一样的功能,后者体现了王的灵魂,并被直接"喂"以肉和酒(沙怡然 2010)。
〔3〕 Luczanits (2003: 34-35)探讨了一位来自达隆寺(Taklung Monastery,13 至 14 世纪)的西藏主角叫扎西贝(Tashipel)这个例子,其正面的描绘表明该大师是(等同于)佛。从 12 世纪末和 13 世纪初,宗教大师不但被视为一位虔诚的供养人和有能力的修行者,而且也被视为佛及其神圣教义的一种体现。另见 Casey Singer (1995: 84).
〔4〕 关于卷入宫廷的伟大密教大师们,以及在皇帝继位仪式上成为惯例举行的密教灌顶(abisheka.【译注】汉文史料亦称为"受戒"仪式,从而使诸王成为密教大师的讨论,见 Strickmann (1996)。
〔5〕 重要的是要知道画像的背景、私人或公共的特点和传播,以理解画像是否对一位被神化了的祖先的(私人)膜拜、或对皇帝的(公开)膜拜、或对使其统治合法化的转轮王起作用。
〔6〕 除了 7 世纪之前的大王们,他们被视为统治着人间的天神,例如松赞干布(Songtsan Gampo)的画像,系观音菩萨的化现。

中文、蒙文和日文参考书目：

巴图吉日嘎拉、杨海英：《阿尔寨石窟——成吉思汗的佛教纪念堂兴衰史》，东京：风响社，2005 年。

敦煌文物研究所编：《中国石窟·敦煌莫高窟》（日文版）第 5 卷并付篇，东京：平凡社，1980—1982 年。

葛婉章：《辐射与回向：蒙元时期的藏传佛教艺术》，载石守谦和葛婉章合编：《大汗的世纪：蒙元时代的多元文化与艺术》，台北："故宫博物院"，2001 年，第 246—265 页。

金申：《美代召及其壁画》，载《包头文物资料》1，呼和浩特，1980 年，第 174—184 页。

罗文华：《"阿尔寨石窟学术研讨会"述评》，《故宫博物院院刊》2006 年第 6 期，第 137—150 页。

苗润华、杜华：《草原佛声——蒙古地区黄教第一寺美岱召记》，呼和浩特：内蒙古大学出版社，2008 年。

内蒙古文物考古研究所和正蓝旗文物管理所：《正蓝旗羊群庙元代祭祀址及墓葬》，载李逸友主编《内蒙古文物考古文集》1，北京：中国大百科全书出版社，1994 年，第 610—621 页。

Qasbiligtü C. 和 M. Qasbaɣana, *Ordos-un soyol-un öb*, 包头：伊蒙民间文学研究会，1987 年（哈斯比里克图和哈斯巴嘎纳：《鄂尔多斯文化遗产》）。

宋濂等编著：《元史》（1370 年），北京：中华书局，1976 年。

苏天爵编纂：《元文类》（元末），北京：商务印书馆，1958 年。

王大方、巴图吉日嘎拉、张文芳：《百眼窑石窟的营建年代及壁画主要内容初论》，载李逸友主编《内蒙古文物考古文集》1，北京：中国大百科全书出版社，1994 年，第 566—578 页。

魏坚和陈永志：《正蓝旗羊群庙石雕像研究》，载李逸友主编《内蒙古文物考古文集》1，第 622—629 页。

熊文彬：《元代藏汉艺术交流》，石家庄：河北教育出版社，2003 年。

（元）佚名：《元代画塑记》，北京：人民美术出版社，1964 年。

余辉：《元代宫廷绘画史及佳作考辨》（续一），《故宫博物院院刊》2000 年第 3 期，第 25—35 页。

（元）虞集、赵世延合编：《经世大典》，元代管理类大百科全书，由图帖睦尔皇帝于 1329 年下令编纂。

张海斌：《美岱召壁画与彩绘》，北京：文物出版社，2010 年。

西文参考书目：

Bautze-Picron, Claudine, 1995: "Between Men and Gods – Small Motifs in the Buddhist Art of Eastern India, an Interpretation," in *Function and Meaning in Buddhist Art: Proceedings of a Seminar Held at Leiden University, 21-24 October 1991*, K. R. van Kooij and H. van der Veere (ed.), Groningen: Egbert Forsten, 59-79（鲍茨—皮克伦:《人神之间——东印度佛教艺术小母题的一种阐释》）.

Casey Singer, Jane, 1995: "Early Portrait Painting in Tibet," in *Function and meaning in Buddhist art:proceedings of a seminar held at Leiden University, 21-24 October 1991*, K.R. van Kooij and H. van der Veere (ed.), Groningen: Egbert Forsten, 81-93（简·凯西·辛格:《西藏早期肖像画》）.

Charleux, Isabelle, 1999: "La peinture des donateurs du temple de Maitreya en Mongolie méridionale," *Arts asiatiques* 54: 85-102（沙怡然:《蒙古南部美岱召的供养人画像》）.

Charleux, Isabelle, 2010: "From *Ongon* to Icon: Legitimization, Glorification and Divinization of Power in Some Examples of Mongol Portraits," in *Representing Power in Ancient Inner Asia: Legitimacy, Transmission and the Sacred*, Roberte Hamayon, Isabelle Charleux, Grégory Delaplace and Scott Pearce (ed.), Bellingham: Western Washington University, 2010, 209-261（沙怡然:《从翁衮到偶像——若干蒙古肖像所见权力的合法化、赞颂与神化》）.

Charleux, Isabelle, 2014: "Recent Research on the Maitreya Monastery in Inner Mongolia (China)," *Études Asiatiques-Asiatische Studien* 68/1, 1-64（沙怡然:《中国内蒙古美岱召的近期研究》）.

Ching, Dora C.Y., 2008: "Tibetan Buddhism and the Creation of the Ming Imperial Image," 321-364, in *Culture, Courtiers and Competitive: The Ming Court (1368-1644)*, David M. Robinson (ed.), Harvard: Harvard University Asia Center（经崇仪:《藏传佛教与明皇家肖像的创作》）.

Coomaraswamy, Ananda K., 1934: *The Transformation of Nature in Art,* Cambridge (Mass.): Harvard University Press（阿难陀·K·库马拉斯瓦米:《艺术中自然的变化》）.

Dunnell, Ruth, 2001: "Portraiture and Patronage in Tangut Buddhism, Twelfth-Thirteenth Centuries," in *Embodying Wisdom: Art, Text and Interpretation in the History of Esoteric Buddhism*, Rob Linrothe and Henrick Dorensen (ed.), Kopenhagen: the Seminar for Buddhist Studies, 101-138（邓如萍:《12—13 世纪西夏佛教中的肖像画与供养人》）.

Ebrey, Patricia, 1999: "The Ritual Context of Sung Imperial Portraiture", *Arts of the Sung and Yüan: Ritual, Ethnicity, and Style in Painting*, Cary Y. Liu and Dora C.Y. Ching (ed.), Princeton, 68-93（伊佩霞:《宋代皇家肖像画的仪式语境》）.

Esin, Emel, 1969: "And. The Cup Rites in Inner-Asian and Turkish Rites," *Forschungen zur Kunst Asiens: in memoriam Kurt Erdmann*, in Oleg Grabar (ed.), Istanbul: Istanbul üniversitesi edebiyât fakültesi, 224-261（埃辛:《内陆亚洲和突厥仪式中的杯仪式》）.

Faure, Bernard, 1998: "The Buddhist Icon and the Modern Gaze," *Critical Inquiry* 24（Spring）, 768-

813（伯兰特·佛尔：《佛教偶像与现代审视》）.

Foulk, T. Griffith and Robert T. Sharf, 1993-1994: "On the Ritual Use of Chan Portraiture in Medieval China," *Cahiers d'Extrême-Asie 7*, 149-220（福克和沙夫：《论中国中世禅宗顶相的仪式用途》）.

Jing, Anning, 1994: "The Portraits of Khubilai Khan and Chabi by Anige（1245-1306）, a Nepali Artist at the Yuan Court," *Artibus Asiae* 54/1-2, 40-86（景安宁：《元廷尼泊尔艺术家阿尼哥［1245—1306年］创作的忽必烈与察毕肖像》）.

Klimkeit, Hans-Joachim, 1990: "The Donor at Turfan," *Silk Road Art and Archaeology* 1, Kamakura: Institute of Silk Road studies, 177-201（克林凯特：《吐鲁番供养人》）.

Klimburg-Salter, Deborah E. et al., 1997: *Tabo: A Lamp for the Kingdom. Early Indo-Tibetan Buddhist Art in the Western Himalaya*, Milano: Skira（克林伯格-索特等：《王国明灯塔布寺——西喜马拉雅早期印藏佛教艺术》）.

Lessing, Ferdinand, 1954: "The Eighteen Worthies Crossing the Sea," *Contributions to Ethnography, Linguistics and History of Religion: Reports of the Scientific Expedition to the North-Western Provinces of China under the Leadership of Dr. Sven Hedin, Volume VIII: Ethnography 6*, Statens Etnografiska Museum, Stockholm（莱辛：《十八罗汉渡海》）.

Linrothe, Rob, 1996: "Ushnishavijaya and the Tangut Cult of the Stupa at Yu-lin Cave 3," *National Palace Museum Bulletin* 31(4/5): 1-24（林瑞宾：《榆林窟 3 窟中的顶髻尊胜佛母与西夏佛塔崇拜》）.

Luczanits, Christian, 2003: "Art Historical Aspects of Dating Tibetan Art," in *Dating Tibetan Art: Essays on the Possibilities and Impossibilities of Chronology from the Lempertz Symposium, Cologne*, Ingrid Kreide-Damani (ed.), Wiesbaden: L. Reichert, 25-57（卢恰尼茨：《西藏艺术断代的艺术史角度》）.

Martin, Dan, 2001: "Painters, Patrons and Paintings of Patrons in Early Tibetan Art," in *Embodying Wisdom: Art, Text and Interpretation in the History of Esoteric Buddhism*, Rob Linrothe and Henrick Dorensen (ed.), Kopenhagen: Seminar for Buddhist Studies, 139-184（丹·马丁：《早期西藏艺术中的画师、施主与绘画的施主》）.

Ning Qiang, 2004: *Art, Religion, and Politics in Medieval China: the Dunhuang cave of the Zhai Family*, Honolulu: University of Hawai'i Press（宁强：《中国中世的艺术、宗教与政治——敦煌翟家窟》）.

Piotrovsky Mikhail, 1993: *Lost Empire of the Silk Road – Buddhist Art from Khara-Khoto X-XIII centuries*, Milan: Electra（彼得罗夫斯基：《丝路消失的王国——10—13 世纪的黑水城佛教艺术》）.

Pommier, Édouard, 1998: *Théories du portrait. De la Renaissance aux Lumières*, Paris: Gallimard（波米耶：《肖像理论——从文艺复兴到启蒙运动》）.

Russel-Smith, Lilla, 2005: *Uygur Patronage in Dunhuang: Regional Art Centres on the Northern Silk Road in the Tenth and Eleventh Centuries*, Boston and Leiden: Brill（罗素－史密斯：《敦煌的回鹘供养人——10—11 世纪丝路北道的地区性艺术中心》）.

Samosyuk, K. F., 2006: *Buddhiiskaya jivopis' iz Khara-Khoto XII-XIV vekov: Mejdu Kitayem i Tibetom*, Saint Petersburg: Izd-vo Gos. Ermitaja（萨莫秀克：《12—14 世纪黑水城佛教绘画——汉藏之间》）.

Schopen, Gregory, 1997: *Bones, Stones, and Buddhist Monks. Collected Papers on the Archaeology, Epigraphy, and Texts of Monastic Buddhism in India*, Honolulu: University of Hawaii Press（绍彭：《骨·石·僧——印度僧团佛教的考古、金石与文本论文选》）.

Seckel, Dietrich, 1997: *Das Portrait in Ostasien, Erster Band, Einführung und Teil I: Porträt-Typen*, Heidelberg: Universitätsverlag C. Winter（泽克尔：《东亚肖像》第一册前言和第一部分"肖像的类型"）.

Seckel, Dietrich, 1999: *Das Portrait in Ostasien, Dritter Band, Teil III, Porträt-Funktionen*, Heidelberg: Universitätsverlag C. Winter（泽克尔：《东亚肖像》第三册第三部分"肖像的功能"）.

Soymié, Michel, 1999: "Les donateurs dans les peintures de Dunhuang," *Cahiers d'Extrême-Asie* 11: 1-24 (苏远鸣：《敦煌绘画中的供养人》).

Stoddard, Heather, 2004: "Fourteen centuries of Tibetan portraiture," in *Portraits of the Masters: Bronze Sculpture of the Tibetan Buddhist Lineages*, Donald Dinwiddie (ed.), Chicago and London: Serindia publications Inc. and Oliver Hoare Ltd., 16-61（斯托达尔：《西藏肖像画的 14 个世纪》）.

Strickmann, Michel, 1996: *Mantras et mandarins: le bouddhisme tantrique en Chine*, Paris: Gallimard（司马虚：《真言与官话——中国佛教密宗》）.

Stuart, Jan and Evelyn S. Rawski, 2001: *Worshipping the Ancestors. Chinese Commemorative Portraits*, Washington D. C.: Freer Gallery of Art and Arthur M. Sackler Gallery, Smithsonian Institution, in association with Stanford University Press（斯图尔特、罗友枝：《祖先崇拜——中国纪念肖像》）.

Szpindler, Magdalena, 2014: "Thangka Depicting a Mongol Khan. An Example of Buddhist Art and Politics Intertwined," in *A Window Onto the Other: Contributions on the Study of the Mongolian, Turkic and Manchu-Tungusic Peoples, Languages and Cultures. Dedicated to Jerzy Tulisow on the occasion of his seventieth birthday*, Agata Bareja-Starzyñska, Jan Rolaga and Filip Majkowski (ed.), Warsaw: Elipsa Dom Wydawniczy, 258-267（斯皮品德勒：《蒙古汗王像唐卡——佛教艺术与政治交织一例》）.

Thubten, Legshay Gyatsho, 1979 [1971]: *Gateway to the Temple*, trans. from Tibetan by David Jackson, Kathmandu: Ratna Pustak Bhandar（土登列协嘉措：《殿堂之门》）.

Tsultem, N. (= Cültem), 1986: *Development of the Mongolian National Style Painting "Mongol*

Zurag" in Brief, in four languages (Russian, English, French, and Spanish), Ulaanbaatar: State Publishing House（楚勒特木：《蒙古民族风格绘画 "Mongol Zurag" 的发展简史》）.

Tsultem, Uranchimeg, 2009: "Ikh Khüree: A Nomadic Monastery and the Later Buddhist Art of Mongolia," PhD dissertation in History of Art, University of California, Berkeley（《大库伦——游牧寺院与蒙古晚期佛教艺术》）.

Waley, Arthur, 1931: *A Catalogue of Paintings Recovered from Tun-huang by Sir Aurel Stein*, London（亚瑟·威利：《斯坦因爵士发现的敦煌绘画目录》）.

Wang Yao-t'ing, 2005: "Die Darstellung der mongolischen Herrscher in der chinesischen Malerei der Yuan-Dynastie, " in Claudius Müller and Henriette Pleiger (eds), *Dschingis Khan und seine Erben. Das Weltreich der Mongolen*, München: Hirmer Verlag, 298-302（王耀庭：《元代中国画表现的蒙古统治者》）.

Watt, James C. Y. and Anne E. Wardell, 1997: *When Silk Was Gold. Central Asian and Chinese Textiles*, New York: The Metropolitan Museum of Art, in cooperation with the Cleveland Museum of Art, distributed by H. N. Abrams（屈志仁、沃德韦尔：《丝贵如金时——中亚与中国织物》）.

Weidner, Marsha Smith, 1989: "Aspects of Painting and Patronage at The Mongol Court, 1260-1368," in *Artists and Patrons: Some social and economic Aspects of Chinese Painting*, Li Chu-Tsin, James Cahill and Ho Wai-kam (ed), Lawrence (Kan.): Kress Foundation Department of Art History (University of Kansas), Nelson-Atkins Museum of Art (Kansas City), in association with the University of Washington Press: 37-59（魏盟夏：《1260—1368 年蒙古宫廷绘画与赞助面面观》）.

Wiercimok, Edith, 1990: "The Donor Figure in the Buddhist Painting of Dunhuang," *Silk Road Art and Archaeology* 1, Kamakura: Institute of Silk Road studies, 203-226（维尔齐莫克：《敦煌佛教绘画中的供养人像》）.

《汉藏史集》中的汉藏关系史料辑考

阴海燕

提要:《汉藏史集》(rgya bod yig tshang chen mo)全名为《汉藏史集·贤者喜乐瞻部洲明鉴》(rgya bod kyi yig tshang mkhas pa dgav byed chen mo vdzm gling gsal bavi me long zhes bya),达仓宗巴·班觉桑布(stag tshang rdzong pa dpal vbyor bzang po)著,成书于明代宣德九年(1434),是研究汉藏关系的一部十分珍贵的藏文史书。文章在学界已有研究基础上,对《汉藏史集》所包含的汉藏关系史料进行了较为系统的辑录和探讨。

关键词: 汉藏史集　汉藏关系　史料

汉藏关系是中国藏学研究的重要内容。改革开放以来,大量藏文史籍被整理、出版并得到汉译,这些史籍记载了大量有关汉藏关系的内容,为我们深入研究中央政府与西藏地方关系和汉藏民族关系提供了不可多得的一手文献素材。其中,《汉藏史集》是一份研究汉藏关系的极其珍贵的历史文献。从全书布局上看,"本书(《汉藏史集》)的王统世系相当于中原正史的帝王'纪',人物志则是'列传',刀剑史等民间知识的编排体现了'志'或'记'的专史体例特点,家族史的题材又决定了'世家'的体例,于此可见藏族传统史学与中原传统史学之间的共性"[1]。在具体研究中,学界已经从史书作者、科技史、经济史等方面对史书的史料价值进行了挖掘、整理和研究[2]。本文试对《汉藏史集》[3]中包含的丰富的汉藏关系史料作简要的辑录和探讨。

---

〔1〕 王璞:《〈汉藏史集〉的史学世界》,瞿林东主编:《中国少数民族史学研究》,北京:北京图书馆出版社,2008 年,第 305 页。

〔2〕 陈庆英、沈卫荣:《简论〈汉藏史集〉》,《青海社会科学》1988 年第 4 期,第 95—101 页;陈庆英:《关于〈汉藏史集〉的作者》,《西藏民族学院学报》2004 年第 2 期,第 11—17 页转 46 页;郭世荣:《〈汉藏史集〉中的科技史料》,载《历史深处的民族科技之光:第六届中国少数民族科技史暨西夏科技史国际会议文集》,2002 年,第 320—329 页;旦增卓玛:《浅论西藏茶文化——以〈汉藏史集〉相关记载为中心》,《西藏发展论坛》2013 年第 4 期,第 25—28 页。

〔3〕 达仓宗巴·班觉桑布著,陈庆英译(1999):《汉藏史集:贤者喜乐瞻部洲明鉴》,拉萨:西藏人民出版社,1999 年。该书为 1986 年 12 月第 1 版,1999 年 3 月第二次印刷。以下简称"陈庆英译(1999)",引文凡出自"陈庆英译(1999)"者,均不赘注,仅标页码。

一、汉藏族源关系

《汉藏史集》对藏族族源的各种说法均有记载,作者在综合考量各种观点的基础上,已经有了初步的看法:一是藏族来自于观音菩萨点化的猴子与岩魔女结合;二是藏汉属于同一族源;三是藏族族源不可能是"南来"。

1. 承认汉藏同源

《汉藏史集》对南瞻部洲域内民族的分类有两种记载:一种是把域内所有民族称为"十二根本族系",分为外部四族系、中间四族系和内部四族系三大类别。其中,外部四族系按种姓区分,汉藏民族同属于中间四族系,以语族不同分为四大族系:

> 印度之人源自天神,故讲桑支达天神之语言,汉地之人源自龙,故讲那噶支达龙的语言,蒙古之人源自非天,故讲阿速支达非天之语言,吐蕃之人源自猴与岩魔女,故讲阿巴支达魔之语言。……内部四族系,为东氏、冬氏、塞氏、穆氏等。据说由此四族系分出大部分吐蕃之人。(第 10 页)

另一种说法,把这些民族分为内部四族系和外部四族系,汉藏民族同属于内部四族系:

> 内部四族系是格裹汉人、金尚蒙古人、卡勒门巴人、悉布野吐蕃人等四种。其中,汉人又分为两系,即穆氏和格拉氏……吐蕃人的族系又分为六支的说法是,最初,在马卡秀雅秀地方的上部有什八之王,名叫丁格,生有三子,分为汉、吐蕃、蒙古。(第 10—11 页)

上述两种说法,对汉藏民族族源的解释,融合了汉藏民族各自的传说,比如把汉族的起源说成"龙"(龙的传人),藏族则起源于"猴与岩魔女"结合,具有当时人们在认识论上的局限性。但最重要的一点是,两种不同说法都认为汉藏民族出自同一族系——中间四族系或内部四族系,这代表了那个时代甚至更早历史时期中藏族人民对汉藏民族同源的基本认识。不同的是,在"穆氏"分支属于汉人还是吐蕃人上存有差别,但这也从另一个角度说明了汉藏民族在族源关系上的密切程度。同样,上述观点也认为藏族与门巴族具有密切联系,属于同一族系,而在历史和现实中门巴族与藏族在语言、地域、生活习惯、宗教文化等方面的相似性,也印证了这一点。

2. 否定族源"南来说"

《汉藏史集》的作者对于藏族起源的观点是很明确的,他在叙写"吐蕃之王统"时开篇就礼赞观音菩萨点化猴子与岩魔女繁衍藏族人类的传说:

> 顶礼观世音菩萨！//你以慈悲拯救大苦大难,/你慈悲之眼看护着众生,/由于你不断的慈悲照应,/我向你这慈悲之主礼拜！//你在这圣洁的雪域吐蕃,/以化身之法繁衍出人类,/你是蕃人依怙指引正道,/各种功业事迹恰如下述。(第69页)

紧接着,作者在阐述中又以"有的人认为""以前各种史籍的记载"等口吻,分别叙述了有关藏族族源的三种说法:第一种观点认为,吐蕃王统是印度众敬王后裔之分支,即印度释迦王系后裔。第二种观点认为,之前吐蕃地方没有人类存在,藏族是由于观音菩萨教化猴子力士与岩魔女结合,产生吐蕃最初的东氏、冬氏、塞氏、穆氏四大部族,而后逐渐发展起来的。此种观点叙述最详,用墨最多。第三种观点认为,吐蕃地方最初的人类是敌恶及其部下与护狮子王之子作战,战败后逃到吐蕃地方的(第68—70页)。

从"吐蕃之王统"整个篇幅的布局来看,作者显然肯定藏族族源"本土说",否定了族源"南来说"[1]。作者在叙述完三种传说故事之后,又这样写道:"但是这些故事没有说清楚这些人是在吐蕃的什么地方繁衍,他们的后裔是些什么人。所以,吐蕃的人类必定是由上述的四大族姓繁衍而来的。"(第70—71页)可以说,《汉藏史集》的作者在综合当时流行的有关藏族族源的几种说法后,已经得出了比较科学的结论。

二、汉藏政治关系

《汉藏史集·汉地之王统》对周代至明代的政治更替进行了记载,基本上来自四方

---

[1]《西藏封建农奴制社会形态》指出:"《智者喜宴》……不讳'圣人',以极令人信服的史料,指出了'印度说'的谬误,可以说他是古代第一个反对'印度说'的史学家。"这一说法值得商榷,参见多杰才旦主编:《西藏封建农奴制社会形态》,北京:中国藏学出版社,1995年,第388—389页。之后,我国现代藏学界对"印度说"进行了普遍批驳,如根敦群培针对"聂赤赞普从印度顺流而下,冲到吐蕃获救后,被拥立为王"之说批驳道:"世中哪有一条河流自印度倒入西藏的河流? 连如此最起码的常识都不具备,还将那些无端异说当成确凿证据来吓唬我们。"参见格桑曲批译:《更敦群培文集精要》,北京:中国藏学出版社,1996年,第16—17页。

面资料：一是欧阳修、宋祁编撰的《新唐书·吐蕃传》；二是《大元通志》；三是已有的藏文史籍记载；四是民间传闻。通过这些形式反映的汉藏政治关系的内容主要有：

1. 汉藏通婚交融

典型的要数文成、金城二公主进藏。文成公主在藏文中称"睡莲公主"，译成藏文意为"海中莲花"。《汉藏史集》载："唐太宗于羊木马年（甲午，公元634年）与吐蕃王互相聘问赠礼，这是汉藏之间最早建立联系。吐蕃王松赞干布赠送金甲求娶唐朝公主，唐朝没有答应。所以松赞干布率领吐蕃二十万军队攻破吐谷浑，后来退兵。过了一段时间，吐蕃又派大臣噶尔·东赞携黄金五千两和各种珍宝向唐朝求娶公主。唐太宗的公主文成公主于阴铁鸡年（辛酉）入蕃，护送的人和迎接的人会于柏海。"（第58页，详见第84—85页）对于文成公主的死因，藏文史籍少有披露，唯有《汉藏史集》可与《敦煌藏文文献》记载比对："此时，于阗国之佛法已接近毁灭之时……众比丘由驮载物品的牦牛领路，到达吐蕃的蔡吉地方。比丘中的长老向赭面国王报告，此赭面国王有一菩萨化身之王妃，是汉地的一位公主，她任施主迎请于阗国的比丘到吐蕃，并问：'还有比丘吗？'比丘之堪布说：'在安西、疏勒、勃律、克什米尔还有许多比丘。'于是王妃将那些地方之比丘也迎请来，安置在寺庙之中，很好地供养了三四年。此时，公主染上瘟症去世，其他人也病死很多。吐蕃的大臣们商议后说：'这是因为召请这些蛮邦游方比丘而得到的报应。'"（第52—53页）[1] 其中提到的汉地公主，显然就是文成公主。

文成公主进藏，使唐蕃关系发展到了前所未有高度。由于松赞干布与文成公主联姻，唐高宗先后两次封给松赞干布官职[2]，第一次是驸马都尉西海郡王，后一次是賓王（第59页）。《汉藏史集》对吐蕃助王玄策击破印度叛乱事件，也予了记载："唐太宗派兵击破印度拔马迦达，听到这个消息，吐蕃王也派兵击破迦马达。"（第58—59页）唐中宗时，吐蕃又来求婚，"中宗将弟弟睿宗的女儿金城公主嫁给吐蕃，陪送的嫁妆有数万两黄金、各种工匠、各种器乐、全部木雅地方"（第60页）。金城公主入藏，生有赤松德赞，赞普称唐朝为"舅氏汉人"（第96页）。

---

〔1〕 这与《敦煌古藏文文献》中的记载相符合，文成公主于永隆元年（680）薨于吐蕃，在于阗僧人来藏期间，黑痘等症盛行，"文成公主罹染黑痘之灾，痘毒攻心而薨"。参见《文成公主的死因》，《民族大家庭》1999年第3期；王尧、陈践译注：《敦煌吐蕃文献选》，成都：四川民族出版社，1983年，第146、153页。

〔2〕 汉文史籍对第二次给予松赞干布的封号记载不一，两《唐书·吐蕃传》《通典·吐蕃》作"賓王"，《册府元龟》卷九六四作"宾王"，卷九七四作"宝王"。

又，唐朝皇帝喜爱大臣噶尔，将一位侄孙女公主嫁给他，封他为右卫大将军，这是第一次将汉地官职授予吐蕃人（第58页）。唐武则天时，噶尔·东赞的子孙受到赞普的排挤，东迁归唐，受到唐朝的封授和重用。《汉藏史集》记载："听到赞普（都松莽布支）降罪的消息，噶尔的长子自杀身死，其弟赞婆与其侄莽布支率军投降唐朝皇帝，唐朝封赞婆为归德郡王，任命为大臣，封其侄莽布支为左羽林大将军、安国公，并赐给他们二人以后即使犯罪也不受处罚的铁券文书。"（第59页）[1]

明朝时期，萨迦派都却拉章的南喀勒贝罗追坚赞贝桑布"在他十六岁的阳木马年（甲午，1414），由于大乘法王的恩德，汉地的大明皇帝封他为辅教王，赐给金印及掌领吐蕃事务的诏书，准其入贡"（第192页）。在江孜法王家族中，明朝曾封索南贝为大司徒（第212页），并赐给银印和诏书，由此他成为以萨迦派为主的藏地方各信奉佛法的领主的支柱。朗氏家族的扎巴坚赞，"汉地大明皇帝封给他灌顶国师阐化王的名号，并历次赐给金印、诏书、牌符等。他权势显赫，利乐具足，从十一岁到五十九岁之间身居高位，使得地方兴盛，是帕木竹巴历任第悉中在任最长、功德最大的一个"（第288页）。

2. 汉藏人口杂居

囊日伦赞时，通过战争已经征服一部分"汉人"，并将其纳入统治之下（第76页）。这里的"汉人"不一定指汉族人，但应是处于汉藏交界地带的其他民族之人。松赞干布时，大臣噶尔东赞替赞普迎娶文成公主，皇帝"以大臣噶尔聪明过人应在汉地繁衍后裔之故，命噶尔在汉地留住一年。噶尔在汉地留住期间，假装生病，借口到汉藏交界处祭祀山神，用各种方法逃脱，领来许多汉人"（第85页）。文成、金城二公主入藏，也带去了汉地的大量侍从、工匠等。自松赞干布以降，吐蕃与唐朝长期和战，通过民族通婚、聘使往来、边界争战、两地和盟等形式，这些都一定程度上促进了当时汉藏民族人民的交流、交往、杂居和融合。虽然《汉藏史集》在这方面没有明显的记载，但在那样一种和战交替的时代，汉藏两大民族在血缘上的亲密关系已经无法割裂开来了。

3. 汉藏和战关系

主要包括会盟、使者往来、武装冲突等形式。《汉藏史集》记载："吐蕃王芒松在位

---

〔1〕《新唐书·吐蕃传》对此事给予了详细记载。吴丰培先生曾撰文考证噶尔·东赞后裔五世仕唐的事迹，参见吴丰培：《唐代吐蕃名相禄东赞后裔五世仕唐考》，《民族史论文选（1951—1983）》，北京：中央民族学院出版社，1986年，第156—160页；同文又见载《西藏研究》1983年第4期，第83—85页。

时，唐蕃有时和好，有时又发生多次战争和争端。唐朝大臣薛仁贵率领十万大军[1]，到达前来拉萨的中途，吐蕃以噶尔的长子为将军，将全部唐朝军队击败。"（第59页）这里记载的事情，应是唐咸亨元年（670）的大非川（今青海共和西南切吉旷原）之战。在唐蕃和战的历史上，吐蕃军队最为强盛的时候，莫过于趁"安史之乱"于公元763年攻入长安。"吐蕃军队进入京兆府，立广武王为唐朝的皇帝，改年号，传诏各地"（第61页）。然而，否极泰来，兵盛而衰，吐蕃军队仅在长安停留15天就被逐出。"最初，唐朝的国土从京兆府至吐蕃为九千九百里，后来从肃宗开始，丢失给吐蕃的城池州县为三百处，最后都被唐朝收复"（第62页）。此后，唐德宗在位年间，双方清水会盟，护守边界，唐蕃之间许多年没有发生战争。唐穆宗公元821年，"在拉萨的平旷之处，聚集吐蕃之大臣，由钵阐布宣读盟文，诸神证盟，与会之人都认同并立誓遵守盟约"（第61页）。这是唐蕃的第八次会盟，双方重申历史上"和同为一家"的甥舅亲谊，决心此后"社稷如一"，永远和好，将藏汉两族人民团结友好的关系发展到了更高层次。

4. 关注中原政治

《汉藏史集》通过正史、野史两种形式记载了中原汉地政权更替及演变的诸多事项。汉藏双方对各自政权演变、发展等情况的了解，很可能是通过情报刺探、史书记载、往来聘使等途径获取。这是有关中原政事的记载，尽管不尽准确，但在一定程度上反映了西藏对祖国内地情况的关注。如，《汉藏史集》记载吐蕃人称武则天为"则老太婆"，关于这一时期有这样一则传说："在另外的传说中，女皇生了一个长着驴耳朵的儿子，感到羞愧，派人将其杀掉，有一个担任大臣的吐蕃人，以猪代替，将太子保存下来。后来女皇年老时，唐朝没有后嗣，女皇打算立她的哥哥武三思为皇帝，召集众人聚会，拖长声音问：'立武三思是否同意？'女皇又下令说：'谁若是说不同意三字，即杀之。'当武三思拖长声音说：'立我，不同意……'时，担任大臣的吐蕃人乘这间隙拔剑从后面将武三思杀死，当女皇问这是为什么时，他说这是女皇自己的命令，说'不同意'三字者，即应杀之，所以女皇对他也没有办法。当女皇大为悲伤时，此大臣将驴耳朵太子领来，立为皇帝，因而被称为长驴耳朵的皇帝。为了遮住驴耳朵，此皇帝戴了一个黄金面具，'皇帝的金面'的说法即是由此产生的。"（第60页）

---

〔1〕 实际上，此战中薛仁贵带领的唐兵仅有5万，他受诏为逻娑（即拉萨）道行军大总管，"以逻娑为出师之名，或许有胜利后直捣黄龙之意"。当时，吐蕃军力北上救援计有40万之众。

对于宋、元、明的朝代更替,《汉藏史集》亦有大量记载。元朝建立后,对西藏地方给予了更加有力的统辖和治理。蒙元统治者为防止前朝东山再起,曾将南宋末代皇帝"蛮子合尊"[1](即宋恭宗赵显)发配到西藏萨迦寺出家为僧。颇为有意思的是,《汉藏史集》的记载将元朝取代宋朝、明朝取代元朝串联为一段有趣的故事:

> 先前杭州宫殿被蒙古人火烧之时,蛮子之皇子向蒙古皇帝归顺了,但不得信任,被放逐他乡,到了萨迦地方,修习佛法,人群集聚在他周围。此时,蒙古皇帝的卜算师们说:"将有西方僧人反叛,夺取皇位。"蒙古皇帝派人去查看,见许多随从簇拥此蛮子合尊,将此请向皇帝奏报,皇帝命将其斩首。赴沙场时,他发愿说:"我并未想反叛,竟然被杀,愿我下一世夺此蒙古皇位!"由此愿力,他转生为汉人大明皇帝,夺取蒙古之皇位。……
>
> 蒙古妥欢贴睦尔皇帝之时将皇位失落给汉人的直接原因,虽然有几种不同的说法,但是据当时从乌斯藏到朝廷去的法师们的谈论,其缘故有如下述。还在皇位失落的十年以前,汉人占卜者就说:"现在皇位有失落的危险,如果让皇太子现在继位,还可以禳解此灾。"父皇也同意如此办理,并下了诏令,群臣商议后也一致赞同,但是向皇太子爱猷识理达腊请求时,太子说:"从古至今,只有当父皇升天后皇子才能继承皇位,现今父皇圣躬康健,政教兴盛,皇子岂应继承大位!"坚决不允。此时,适值发兵前往蛮子地方弹压之际,乃命太子为元帅,统兵三百万(原注:似为三十万之误)前往蛮子地方镇压,建大功业。此时宫中卫军有一名十夫长,彼自身染病,儿子幼小,又寻不着他人代替出征。乃将此情告诉结有善缘、平素常以财物供养之汉僧牟果,求他前去。此汉僧顾念施主之情,又见有食粮等享用,遂穿上军衣出征。大军点查之时,皇子传令道:"似此穿军衣之僧人,坏了僧规国法,坏了朝廷规矩,可将彼按刑治罪,其下十名兵士各鞭一百零七下!"彼乃奏报本身贫穷,无奈才替人从军之情。于是将彼鞭笞无数,几呼死去。其伙伴受鞭笞者,亦身心俱困,与彼一道留于大军之后。不久,彼等将养好身子,此汉僧乃倡言反叛,众人响

---

〔1〕 陈庆英译(1999):第63页。参见蔡巴·贡噶多吉著,陈庆英、周润年译,东嘎·洛桑赤列校注:《红史》,拉萨:西藏人民出版社,1988年,第193、195页,注释195、203。《雅隆尊者教法史》译为"拉尊",皆为贵族、王室子嗣出家持戒者之尊称,亦有僧王之意。王尧、陈庆英:《西藏历史文化辞典》(拉萨:西藏人民出版社、杭州:浙江人民出版社,1998年,第241页)记载,合尊在萨迦寺学会藏文,并勘对藏汉佛经,重加修订翻译,有《因明入正理论》《百法明门论》等译作传世。后转至河西,据说,因诗"寄语林和靖,梅花几度开?黄金台下客,应是不归来"而获罪,至治三年(1323)被赐死。

应。彼等占据宫廷西面湖中一险要小岛，不分远近，四处攻掠，将所遇见之人或杀或抓。故此一方之人，渐渐归于彼之管辖。彼之头目军士等，亦有了夺占得来之田产、妻儿等。其后，不过一、二年间，江西行省之全部俱被其占据。此时，彼遣人向蒙古皇帝奏请说："你之儿子将我无辜治罪，如今我之治下已辖有一个行省，你应给我王之封号、官职及金印等。"皇帝道："可查明其人之根脚出身，如系蒙古，可照彼之请求赐给。"官员派人细查后回奏："彼乃汉人百姓家出身。"皇帝道："如此，不能赐给王之封号。"官员照此向其传诏时，彼大怒。当时，他有一儿子刚刚会说话，但此小儿说话的话句动作都与蒙古皇帝酷似，彼认为此乃吉兆，于是再次派人向皇帝说："皇帝，你若给我想要的官职，我也可按你的意愿行事，现在既然你不同意我的要求，王我自己也可以做。自今以后，我所管辖之地，再不遵奉你的命令。"于是他自己自称为"大明王"，并写信给各地官员，通告此事。此后，大明王之权势逐年增长。听到他的名声，当初请他代替出征的施主以及他当十夫长时的朋友部下等都来投奔。相见之后，互叙别情。大明王定计说："约定某月某日，我发兵从外面攻打，你等在官内之众人，可设法内应。我之小儿年龄虽幼，但行事一如帝王，我家必能夺蒙古之皇位。"众人决议，遵此而行。约定日期后，原先之施主等人返回官中，又与一原先曾遭责罚的丞相暗通声息。还在此大明王之大兵到来的凶信传来之前，此丞相即对宫中多数人众假传圣旨说："皇上有旨，明日清晨在皇宫角上竖立一根杏黄色旗帜，此旗一竖，汝等每人房上亦须竖一杏黄旗，不竖者即违旨有罪。"次日上午，众人照此办理，都城中三分之一以上人家之屋顶竖起旗帜。皇帝见此问道："此是何故？"此丞相答道："大明王之兵已到眼前，都城之卫卒，乃国之劲旅，彼等昨日已向其投降。凡屋顶竖旗之家，都已背叛我朝。现今如何办理，皇帝是向他投降，还是逃亡蒙古地方？须做决断。"皇帝立召占卜者前来卜算，占卜者说："此次皇位定失，皇上以避往蒙古地方为佳。以后皇位还能由蒙古人获得。"皇帝信了此卦，于是皇帝妥欢贴睦尔父子、蒙古本部之高官以及十万军士，以马、牛、骆驼等驮载以玉玺为首的贵重财宝，于傍晚时打开都城北门，逃亡蒙古地方。此后的三天之中，外面的兵马未到。都城内大明王一方之人，手下无兵，连皇帝逃走时打开的城门也无人关闭，成为一座空城。此时，忠心于蒙古之人。派人追上皇上奏请，要求派蒙古兵回城守卫，但蒙古军未敢返回。三天以后的上午，大明王父子率劲卒千余人到达皇宫，立即将北门关闭，在南门处聚合归从之人，传令说："从明日上午起，挨家清查汉人、蒙古人，将蒙古人按每百户编成组，按罪过加以判决。"此后，将此大明王之子扶上帝位,上尊号为大明皇帝,成为社稷之主。此事亦是汉人之军旗俱用杏黄色之始,也是皇宫中树立杏黄色旗帜之原委。(第141—143页)

上述提及"合尊"的两种说法:一是转生为大明皇帝而夺取蒙古帝位;二是元顺帝为合尊之子。这些记载与《甘宁青史略》《皇明本纪》等记载颇为相似[1]。可以基本上确定,《汉藏史集》的记载源于中原政权更替传闻的流布。合尊转生为大明皇帝,其中暗含汉族统治的南宋政权被蒙古族占取后,经历蒙古人统治的元朝,又回到由汉族统治的明朝的历史脉络。号召汉族人民推翻蒙古族统治的元朝,恢复汉人江山,这是元末明初流行于起义军中的一段说辞。第二段引文交代了另一个不同的说法,字里行间暗含了明朝军队攻占大都,元顺帝北逃漠北的历史,占卜者的卜算似乎暗含了元顺帝"顺天命"而被称为"顺帝"的寓言。引文似乎也隐含了明成祖朱棣的身世之谜,学界有人怀疑其为元顺帝之后[2]。

总之,在古代的交通、通讯技术不发达的情况下,通过与汉族人民之间的交流、道听途说等形式,藏族对中原汉地的政治更替关系保持了基本的了解。

三、汉藏经济关系

《汉藏史集》记载了丰富的汉藏民族关系内容,反映了汉藏民族之间密切的经济联

---

〔1〕 一些史料疑元顺帝为宋末帝赵显之子,诸如《甘宁青史略》:"又案:辛卯侍行记,顺帝生于甘州僧寺,初宋少帝降元时方六岁,封瀛国公,尚公主。其后,有请诛之者,公主以告,瀛国乃请为僧,易名合尊。至元二十五年(1288),学佛法于吐蕃,年十八。后奉诏居甘州山寺,有赵王者怜公,赠以回回女子。延祐七年庚申生一男,随蒙古俗,名为妥懽帖睦尔,时公已五十矣。初元,明宗为周王,违仁宗旨,逃之漠北与瀛国缔交,瀛国之子妥懽帖睦尔有异。微明宗乞养为己子,并纳其母。后即帝位二年,见弑文宗,立诏云:明宗在朔漠素谓妥懽帖睦尔非己子,徙之海岛,又移广西。文宗传宁宗不数月而殂。太后命立妥懽帖睦尔,即顺帝也。而实赵氏之子。惜乎,即位之初,盗贼蜂起,岂天故生斯人以乱元室耶!"丁亥至正七年夏五月,"徙瀛国公子赵宗普等于沙州。瀛国公,宋后尚主,为避免嫌疑,出家于甘州马蹄寺,生子完普,亦为和尚。时御史徹徹帖木尔等言:诸处群盗辄引亡宋故号以为口实,宜徙和尚完普及亲属于沙州,安置禁人交通。从之"。参见慕寿祺著辑,赵元贞、李炳校:《甘宁青史略正编(4)》卷十三,上海:广文书局印行,兰州俊华印书馆出版,1936年,第8、14、29—30页。
又如,野史《皇明本纪》载:"先是,元入宋临安,帝显既降,封瀛国公,使为僧,号合尊,有子完普,亦为僧,俱坐说法聚众见杀。其舅吴泾全翁梦二僧人曰:'我赵显也,被虏屠害。已诉诸上帝,许复仇矣。'及韩山童倡言弥勒佛下生,而中原之乱沸起,我太祖决兆于伽蓝以倡义,而胡元之鼎竟迁,赵显复仇庶几验矣。"
〔2〕 对于这种说法,开其滥觞者是元末隐士权衡的《庚申外史》,之后明初余应的《政和县志》、黄溥的《闲中今古录》对其进一步发挥,成书于明末的《蒙古黄金史纲》对此亦有记载。此外,清代刘献廷的《广阳杂记》、王睿的《瓠庐杂缀》等对于明成祖身世传闻也有一些记载。明成祖的生母是马皇后还是□妃,亦或是其他人,学界还有争论,但其绝不是元顺帝之妃已成定论。参见郭丽清:《元顺帝、明成祖身世之谜》,《紫禁城》2006年第5期,第62—65页。

系。最为典型者，莫过于茶叶和碗。

藏族的茶文化别具一格，是中国乃至世界茶文化园地中的一枝奇葩。茶，源自于中国内地，而我国广大藏区由于气候、地理、环境等因素限制，素不产茶，藏区之茶最初就是从汉地传入，这是毋庸置疑的。然而，学术界对于历史上茶叶传入藏区的具体时间存有争论[1]，但普遍认为是唐代，这在汉藏两种文献史籍中都可以找到可印证的文字。《汉藏史集》最早提及茶并将茶叶的名称与吞米桑布扎创制藏文联系在一起[2]，也许正是"茶"给了吞米桑布扎创制藏文的灵感。吞米桑布扎根据"茶"创制藏文，至少说明茶叶当时已经传至吐蕃。内地茶叶进入吐蕃的应是经由茶马贸易之方式。《汉藏史集》以一段通俗易懂、形象生动的故事记录了茶叶在吐蕃出现时的情形：

　　某一个时候，国王都松莽布支得了一场重病，当时吐蕃没有精通医学的医生，国王只能注意饮食行动，加以调理。当国王安心静养之时，王宫屋顶的栏杆角上，飞来一只以前没有见过的美丽的小鸟，口中衔着一根树枝，枝上有几片叶子，在屋顶上婉转啼叫。国王看见了小鸟，开初并没有注意它。第二天太阳刚刚升起时，小鸟又飞来了，还和前一天一样啼叫。国王对此情景不禁犯疑，派人去查看，将小鸟衔来的树枝取来放到卧榻之上。国王发现这是一种以前没有见过的树，于是摘下树叶的尖稍放入口中品尝其味，觉得清香。加水煮沸，成为上好饮料。于是国王召集众大臣及百姓，说："诸位大臣及平民请听，我在这次病中对其他饮食一概不思，唯独小鸟携来的树叶作为饮料十分奇妙，能养身体，是治病之良药。对我尽忠尽力的大臣们，请你们去寻找这样的树长在何地，对找到的人我一定加以重赏。"吐蕃的

---

〔1〕 关于茶叶传入吐蕃的时间，大概有三种说法：(1)在囊日松赞时期，吐蕃民间就开始嗜茶，把茶叶当作开胃、养身之药由来已久；(2)据《西藏政教史鉴》记载，"茶叶亦自文成公主输入藏土"，认为茶叶自唐贞观十五年（641）开始传入，内地首批茶叶是随文成公主进入吐蕃的；(3)《汉藏史集》认为都松莽布支在位时，"吐蕃出现了以前未曾有过的茶叶和碗……"参见旦增卓玛：《浅论西藏茶文化——以〈汉藏史集〉相关记载为中心》，《西藏发展论坛》2013年第4期，第26页；陈庆英（1999）：第92页。

〔2〕 印度的各种文字，有元音十六个，辅音三十四个，虽然都能发出声来，但是吐蕃人不易发准，因而不能照搬。……吞米想不出办法来，就将寝室门紧闭，昏沉睡去，醒来时看见身旁有一瘦小老太婆，他问："老太太从什么地方来，我将门上了，你怎么进来的？"老太婆回答说："要问到什么地方去、干什么，我也不为什么事来，也不为什么事去，天空就是我的路，你将门紧闭又何妨。"吞米听了，大惑不解，又再次询问，老太婆说："我从萨贺尔来，到吐谷浑去。"吞米问："路程远近如何？"答："那没有一定。"又问："路上带了什么口粮？"答："有茶叶。"问答之间，老太婆忽然消失不见，原来她是尊胜文殊菩萨的化身，过后吞米仔细回想，突然悟出老太婆的话中有夏、萨、阿和家、恰、贾等六个印度文字没有的音。这样构成三十个字母，加上放在字母上下的元音符号，经过组合，就可以构成与吐蕃语音相符合的叠加的文字。参见陈庆英（1999）：第77—78页。

臣民们遵命在吐蕃的各个地方寻找,俱未找到。大臣中有一名最为忠心、一切只为国王着想之人,沿着吐蕃边境寻找,看见汉地有一片密林,笼罩紫烟,就前往该处。他心想:"那边的密林之中,必定有这样的树木。"密林的这一边,有一条大河,渡不过去,却隔着河望见那种树就长在对岸林中。大臣想起国王之病,决心冒险过河。此时忽然有一条大鱼在他面前出现,游过河去。使大臣看到河面虽然宽阔,但水深并不足以淹没人,心中大喜,就沿着鱼游过的路线涉过大河。大臣到达森林之中,只见大多数都是小鸟带来树枝的那种树,心想:"这必定是鱼王显现,为我引路。"他欢喜不尽,采集此树树枝一捆。又思量道:"此物对我王之病大有效用,中间道路如此遥远,若有人前来帮助背负,或有一头驮畜,岂不更好。"想到此处时,忽然有一白色母鹿,不避生人,跑到身前。大臣想:"此鹿或者可以驮载。"乃试验之,果然如愿,于是将此树枝让母鹿驮上一捆,大臣自己背上一捆,返回国中。路上跋涉,非止一日。一月之间,母鹿驮载,直送大臣到达能望见吐蕃国王宫城之处。吐蕃大臣在此处召集民夫,将树枝送到国王驾前。国王十分欢喜,对此大臣重加赏赐。国王疗养病体,亦大获效益。(第92—93页)

对于辨别汉地茶叶好坏的知识,称之为《甘露之海》。《汉藏史集》记载:"买茶叶的、卖茶叶的以及喝茶的人数目很多,但是对于饮茶最为精通的是汉地的和尚,此后噶米王向和尚学会了烹茶,米札衮布向噶米王学会了烹茶,这以后依次传了下来。"(第130页)[1]

汉地的茶叶经月余时间的路程,从中原内地驮运至吐蕃,运输不可谓不困难。由于吐蕃与唐朝之间多有争战,吐蕃不愿以马易茶,又加上茶马贸易制度初创,整个唐代茶马贸易量甚小,进入吐蕃的茶叶极其珍贵,仅为上层贵族所享用,在民间还没有形成普遍饮茶的习俗。也正是因为如此,藏族人民对饮茶的器皿也十分珍视。我们紧接着上述故事可知:

此后,国王(都松莽布支)说:"此种树叶(即茶叶)乃上等饮料,饮用它的器具,不能用以前有的玛瑙杯、金银等珍宝制作的瓢勺,需要找一种以前没有的器具。听说汉地的皇帝有一种叫做'碗'的器具,可派人前去要来。"于是吐蕃派出使臣

---

[1] 吐蕃人将汉地茶叶分为十六种,对每一种茶叶的生长条件、叶片大小、颜色、气味、汁态、味道、烹制、功效等详细阐述。详见陈庆英(1999):第128—130页。

前往汉地,汉地皇帝说:"我们汉地与吐蕃双方多次交战和会盟,为利益吐蕃,我已历次送去医药历算、各种工匠、各种乐师,吐蕃并不记住我的恩德,因此不能将碗赠给吐蕃。若吐蕃自己有制作的原料,我可派遣一名制造碗的工匠前去。"吐蕃使臣将汉地造碗的工匠领来,在国王驾前将出使经过奏闻。国王说:"如此,我们还是自己制造。只是不知需要些什么原料和工具?"工匠回答说:"原料上等的用宝石,中等的用石疖,次等的用白石头也可以。"国王说:"如此,府库中这三种原料都可供给。"工匠问:"碗的种类很多,不知要造什么样的?"国王说:"我想要造的碗,应是以前汉地也没有兴盛过的。对形状的要求是,碗口宽敞、碗壁很薄、腿短、颜色洁白、具有光泽。这种碗的名字因为是以前吐蕃没有时兴的东西,依靠它又可以长寿富足,所以就叫做兴寿碗,碗上的图案,第一应是鸟类,因为是鸟将茶树枝带来的。一上等的碗上应绘鸟类口衔树枝的图案。中等的碗上应绘鱼在湖中游,下等的碗上应绘鹿在草山之上。比这三种再差一些的碗,其图案和形状由工匠自己随意决定。"于是工匠分别原料的好坏、清浊,制成兴寿等六种碗。按照国王的吩咐制成的三种,分别起名为夏布策、南策、襄策。普通的三种,起名为特策、额策、朵策。吐蕃叫做兴寿的这各种碗,这以前在汉地也未曾有过。这即是茶叶和碗最初在吐蕃出现的情形。(第93—94页)

伴随着茶叶传入吐蕃,中原饮茶的特质器皿——(碗)也逐渐藏传。根据"碗口宽敞、碗壁很薄、腿短、颜色洁白、具有光泽"的形状特征看,这应是最早传入西藏的瓷器。对于唐代时期西藏的瓷器品种,以及自主制作[1]等事项,由于年代荒远,没有留下的文物可查(现在能看到的均是元明清三朝瓷器),已经很难考证。最迟到元明时期,西藏已经有了区分碗好坏的丰富知识,认为"汉地的斜棂花格配上法轮"(第135页)就是碗中佳品的重要特征之一。对于元明时期西藏造碗的历史,《汉藏史集》记载:"被称为札俄玛的碗,里面绘层叠的莲花,碗口绘彩纹围绕,是在帝师扎巴俄色的时期出现的。……这种碗有一些有青龙、花龙图案作为装饰,这是本钦甲哇桑布以院使身份主持宣政院衙署时制造的。"(第135页)在明朝,"又有两只由朝廷颁赐的碗,被称为格尔,由化身的大明皇帝献给得银协巴(大宝法王)和众生依怙大乘法王。这两只碗中大的一只是献给大

---

〔1〕《汉藏史集》记载:"在龙朗楚吉杰波王(即赞普都松莽布支)在位之时,由技艺高超的工匠在索那唐波且地方以珍宝为原料,按听说的式样烧制了上、中、下三等三十二只大小不同的碗。"参见陈庆英(1999):第134页。

乘法王的,瓷碗为青花碗,上面有白昼吉祥(夜晚吉祥)等文字,绘有六种图案及吉祥八宝等,由于有这些珍贵的图案更显得贵重"(第136页)。[1]

受到西藏本地宗教环境的影响,人们从茶碗中的影像还能预测吉凶。《汉藏史集》提到:"茶水刚倒入茶碗中时,若茶汁中出现毛驴、骆驼、猴子的影像,然后出现人尸、骷髅的形象,这些影像在茶碗中明显出现就是凶兆,无论何人遇到都是都会不吉利。若是茶碗中出现八吉祥物或长寿仙人的影像,或是出现国王七宝的影像,无论何人遇到都会大吉大利。"(第130页)

四、汉藏文化关系

汉藏文化博大精深,两种文化长期交流、相互发展,其历史源远流长。《汉藏史集》不同程度地记载了汉藏文化之间的相互交流和借鉴。

1. 历算医药

《汉藏史集》在"王统提要"中描述到:"汉地之王精于卜算,智慧之主文殊菩萨以其地为自己的教化之区,以三百六十卦图作其导师。"(第7页)吐蕃赞普囊日伦赞时曾经征服汉人和突厥人,"由汉地传入历算六十甲子、医疗、讲论饮食利益和危害的保养方法"(第76页)。这是吐蕃最初的医药和历算。当时,吐蕃正处于统一青藏高原的战争兼并时期,在与生息在这里的其他诸部落融合与竞争,逐步形成了以吐蕃为主体民族的吐蕃政权。由此推断,囊日伦赞极有可能是通过战争或从战争掠夺的人口,最初接触到了汉文化。上述所指的"汉人",应该是在我国"三国两晋南北朝时期"逐渐被汉化或者被汉文化影响的某些民族,根据敦煌藏文文献P.T.1287赞普传记记载,囊日伦赞曾经征服过苏毗[2],那么上述"汉人"应该就是指"苏毗"或者"突厥"等族体。这一时期,吐蕃正是通过汉化民族间接地接受了汉文化。

伴随着文成公主进藏,汉文化第一次大规模地传入吐蕃。《汉藏史集》记载,当时唐

〔1〕 西藏萨迦寺收藏的明代宣德年间烧制的青花五彩碗,碗口内壁有一圈藏文祝词,即"昼吉祥,夜吉祥,正午吉祥,夜晚吉祥",与《汉藏史集》此处记载完全相符。1988年,在明代瓷业中心景德镇珠山御器厂出土一件宣德款斗彩鸳鸯荷花盘,盘口也有藏文纹饰一周,其设色与萨迦寺藏的这只碗大体一致,因盘有瑕疵,被打碎深埋。王芳:《萨迦寺藏明代宣德青花彩河莲鸳鸯纹碗》,《中国西藏》2001年第2期,第45页。

〔2〕 王尧、陈践:《敦煌吐蕃历史文书》,北京:民族出版社,1992年,第160—161页。

朝给公主的嫁妆，除了大量珍宝外，还有“本尊释迦牟尼佛像、占卜历算之书六十种、医药、十八种工匠、各种谷物种子、众多男女侍从等”（第85页）。之后，文成公主以五行八卦推算拉萨地形，区分祸福吉凶，建造大小昭寺，可谓是汉地历算占卜之术在西藏的最初实践（第85—87页）[1]。汉地测算与推算之术的初步实践，对吐蕃产生了震撼性的影响，直接导致了松赞干布派人入唐学习测算之术。《汉藏史集》对这次派人向汉地学习历算的缘由、学习内容、传播流变、汉籍藏译等问题均有记载：

　　拉萨大昭寺建成三年（约650）后，因吐蕃臣民不会计算岁时四季，不会区分吉凶祸福，法王松赞干布心想：“我已按教法制定了世间法，能够使吐蕃臣民走上善业之道，但是，作为使世人消除疑惑愚昧的办法，若能将印度和汉地的历算法在吐蕃推广，对社稷必定有益。”于是挑选了蕃人中聪明有识之察达丹、朗措多勒、甲迦多衮、达米达卡等四人，赐给每人一个金盘，八个银币，一个金币，路上使用的金沙半升，对他们说：“你们到汉地去，学习对我们吐蕃有益的学问。以前吐蕃只有公主带来的占卜历算书籍六十种，还有从印度翻译的十二缘起、六日轮转等，占卜历算未能发达。要学习测算生死、推算四季时节，须与汉人接触，你们要努力成为学者，我一定给以重赏。”这样吩咐之后，派遣他们去汉地。他们到汉地后，分别拜见了汉地的四名学者，像其中精于推算时节的嘉赤摩诃衍那学习了一年零七个月，除推算时节之外，其他的几大学问没有全面系统教给，只是分别教给了《明灯书》《封书》《天地寻迹》《纸绳封术》等测算法。吐蕃四人学会测算生死、推算时节之后，结伴返回吐蕃。此时，为向国王说明他们学到何种知识，如何推算，命他们在国王驾幸伍茹时举行盟会的地方，将他们学会的占卜历算之法，全部译成藏文。此后，又命他们在驾前演习，由察达丹讲说自己所学，由甲迦冬衮批驳，然后由朗措多勒讲说，由甲迦冬衮挑剔错误。其后，由于国王的鼓励，甲迦冬衮讲说，对其余三人大有启发。甲迦冬衮被称为学者，得到国王和所有大臣的喜爱。达米达卡本应在甲迦冬衮之后讲说，但是已无讲说之必要，成了甲迦冬衮的弟子。国王吩咐说：“察达丹，你为在此聚会的各位用卦盘测算一次，不要为外人测算生死，以免愚夫招祸。朗措多勒你可为人测算生时（死）命运，不要为人测算冥间及禳解之法。”二人呈献之书，国

――――――――――

〔1〕《汉藏史集》载：“于是由公主摆开卦具，运用八卦进行推算。推算的结果是，拉萨这个地方并不具足八种吉祥之相，而且有八种或五种地煞。原来雪域吐蕃这个地方，形如一个仰卧的女魔，拉萨平地的湖泊，为女魔心血集聚之处，需要在此建寺镇压。”

王详加解说。甲迦冬衮对于汉地测算法的各个方面都很精通,他的儿子名甲迦嘉措,父子相继担任国王宫廷的卦师。这是汉地的历算之学在吐蕃最初的传播。汉地的历算之学的传承次序是:由圣者文殊菩萨传给帝释天,帝释天传给什巴的女儿南杰玛,以后历代相传者为拉旺神幻之王、鲁迦波、婆罗门迦毗罗、汉人达波切、杭迦、甲多日、甲赤摩诃衍那,由甲赤摩诃衍那传给吐蕃的四人。据说噶仁意希杰波仓是甲迦冬衮的后裔,他遍通汉地测算之法,尤其精于地舆之学。汉地的测算之学有称为五大续的五支,即《摄集诸树之木续》《神灯光明之火续》《隐匿幻轮之土续》《黑色铅丹之铁续》《甘露净瓶之水续》等,以及其他的小支、典籍秘诀等。(第87—88页)

当时,还从中原内地迎请了历算大师,翻译医药历算之典。《汉藏史集》转引《松赞干布遗教》记载:"从汉地迎请和尚摩诃衍那大师,由汉妃公主和拉隆多吉贝担任翻译,译出众多汉地历算及医药之书籍。"(第89页)然而,有学者对于唐代的历法是否传入吐蕃提出了质疑,值得商榷:

> 11 世纪初时轮历传入西藏之前,西藏历法的情况资料极少。只知用十二动物纪年,一年分四季,年首可能在冬季。……因此,我们有理由设想,七八世纪唐朝的两位公主带到吐蕃去的只有现成的历日谱,而没有编制历书的方法。……如果 7 至 9 世纪吐蕃时期已经引进了唐朝的历法,则 11 世纪初引进时轮历必然会发生激烈的争论,争论的问题绝不仅是一个 60 年周期的开始用甲子还是丁卯这样一个简单的问题,在日月食预报哪种历法更准确问题上一定会有一番竞赛,而这些在历史上竟毫无痕迹。由此可见,唐朝的历法没有传入过吐蕃。[1]

2. 刀剑

唐初,汉地刀剑制作工艺在唐蕃文化交流中传至西藏。《汉藏史集》记载:"尚玛是汉人的刀剑,是在太宗皇帝在位之时兴盛起来的。它是在皇帝的舅家所在的地方,由一个叫尚萨错莫的人打造的,能砍断九层最坚硬的东西,因此产生了妇人最会打造兵器的说法。由于它是在尚域打造的,铁匠又是妇女,因此得名为尚玛。此尚萨错莫及其后裔

---

〔1〕 黄明信:《藏历漫谈》,北京:中国藏学出版社,1994 年,第 15、90 页。

打造的刀剑统称为尚玛。尚萨错莫有一个主人，他也会打造刀剑，他和他的后裔打造的刀剑称为尚杰。……尚玛可分为三种，即：止则、果决、尚参，这三种又各分出一种。尚杰可分为萨噶和萨玛两种。这些就是尚玛刀剑的种类。"（第123—124页）

文中详细记载了尚玛刀剑的实有特征："尚玛类的刀剑刀背厚重""尚玛类的刀剑大多数柄粗尖窄，像一只涂了颜料的绵羊。……尚玛类刀剑固定不变的特点是，从刀尖往下量三指，有判断刀剑是否锋利的纹路，就如人指甲盖上的纹路，懂得的人用眼查看就能知道，不懂的人用手试试刀锋也可明白"（第125页）。对于辨别尚玛类刀剑，也有一套特征可循："辨认尚玛类刀剑的特征是，铁为白色光泽柔和，辨认尚玛尚参类刀剑的特征是，它们的颜色像丰年的禾苗。尚杰类刀剑的根本特征是，厚的部分的铁为黑色，尚噶和尚玛的厚的部分的铁分别为白色和红色，其他鉴别的特征不在此细说。"（第125页）

从资料看，当时吐蕃人对汉地刀剑知识已经有相当程度了解，具体到刀剑来历、颜色光泽、质地特征、区分辨认等。对于刀剑制作流程和工艺，吐蕃必然是已经熟悉掌握，只是囿于保密而不予记载。

3. 建筑

文成公主进藏，带来大量建筑技师，他们最早参与了大昭寺、小昭寺等西藏建筑的施工。文化的影响往往是双向的，吐蕃时期在中原内地亦有寺庙建筑的施工。《汉藏史集》载："吐蕃之王与十六名大臣一起前往汉地的五台山，为敬献汉地守护神祇、完成迎娶（文成）公主时许下的诺言、表示对盟誓的尊重，兴建了许多寺院。十三年中，在吐蕃和汉地修建了一百零八座寺院，最后一座是在热布岗修建的容佐拉康。"（第88页）赤松德赞时，"又在汉地五台山修建了寺院，在沙洲（今甘肃敦煌县）的东赞地方、大海之中、铁树之上修建了千佛寺"（第107页）。汉地僧人参与了桑耶寺的修建，其中一层以汉式风格起建。赤松德赞的母后金城公主也曾"修建了九顶丹巴木殿"（第98页）。

4. 佛教

赞普松赞干布时，佛教从尼泊尔、汉地两个方向传入吐蕃。文成公主进藏，带来了释迦牟尼十二岁等身像，成为西藏佛教至宝。赤松德赞时，崇苯大臣玛尚仲巴杰阻挠佛教发展，"下令把释迦牟尼佛像抛弃到沙滩离去，后来又送到芒域地方去。又将管理寺庙的和尚老僧驱逐回汉地"（第96页）。后来，赤松德赞致力于发展佛教，印度佛教与汉地佛教发生教派论诤，"（印度堪布菩提萨埵的弟子）噶玛拉锡拉到达桑耶寺后，由国王赤松德赞坐上座，噶玛拉锡拉与（汉地）和尚进行辩论。噶玛拉锡拉使众人懂得了佛法深意，对和尚的见解产生了疑问。和尚辩论失败，返回汉地，临走时留下了一只靴子，并预言说：'未来之时，在吐蕃仍然会有一些持我的见解的人'"（第101页）。在佛教后弘期，"当格哇色出家五年授比丘戒时，仍由藏·绕色任堪布，约·格穷任上师，由玛·释迦牟尼任密教师，拉隆·贝吉多吉因为刺杀国王之故，不能参与授戒，故又找来两个名叫格旺、吉文的汉人和尚，有他们五人给格哇色授了比丘戒，起法名为贡巴饶色"（第112页）。

5. 文化

吐蕃时期，西藏派大量子弟前往长安，学习儒学。伴随着文成、金城二位公主入藏，唐蕃使臣往来频繁，《论语》等大量儒学典籍得到藏译。元世祖至元二十二年（藏历阴木鸡年，公元1235年），汉人译师胡将祖于临洮将《新唐书·吐蕃传》译为藏文，藏历阴木牛年（公元1325年）上师仁钦扎国师以藏文刻板刊行（第63页）。

汉藏文化博大精深，汉藏民族交流源远流长。以上仅是根据《汉藏史集》的记载，梳理了汉藏关系方面的主要内容。以《汉藏史集》为例，我们可以窥知汉藏关系史料丰富内涵之一斑。

《真禅内印顿证虚凝法界金刚智经》写绘风格探析

闫 雪

提要：《真禅内印顿证虚凝法界金刚智经》，是明宣德三年于宫廷写绘的一部图文并茂的善本珍品，现收藏于台北"故宫博物院"。经文内容涉及藏传佛教与汉地三教合一之学说，并配有与经文所述教理、仪轨相应的106幅变相图。附图中混合了藏传佛教与汉地儒、释、道三教艺术题材，绘画一并体现出明显的明初宫廷画风和南宋青绿山水画风遗韵。笔者已对《金刚智经》文本内容作过一些讨论，兹拟结合相关历史背景讨论此经的写绘风格及绘制背景。

关键词：商喜 沈度 宫廷艺术

《真禅内印顿证虚凝法界金刚智经》(简称《金刚智经》)，是明初宫廷写绘的一部图文并茂的善本珍品。2003年，台北"故宫博物院"制作出版的多媒体光盘《佛经附图：藏汉艺术小品》，首次将其公之于众。全经共三卷，经折装，分三册。此经内容芜杂，不像一般佛经一样思想贯通、结构严整，经文隐晦含蓄，兼用许多道教乃至非佛非道的名言句语，并依经文需要对一些佛教词汇作了重新诠释，令人难解其意。其中讲到的由"吽"(𑀁)字化生三教的"三教合一"说，颇有迎合明初三教并立的宗教政策之意，并非一部纯粹的密教经典。《秘殿珠林续编》载有此经于清代宫廷中的收藏情况，然而未作详释[1]。周叔迦先生推断其为一部失译经典，并未作进一步研究[2]。台北"故宫"的研究者对此经附图作了初步研究，认为其并非藏文佛典的汉译，或为北京地区修持藏密的汉人，应皇室之请所撰或呈送皇室的藏传佛教仪轨经；并据经文及其附图内容，推定其为藏传佛教无上瑜伽密圆满次第的心印传承，与噶举派大手印的毗卢遮那法门有关[3]。虽然他们并未对此经进行深入研究，但无疑为对此经感兴趣的读者提供了不少思考方向。

---

〔1〕 王杰：《秘殿珠林续编》卷三，清乾清宫藏内府抄本。

〔2〕 周叔迦：《枙人集》卷二，《周叔迦佛学论著全集》第3册，北京：中华书局，2006年，第1257—1259页。

〔3〕 台北"故宫博物院"：《佛经附图：藏汉艺术小品》，台北，2003年。本文中凡《金刚智经》附图，皆出自此光盘。

笔者已对《金刚智经》文本内容作过一些讨论[1]，兹拟结合相关历史背景，对此经的写绘风格及绘制背景进行讨论。

一、《金刚智经》经文的书写者

《金刚智经》并未标明撰者姓名，仅在卷尾款署"臣沈度敬书"（图1）。沈度为明初著名宫廷书法家，以首创明代台阁体书风而著称于世，与其弟沈粲并称"二沈"。沈度虽然篆隶草行诸体皆善，但以小楷为最。据《续书史会要》载：

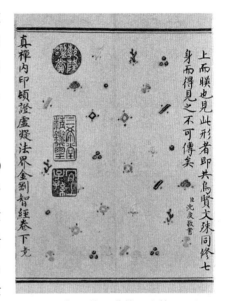

图 1　《金刚智经》第三卷第 55 开

> 沈度，字民则，号自乐，华亭（上海松江）人。永乐中荐翰林典籍，累升翰林学士，评者谓其楷书如美女插花、鉴台舞笑，并工行草隶篆。太宗尝称度及弟粲为我朝羲献，凡玉册金简用之宗庙朝廷、施之四裔、传之后世者，必命度书之。宣宗称度书丰腴温润，真盛世之气象，又赐以牙笏，比常制颇高大。[2]

沈度于宫廷中是以"善书"得皇帝宠爱并封官加职的，他受封翰林学士，主要任务就是负责宫廷所派发的各种文书的书写工作。作为御用书家，沈度的作品多为受命而作，为宫廷书写了不少佛教经典，如著名的永乐大钟上的汉文佛经，即出自沈度手笔。永乐大钟是明永乐皇帝为迁都北京而敕造的，大约铸于永乐十六年（1418）前后，是当时营建北京城的系列工程之一。大钟内外壁上铸汉梵经咒共23万多字，梵字铭文5000多字[3]，咒语145道，其余均为汉字，汉文部分包括《法华经》《心经》《金

〔1〕闫雪：《〈真禅内印顿证虚凝法界金刚智经〉初探——从乌贤大王图像出发》，《西藏民族学院学报》2012年第 2 期，第 32—36 页。

〔2〕朱谋垔：《续书史会要》，清《文渊阁四库全书》本。

〔3〕张宝胜：《永乐大钟梵字铭文考》，北京：北京大学出版社，2006 年，第 1、22 页。

刚经》等七部汉文佛经及《大明神咒回向》《十二因缘咒》等多部经咒[1]，书写工程十分浩大。此外，清《秘殿珠林》载：

> 明沈度书《华严经》八十一册，次等，宙一。墨笺本，泥金书。末册款识云："奉佛弟子沈度，谨发诚心，喜舍资财，书写此经。上报四恩，下资三有。法界有情，同沾利益。大明宣德戊申十月十三日。"共十六套。[2]

沈度于"大明宣德戊申"，即宣德三年（1428）书《华严经》，且为"上报四恩，下资三有。法界有情，同沾利益"，似乎并非受皇命而书。另于款识中，沈度称"奉佛弟子沈度，谨发诚心，喜舍资财，书写此经"。可见，沈度本人也十分信奉佛教。他的书品虽因缺乏个性遭受讥评，但却字字工整、效规寻矩，颇能贴合佛教信仰者的心态。从《金刚智经》中，我们即可体会到他的虔敬心态，这或许也是当时皇帝命其书写永乐大钟铭文的原因之一。《金刚智经》三卷经文，共12000余字，前后字体风格一致，当为沈度一人所作。其卷首的金书经牌赞，明标此经的制作年代为"宣德三年三月十五日"，与《华严经》于同年完成。据文献载，沈度卒于宣德九年（1434），终年78岁[3]，故此二部作品可视为其晚年的代表作。但令人疑惑的是，沈度的作品目录里，常为世人所知的是《敬斋箴》《李愿归盘谷序》、永乐大钟佛经以及这部《华严经》，而《金刚智经》一作却很少提及。然从现今所知的有关沈度的记载可以推论，凡为沈度受命而书的作品，大都颇受皇帝的重视，永乐大钟即是一例。而《金刚智经》虽然鲜为世人所知，然而无论就其绘制水平及装帧规格而言，还是从其款署"臣沈度敬书"来看，此经应同样是一部受皇帝重视或喜爱的作品。

二、《金刚智经》附图的绘制者

据《金刚智经》卷尾款署"臣商喜敬绘"可知，此经附图的绘制者是明初著名的

---

〔1〕 冬利、庚华：《明朝宫廷书法家沈度与永乐大钟》，《中央民族大学学报》2009年第6期，第83—87页。

〔2〕 官修《秘殿珠林》卷三，清《文渊阁四库全书》本。

〔3〕 焦竑：《皇明人物要考》卷三，明万历三衢舒承溪刻本；钱保塘：《历代名人生卒录》卷七，民国海宁钱氏清风室刊本。

宫廷画家商喜。此人生卒年不详,活动时间约在永宣时期。《秘殿珠林》载"宣德二年春,臣商喜谨献遐龄永禧图"[1],可知其当时已在宫廷任职。又据《画史会要》《无声诗史》载:

> 商喜,字惟吉。善山水人物,画虎得其勇猛之势。宣德,授锦衣指挥。[2]
> 商喜,字惟吉。善山水人物,超出众类。际遇屡朝,士林多重之。[3]

商喜于宣德中授锦衣指挥,加之"际遇屡朝,士林多重之"等语,可推测其历经明初数朝,活动年代或与沈度相差不多。明初于锦衣卫中任职的画家,皆为六品以上。又因明代设置锦衣卫官职,直接听命于皇帝,与皇帝关系亲近,因此锦衣卫画家多是为皇帝所喜爱或看中的画家[4]。据此可知,商喜应是明初期宫廷画家中的佼佼者,只是画史对其并无太多详述。此人传世作品原本不多,现今所知最著名者,就是现藏于北京故宫博物院的《关羽擒将图》《宣宗行乐图》及现藏日本MOA美术馆的《老子出关图》等。前两幅作品仅被传为商喜所作,其上并无商喜签名。而在《老子出关图》顶端装裱处,有一位生活于15世纪末的士人的题记,指明此画为商喜所绘,因此美术史家即将此作定为商喜之作[5]。美术史家认为,商喜《关羽擒将图》画幅巨大,当与壁画尤其是山西元代永乐宫纯阳殿壁画有一定渊源,推测商喜很有可能是位来自民间的壁画高手[6]。根据文献记载,商喜确应擅作壁画,尤其是佛教壁画。《秘殿珠林》著录"明商喜画《罗汉渡海图》一卷"[7]。清人高士奇的《金鳌退食笔记》中又载商喜曾绘西天经厂大慈真如殿内壁画,如下:

> 大西天经厂,在五龙亭东北,山门临太液池。南向第二层殿,日大慈真如宝殿。殿壁绘画龙神海怪,又有三大轴,高丈余,广如之。中绘众圣像二十余,左右则文

---

〔1〕官修《秘殿珠林》卷二〇,清《文渊阁四库全书》本。

〔2〕朱谋垔:《画史会要》卷四,清《文渊阁四库全书》本。

〔3〕姜绍书:《无声诗史》卷六,清康熙观妙斋刻本。

〔4〕赵晶:《明代画家官职考辨》,《故宫博物院院刊》2015年第3期,第53—60页。

〔5〕高居翰著,夏春梅等译:《江岸送别——明代初期与中期绘画(1368—1580)》,台北:石头出版社,1997年,第17—31页。

〔6〕杨新、班宗华(R. M. Barnhart)等:《中国绘画三千年》,北京:外文出版社、纽黑文:耶鲁大学出版社,1997年,第201页。

〔7〕官修《秘殿珠林》卷一一,清《文渊阁四库全书》本。

殊、普贤变相，三首六臂，每首三目，二臂合掌，余四臂擎莲花、火轮、剑杵、筒槊，并日月轮火焰之属，裸身着虎皮裙，蛇缠胸项间，怒目直视，威灵凛烈，金涂错杂，形彩陆离。传为商喜笔也。[1]

引文中的大西天经厂所绘壁画，无疑是密宗题材，其中所描述的三首六臂的文殊普贤变相神与《金刚智经》中的由文殊、普贤二位菩萨生出的乌贤大王形象似乎有些相似之处。若真按高士奇说，那么商喜能够绘出《金刚智经》的变相图也算是有据可依。高士奇是康熙时期翰林院学士，其所讲的大西天经厂的建造年代并不能确定，有学者认为是建于明代末期[2]。因此，大西天经厂的壁画是否为商喜亲绘，也实在不能确定。我们都已无法目睹这些画作，但据此却可获知商喜应该创作过密教题材的绘画作品，才会有此传闻。据此，可以进一步确定商喜绘制此《金刚智经》附图的可能性。

鲁宾艺术博物馆专门从事藏传佛教艺术史研究的Karl博士，曾对《金刚智经》附图风格进行过细致的观察分析，认为此经附图或是由皇家画院的多位画师共同绘制，而由商喜监造[3]。郭丽平通过将其与传为商喜所绘的几幅画作，尤其与《老子出关图》的对比分析，认为这些附图确为商喜本人所绘[4]。笔者倾向于Karl博士的说法。《金刚智经》附图的尺寸虽不大，但其创作规模和难度却不小，要求画师不单要精通绘画，了解宗教艺术及各种神祇的图像特点，更要对宗教有一定的了解，能读懂《金刚智经》的经文，配以高度的想象力，才能创作出这些栩栩如生的变相图。不管是过去还是现在，很多大规模的画作，尤其是壁画作品，都不是由一位画家独立完成的，而通常是由一位技艺高超的画师带领弟子或其他画工集体创制，《金刚智经》也极有可能是通过此类方式完成的。细观《金刚智经》附图，可以看到由多人参与绘画的痕迹。如对其中房屋宫殿等复杂建筑物的表现，透视准确，绘制精细（第一卷67开，第2卷77开），但对桌子、经书等小而简

〔1〕 高士奇：《金鳌退食笔记》卷下，清《文渊阁四库全书》本。

〔2〕 此判定依据，是在被认为可信度极高的明万历朝太监刘若愚所著《酌中志》中并未提及大西天经厂。《酌中志》是刘若愚在魏忠贤事发后整理成书的，其年代应不早于崇祯元年（1628），参见罗文华：《乾隆时期宫中内监僧制度考》，《故宫博物院八十华诞暨国际清史学术研讨会论文集》，北京：紫禁城出版社，2006年，第286页，注释26。刘若愚在明宫中数十年，对宫廷建筑布局等十分熟悉，他于《酌中志》中讲到了建于永乐时期的番经厂，但对于北海的大西天经厂却只字未提。我们有理由推测，当时明宫并未开建大西天经厂。

〔3〕 Karil Debreczeny, "The Art Historical Context of Antwerp's Vairocana Album", in Jan van Alphen ed., *The All-Knowing Buddha: A Secret Guide*, Washington: University of Washington Press, 2014, pp. 25-37.

〔4〕 郭丽平：《明宫廷画家商喜及其风格再探》，《故宫博物院院刊》2012年第6期，第122—134页。

单的物体的表现,却可见透视错误(第一卷18、22、64开,第二卷13、42、69开)(图2)。此外,在花草树木的表现中,既有南方的芭蕉叶配以太湖石(第一卷48、49、54开),又有北方的松树(第二卷53开),但整体画面的艺术风格基本统一。我们有理由猜测,这些图是由商喜带领弟子或是以商喜为首的宫廷画师集体参与创作绘制的。无论如何,我们应该相信商喜确实参与了这部作品的绘制,此作也应被视为"标准品"的商喜之作,这是不应为画史所忽略的。它对于研究同一时期的宗教艺术作品,有着标尺性的意义。与沈度情况相似,这部有明确署名且年代确定的商喜之作,却很少见于文献记载或为画史所提及。或因此经是一部密教典籍,一直深藏宫廷内府,为皇室专用,不能如其他佛典一般广泛流行而为世人所知。

图 2 《金刚智经》第一卷第 18 开

三、《金刚智经》的绘制特点

《金刚智经》最引人注目的,就是经文中所穿插的106幅附图。这些附图,实际是以经文所述教理、仪轨为主题而绘制的变相图。从绘画题材看,这是一部以汉藏佛教显、密二宗题材为主,集儒、释、道三教及世俗绘画题材为一体的画作。其中有典型的属于藏传佛教的黄帽上师、本初佛金刚持和大黑天神形象;有汉藏两地都极其少见的九头、十八臂、三足的乌贤大王及其几种化身形象;有汉藏佛教中皆有的释迦牟尼说法图以及金刚藏菩萨、军荼利、华严三圣等,以及表现三教合一的儒、释、道三圣图;有衣着华丽的宫廷贵族男女(或为皇帝及其后妃)形象和民间人物形象;还有汉地民间或道教艺术中常见的西王母、日中三足乌、月中玉兔以及八大鬼神,配以山石树木、花禽鸟兽、祥云瑞光等,画面形象十分生动。每幅图都是经过精心安排推敲琢磨之后方才落笔,又以连环画式构图方法与经文相配,可谓图文并茂。

从绘画风格和特点上看,《金刚智经》附图则为一部以汉地画风为主,同时融合藏式画风的汉藏风格交融之作。其中以描绘人物形象为主,配以建筑、山水、花木等作为相应的背景。《金刚智经》附图中所绘的其他图像,大都是以汉地画风来表现的,尤其是山

图 3 《金刚智经》第一卷第 17 开

石、树林、天空背景等，多用石青、石绿设色，配有朱砂、泥金等，颜色亮丽鲜明，体现出显著的自五代开始至南宋流行的备受宫廷青睐的青绿山水画风格（图 3）。明代宫廷画家，很多来自民间，且多生于南宋政治文化的中心江浙及福建一带，因此得以承袭南宋绘画遗风。明代的宫廷绘画，也在继承了南宋宫廷画风的基础上而有所变化[1]。文献所载的商喜的绘画风格，即是如此。如《图绘宝鉴续纂》评商喜"山水、人物、花木、翎毛，全摹宋人，笔意无不臻妙，超出众类。故明初士林之所首重也"[2]。就这点看，商喜的画风当与《金刚智经》附图风格相符合的，也确实体现出宋代的宫廷画风。

从经本款式上看，《金刚智经》也体现了南宋宫廷艺术的特点。南宋画院中的画师得到皇室或官员的赞助，艺术创作多要符合这些赞助者们的审美趣味。这些皇室官员喜欢小巧轻便、宜于在画面上题诗作词的画作，故其构图高度浓缩紧凑[3]。同时，南宋艺术中多册页和长卷，尤以长卷最为艺术家所喜爱[4]。回头来看，《金刚智经》虽由三个长卷组成，经折装，然观其大小，每半叶框纵仅 21.4 厘米、横 9.5 厘米。此即折合之后的经典外观的长度和宽度，这个尺寸十分小巧。要在这样的画面上，绘出百余幅的精美图画并书写逾万字的经文，其精细程度可想而知。这种形式，也与流行于南宋的轻便画作相似。《金刚智经》附图从艺术风格到经本款式，均与南宋艺术有着不解的渊源。

此作的西藏艺术风格，主要体现在第一卷卷首的黄帽上师像、本初佛金刚持像，以及卷尾的大黑天神像及其中所绘的本尊乌贤大王等图像上[5]。此外，以汉画形式表现藏密内容也是此经一大特点。如第一卷 27 开附图中所绘男女双修图（图 4），表现十分隐晦，绘有男女二人，从二人足下分别流出一道红光，两道光交汇于中间，出现一红色"哑"

---

[1] 杨新、班宗华（R. M. Barnhart）等：《中国绘画三千年》，第 199 页。

[2] 孙岳颁：《佩文斋书画谱》卷五五"画家传"，清《文渊阁四库全书》本。

[3] 杨新、班宗华（R. M. Barnhart）等：《中国绘画三千年》，第 129 页。

[4] 李霖灿：《中国名画研究》，杭州：浙江大学出版社，2013 年，第 359 页。

[5] 郭丽平已对此作的汉藏艺术特征进行了详细的分析，参见郭丽平：《明宫廷画家商喜及其风格再探》，第 127—132 页。

字,上面还绘有一红色日轮。单看画面,很难想到这是关于男女双修的图像,与常见的藏密双修图像截然不同,却与道教中的龙虎交媾图形式十分类似[1]。图中所绘男女二人,男子头戴一顶与古代帝王所戴的通天冠极为相像的帽子[2],二人皆穿红色华丽服饰。唐宋以来,龙袍和黄色就是王室专用,而至明代因皇室姓"朱",其服饰颜色以"朱"即"红"色为贵[3]。从男女所穿服饰即可看出其尊贵的身份,推测此二人或为皇帝与其后妃。可以推测,此经当时是专为皇室而创作的。

图4 《金刚智经》第一卷第27开

现存的明初壁画,譬如建于正统年间的北京法海寺、建于洪武至宣德年间的青海乐都瞿昙寺的壁画,保留了中国美术史上少见的洪武至宣德时期的青绿重彩沥粉堆金壁画[4]。这些壁画金碧辉煌、色彩鲜明,具有汉藏艺术风格相结合的特点,同时也兼具浓厚的宫廷绘画风格。这些寺院的建立,均与明朝皇室有关。明代早期的宫廷绘画,是继宋代以来宫廷绘画最称繁盛的时期,在永乐、宣德时期达到顶峰。那些被召入宫的宫廷画师们,主要任务就是依皇室的需要而绘制画作。据此推想,这些壁画与明代宫廷绘画当有一定关系。而这部藏于明内府的融汉藏艺术风格于一体的《金刚智经》,以及在宫廷艺术创作上成就卓著的画家商喜,或许可为探究这种渊源关系提供一条耐人寻味的线索。

〔1〕 图版参见尹真人弟子:《性命圭旨》,上海:上海古籍出版社,1989年,第166页。
〔2〕 图版参见王圻:《三才图会》,王思义编,上海:上海古籍出版社,1988年,第1514页。
〔3〕 沈丛文:《中国服饰史》,西安:陕西师范大学出版社,2004年,第129页。
〔4〕 谢继胜、贾维维:《元明清北京藏传佛教艺术的形成和发展》,《中国藏学》2011年第1期,第158页。

"大金喇嘛法师宝记"满文碑文补证 *

石岩刚

提要："大金喇嘛法师宝记"是后金与西藏和藏传佛教接触的最早记录，而对其正确识读是进行正确认识和研究的前提。本文即是对前人识读的一个补证。

关键词：大金喇嘛法师宝记　满汉合璧碑　满藏关系

爱新国与西藏及藏传佛教的正式接触始于清太祖努尔哈赤（Nurhaci, 1559—1626）时期，最有名的事件当属在蒙古传法之囊素喇嘛（Örlüg darqan nang su lama，？ —1621）赴盛京[1]。天聪元年（1621）五月二十一日，囊素喇嘛率徒众投奔成为爱新国—清朝藏传佛教开山的标志[2]。囊素喇嘛于是年圆寂后，太祖敕建舍利塔，舍利塔完工于天聪四年（1630），并树碑记之，是为"大金喇嘛法师宝记"。

该碑为满汉文合璧，碑阳满文十三行，汉文十一行。碑阴为门徒、僧众及官员名单[3]，共计汉文二十行。

汉文碑文明确记载，囊素喇嘛来自乌斯藏[4]，"法师斡禄打儿罕囊素乌斯藏人也"。日人鸳渊一将其对应的满文录为"lama … tu(?) durun (n)i bai(?) niyalma"[5]。

国内学者李勤璞，对鸳渊一的该段录文提出了不同的看法，并做出了修正，录为"lama □ de oron i bai niyalma"，理由是"□ de oron""对应的汉文是'乌斯藏'（藏语

---

　　*　本文写作得到中国博士后科学基金资助项目（Project Funded by China Postdoctoral Science Foundation）【2016M590919】的资助。

　　〔1〕 Tak-sing Kam, "the dGe-lugs-pa Breakthrough: the Uluk Darxan Nangsu Lama's Mission to the Manchus," *Central Asiatic Journal* 44: 2（2000），p. 161.

　　〔2〕 李勤璞：《盛京四寺满洲语碑文校译》，《满语研究》1998 年第 2 期，第 90—100 页。

　　〔3〕 碑阴的名单因为其中的"曹振彦"而在红楼梦研究中颇得声名，参见冯其庸：《〈大金喇嘛法师宝记〉碑"教官"考论》，《红楼梦学刊》2007 年第 5 辑，第 5—36 页。

　　〔4〕 "乌斯藏"即"卫藏"，藏文 dbus gtsang 之音译，主要用于元明时期，见牙含章：《关于"吐蕃""朵甘""乌斯藏"和"西藏"的语源考证》，《民族研究》1980 年第 4 期，第 5 页。

　　〔5〕 鸳渊一：《沈阳喇嘛坟碑文之解说》，载羽田亨编：《内藤湖南博士还历祝贺：支那学论丛》，东京：弘文堂书房，1926 年，第 327—372 页。

dbus gtsang音译),故此词(□)应是öröne,蒙古语'西'。在清代蒙古文献里'西方'(öröne)常常专指西藏,……oron,译言'地方、位置',借自蒙古语"[1]。

可以发现此二人对第二行的第二至第四个词有不同的解释。通过仔细检视满文碑文的拓片[2],可以清楚辨识出第三个词并不能识读为"de",而应为蒙古文的"tu/du"(或tü/dü),所以前面的词应该是蒙古文借词。第四个词则是借自蒙古文的"oron"无疑,而非萑渊一释读的"durun"。最重要的是第二个词,从字形上看,该满文词可以读成ojir或ocir,如果是蒙古文词,还可能是očir/učir,但无论如何不可能是öröne。蒙古文文献中的确常用"西方"来指代西藏,但所用蒙古文单词常为baraɣun ɣajar(西地),baraɣun ĵoo(西召),baraɣun eteged(西方)等。在蒙古文的《俺答汗传》原文中,用baraɣun eteged指代西藏的例子,共出现8次之多[3]。李勤璞在此简单用öröne对应baraɣun不妥,因为蒙古人从不称西藏为öröne ɣajar,虽然öröne和baraɣun同义。

在蒙古语中,učir意为"原因、情由"[4],显与文意不符,而očir是wčir的另一种写法,来自于梵文的vajra(金刚),意思仍为"金刚",借入满文后该词指"佛塔、数珠"[5]。因为该词在碑文中和汉文的"乌斯藏(西藏)"对应,而且其后的词为"tu/du oron",为蒙古语词汇,意为"具有XXXX的地方",所以我们在释读该词时必须和蒙古语中表示西藏的词汇联系起来考虑。

还是在《俺答汗传》中两次出现了wčir-tu oron,其中一处原文分别为"eng urida hindkeg-un wčir-tu oron-dur inu"[6],意为"首先在印度金刚地",另一处为"degedü enedkeg-ün wčir-tu oron-dur tabun ĵaɣun ĵil-e tusalan saɣubai"[7],意为"于殊胜印度之金刚之地,造利益并居住五百年",其中wčir-tu oron意为"金刚之地",指佛陀成道之地。藏文有"rdo rje gdan或rdo rjevi gdan"之说,意为"金刚座、菩提道场、坚固永恒的地

〔1〕 李勤璞:《斡禄打儿罕囊素:清朝藏传佛教开山考》,《蒙古学信息》2002年第4期,第8页。

〔2〕 北京图书馆金石组编:《北京图书馆藏中国历代石刻拓片汇编》第61册,郑州:中州古籍出版社,1997年,第1页;黄润华主编:《国家图书馆藏满文文献图录》,北京:国家图书馆出版社,2010年,第343页。

〔3〕 见 Johan Eleverskog, *the Jewel Translucent Sūtra: Altan Khan and the Mongols in the Sixteenth Century*, Leiden Boston: Brill, 2003.

〔4〕 内蒙古大学蒙古学研究院蒙古语文研究所编:《蒙汉词典》(增订本),呼和浩特:内蒙古大学出版社,1999年,ucir字条。

〔5〕 羽田亨:《满和辞典》,东京:国书刊行会,1972年,ocir词条。

〔6〕 Johan Eleverskog, *the Jewel Translucent Sūtra: Altan Khan and the Mongols in the Sixteenth Century*, Leiden Boston: Brill, 2003, p. 254.

〔7〕 Johan Eleverskog, *the Jewel Translucent Sūtra: Altan Khan and the Mongols in the Sixteenth Century*, Leiden Boston: Brill, 2003, p. 255.

方"[1]，藏文的"gdan"对应蒙古文"oron、saɣuri"等[2]，过去蒙古人称拉萨为mönke ǰoo，意为"永恒的召"（"召"指大召寺），这与藏文的"rdo rje gdan"不无关系。由此可知，wčir-tu oron就是对应藏文的rdo rje gdan。

回到碑文中，如果此处为očir-tu oron，则可用其来指代金刚座、坚固永恒之地等意，实是用očir-tu oron来代指西藏。实际上在后蒙元时代，印度逐渐等同于了西藏（西番），西藏逐渐代替印度成为佛教圣地，这一过程可以追溯到元代早期[3]。

至此可以确定，碑文第二行第二个字应为očir，它是蒙古文wčir的另一种写法，实际上16世纪末创制阿里嘎里字后，这个梵文词才写成wcir，而实际读音始终为očir。当此碑刻立之时，满文显然借用了蒙古文的očir–tu oron（金刚地）。

所以说，李勤璞和鸢渊一二人对"乌斯藏"对应满文的识读都是不正确的，实际应该是"očir-tu oron"，与汉文中的"乌斯藏"对应。

〔1〕 张怡荪主编：《藏汉大辞典》，北京：民族出版社，2004年，rdo rje gdan条。

〔2〕 参见 Lokesh Chandra 影印的《四种藏蒙辞典》中所收四种早期藏蒙辞典，*Four Tibetan-Mongolian lexicons*, Delhi:Sharada Rani 1981, Vol. 1-2.

〔3〕 关于此问题的讨论请参见 Hoong Teik Toh, *Tibetan Buddhism in Ming Chian*, Harvard University, 2004.

噶玛噶举黑帽四世若贝多杰与他的巨幅唐卡

谢光典

提要：本文关注第四世噶玛噶举黑帽系活佛若贝多杰（rol pavi rdo rje, 1340—1383）元末奉诏至蒙元朝廷后，在豫王阿剌忒纳失里及其王妃资助下，于凉州所制的巨幅唐卡。推测唐卡所制的具体地点应在百灵寺附近，最后追踪了此巨幅唐卡的流传情况及最终下落。

关键词：若贝多杰　唐卡　凉州

1360年12月19日第四世噶玛噶举黑帽系活佛若贝多杰（rol pavi rdo rje, 1340—1383）应召抵达大都，仅一年多后，又不顾顺帝父子及朝臣们的挽留，于虎年（1362）1月踏上了去往西北巡礼的旅程，途经六盘山（Lu pan shan）和所谓西夏鞑靼（Tha thal）[1]地面，4月份来到凉州（Byang ngos），正是在凉州 zu gun 地方，若贝多杰制作了他的巨幅唐卡。关于 zu gun，《噶玛巴史》记载：

> de nas byang ngos sprul pa sdevi lung du zu gun zhes pod skad du mar khuvi gzhong pa zhes bya ba rang bzhin gyi nyams dgav bavi sa phyogs spang thang dang / brag ri dang / ljon shing la sogs pavi mdzes pa du mas brgyan pa dpal mtsho bkra zhes bya bar / dben gnas btab ste bzhugs//[2]

---

[1]　Tha thal<mong.tatar（鞑靼、达达即蒙古）。鞑靼部族众多，北宋时就有九姓鞑靼一族散居在阴山、贺兰山附近。箭内亘著、陈捷等译：《兀良哈及鞑靼考》，上海：商务印书馆，1932年，第7页。元朝时河西地带"达达"之名更是经常出现，如《元史》卷九二《百官志》载至正三年（1343），中书省曾奏称"阔端阿哈所分地方……达达人口头匹，时被西番劫夺杀伤"，顺帝为此特设永昌等处宣慰使司都元帅府。蔡美彪先生研究认为有元一代，在法定的蒙古族称正式行用的同时，汉人官民仍沿旧习，称蒙古为达达，并为蒙元朝廷及蒙古官民所认同。参见蔡美彪：《元代文献中的达达》，氏著：《辽金元史考索》，北京：中华书局，2012年，第207—214页。

[2]　司徒班禅却吉迥乃（Situ chos kyi vbyung gnas, 1770—1774）：《噶玛巴史》，全称《噶玛噶仓传承大宝传记·无边宝月水晶鬘》（*sGrub brgyud karma kam tshang gi brgyud pa rin po chevi rnam par thar pa rab vbyams nor bu zla ba chu shel gyi phreng ba*），New Delhi, 1972, p.366.

凉州幻化寺谷所谓 Zu gun[1]地方，藏语称为融酥盆地（Mar khuvi gzhong）[2]的地域，天然地令人心旷神怡。[若贝多杰]在此地一个点缀着草原、岩山、树木等众多美景的称为吉祥湖（Dpal mtsho bkra）的湖边，建一珈蓝。[3]

幻化寺（白塔寺）位于今武威市东南20公里的武南镇百塔村刘家台庄，地处杂木河冲积绿洲上。这里地势平坦，严格来说，已经不在杂木河河谷地带。文中所说的谷地（Lung）或盆地（Gzhong），只能是杂木河上游（即今天祝藏族自治县毛藏河）出祁连山之前的那一段流域。在离幻化寺南30公里左右的祁连山毛藏河支流塔儿沟河谷上，有一百灵寺[4]。《安多政教史》记载：

汉人称为百灵寺 (pē lin zi) 的噶玛巴寺庙。这里从前就是一具有加持力的修行地，后来许多噶玛派的大师（在此）修行，吸引了一些[不同]民族之人，[此地]就如此形成。传说古时四瑜珈士在此长期修行，后来所有人都[成道]飞天，其中一人不能飞行太久，所以就落在近旁的岩石上，以前节日之时都能听到各种悦耳之音。大殿中有众多能仁佛像。唐朝（Thang khrovu）第二世皇帝太宗（The tsong）誉之为极乐寺（Bde chen lha khang）。大明（Tāvi ming）第三世[皇帝]永乐（Yung lo）加以修葺。正统（Cang thung）七年（1442），太监（Tavi gyen）Li gus（李贵），善通慧国师（Shin thung hūvi ku shri）锁南监参（Bson nams rgyal mtshan），[5]释迦比丘喇嘛索巴贝（Bzod pa dpal），沙弥答里麻室利（Dharma shri）等修建了三间（gyan）

---

〔1〕 Zu <Mong. sü/sün（乳）。这里的 gun 疑来源于汉语的 "谷"。

〔2〕 所谓融酥盆地是对一个地方的美誉，指此地物产丰富。

〔3〕 Mkhav spyod dbang po, *Mtshungs med bla ma dam pavi rnam par thar pa yon tan mi zad pa rab tu gsal bavi me long*（《无比最妙上师传记功德无穷明鉴》，以下简称《传记》），*Dkar brgyud gser phreng*（《噶举金鬘》），VOL 2,TBRC:23928, Gangtok, 1978, p. 285.《传记》云：此时绕呗朵儿只住于吉祥湖如意山心之尖顶（Dpal mtsho bkravi dben gnas ri bo yid bzhin gyi snying povi spo），第 285 页。

〔4〕 此寺行政区划上属天祝县大红沟乡西顶村。

〔5〕 此人即妙善通慧国师锁南监参（Bsod nams rgyal mtshan）。明朝时期凉州地区的白塔寺和广善寺（大佛寺，即今天梯山石窟区）都能看到他的身影。宣德五年（1430）立于白塔寺的《重修凉州白塔志》汉藏碑文中锁南监参已被称为妙善通慧国师。立于广善寺正统十三年（1448）的《重修凉州广善寺碑》汉藏碑铭中，他被称为番僧伊尔畸（bod kyi ban dhe dbyiv rge）。关于此人，目前所知较少。参见王尧、陈践：《"凉州广善寺碑文"藏汉文释读》，《中国藏学》1990 年第 4 期，第 116—129 页；乔高才让：《〈重修凉州白塔志〉碑文考略》，《中国藏学》1993 年第 4 期，第 144—150 页。

佛殿、二巡礼道、左右各二十间厢房、天王殿、释迦涅槃殿、三佛塔[1]及鼓楼、钟楼（Cong khang）。石碑上记载了（其）请赐寺额为普福寺（Bsod nams lha khang）的过程。[2]

《安多政教史》虽未明言百灵寺由若贝多杰所建，但至少可以确证此寺在永乐年间就已存在。今天的百灵寺位于磨脐山（vByor ldan ri）高山草甸地带，地势平坦，它三面环山，周围松林围绕，当地人至今仍称此地为噶玛岗（Karma sgang），噶玛岗岗下有二个高山湖泊[3]。综合今百灵寺所在方位和周边环境来看，它与吉祥湖寺是极为相似的。黑帽五辈大宝法王（De bzhin gshegs pa，1384—1415）在前往汉地之时，简略提及曾"经凉州（Byang ngos），秋天时抵达 Sog 地，冬天则住于 Nags shod"。返回时，"道取甘州（Kan civu），途经噶玛（Karma）"，然后从达木（vDam）抵达噶玛寺[4]。此处所说的 Karma，应该指的是噶玛岗。所以所谓吉祥湖寺应该指的是后世被称为噶玛岗的百灵寺。

关于若贝多杰制作唐卡的全过程，《噶玛巴史》记载：

> yang mtsho bkravi gnas su / skabs zhig dpon mo bu Nye dha rI mjal du byung nas kho movi rmi lam du / ba dan yang dben gyi ri vdi dang mnyam pavi sangs rgyas kyi sku zhig bzhengs dang vgrub par vgyur ro / zhes pa zhig byung lags shing / rgyal bu chen po ratnavi thugs dgongs rdzogs pavi phyir de cis kyang bzhengs bsam pa yod lags pas / de vgrub pavi thabs mkhas thugs rje drung nas mkhyen ces zhu gin dgav / de la gzhan thams cad ha las nas mig rig rig por lta zhing mi vgrub ces pavi brdav bstan kyang / chos rjevi drung nas zhal vdzum pa dang bcas te thabs yod kyis gos dar la / sangs rgyas kyi skuvi vphan chen po zhig bzhengs par mdzod cig gsungs / der dpon

---

〔1〕《凉州佛寺志》记载此寺的噶玛塔主要供奉有萨班的体内舍利、袈裟、衣物、书夹等很多圣物……此塔左侧有一个较小的灵塔，里面装藏有大成就者顿珠嘉措（Don grub rgya mtsho）的五色灵骨舍利，见布西玛毫哇德思尔雅著，旺谦端智译：《凉州佛寺志》，《中国藏学》1988 年第 4 期，第 111 页。此著藏文原版笔者目前无缘得见。

〔2〕碑即"敕赐普福寺纪功德碑"，此碑后被天祝县史志工作者发现，但已断成数块，只剩碑额和正文 11 行字。参见乔高才让、李占忠：《百灵寺考察记》，《天祝文史》第 7 辑，2001 年，第 214—224 页。http://blog.sina.com.cn/s/blog_65c768e30100mdep.html. 另有学者言此碑碑阴还有 17 行藏文，但可惜没有提供录文。参见吴景山：《涉藏金石碑刻研究刍议——以甘肃涉藏碑铭为例》，《中国藏学》2012 年第 2 期，第 69 页。

〔3〕当地汉语称为东西天池，现已干涸。参见乔高才让主编：《天祝百科知识》，中国人民政治协商会议天祝藏族自治县委员会，2007 年，第 11 页。

〔4〕《噶玛巴史》，第 455 页。

mos / dge bavi bshes gnyen / mi dpon dang / bzo rig pa rnams bsdus te vdi lta bu
bsgrubs par byavo zhes bsgo ba na / rgya nag gi bzo rig pa shes rab che yang / de vdravi
bkod pa blo yul du chud pa su yang ma byung nas / yang chos rjevi drung du de ji ltar
bgyi zhus pas / de ka rang la gzhi byas thams cad kyis chu rdo dkar po khu tshur tsam
mang po khyer la thang pha kir shogs gsungs / de ltar bgyis pa na ri logs vjam po la
rdo ba rnams sgrig tu bcug ste / gsung rgyun la drung nyid chibs pa bcib nas pheb ste
rtavi rmig rjes gang byung du rdo ba re zhog gsungs nas de ltar byas zhes zer / chags
tshad de dang bstun te dpon mos bzo bo lnga brgya tsam la gos dar gtad nas / sku sha
hor gos nog na gyis gser mdog tu byas shing na bzav ta huM[1] gis dmar po sogs gos
bzang bsgrig pa vbav zhig gis / gtso bo bcom ldan vdas snyan g·yas g·yon gyi bar du
vdom bcu gcig yod pa tshad des mtshon pavi sku yongs rdzogs skyil mo krung gis bzhugs
pa / g·yas g·yon du vjam dpal dang / byams pa gnyis bzhengs pa / steng nas lhas mchod
cing vog tu pad gdan gyis mdzes pa thang sku ltar gong sham dang bcas shing sham
bu byivu phrug kha can / rgyu tshad bkod ba phun sum tshogs ba zla ba bcu gsum gyis
bsgrubs zin nas ri logs de nyid du bkram zhing / chos rjevi drung nas rab gnas mdzad pavi
tshe / vjav dang vong dang sa g·yo ba dang / me tog gi char chen po vbab pa sogs ltas cho
vphrul bzang po ngo mtshar ba yang byung ba skye bo mang povi mthun snang du grub
ste / de nas vphan chen de nyid kyang chos rjevi drung du phul ba / bod du gdan drangs
pavi khal ma ni mdzo bzhi bcu zhe bzhi bsor nas nyi shu rtsa gnyis revi rgyab non pa
yod par snang ste//[2]

　　复次，于吉祥湖寺地面，彭达里加（Pundarika）[3]王妃拜会，[她]言"我在梦中
建成一尊与 ba dan yang dben（飞幡寺？）山岭一样的佛像"云云，并请求道："为了

---

〔1〕 Ta huM (hun/ hung) ＜大红，指大红色织锦缎。

〔2〕《噶玛巴史》，第369页。

〔3〕《贤者喜宴》记为 Su Ne da ri，此 su 应该也是乌美体 pu 的误写。参见巴卧祖拉陈瓦：《贤者喜宴》（藏文），
北京：民族出版社，1986年，第247页。此王妃《元史》不载，从她经常和阿剌忒纳失里一起出现的情况来看，可能
是阿剌忒纳失里的王妃。

实现大王子 Ratnashri[1] 的愿望,希望无论如何一定要做好。成就此事之法尊者慈悲心知晓。"对此,其他众人面面相觑,表示办不到。法王尊者面带微笑而言:"有办法。可在绸缎上做一大飞幡(vphan)佛像。"于是王妃召集了善知识、官员、工匠等所有人并命令(他们)如是而作。汉地工匠技艺高超,本应当领会如此之法,[但是结果]没有一个人会,还是[来至]法王跟前,求问如何而做。[法王]言:"基于此法,大家来把拳头大小的众多白鹅卵石摆在那边的平滩上。"[2][众人]如是而行,在山的缓坡上放好所有石头。传说,尊者骑行而至并说:"在所有马蹄印上都放一白石。"[众人]如是而作。按照这个尺度,王妃给五百匠人[3]交付[所需]绸缎[4]。[佛像]肉身用茶黄色蒙古(hor)绸缎,再接以一些高级大红锦缎(Na bzav ta huM)等[5]。主尊薄伽梵[像]左右两耳间距 11 庹,以此尺寸而呈现出的佛像圆满跏趺而坐[6]。左右两边是文殊、弥勒二尊[7]。顶上天神供奉,底下莲花座,如同华丽的唐卡佛像。上下左右边缘[缝裱好丝绢],再用合适的布料布置好雏鸟尖喙样的飘带[shum bu][8],[总共用时]十三个月圆满完成,之后在那座山坡展开。法王尊者做庆赞时,出现虹光、地震、花雨普降等稀有神变吉兆,众人感受一样。然后[王妃]

〔1〕 此人名按元代译音习惯,当为阿剌忒纳失里。《元史》中有"阿剌忒纳失里"之名的人共有三人:一是察合台系诸王越王秃剌之子嗣越王阿剌忒纳失里;二为高丽国王忠肃王王焘(蒙古名为阿剌忒纳失里);伯戴克早已确定,这里指的是元世祖忽必烈第七子西平王奥鲁赤之孙云南王老的之子,他初封西安王,天历元年(1328)十二月,进封为豫王。由于豫王阿剌忒纳失里与越王阿剌忒纳失里名字相同,又同为黄金家族成员,后来又都因推戴文宗即位而获封,且王号"豫""越"音又相近,故从《元史》始,不少史书和著作就已把二人身份、事迹混淆,伯戴克也不免于此,参见 Petech, *Central Tibetan and the Mongols*, Rome: Istituto Italiano Per Il Medio Ed Estremo Oriente, 1990, pp.110-111. 汉文文献所载有关豫王阿剌忒纳失里的事迹辩正,可参看郭晓航:《元豫王阿剌忒纳失里考述》,《社会科学》2007 年第 9 期,第 176—186 页。

〔2〕《传记》云,尊者吩咐道:"在山上把所有的白石排成行列,布置成佛像。"并言:"大小适中,极其好看庄严……按照这样的方法布置,尺寸就不会出错,佛像就能具备加持力。"(原文为: ri ngos la rdo ba dkar po rnams phreng bar bsgrig shing bde bar bshegs pavi skuvi bkod pa drung nyid kyis zhal bskos mdzad de / chag tshad dang ldan zhing shin tu mdzes pa bkod nas gsungs pa / ji ltar vdir bkod pa lta buvi chag tshad ma vchogs par sgrubs shig dang / bcom ldan vdas kyi sku byin rlabs dang ldan pa vbyon par vgyur ro //)第 290 页。

〔3〕《传记》言动用的匠人有七百,第 290 页。

〔4〕《贤者喜宴》记载,绕呗朵儿只献予所需全部原料的十分之一,补加了一千零九十两黄金的资财(rgyu gang song gi bcu cha nang nas vbul gsungs nas gser srang stong dang dgu bcuvi nor mthud mar mdzad),参见巴卧祖拉陈瓦:《贤者喜宴》(藏文版),第 966 页。

〔5〕《传记》记载头发等所有黑色的地方就用铁黑色布料(dbu skra sogs nag po rnams gos lcags nag),第 291 页。

〔6〕 按比例主尊释迦像至少高 33 庹。

〔7〕《贤者喜宴》云,主尊佛像装有三十二包,两旁立像装有八包(sku dngos la dos chen po sum bcu so gnyis / ldem gnyis la dos brgyad),参见巴卧祖拉陈瓦:《贤者喜宴》(藏文版),第 966 页。

〔8〕 关于唐卡裱制装潢的工艺,可参看扎雅著,谢继胜译:《西藏宗教艺术》,拉萨:西藏人民出版社,1989 年,第 103 页。

仍把此大飞幡（佛像）献予法王尊者。迎请［佛像］至藏地的驮畜有四十四头犏牛，每二十二头一拨轮换着。

大约50年后，时年30岁的江孜法王饶旦贡桑帕（Rab brtan kun bzang vphags，1389—1442）在江孜也制作出一幅巨幅唐卡[1]，其程序大致是先用330匹棉布做好画布，再于其上打好素描，然后用颜色勾画出佛像及其衣饰。唐卡中央是高80肘的释迦像，做触地等持印，两侧是目犍连和舍利子。主尊绘好之后，再做左右两边高51肘的弥勒和燃灯古佛立像[2]，此外还有其他一些护法、罗汉、天王等。整幅唐卡高约21米[3]。

根据制作唐卡所用的材料，可以将唐卡分为两大类：一类用丝绢制作，称为"国唐"（gos thang）；另一类用颜料绘制，称为"止唐"（bris thang）。从若贝多杰的大飞幡佛像的制作过程和运输方式，可以看出它类似于丝面或丝贴唐卡的工艺程序，属于"国唐"中的"国故（gos sku）"，江孜法王的巨幅唐卡则无疑属"止唐"。虽然，若贝多杰的飞幡佛像在大小上要远高于江孜法王，但一般来说，"国唐"的工序相对来说要比"止唐"简单。最后，若贝多杰采取的是一佛二菩萨式样，只不过文殊、弥勒与释迦的组合，目前还没有看到先例[4]，而江孜法王采取的是典型的三世佛形式。

《贤者喜宴》云若贝多杰把佛像运回西藏后，左、右二菩萨像被分别赐给止贡寺（vBri）、丹萨梯寺（Gdan）。主尊佛像则留于雪卡（Zho ka）[5]，后来装有主尊上身像的五包驮子丢失，噶玛噶举黑帽系第七世活佛曲扎嘉措（Chos grags rgya mtsho，1454—1506）在孜剌岗（Rtse lha sgang）加以修补，（因此）主尊上身像就存于孜剌岗，其余部分就留于雪卡[6]。并言："值此缘起，噶仓（Kam tshang）之教稍有障碍，如今（佛像）绝大部分已

---

〔1〕 此巨幅唐卡制作的时间，《汉藏史集》说是在4月8日（Sa ga zla bavi tshes brygad）完成。见班卓儿藏卜：《汉藏史集》（藏文本），成都：四川民族出版社，1985年，第386页。《江孜法王传》和《后藏志》说是在土狗年（1418）3月底（Zla bag sum pavi gnam gang）开始制作，用时27天完成。见晋美扎巴：《江孜法王传》（藏文本），拉萨：西藏人民出版社，1987年，第57页；达热那他：《后藏志》（藏文版），拉萨：西藏人民出版社，1983年，第50页。关于各史籍中时间上不吻合之处，《江孜法王传》做了很详细的解释，可参看《江孜法王传》（藏文本），第59页。

〔2〕 完成于同年的8月16日，见《江孜法王传》（藏文本），第58页。

〔3〕 《江孜法王传》（藏文本），第58—59页。除了这幅巨幅唐卡之外，江孜法王还制作了另两幅大型唐卡。

〔4〕 此点承蒙故宫博物院罗文华研究员、中国社会科学院廖旸研究员的提醒，特此致谢。

〔5〕 位于今工布江达县。

〔6〕 据策望昆恰（vbe lo tshe dbang kun khyab）所作曲扎嘉措的传记记载。曲扎嘉措虽然三次来至孜剌岗，并大受当地欢迎，得到大量供养，但并没有《贤者喜宴》所称的在孜剌岗补足千佛像的记载。

存于一处。总之若此佛像存于拉萨,缘起就会甚好。"[1]至于此佛像的最后归宿,大司徒紧接着追述道:"此后卫拉特(o rod<mong. oirad)蒙古军来到[西藏],在[他们]改变噶举教法(Dkar bstan)时,似把飞幡大佛像割成小块带走了,我只在梦中[见过]它的碎片。"[2]

---

〔1〕 rten vbrel vdis bar du kam tshang gi bstan pa la sel cung zad byung ba yin pas da dung phyogs gcig tu bzhugs pa gal che bar yod do/ spyi sku vdi lha sar bzhugs na rten vbrel shin tu legs snyam//《贤者喜宴》(藏文版),第967页。祖拉陈瓦(Gtsug lag vphreng ba, 1504—1566)此言是针对关于曲扎嘉措转世灵童的认定在噶玛派内部出现的激烈分歧而言。曲扎嘉措圆寂后,除了后来被确定为第八世活佛的弥觉多吉(Karma pa mi bskyod rdo rje, 1507—1544)外,在曲扎嘉措弟子桑杰贝珠(Spong ba pa sangs rgyas dpal grub)所著《第八世圣观自在传记善行释义取舍明灯》(Rgyal ba spyan ras gzigs dbang brgyad pavi rnam thar legs spyad mavi don vgrel blang dor gsal bavi sgron me)中,弥觉多吉得到曲扎嘉措弟子特别是嘉擦扎西南嘉(Rgyal tshab bkra shis rnam rgyal, 1490—1518)的支持,但拥有雄厚财力的部分寺院僧众却认为一西方灵童(nub kyi sprul sku)才是曲扎嘉措的转世化生。《弥觉多吉全集》,拉萨:西藏藏文古籍出版社,2004年,第169—172页。另据强曲藏波(byang chub zang po)所著《诸圣之丰具吉祥噶玛巴弥觉多吉尊者七岁前后之传记大宝鬘》(rgyal ba kun gyi dbang po dpal ldan karma pavi mi bskyod rdo rjevi zhabs kyi dgong lo bdun phan gyi rnam par thar pa nor buvi phreng ba)和策望昆恰后来的追述,与弥觉多吉同时,还有一位名为勾拉坚(rgod rlabs can)的安多人的儿子,极受欢迎。当此安多人之子被部分僧众迎请到孜剌岗时,弥觉多吉特地前往会面,不久他单方面宣称此人不是曲扎嘉措的转世,而是曲扎嘉措的弟子苏莽巴(Zur mang pa bya btang blo gros rgya mtsho)的转世,虽然噶玛派寺院部分僧众不服,但通过扎西南嘉的强力手段,弥觉多吉最后成功登上噶玛噶举宝座,成为噶玛噶举黑帽系第八世活佛,而安多人的儿子则离开了孜剌岗,最后不知所终。《弥觉多吉全集》,第9—12、65—67页。

〔2〕 司徒班禅却吉迥乃作为一个自学成才的藏传佛教艺术家,对收藏于藏地各寺院及个人手中的艺术品极感兴趣,每到一地总会想尽办法观赏尽可能多的作品。可以想象未能见识到绕呗朵儿只的巨幅唐卡佛像他该是多么地失落。见 Tashi Tsering, "Situ Penchen and His Painting Style: A Retrospective", 2013. 论文电子版参见网址: http://www.thlib.org/collections/texts/jiats/#!jiats=/07/tsering/#ixzz2o1zskEGP.

论宗教文化的相对单一性对藏族的心理影响（上）*

王启龙　向龙飞

提要： 毋庸讳言，虽然20世纪50年代的民主改革在形式上摧毁了政教合一的组织架构，其赖以维系的社会基础在一段时期内也确实不复存在，但藏文化的特殊背景、藏族的特殊民族心理，以及藏传佛教的特殊性格等这些过去孕育、促成并一度巩固政教合一的因素并没有发生根本改变，同时涉藏问题也越来越深地卷入国际政治博弈的大环境中，从而使藏传佛教问题容易在各种条件凑合诱发下屡起反复。本文拟从藏传佛教内部师道传统、藏族民间社会从民族的宗教化到宗教心理的民族化过程、"现代精英"对单一性宗教文化的矛盾心态以及"体制内"的情况等方面分析和研究，揭示宗教文化的相对单一性对藏族心理的相关影响，从一个侧面窥视藏传佛教何以在藏族社会地位特殊的深层次原因。

关键词： 藏传佛教　文化单一性　藏区社会　心理影响

西藏民主改革至今已经50多年，改革开放也已历30余载，西藏各项社会条件的变化用"翻天覆地"描述并不为过。现在我们着重要关心的是，具有深厚历史传统的单一性宗教文化对藏族社会心理究竟可能留存哪些影响，程度又如何，而哪些又在以新的形式或明或暗地发生作用？藏族社会某些层面对宗教由"信仰"转为"响应"，其内在运行机理又该如何分析？改革开放以来藏传佛教发生了一系列问题，往往是在仓促间给我们造成了恶劣影响和严重后果，这就表明我们在这方面的研究和准备工作做得不够。特别是2008年拉萨"3·14"事件后，许多深层次问题暴露出来，如不有效解决，势必危及长远。因此全面而深入地评估这些问题也就愈发显得迫切起来，所有针对藏传佛教的"长效机制"都必须以此为基础。鉴于佛教文化对西藏社会各个层面、不同群体的影响效果是不尽相同的，有时还存在相当大的，甚至是本质上的差异，因此，下文谨尝试从

---

　　* 本文为国家社科基金重大特别委托子项目"当代藏传佛教的可能走向以及相应治用策略研究"（批准号：A080048）的阶段性成果。

不同层面对藏族宗教文化的相对单一性对藏族的心理影响进行分析。

一、宗教内部——"密宗"的"原教旨"与世俗化的问题

藏传佛教密宗除了在修学方式与途径上明显有别于汉传和南传佛教外，还有一些独有特征，主要表现在对传授佛法上师的极度尊崇，以及对佛教密法传承的极端看重。这是了解藏传佛教特殊性格的第一把钥匙。我们知道，尊师重教、重视"法脉"传承这本来是所有佛教系统运行的一个重要规则，对其他文化体系如儒家、道家而言也是一个最基本的要求，即便现代文明对"尊敬师长"也是相当看重的，但藏传佛教的特殊之处在于：因为密法修学的特殊需要，其所要求的对传法上师的尊崇程度远远超过其他文化体系，可以说达到极其严苛甚至令人匪夷所思的地步。

（一）藏传佛教师道传统的主要特征

首先，我们看看藏密修学为什么会存在针对"上师"的特殊师道尊严需要。"上师"是藏传佛教对具有高德胜行、堪为世人轨范者的尊称，又称金刚上师，被认为是师师相承中的大日如来的代表，每遇传受密法必经金刚上师的灌顶；又由于藏密强调心法相传，故密法传授必须由上师与弟子秘密授受，修持密法的仪轨也必须先请金刚上师加持。关于"上师"在藏密修法中的重要性，这里涉及宗教文化心理的沟通与"共情"问题，一般而言，若非亲身进入藏密修学体系体验，实难对之形成有把握的评价。尽管如此，如果透过藏密的某些理论和历史上藏传佛教高僧的某些教言，我们或许可以窥其一斑。藏传佛教认为，佛教僧侣要获得佛教理论所要求的一切功德，最终修行圆满乃至成就佛道，都必须依赖上师，以上师为根本，所获功德都因上师的大慈大悲而得出生，以上师之护持而得以生长，一切地道功德之出生乃至圆满皆依于上师，以上师为源泉。据后弘期噶当派早期高僧博朵瓦[1]的观点，凡修解脱法，再无比上师更为紧要的；总摄一切"教授"的根本，

---

〔1〕 博朵瓦（po to ba，1031—1105），又译博多哇，本名仁钦赛（rin chen gsal），仲敦大师（vbrom ston）弟子，与敬安哇·楚臣坝（spyan snga ba tshul khrims vbar，又译金厄瓦）和普琼哇·宣奴坚参（phu chung ba gzhon nu rgyal mtshan）合称三昆季。讲学以噶当六论等典籍为主，在噶当派中开经典派一系，创建博多寺（po to dgon pa），因此被称为博朵瓦。弟子辑其语录并加注释，名为《小册青书》（bevu bum sngon po）。参阅张怡荪主编：《藏汉大辞典》，北京：民族出版社，1985 年，第 1619—1620 页。

是不舍离善知识。贡噶活佛[1]在《恒河大手印直讲》中也指出依止上师的三义：（一）依止上师，才得闻最胜口诀，是修持成就之胜因；（二）依止上师，才得具足一切忏罪积资之胜缘；（三）依止上师，得以上胜因胜缘，恒常不断，精进行持，自能凭仗上师大加持力，顿然而得现证之果。贡噶活佛又引大德丹巴桑结[2]所示其弟子的开示云："汝必须具最极之净信与恭顺心，而后可。"[3]这就系统指出了依止上师对于藏密修学的极端重要性。由此可见，尊崇、依止上师有超越一般世俗社会对传道授业感恩的特征，当中不仅有尊师重道的通常要求，更是成为藏密修学不可须臾舍离的一种必须手段。甚至经过长期发展，以至社会上形成了这样的观念："若没有上师，即使所有的佛对我们微笑而我们也看不见""宁可割掉自己的舌头，也不能诽谤上师"。因此在整个佛教体系出现了"只见有上师，却不见佛"这种极为罕见的现象，这也与汉传佛教"依法不依人"的明训差异甚大。

其次，我们再看看藏传佛教弟子对上师的尊崇需有何种具体表现：第一，按藏密学法、授法的正规要求，弟子首先要能陪侍上师，供上师使役，一般来说时间至少三年以上。第二，要对上师进行财物供养，具体额度以引得上师欢心为准。在藏传佛教历史上，以自身全部财富供养上师是一种极为普遍的现象，在获取某些关键教法时更是一种必需的行为。第三，在确定依止上师之后，就必须对上师绝对遵从，最极致的方式为将自身的"身""口""意"悉数供养上师，也就是身体完全供上师驱使，认真听从上师言教，话语要符合上师意愿，在思想意识上更是对上师绝对信仰，以上师的意志为自己的意志，要完全杜绝任何怀疑、轻慢、违逆上师的念头和口是心非的现象。藏传佛教历史上实行"身""口""意"供养最好的标杆就是著名的米拉日巴大师[4]，从《米拉日巴传》

---

〔1〕 贡噶活佛（1893—1957），康藏著名的白教大德、学者、诗人，曾任十六世噶玛巴活佛的上师之一，主要传承噶举和宁玛两系教法。1935 年，当时任国民党蒙藏委员会委员的诺那活佛遣使函请西康白教大德贡噶活佛来汉地弘法，影响深远。贡噶上师不仅是佛教的成就大德，而且还是一位伟大的藏族学者、藏学家、教育家、诗人。民国中央政府在重庆明令颁给贡噶上师"辅教广觉禅师"的封号，赐银印金册。国民党中央委员会委员长蒋介石亦为贡噶上师亲笔题写："辅教广觉禅师贡噶呼图克图。"贡噶活佛 1957 年圆寂于康藏。

〔2〕 丹巴桑杰（dam pa sangs rgyas），印度佛教中一大成就者。公元 12 世纪初入藏传法，后创息结派。有关其生平事迹，详见管·宣奴贝著，王启龙、还克加译：《青史》，北京：中国社会科学出版社，2012 年，第十二章《息结派初、中、后三期传承情况》及其他相关段落；王沂暖主编：《佛学词典》，西宁：青海民族出版社，1992 年，第 371 页。

〔3〕 贡噶活佛：《恒河大手印直讲》"依止上师"章，转引自邱陵：《藏密心要十讲》，兰州：甘肃民族出版社，1998 年，第 35 页。

〔4〕 米拉日巴（mi la ras pa, 1040—1123），藏传佛教噶举派第二代祖师，宋代著名藏族高僧、诗人、密宗修行大师。出生于芒域贡塘地区（今日喀则地区吉隆县）。本名米拉日巴·脱巴噶，法名协贝米拉日巴多吉。曾学恶咒，毙冤仇多人，后自忏罪孽，改宗佛教。1078 年拜玛尔巴大师（1012—1097）为师，前后历经六年零八个月，勤服劳役，极尽苦行，终得玛尔巴传授的密道全部修法。关于其生平事迹，见桑杰坚赞著，刘立千译：《米拉日巴传》，北京：民族出版社，2000 年。

中我们可以了解到,米拉日巴为求得真言法教,不仅心甘情愿领受上师玛尔巴经常性的打骂,而且还毫无怨言地完成上师交付的种种艰苦卓绝而又不近情理的任务,其对上师的尊崇和依从程度足以令我们现代人瞠目[1]。除此之外,藏密还有“观想上师”的宗教修学手段,以及密乘的根本戒律来强化弟子对上师的绝对信仰。关于戒律方面,修学密宗的十四根本戒中,第一条就是关于“毁谤或轻蔑传法上师”的戒律,主要基于这样的理论基础:上师乃诸佛菩萨之代表,故不能轻蔑毁谤上师,亦不能对上师生嗔心或邪见,对上师诚信之心决不能退转。若违戒应及时于上师前虔诚忏悔,还净戒体,否则临终必堕“金刚地狱”。关于“观想上师”方面,以我们目前对藏密极为粗浅的窥探,“观想上师”这一方式在整个藏密修学中几乎无处不见。以最简单的“准提法”为例,弟子在修行过程中就必须细致观想上师传法当时的音容、样貌、穿着打扮、身体姿势、所持法器等,非如此修行不能得力。另外,密宗还有专门的“上师瑜伽”修法,被认为比修“生起次第”与“圆满次第”更为殊胜,其中对上师的“观想”更为繁复,要求也更为高级,弟子对上师的信仰必须达到相当纯粹的“净信”程度,要能在意识境中将上师观想成所有十方诸佛、菩萨的“总化身”,否则修行就难见成效。

综上所述,藏传佛教的“师道尊严”不仅要求弟子彻底依附、依从和依赖上师,而且更是要求弟子在意识修炼中将现实中肉体凡胎的上师升华到圣像“图腾”、等同于“佛”的地步。这样一来,藏传佛教僧徒在上师面前也就彻底失去了“自我”,与现代人文理念极为看重的诸如“自尊”“自由”“人格”“个性”等概念基本绝缘,从而使藏传佛教整体形成了一种非常独特的性格。

(二)政教合一制度使藏传佛教师道传统发生异变的主要表现

从历史发展的事实来看,由于有这种基于宗教特殊需要而衍生的师道传统,藏传佛教更容易在世俗统治者面前获得超出内地显教“沙门不敬王者”的一般礼调——世俗统治者一旦倾向、皈依藏传佛教,想要获得更好的“福报”或在修学上有所进益,其对藏密僧侣折节师事的程度就会比显教僧侣明显高出一筹。我们知道,历史上威势强盛如

---

〔1〕据《米拉日巴传》记载,为消除米拉日巴的“业障”,测验其求道之心,玛尔巴对米拉日巴极尽折磨之能事,首先诱骗米拉日巴于险难处构筑石屋,等建到一定程度又找无理借口令其拆毁,既拆毁而又命他择地另建。如此这般循环了三次后,玛尔巴复又驱使米拉日巴建九层石塔、十二根廊柱的大客栈以及修行的静室等。以上这些都需米拉日巴一人独力完成。在高强度劳动的折磨下,米拉日巴后背多次被石头磨破,以致生满脓疮仍不得休息,但为能求得真言法教,他对上师玛尔巴却没有丝毫埋怨,仍如实按玛尔巴的意愿一丝不苟完成每个任务。

元世祖、明成祖者，为获取藏密灌顶亦浑然不惜"万乘之尊"的身份，按照宗教仪轨要求对传法上师屈尊下事，其中元世祖忽必烈更是对其传法上师八思巴言听计从，达到了"吐蕃之事悉听上师之教，不请于上师不下诏命"的地步[1]；而清廷对藏传佛教的崇奉似也不输于前，统治者如雍正、乾隆等不仅师事喇嘛、践行佛教，对藏传佛教僧侣的封赐也多得惊人，仅六世班禅一人一次所获赏赐与布施居然可以引起廓尔喀一国觊觎，足见清廷对藏传佛教的厚遇程度。以上这些当权者的崇佛行为固然主要是出于中央王权"因俗治边"的大政考虑，但以现有史料揣摩，当中也确实不能排除统治者作为个体对于藏密的宗教追求。内地实力强大的世俗统治者对藏传佛教的崇奉程度尚且如此，西藏内部疲弱已极的分散小领主自不待言，先因其自身势力难以抗衡日益隆盛的藏传佛教，为此不得不着意对之拉拢、结纳，而藏传佛教这种师事"上师"的要求使得被吸入信教阵营的各方封建头领更是甘愿仰其鼻息、以供驱策，甚而干脆将统治权力拱手相让（当然类似款氏、朗氏这等有藏密传统的家族则主要是利用自家"上师"地位强化世俗制控），从而对西藏政教合一的形成和稳固起到一种特殊的关键作用。而政教合一制度（特别是以格鲁派为核心的政教合一制度）一旦确立，藏传佛教的师道传统也因此发生了相应异变：一方面继续在宗教内部维持和承续，另一方面实则向世俗政治层面异化延伸。其主要表现是达赖喇嘛世系宗教身份的变化。

要知道在五世达赖喇嘛之前的历代达赖喇嘛本来只是藏传佛教的一个"具德上师"，这个身份使达赖喇嘛这一系在西藏积累了很高声望，在教内取得了高级僧侣的地位，但表现的主要还是佛教上师的宗教形象，其发挥影响也基本依靠自身道德和宗教修为的"感召"；而政教合一制度的确立则使从五世开始的达赖喇嘛世系超越了这个宗教身份，他们本身作为佛教僧侣却兼领西藏行政，使其不仅继续拥有佛教上师的地位，而且也人为地成了整个西藏的"政治上师"。这种质变非常关键，可以说影响了之后整个藏传佛教的运行特征。

首先，"政治上师"代表的世俗权威可以使达赖喇嘛"佛教上师"的形象更加趋于至高无上，进而使之"异变"成为本教派甚至整个藏传佛教的"根本上师"。按藏传佛教本义，佛教僧侣可以依止多位上师，而"根本上师"则是其中能给予佛教僧侣亲身指引并使僧侣自身修学获益最多、受用最深的一位，这与上师的地位、名气、权势等并无丝毫关系，每个人都应寻求和依止那种最适合自身特征、最能促发自身修学进

---

〔1〕 王启龙：《藏传佛教在元代政治中的作用和影响》，《西藏研究》2001年第4期。

益的"根本上师"。这样来看,由于达赖喇嘛显然不具备——亲自指导所有藏传佛教僧徒的条件,因此所谓全藏藏传佛教的"根本上师"也就无从谈起。但可能是后来世俗贵族、领主出于谄事达赖喇嘛这个政治当权者的缘故,而藏传佛教僧侣阶层也有通过极力渲染达赖喇嘛形象、进而依傍达赖喇嘛这棵"大树"来向社会提点自身宗教地位、获取更好认同的动机,再加上民间乃有达赖喇嘛为观音菩萨化身的传说,因而这个名头也就"顺理成章"附会到了达赖喇嘛身上;虽然其明显违背了民间密法传承中关于根本上师对弟子需有亲传亲授的传统,教内却无所置疑,基本默许这种在师业道规方面向达赖喇嘛一系单独开"方便之门"的现象,而达赖喇嘛也得以凭这个全藏藏传佛教"根本上师"的名头获取了近似于"教主"的、有权"号令"全部藏传佛教徒的法统地位。

其次,在世俗层面,由于全民信教,都奉喇嘛为师,藏传佛教的事师要求在民间同样有效,因此达赖喇嘛"根本上师"的宗教身份在民间也同样具有统摄效果,教义的约束和"来世"丰厚回报的期许使普通信众不仅对之形成热切崇拜,而且还心甘情愿服从其对世俗世界的安排,从而达赖喇嘛从世俗统治者处挣得的"政治上师"的地位也被视为理所当然并得到合理化。有宗教的"根本上师"和世俗的"政治上师"集于一身,且这两种身份的影响力又循环正相关,因此随着达赖喇嘛这一世系在不断转世中累积影响力,"达赖喇嘛"这个名号以及与之相应的现实肉身的人,势必不可阻挡要在西藏僧俗两界被塑造成一个"真实不虚"的佛界"图腾",由此形成一种世间出世间"神圣"情结的"辐辏"效应——达赖喇嘛被视为佛教所有之"美妙"与"神圣"在世间的最高象征和最终标准,为此即便绝大部分藏传佛教僧侣和信众并未亲见达赖喇嘛本人,更不用说能得其耳提面命,他们却仍要将自身宗教情感中最为至上、最为炽烈的部分遥遥倾注或投射于达赖喇嘛这尊现实的"神王"之上。这是政教合一制度下藏传佛教师道传统发生异变之后的必然逻辑,无形中就使整个藏传佛教的兴衰荣辱系于达赖喇嘛一人,西藏世俗社会的价值取向也因此被深刻打上"达赖喇嘛"的烙印。而与此相应的隐患就是,"根本上师"毕竟是处于现实中的"人",转世世袭并不能一定保证他如教义要求那样修行圆满,相反政教合一的现实使之更易受"红尘"羁绊,应是更难以达到"解脱"(虽然教政集团为保证达赖喇嘛的宗教修为达到一定水准颇费心力),因此当这个"根本上师"自身出现问题或卷入"问题"时,藏传佛教就会一时缺乏纠偏的能力,普通信众也会因追随这个"根本上师"而被带入"沟壑"之中,而1959年的全面叛乱就是这种隐患爆发的集中体现。

（三）对"根本上师"的非理性依从给藏传佛教管理带来的问题

十四世达赖率西藏教政集团残余势力流亡国外后，政教合一制度在西藏不复存在，但达赖作为藏传佛教"根本上师"的地位却未见多大动摇。人所共知，达赖为了达到返乡复辟、实现西藏独立或所谓"高度自治"的目的，将其藏传佛教"根本上师"的影响力发挥得淋漓尽致，以此为手段做了许多分裂祖国、破坏西藏稳定的事情，主要表现有如下两个大的方面。

第一，就流亡集团内部来看，由于长期历史形成的"根本上师"的特殊地位，达赖成为凝聚流亡集团不可或缺的核心与纽带。正是因为有达赖的存在，流亡集团才得以归拢成型，成为渗透境内、破坏西藏安宁的主要力量，也由此成为国际反华势力的忠实工具。而一旦十四世达赖离世，流亡集团的组织形式和价值取向必将发生重大变化，其对境内的动员能力及其在国际社会能发挥的影响力也会大打折扣，这对于我们彻底、"一揽子"地解决藏传佛教的问题无疑既提供了机遇，但也提出了新的挑战，而研究"后达赖"时期的特征和走向之所以极其重要，原因也在于此。

第二，就十四世达赖对境内藏传佛教的影响来看，其"根本上师"的身份还是很有市场的。其先后提出的"五点计划""七点建议""中间道路"甚而一些明目张胆的"独立言论"，不知对藏族社会心理产生了多少潜移默化的影响。改革开放以来特别是1980年代西藏发生的若干次骚乱，都与达赖撺掇、号令、暗示境内藏传佛教寺庙和僧徒首先闹事、与中央和西藏自治区政府作对有直接关系。当1989年他攫取"诺贝尔和平奖"，2007年美国国会授予他"金质奖章"时，境内许多藏传佛教寺庙和僧徒就自发组织仪式庆祝，并为达赖念经祈福。达赖发挥其"根本上师"影响力最为典型的要数插手十世班禅转世事件。在这一事件过程中，他直接运用"传戒上师"的身份暗中命令、指使时任"十世班禅转世灵童寻访委员会"主任的恰扎活佛为其提供寻访绝密情报，并擅自安插备选灵童；正是因为有恰扎的协助，达赖即强行抢先宣布与中央政府依法依规遴选相左的灵童人选，从而给我们寻访、确认工作造成极大被动。2008年拉萨"3·14"事件发生后，当驻寺法制宣传教育工作组找闹事僧人谈话时，许多僧人就振振有词地宣称达赖为其"根本上师"，按教义要求不能对"根本上师"有所批判。他们就是凭着"教义"这杆大旗对揭批达赖祸藏乱教的行为始终三缄其口，以这种消极抗拒的态度竟使寺庙法制宣传教育工作一时难以深入展开，达赖"根本上师"名头的影响由此可见一斑[1]。

除此之外，十四达赖对西藏稳定的另一个重要现实威胁就是利用其"根本上师"的地位，私自指认境内僧侣为活佛，以传授经典、授予学位为诱饵，采取"拉出去、打进来"的方式，引诱藏区僧尼外逃，进一步壮大了流亡集团的宗教声势和向心力，而归我们掌握的宗教力量则有越来越少之趋势，从而显现出流亡集团宗教力量的"集群效应"和"辐吸效应"。非法出境现象自1980年以来较为突出，中间有若干年尤为猖獗，目前仍没得到有效遏制。问题还不尽于此，不少外逃僧尼在直接或潜移默化受"藏独"思想影响后又回流入境，明里开展宗教活动，暗中则借境外"镀金"的身份、扯虎皮做大旗，以此占据境内宗教意识形态的制高点，私自认定转世活佛，操纵寺庙管理，恢复寺庙主从关系，大量收取布施，通过这些手段积极为流亡集团代言和张目，成为了境内藏区发生政治事端的重要策源。

（四）十四世达赖"根本上师"身份在教内的现行影响力评估

从上述几方面看，说达赖是"阻挠藏传佛教建立正常秩序的最大障碍"，此言诚为不虚；改革开放以来藏内、教内诸多不稳定因素的根源就在于达赖。那么，达赖的这个"根本上师"身份是否就成为藏传佛教问题的一个不可解开的"死结"？而面对达赖绵延不绝的宗教影响力，我们除了以"现世"的物质幸福争取群众之外是否也就别无他途了呢？这是横亘在决策部门的一个重大问题。但如果我们进行深入分析，情况并非就无可应对，在宗教意识形态领域我们仍有下手之处。在这里我们就要对达赖的宗教影响范围仔细鉴别，别看达赖"根本上师"的形象似乎无所不能、无孔不入，其实其影响主要集中在藏传佛教特别是格鲁派中下层僧侣（此处"中下层"主要以宗教修为层次划分）。

1. 达赖对其他教派的影响

对于那些透彻了解藏传佛教教义、真实把握藏密修学要求的其他教派，比如噶举、萨迦、宁玛等派的高僧来说，他们有自己相对独立的传承体系，也有本派的核心人物和上师系统，因此达赖之全藏藏传佛教"根本上师"的身份对于他们来说是可有可无的，主要以"象征意义"居多，而之所以对达赖这个身份表示默认或支持，一是出于对达赖及格鲁派历史和现实影响的一种尊重，以及对格鲁派核心地位的服从——有势力强大的格鲁派坐镇和居中节制，可以使各教派避免历史上曾经有过的那种无谓的内耗争斗，

---

[1] 对此，凡在哲蚌寺法制宣传教育工作组工作过的人员，应该深有体会。笔者亦然。

在流亡时更是可以避免整个出现一盘散沙的状况，因此在宗教上服从达赖有利于各教派自身的利益。二是虽然各教派在境外可以独立自行发展，但达赖在世人眼中是代表整个藏传佛教，其在国际社会的影响力可以间接为各教派在海外传播扩充影响。三是无论如何，达赖毕竟算是藏传佛教一位数得上的高僧，在历史上与各教派高层也有过互为师徒等千丝万缕的关系（主要是互换秘密教言或灌顶，由此维持彼此宗教地位的一种平衡），从宗教角度来看对其表示尊重也是应该的，也只有从这个角度来看，达赖作为全藏藏传佛教"根本上师"的身份才算稍微沾点边；但回过头来，若以各教派视为生命的"圆满传承"的标准来看，达赖世系与各教派偶尔的师徒关系却很少或不计入其根本传承内：以康区宁玛派主寺佐钦寺（位于四川德格县）的密法传承为例[1]，其别解脱戒传承师承次第从释迦牟尼至今共有48代上师，当中属格鲁派的唯有第二世达赖喇嘛根敦嘉措一人；其大乘菩萨戒传承师承次第，以及宁玛派根本大法"大圆满窍诀"传承师承次第则更是不见格鲁派僧侣的踪影。又以萨迦派为例，其根本大法"道果法"以家族和教派内部传承为主，格鲁派高僧或有修习传承，但不被视为正宗。而噶玛噶举派不仅有其独门密法"大手印"，更是凭其"那若六法"在西藏首创活佛转世制度，宗喀巴之后格鲁派之所以能膨胀并稳固其基业，也是受惠于此良多。以此看来，格鲁派虽然势大，但其余各教派显然仍自成体系，各有其看家的"不共"密法；而且虽然格鲁派僧侣根据宗喀巴大师所订教规要求，对密法修学不能偏好一门、要遍习各种法教，但在这个过程中格鲁派僧侣并未将其余各派教法整合、转化为自身真正的传承并在派内承续下去，要论传承，还是以原本教派所传最为"尊贵"和"正宗"，以此格鲁派反倒要更多仰仗于其他教派。

由此可见，藏传佛教其余各派高僧（特别是处于流亡中的）之所以默认达赖的"至尊"地位，更多是基于传统和现实考量（流亡中的利益共同体）的一种"约定俗成"，而不是基于宗教教义的绝对律令；各教派在境外的传播打开局面后，其依赖黄教"荫庇"的程度已大为降低（流亡后黄教已无在境内时的政治、经济基础），对达赖插手本派教务也是深为提防（这实际上自格鲁派强势上位后就一贯如此），之所以似乎仍留在以达赖为首的政教体系中，主要目的是使藏传佛教作为一个整体不致解体（藏传佛教作为一个整体的形象一旦分解，各教派单独的影响力可能就会大幅削弱），而风雨飘摇的流亡集团也自然是经不起分裂，从曾经共同流亡的传统感情角度来讲也是"于心不忍"。这些因素决定了其余各教派在宗教发展上与格鲁派仍有共同追求，在政治取向也有共同

---

〔1〕 资料来源于佐钦寺网络主站：http://www.zuoqinsi.com/zuoqingaoseng.html.

利益,但在强求西藏"独立"方面却不一定会对达赖步步亦趋[1];即便就此有所认同,当"出头鸟"的事情就尽管让达赖去做——反正几百年来的传统就一直这样,自身贸然出头不仅有争权夺利、抢风头之嫌,而且也会将中央政府的"火力"吸引到自身教派上。因此他们很多时候只管埋头修学或传法,在宗教方面给达赖"抬抬轿子";而一旦达赖出于安排"后事"的目的在政治上强要将其余各教派拖下水,流亡集团基于各教派联合的政教联盟可能就会充满变数,当前的这个焦点则主要集中在十七世噶玛巴身上。

有一点我们要注意的是,当前藏传佛教有从四川和青海藏区"东渐"和从海外"回流""两相对进"向内地传播的趋势,在某些大城市(如成都、沿海一带)甚至很有热度。从一些现象来看,"东渐"潮流主要由宁玛派推动[2],噶举派次之,这些派别的活佛或喇嘛与达赖及格鲁派传统联系相对较少,在历史上对政教合一参与不深,因此对宗教与政治的纠葛相对超脱,有名者如索达吉、多吉扎西、慈诚罗珠、根让等,汉藏教理圆融,无民族之隔,无门派之见,这就有助于在信仰领域推广、强化佛教远离世俗政治的正统形象,当然对于其中少数戒行不严、伤风败俗,甚而招摇撞骗的喇嘛我们尤其要注意加强管理。而海外"回流"则主要以台湾和香港为跳板或中介,情况相对要复杂一些。据西藏社科院2009年第八期要情《敌对势力利用宗教对我渗透无孔不入》披露,对中国沿海和内地,美国帮达赖集团设计了反向渐进计划,与佛教界的一些"大师"密切合作,利用人们对密宗的"极大兴趣",由港台和海外传入"密法",第一条就是"上师崇拜,无条件服从上师(规定根本大师是十四世达赖喇嘛,其他传密法者为学法者的上师)",沿海与中部修习藏传佛教的信徒,最终须服从根本上师,最后才能进入"无上之密境"。对于这种情况,我们要仔细甄别、严密跟踪,对此类人物的入境严格把控。但也有一些宣扬佛教正统教义的真正高僧,如在整个藏传佛教中德望盖顶、倡导"无教派运动(利美

---

[1] 2008年拉萨"3·14"事件发生后,3月18日境内萨迦寺60余名僧众也曾有闹事企图,很快就当地政府劝返,整个过程没有出现呼喊反动口号现象。既然可以"劝返",与哲蚌寺"3·10"事件中格鲁派僧侣的那种表现就大为不同,说明藏传佛教其他教派对达赖的跟从实为有限。此外,如四川理塘萨迦寺的达洼泽仁活佛、理塘寺夏坝活佛、噶陀寺龙称活佛等,1980年代都曾赴印度学法,但不妨碍其回国后成为爱国、爱教的好喇嘛。又如四川德格佐钦寺的多吉扎西活佛,教理通达,修持严谨,就对流亡集团的某些作派颇不以为然;而境内我们熟知的噶举派新杂·丹增曲扎活佛更是屡次站出来批判达赖。

[2] 1990年代声势最大的为"法王如意宝"晋美彭措,主要通过色达五明佛学院吸引内地信众、拓展影响,追随者曾达数万之众(不过这种状况在当时也造成了很大的社会问题,人数众多就鱼龙混杂,非常不便于当地政府进行有效管理)。当前康区宁玛派向内地传法的态势主要如下:色达系主要有索达吉、慈诚罗珠、益西彭措、根曲邦等,佐钦寺系有多吉扎西、尼玛将参、翁修等,噶陀寺系有直美信雄、莫扎、仲巴、蒋漾、白玛扎西等,亚青寺系有阿秋喇嘛、益西嘉措、阿松、普巴扎西等。这些藏传佛教宁玛派僧侣当中有不少掌握汉语,还有一些如索达吉、慈诚罗珠等也深入了解、研习汉传佛教,因此吸引了不少汉族信众。

运动)"的宗萨蒋扬钦哲[1]，我们曾连续追踪他在中国台湾、香港和内地讲法的内容，确实教理圆融、见解通透、深中"密法"流弊，尤其对如何具备佛教"正信"有深刻的阐发，其说法又善于从现代生活中借用譬喻，文义新颖、寓意深奥，有通达"文字般若"之相，且毫不留情地指出藏民族存在对佛教的迷信现象。从目前我们所能掌握的一些情况来看，他似乎对参涉政治不感兴趣，不借传法之机敛财，也不轻传"灌顶"或"密法"。对于此种人物，我们不妨持欢迎态度。

2. 达赖对格鲁派内部高级僧侣的影响

就格鲁派内部来讲，其实也并不是"铁板"一块。一般来说，格鲁派高僧或高级别活佛会对达赖作为教派领袖的身份表示应有的尊重，但这种尊重具体到什么程度则要依各种情况而定。"达赖喇嘛"的地位不是天然就具有的，而是由历史形成的，其中最重要的因素是本身要"具足德行"、始终保持较高的宗教修为，这是获得宗教内部和世俗人群尊崇的根本(达赖喇嘛世系在获得至高无上的政教首领地位后，黄教集团之所以坚持要为每一个转世严格提供最高水准的系统教育，无论如何也要使达赖本身的宗教修为达到藏传佛教内的上等水平，主要出于这个原因)。因此在真正教理通达、修学有成的高僧面前，达赖"根本上师"的形象也就难于凸显其心理优势；至于政教合一之后达赖获得的"政治上师"的形象，在高僧看来更不过是宗教光环的一个附属品，一个在特殊环境和条件下为宗教发展提供政治服务的"善巧方便"，不能执此为根本，而一旦陷入执着，就与佛陀的教诲背道而驰。因此当西藏政教集团残余流亡境外，达赖借宗教之名、行政治之实于国外政界搞得风生水起，同时以宗教为手段试图渗透、策反境内时，这就会使一些在佛教造诣上有真正见地的高僧对达赖的这种行为及取向不以为然。当然，出于宗教戒律以及维护宗教团结的考虑，教内高僧即使对达赖有所看法也不会明里指摘或直接批判，但会通过一些侧面的方式宣明自己的立场。例如十世班禅大师，虽未直接挑明其与达赖的分歧与对立，但屡次强调僧侣阶层应以修学为务，要促进汉藏团结，不能放任和参与分裂破坏活动；而我们熟知的帕巴拉活佛也是紧随班禅大师的步

[1] 根据藏传佛教一些历史资料，其第一世为蒋扬钦哲旺波(1820—1892)，据传一生依止上师达150多位，遍学各派显密教理，身兼宁玛巴、噶当巴、囊觉巴、噶举巴、香巴噶举、希解巴等十三派传承，总揽藏传佛教几乎所有法教，许多教派法主、"法王"都是其亲传弟子，他同时还是近代藏传佛教著名的"利美运动(无教派运动)"的发起人。第二世为蒋扬钦哲确吉罗卓(1893—1959)，据传亲修180余尊本尊法教，曾为十四世达赖、十六世噶玛巴、萨迦法主、敏林赤钦、敦珠、顶果钦哲、蒋贡康楚等诸多教派领袖和高级僧侣灌过顶、传过法，成为名副其实的"上师中的上师"；因写《西藏生死书》而名动一时的索甲幼年即从之生活和学法。现今的宗萨蒋扬钦哲为该世系的第三世，1961年出生于不丹，为宁玛派第二世敦珠活佛之孙，受到流亡宗教群体最高规格的精心培养，与宁玛派、萨迦派关系最为密切。

伐,在某些表述方面还更为直接。

如果说以上这两位高僧与黄教集团曾有过恩怨纠葛,因此他们的言行不能说明问题的话,那么第六世贡唐活佛则可视为格鲁派内部的一个典型案例。据传第六世贡唐活佛法统极为尊贵[1],不仅通达显密教义,掌握大小500多个密宗灌顶,是藏传佛教历史上接受密宗灌顶最多的活佛之一,而且是格鲁派镇教之法——时轮教法的直系传承者[2],也曾受过达赖的"灌顶"。就是这样一位在教内地位尊崇、声望一时无两的高僧在"左"的年代曾蒙冤入狱长达21年之久,按理说他可能会与达赖流亡集团达成更多的共同价值取向,但事实上贡唐活佛却丝毫不以过往所受冤屈为咎,反而对信众循循善诱,以深入浅出的佛教道理积极开导他们抛下过往纠葛、放眼未来,撇清藏传佛教与达赖的政治关联,坚决反对西藏独立;明确指出信仰与政治是两码事,宗教本位意识应从属于国家利益,藏传佛教自身应解放思想,在健全法制的前提下积极与社会文明进步相适应。除了贡唐活佛以外,当今在藏区享有盛誉的拉卜楞寺嘉木样活佛、西北民族大学的多识仁波切等,也对达赖栈恋政治、把藏传佛教工具化的现象持否定态度,坚决主张将达赖与藏传佛教分开看待。从这些藏传佛教高僧身上我们可以看到佛教信仰的真正品质,说明即便久经政教合一熏染,藏传佛教内部仍不乏佛教的正统精神,以及顺应世间形势变化的惯有智慧,在这一点上我们至少应有一定信心。

此外,即使在流亡集团内部,格鲁派也并不是整体如一的,最典型的莫过于1990年代中期爆发的"多杰修丹"护法神事件:达赖自己不信仰"多杰修丹"护法神,还强迫其他格鲁派寺庙和僧侣不得对之供奉,结果引发了教内冲突与分裂。此时旅居英国的格

---

〔1〕贡唐活佛第一世根敦彭措据传为宗喀巴化身,67岁时出任第50任甘丹池巴,同时担任达赖喇嘛的经师,并代理一年藏王。第二世丹贝坚赞被迎请到拉卜楞寺,还被清朝乾隆皇帝邀请到北京出任雍和宫第二任大法台。第三世丹贝仲美、第四世丹贝嘉措、第五世丹贝尼玛都曾担任过拉卜楞寺总法台,是藏区著名佛教修行者和学者。

〔2〕自1980年代以来,达赖几乎每年都要举行时轮大法会(在1996年更是达4次之多),借此收服人心,宣扬"藏独"思想,吸引境内从者甚众,信者以为十四世达赖即时轮教法的当然正宗传承。但据多识仁波切《爱:心中爆发的智慧》(北京:民族出版社,1996年)以及王云峰《活佛的世界》(北京:民族出版社,1997年)第十一章载:时轮教法于后弘期从印度传入西藏。宗喀巴心传大弟子克珠杰即班禅世系的第一世为宗喀巴之后时轮教法的第二代传承,四世班禅为第七代传承,九世班禅为第二十四代传承。20世纪30年代初九世班禅在杭州和北京举行了规模宏大的两次时轮灌顶,返藏途中于1936年在拉卜楞寺举行隆重的时轮大灌顶法会,当时年仅10岁的贡唐活佛,在首席弟子的行列接受了灌顶,班禅大师亲手将时轮法王的佛冠戴在了贡唐活佛的头上,进一步以赐灌金刚上师最高顶的方式以弘扬时轮大法的任务交给了贡唐活佛。而贡唐活佛也不负重托,从1946—1958年在甘青川藏区举行了6次时轮大灌顶,中间坐冤狱21年,1988年到1991年又在甘、青、川草原举行了规模宏大的3次时轮大灌顶。1994年7月贡唐活佛在位于甘南藏族自治州夏河县的桑科草原,举行了规模空前的第十次时轮大灌顶,僧俗听众约达40万人,其中来自甘肃、青海、四川、西藏100多座寺院的喇嘛20000多名,大小活佛200多名。贡唐活佛灌时轮大顶的次数和参加人数之多,规模之宏大,在藏传佛教史上也是罕见的。

桑嘉措也创立了自称为藏传佛教"新噶当派"的教派组织,宣称自己才是真正的格鲁派传人,指责十四世达赖背离了格鲁派教义,不承认其格鲁派宗教领袖地位。随着时间的推移,该派不断壮大,有另立山头之势,这让达赖恐慌不已,格桑嘉措也因之被开除出印度"色拉寺"寺籍,现在已于欧洲自成一系。

3. 达赖对格鲁派中下层僧侣的影响

如果说某些格鲁派高僧由于在宗教修为上可以"平视"甚至"俯视"达赖,因此在政治上不必唯达赖是从的话,那么就格鲁派中下层僧徒来讲,情况就颇为复杂。这里的"中下层"主要是指已进入佛门但宗教目的含糊、动机不明确、教理不通达、戒律不纯、修学进益不大的这么一批僧侣(与宗教地位并无多大关系,有些被认定为活佛者照样如此),而且占据较大的总数比例,就藏传佛教的管理来说,这一块问题最大。本来,僧侣素质参差不齐、部分僧侣缺乏应有修养的现象在佛教发展的各个时期都存在,佛教理论也认为僧侣的宗教修为存在上、中、下三个层次,这些都不奇怪,对此僧团内部也会有相应的秩序规范和调整,一般不会对社会造成明显的消极影响。但这种现象在藏传佛教内部却有其特殊性,主要体现在政教合一制度的后续负面效应,成为了当前藏区社会治理问题的主要来源。

由于长期政教合一所造就的历史传统和宗教氛围的因素,实际上出家为僧已从最初纯粹的宗教追求演变成为附带有很多世俗的因素,除作为一种趣向"无上大道"的人生最高理想外,也被普遍看作是学习传统文化知识的一种途径,或者一种"高尚"的职业,一种获取社会地位和个人成就的谋生之路、出身之道,或者作为家庭祈取"福报"的一种保障,或者是受传统支"僧差"的影响,认为家庭里面应该有人出家为僧,甚而有些家长仅仅是怕孩子在社会上学坏就将其送入寺庙。在这样的背景下,寺院依旧承载着太多的社会功能,有很多喇嘛并不是因为内心对世界、社会、人生的本质有所感悟而"看破红尘",而是在社会宗教氛围促成的各种心理预期推动下特别是在1980—1990年代宗教狂热的情形下出家(还有相当部分在年幼时即被父母送入寺庙当喇嘛),各种出世的、世俗的动机掺杂在一块,虽有修学经论或"密法",却往往是以世俗的心态来追求出世的佛教,价值取向似是而非、晦暗不明(当然我们并不否认藏传佛教中确实有众多动机精纯、一心修学的僧侣),而在寺庙混沌度日的僧人似也不少见[1]。这种现象用佛教

---

〔1〕 以我们考察过的一些格鲁派寺庙来看,在日常念经以及各种法会、法事活动过程中,僧人东张西望、交头接耳、打瞌睡、坐姿东倒西歪的现象并不少见,具"僧家气象"者十之一二或十之二三而已。较有意味的是,一些非格鲁派寺庙(如山南桑耶寺、日喀则江孜县白居寺、昌都江达县萨迦派的瓦拉寺等)僧侣的形象似乎要好得多。当然,这种表面观察并不一定精确,只能说是一个宏观印象。

的话来讲叫做"因地不真，果遭迂曲"，出家动机的先天缺陷使宗教执业者不仅难于通达教理，深悟佛教本趣，反易执着于外在的"事相"，从而使宗教的追求偏离其应有的轨道，如对曾经的政教合一充满怀念，丢却佛教的某些根本教义，对上师的盲目崇拜与跟从，对各种"密法"与"灌顶"的盲目追求，以及"出离心""菩提心""大悲心"的淡薄，等等。这些不仅是佛教理论所说的接近"末法"时期自然会出现的现象，而且也是藏传佛教密宗"法久弊深"的必然结果；如果说这些仅是藏传佛教内部宗教行止的"滑坡"，则问题还并不太大，政府敕令教内加强管理、予以改正即可，但问题是在藏传佛教脱离政教合一未久、现代转型并未真正完成，又还存在一个延续政教合一特征、聚集了绝大多数藏传佛教高层的境外分裂主义流亡集团的特殊时刻，而我们目前又未切实占据宗教意识形态的制高点，那么这种"滑坡"就不单是宗教的"社会问题"，而且极易演变成相关的"政治问题"，所以才导致如今藏区社会治理的这么些隐患。

① 丢却佛教的某些根本教义带来的问题。可能由于西藏长期封闭于外界的历史影响，教理不通达的藏传佛教"中下层"僧侣更容易执着于自身的民族和文化特性，因此难于践行佛教在某些方面的根本要求。如按佛教教义，众生是一体平等的，都具圆满无二成佛种性，而佛陀于《金刚经》（此经有藏文译本）也有"无我相、无人相、无众生相、无寿者相"的根本教导，意即要泯除一切"色相"上的差别，才能真正契入佛教本义。据我们所知，这在汉传佛教内部是极其耳熟能详、视若圭臬的；作为一个真正有志于佛教的修行者，即便主观认识上暂时做不到这一点，那也应是一生为之努力的方向，至少不能与之"背道而驰"，藏传佛教僧侣若能依此修学，又何来汉藏之别以及西藏"独立"一说？ 但在历次藏区骚乱中，我们却偏偏看到部分藏传佛教僧侣是带头鼓吹西藏"独立"、挑头闹事，以至于虽然号称信仰最虔诚，但又如此执着于"人我"之别、"众生"之别（民族分别），很轻易就丢却了佛陀的根本教义。这一方面固然与西藏历史上的长期封闭有一定关系，毕竟久于划地自守，自身传统过于深厚且独特，一旦高原雪山不足为恃、"化外"世情汹涌而来时，虽有佛陀教理之研究熏习，其中等而下者亦难免仓皇不知所措，以至忘失本旨、滋生邪见；但另一方面也说明藏传佛教的教育体系和教育观念是存在问题、或者说有所遗漏的：以往常常过于注重"五部大论"[1]繁复教理之思辨和密法的修习——而这一般是为僧侣中之"上根利器"者所准备，对中下"根器"者如何具备佛教最基本的"正见"以及如何适应外界整体形势的变化缺乏相应基础性的教理训

---

[1] 宗喀巴规定的显教学习阶段的必修书目，包括《释量论》《现观庄严论》《中观论》《俱舍论》《律宗论》。

练（基本上局限于把他们培养成承继以往苯教巫师功能的角色），以至于他们对《金刚经》之类简洁明了、振聋发聩的基础教诫反而不甚了了。这种教育体系的缺憾在过去处于封闭状态时可能表现还不甚明显，而随着现代文明在藏区社会的逐步展开以及与其他民族交流、交往范围的扩大和深入，与此同时这方面的基础教育又得不到及时调整和充实的话，教内"中下层"僧侣就很容易执着于民族、文化或制度方面的"事相"，从而被达赖集团为政治目的而挑拨和利用。

②教义、教理不通达和出家动机不纯带来的问题。关于这一块，由于行业间隔的关系，我们不便妄置评议，这里就采用藏传佛教内部受到广泛认可、又以敢言著称的宗萨蒋扬钦哲的某些话语予以述评，可能更有说服力。如他说道："西藏人有个特征，喜欢追逐许多喇嘛和灌顶，这是为什么西藏人比较迷信的原因之一；而印度人虽然可能也有许多迷信，但基本还是倾向于理智。"[1]这是指对"喇嘛"或"上师"盲目跟风的传统，达到了迷信的程度；又说道："我看过很多佛教徒经常聚在一起议论：关于厌离轮回呀，憎恶轮回呀等等。不过他们谈及的轮回都是那个理论上制造的轮回，而不是真的轮回。"这是指见解不透彻、教理不通达的现象比较普遍；"我们的问题是，并不想把真的轮回去掉。事实上，这个真的轮回正是我们一直蹭来蹭去愿意停留于其中的状态。"这里就毫不留情地指出很多修行者在世俗欲念中"蹭来蹭去"，不愿将之革除干净；连解脱"轮回"这个最基本的前提都做不到，又何来真正的修行？"有很多人来找我，说他们希望明天就能成佛，并请求我给他们一个方法——一个立即成道的技巧。可是当他们这么说的时候，他们实际上只是想去掉上面提到的那个学来的轮回，然后再得到那个学来的涅槃。"[2]这是指在显教教理尚未通达的情况下，却希望能马上求个"密法"，那"密法"在哪呢？——在上师那儿，因此就导致狂热、盲目地追从、依赖上师。此种情况下，达赖"根本上师"的形象也就显得愈发"尊胜"。宗萨还有说道："因为没有慈悲，就有很多自私，而又去修这种仪轨（引者注：此处仪轨是指"大黑天护法仪轨"），以自私为出发点去修仪轨，所以佛说过以自私为出发点去做任何事，任何事都会产生许多恶业。"[3]这里指出的问题更为严重，强调若"发心"动机不纯，修佛就不是在"修善"，而是"产生许多恶业"。以上描述的这些还算藏传佛教"中下层"僧侣中的"等而上者"，毕竟他们还想

---

〔1〕 宗萨蒋扬钦哲：《成佛没有参考点》，电子版。也可参阅：http://www.folou.com/thread-575256-1-1.html.

〔2〕 同上。

〔3〕 宗萨蒋扬钦哲于台湾的一次讲法活动。也可参阅：http://zhan.renren.com/diting?gid=3602888498040298270&checked=true.

在佛教本趣上有所追求——虽然因为掺杂或晦藏了世俗心态而使这种"追求"并不那么真切；"等而中者"往往以学会念一些经文、咒语，掌握一些面对世俗信众的诸如祈福、禳灾、超度仪轨了事，而"等而下者"则更是"做一天和尚撞一天钟"，甚而外出招摇撞骗、胡作非为。前面我们提到的对达赖这个"根本上师"的非理性依从给藏传佛教管理以及藏区社会治理带来的问题即主要发生于藏传佛教"中下层"僧侣的这个集群中。

由于教义、教理不通达，他们就容易将达赖这个由历史形成的"根本上师"名头视为真实，当成"至高无上"，不仅顶礼膜拜，还将其言语当作"金科玉律"，听从其指挥（当然这当中有很大部分是因为担心不尊崇、依从达赖就会"破戒"、下"金刚地狱"，死硬分子应属少数），因此但凡达赖在境外有些什么"指示"或稍大一点的动向，部分境内寺庙和喇嘛群体就挡不住要暗流涌动，或散发反动传单，或举行非法宗教仪式，而且还要将民间联动进来，将声势进一步搞大。也由于教理不通达再加上出家动机不纯（掺杂世俗愿望），一些喇嘛对何谓佛教的终极理想极为混沌，因此入教之后虽有获取佛理教导，但要么无心听从，要么以世俗之心揣度出世的教理，很容易就将出家的追求异变成为教内地位的提升和各种"名相"的获取。可这个名位也不是凭空获得，与宗教修为层次能获得的"认可"密切相关，而为了快速提升宗教修为"等级"，他们往往就不顾修学条件和相应的次第要求[1]，在不具备"显教"基础（甚而是世俗人格都未培育好）的前提下，盲目跨"显"追"密"，以追求"灌顶"或"密法"为尚（获取"灌顶"或"密法"越多就意味着"成就"越大，地位也就越高），与内地佛教针对"末法"临近的现实而着意提出的"要想成佛，先求做人"的路数大相径庭，因而极容易被达赖集团撩拨起来往印度那边跑[2]，除了去学经以"镀金"外，最重要的是求得境外宗教集团的"许可"（认可"密法"等级或许可"金刚上师"的密法传授资格）和"认证"（主要是"活佛"转世身份的认证[3]），回国之后以此即可获得宗教地位、扩张影响。以我们调研所知，各地民宗、统战部门普遍反映，这部分"回流"喇嘛或活佛最难管理，政治取向不易甄别，私下活动也难于考察，公

---

〔1〕 宗喀巴之所以能在藏传佛教内享有这么高的地位，一个是整顿教内腐败现象，严格了戒律要求，还有一个关键的贡献在于规范了"显教"与"密教"的修学顺序；除了宏观规定先"显"后"密"外，在"显教"和"密教"内也分别规定了修学次第。

〔2〕 根据联合国难民署的统计数字，从1993—2006年，经过尼泊尔所谓"西藏难民接待中心"接待的出走藏人共有33343名。这些出走藏人中，占比例最大的是两组人群：一是受达赖集团引诱的学生和失学儿童，占全部出走人数的30%；二是喇嘛和尼姑，占全部出走人数的44.8%。参阅侯文学：《对达赖争夺下一代须保持警惕》，载 http://guancha.gmw.cn/content/2008-07/28/content_811855.htm.

〔3〕 据统计，仅1980年至1994年，达赖就先后对境内寺庙"认定"了215个活佛。参阅布穷：《论藏传佛教活佛转世制度》，《西藏日报》2011年10月5日。

开宣扬"爱国爱教"的可以说少之又少（当然还是有的），而暗中从事分裂破坏活动的不知凡几[1]。

除了以上这些现象以外，还有一种值得注意：往往那些宗教水平越低、自我感觉宗教修为提升无望、宗教地位全无、社会名望更无从谈起的僧侣，就越容易将自身的"不成器""不长进"，以及随之而来的社会地位的下降，信众布施、供奉的减少迁怒于政府——认为是政府破坏了佛教才导致自己修行无望以及来世的"渺茫"，进而也就越容易以各种暴戾的方式来证明自身对宗教的"绝对虔诚"，以此换取某种宗教心理的平衡。如拉萨"3·14"事件后抓获的几个街头闹事的僧侣，平时就不学无术，只能混迹、流浪于各寺庙（属于教内被蔑视的一群），一俟事件发生，就急不可耐加入"打、砸、抢、烧"的行列，以这种扭曲的方式获得靠宗教修行无望实现的"认可"或"满足"。

③ 政教合一残余思想带来的问题。在民主改革以前，由于西藏的政教合一制度发展到了烂熟阶段，宗教体系也得到最大程度地异变，寺庙由原初出家向佛者的集中修行地，成为既是兼领行政、司法的官僚机构，也是承担教育功能的社会机构，同时还是拥有众多庄园和农奴以及巨额高利贷盘剥的经济实体，僧侣阶层凭此即可享有各种世俗政治和经济的特权。虽然这样的制度可以为佛教的发展和膨胀带来便利，但可以想象，处于这样环境的出世修行者面临的世俗染污何其之多，那些教理不明、修学难于进益的喇嘛（其实包括很大数量的"高级"喇嘛）在长期潜移默化中不可避免要沾上很多世俗的，诸如等级、特权等观念，并因这些观念而形成一种心理上的巨大优越感，比如认为寺庙和喇嘛理所当然要凌驾于全社会之上，人们遵从喇嘛是天经地义，社会也理应集中资源来供养喇嘛，等等。这样实际上将喇嘛群体骄纵和惯溺得忘乎所以，以至惯性绵延，在民主改革之后历经二十余年而不能尽去。改革开放后，虽然政教合一的形式已不复存在，但随着宗教的复兴和出家人数的日益庞大，喇嘛群体内部封建意识、特权意识又有冒头的迹象。主要表现在一些僧尼自视高人一等，对政教合一情有独钟，对以往的封建特权留恋不已，对寺庙和喇嘛群体旧有荣光的失去捶胸顿足，因此对政教合一制度被摧毁、政教首领流亡国外的历史和现实心怀怨恨，加上达赖集团渗透和掌握一定财力，只

---

〔1〕 据时任西藏自治区党委常委、政法委书记王宾宜2009年在西藏自治区党校讲课时介绍，近年来西藏破获的危害国家安全事件，绝大部分是在境外回流人员的联络、组织、策划下制造的。又以四川省为例，据四川省委统战部介绍，1985年至今（2009年），全省非法出境人数超过8000人，非法出境回流1000余人。甘孜县1800多名非法出境人员80%以上为寺庙僧尼。这些人在国外期间，直接或潜移默化受"藏独"思想的侵蚀，回流后，一旦遇到突发事件，就会被达赖集团利用。据统计，甘孜县破获的危害国家安全事件，80%以上属非法出境人员所为。

要有个别有一定影响力的人煽动闹事,就很容易产生群体效应。有的上街闹事,阻止政府工作组进寺,架空寺管会,甚至出现干预教育、行政和司法的现象。这当中又以格鲁派政教合一的发源地和重要支柱的哲蚌寺最为突出。哲蚌寺僧人总认为自己是格鲁派主寺、达赖母寺的主人,高人一等且肩负有实现"西藏独立"的责任,是领头羊,因此在历次骚乱中经常充当首先发难的角色,其他一些寺庙僧尼则唯哲蚌寺马首是瞻,一有动静就跟着响应,以至将事态逐步扩散到西藏各地及其他藏区,2008年拉萨"3·14"事件及其后续事件就体现了这一典型"流程"。除了留恋以往封建特权外,很多寺庙在如何看待宗教发展上也沿袭以往的传统,普遍认为寺庙越大越有地位,都想发展寺庙,多收僧人,致使一些寺庙不断扩张,经济膨胀,规模和豪华程度远远超过当地经济发展水平,僧人超编现象严重,从而使宗教发展观念陷入彻底的庸俗状态。

这些现象的出现本质上还是由于政教合一的历史传统形成的后续负面效应。谈到这里,我们就非常有必要重新考察一下政教合一制度的宗教"正当性"或宗教"合法性"的问题。想佛陀当年,何曾有参与政治?他自己本身就是王子,却要断然抛弃王位出家;又何曾建寺集中供养?包括佛陀在内,僧团所有人都必须托钵行乞。当然,我们并不是说一切都要以佛陀当年的风范作为"原教旨",佛教的某些规程在适当时候顺应形势做一些改变或"通融",这是可以理解的,但至少不要离得太远。因此,当萨迦世系接受元世祖封赠,在西藏开始政教合一制度时,藏传佛教内部就表示了不同看法。当时那塘寺的著名学者觉丹热智[1]为此写了一首讽刺诗,即"佛陀教法被衙署乌云覆盖,众生幸福被官长一手夺去,浊世僧人正贪图官爵富贵,不懂这三条就不成为圣旨",可见教内于政教合一对佛教的危害性以及可能的流弊有清醒的认识。对此八思巴[2]也写了一首诗予以回应:"教法有兴衰为佛陀所言,众生之幸福由业缘决定,教化一切要按情势指导,不懂这三条就不是贤者。"[3]以后来的形势发展来看,显然八思巴在这场论辩中占据

---

〔1〕 觉丹热智(迥丹热智),意译世尊智剑,约13世纪人,是当时纳唐寺的著名学者,据传汇集和勘定了西藏所有佛经的译本、函数,译跋等,并汇集了佛学论疏的译本,还写有16函的被称为《佛法广论》的论著,是藏传佛教最早《甘珠尔》《丹珠尔》底本的编纂者。关于此人,见恰白次旦平措等著,陈庆英等译:《西藏通史——松石宝串》,拉萨:西藏古籍出版社,1996年版的有关记载,也可参阅贡噶索南著,陈庆英等译:《萨迦世系史》,拉萨:西藏人民出版社,1989年版的有关八思巴的章节。

〔2〕 八思巴(1235—1280),藏传佛教萨迦派第五代祖师,元朝第一任帝师。他继承伯父萨迦班智达之衣钵,与元朝开国皇帝忽必烈的政治结盟,促成了西藏地区在元代正式统一到中央政府治下,为祖国统一作出了不可磨灭的历史贡献。关于八思巴,可参阅陈庆英:《元朝帝师八思巴》,北京:中国藏学出版社,1992年;王启龙:《八思巴生平与〈彰所知论〉对勘研究》,北京:中国社会科学出版社,1999年。

〔3〕 贡噶索南著,陈庆英等译:《萨迦世系史》,拉萨:西藏人民出版社,1989年,第123页。

了优势，其核心依据是"教化一切要按情势指导"。不可否认，由于当时西藏不具备成型可用的世俗政治力量，利用当时宗教具有的民间声望可以将四分五裂的西藏统一起来，整体纳入元朝的治下，既可使西藏免遭蒙古兵燹之祸，又可最大限度地集中资源发展佛教，因此藏传佛教作出"政教合一"这种近乎"离经叛道"的大尺度的"通融"似乎可以看作是"情势"使然，"不得不如此""最好如此"，或者说"可以如此"；但同时我们也可据此引申出：既然是顺应"情势"而实行的，那它就不是根本的，因为"情势"总是在不断变化的。可是我们看到，"政教合一"这扇门一开，有先例为范，即一发不可收拾，在后人那里不知不觉就成了藏传佛教的一个"应有之义"，变为"理应如此"；发展到后来，教内不仅没有如觉丹热智那样提出对政教合一的任何疑义，反而更进一步认为：政教合一是"天然如此"的，是整个"政教伟业"的"精华"，是"神圣不可触犯"的，因此顺理成章形成一个理所当然的传统并就此固定下来，直到西藏和平解放为止，一实行就是七百多年。由此引出的关键的问题是，我们可以承认"教化一切要按情势指导"是有道理的，但历经700余年，难道"情势"就凝固了、永不发生变化，以至要始终实行这种对佛教本身危害极大的"政教合一"？且不说以势不可挡的现代文明理念作参照，也不说政教合一笼罩下底层民众水深火热的生活（僧侣阶层会认为这是在给农奴们"消业"），单就和平解放前西藏人民的平均寿命为35岁，人口几百年来持续减少，而与此同时宗教体系仍源源不断吸走大量青壮人口以至藏族几近消亡边缘的事实来说，难道这种"情势"还不能引起政教集团的足够重视并进而做出变革么？更不用说由于政教合一的长期施行，藏传佛教内部出现的种种腐败、堕落、作威作福的现象已经危及到佛教的根本生命。但众所周知的是，当西藏和平解放后中央政府有意引导西藏脱离政教合一这个窠臼时，政教集团却反以维护"政教伟业"为借口挑起了全面叛乱；叛乱平息后，以达赖为首的西藏政教集团残余势力流亡国外，其组织体系仍是"政教合一"性质，还要说我们毁灭了西藏文化，其实质就是指中央政府在西藏实行民主改革废除了政教合一制度；而且无论其大肆鼓噪的"五点计划""七点建议"也好，还是"中间道路"也好，其实都难掩其回乡复辟、关起门来继续搞"政教合一"的心思。

与此相呼应，改革开放后，境内藏传佛教僧侣有很多并未经过深刻思考即在社会宗教氛围的推动下出家，对佛教的原旨宗义及其描绘的理论图景晦暗不明，难以深及内心，入寺之后往往仍怀着各种各样或隐或显的世俗目的，不能也不愿直面潜意识里面对世俗"安逸"（如地位的"荣光"、政治的特权、经济的丰盈等）仍然流连忘返、难于割舍的事实，因此即便社会时势的发展已经明确不允许提供"政教合一"的条件，他们内心还是非常乐于见到既能强化出家"尊贵"的形象，又可提供诸多现世实惠来满足他们这些本应加以"清净"的俗世欲念的"美妙"政教合一制度能够卷土重来；而当中极端者更是不假思索就沿袭过往的传统，将特殊社会历史条件下产生、具有"方便善巧"性质的政教合一制度视为天经地义，想当然地为其披上佛教的神圣外衣，因此恢复"旧制"的欲望强烈，以至屡屡响应达赖这个"根本上师"、政教合一的总头子、总代表的"号召"或暗示借机生事，成为藏区不稳定的重要根源。

（五）藏传佛教某些神秘修法造成的问题

藏传佛教之所以看起来非常特殊，除因有上面分析的对"上师"格外尊崇的传统外，也有区别于佛教其他支系的"特殊法门"，如名目繁多的"本尊"修法、"灌顶""密要""心诀""密咒"，以及所谓"身、口、意三密""气脉""明点""拙火"等；还有更多不为世人所知的神秘修法，如某些高级灌顶，如息灾法、增益法、降服法，如与某些特殊"神灵"相应的坛城、仪轨、咒法等。这一方面是"密宗"的固有特征（如"密宗"在起源之初就吸收了很多印度婆罗门教的神秘法门），另一方面也与藏传佛教吸收、转化了本土苯教的许多"仪轨""法门"不无关系。正是这些"特殊法门"、神秘修法让藏传佛教在佛教支系中"独树一帜"，成为一个极具"特殊性格"的流派，对西藏历史发展和政治生态也产生了重要影响。比如，随意翻阅西藏历史，僧侣阶层主动卷入世俗纷争、运用各种手段（如直接用武力，或采用宗教秘密咒法）为宗教自身名位和物质利益而战的例子比比皆是，其参与政治的热情往往令习惯于内地汉传佛教柔和面貌的人们大跌眼镜，而且还经常成为政教权力斗争的帮凶或开刀的对象。如13世纪末的萨迦与直贡之争，直贡梯寺僧侣被屠达万余人，而之后直贡梯寺每年都会对萨迦派领导人施秘密诅咒法术予以"回敬"。又如17世纪前期四世达赖云丹嘉措（1589—1616年）因不满支持噶举派的第悉藏巴的某些作为，就对之实行"威猛诅咒法事"，一来二去，两方势力积怨日深，哲蚌、色拉两寺僧兵就主动攻打从属第悉藏巴的贵族和军队，结果引来第悉藏巴大军来攻，哲蚌寺、色拉寺被破坏，僧人不得不弃寺逃走。格鲁派上位后，发生在拉萨的历次重大政治变故几乎都有黄教喇嘛参与[1]，拉萨三大寺因为在格鲁派中的特殊地位，为维护"政教事业"可以自建僧兵，横行于市，而普通百姓更是对达赖母寺哲蚌寺僧侣畏之如虎。

---

[1] 最典型的是1947年"热振事件"，热振寺和色拉寺都卷入与噶厦政府的武装冲突，僧侣被屠数百人。

西藏佛教的这种现象在内地佛教看来是不可思议的，但在藏传佛教内部却有其宗教支撑，主要来源于密宗"息、增、怀、诛"的传统，其中"息"是"息灾（解难）"的意思，"增"是"增益（福报）"的意思，"怀"是"感召"的意思，而"诛"则非常特殊，代表"降服""诛杀"的含义，要求密教僧侣为"护教""护法"，可以破除不杀戒律，或用某种秘密仪轨迎请"恶神"助战，或用某种密咒"诅咒"，或脱下僧袍、拿起武器来抵御、"降服"政教的敌人或"魔军"。当然，按藏密本义，这种佛教根本戒律的特别"开许"对僧侣本身修学要求极高，一般只有极少数高级僧侣才有资格，必须以"大慈大悲"为根本前提，且要有对被攻击致死者实行立即"超度"的能力，若无此种"修为"而贸然施行，施法者或破戒者不仅现世要遭受"反噬"，死后也要堕入"金刚地狱"。但由于各教派在发展过程中经常将危害本派现实利益的其他教派及其扶持者视为"魔军"而彼此长期缠斗，藏密"息、增、怀、诛"中关于"诛"的法门早已形成一种滥觞，一旦教内出现纷争或积下仇怨，各方都借此或动刀动枪，或滥施"密法"，由此流毒深远，深为藏传佛教之弊。在1959年武装叛乱中，全区2676座寺庙，参加叛乱的就有1486座，占寺庙总数的55.5%；拉萨的三大寺参叛的僧人达5213人，占喇嘛总数的45%；三大寺609名中上层活佛和僧人中，有448人参加了叛乱[1]。佛门清净之地，几乎成了练兵习武、藏污纳垢之所，可见藏密某些教义、某些神秘修法流弊之深、遗祸之烈。

进入新时期以后，一些藏传佛教高级僧侣意识到藏密"诛法"在现代背景下可能给社会带来的不良后果以及给藏传佛教带来的负面形象，纷纷对之予以了新的解释，淡化或抹除其"诛杀"的含义，凸显其"降服"的宗旨；在对"降服"的解释中，又偏重于在精神、意识层面破除"教化对象"的"执着""贪欲""邪见"等。就我们在网络了解的情况看，可以搜索到的面向普通信众的关于"息、增、怀、诛"中"诛"的汉语表述大概就情况如是，但在寺院和喇嘛群体日常学经中这个"诛"字是如何解释尚不得而知，在密法传承中又为何种说法更是不得预闻。且不论实况究竟如何，从藏区历次骚乱中都由喇嘛、尼姑打头来看，这当中除了"根本上师"的怂恿以及僧尼本身对政教合一的留恋外，"息、增、怀、诛"中"诛"的惯性影响肯定是有的；拉萨"3·14"事件后，西藏昌都接连发生了几起由喇嘛制造的爆炸案件，与以往类似事件往往由世俗人物制造不同，喇嘛们的"亲自动手"显然具有非同寻常的典型意义，很难想象未接触过"诛法"或者未受过

---

〔1〕 沈开运、达玛等：《透视达赖——西藏社会进步与分裂集团的没落》，拉萨：西藏人民出版社，1997年，第142、144页。

"诛法"思想影响，又需以"慈悲为怀"为根本宗旨的普通僧侣能有如此的暴戾行为。

根据上文所述的藏传佛教僧侣教义、教理不通达问题，出家动机不纯的问题，以及藏密系统中对上师盲目尊崇和跟从的问题，政教合一的后续负面效应问题，我们可以发现，"涉藏问题"之所以显得如此复杂以至似乎无从下手，其政治性"纠葛"的表象下面潜藏有深厚的宗教根源：毕竟谁都不可否认，藏民族就在不久前的历史岁月里还是个全民信佛教的民族[1]，到如今藏传佛教对整个民族心理的方方面面仍有难以估量的影响，而正是宗教正统精神的这种遗忘和失落对"民族问题""文化问题"的发酵起到了非常关键的作用，至少是一个推波助澜的、催化的作用。

---

〔1〕 现在还有人表述西藏全民信教，这不准确，应该说是基本群众信教，因为广大党员干部和部分群众不在此列。

西藏文化现代化是历史的必然

格　勒

一、引言——问题的提出

近三十年,因中国改革开放,我有机会到世界各国进行学术访问和交流,发现世界上有很多人非常关注和关心西藏文化问题。尤其是西方发达国家更是如此。在公开承认西藏是中国的一部分的前提下,他们经常用各种方式提出所谓"西藏文化问题"或"保护西藏独特的宗教文化"问题,等等。在国际藏学界和艺术界以及新闻界,同样也掀起了一个关注和研究西藏文化问题的小小高潮。

他们关注的焦点之一是西藏解放后,特别是在中国改革开放后,市场经济的发展和西部大开发对西藏传统文化的影响究竟有多大? 有人担心西藏传统文化从此消失或毁灭。甚至有人鼓吹所谓"西藏文化毁灭"的谬论,影响深广。追究其原因,大概有二: 第一是国家战略和意识形态的博弈。欧美等西方国家在金融危机后普遍处于经济不景气的大环境下,而中国经济一枝独秀,令世人瞩目。中国申奥成功、加入世贸组织,国际威望进一步提高,已经成为世界第二大经济大国。与此同时,中国社会基本稳定,中国特色社会主义道路前景广阔。在这种情况下,西方国家从意识形态出发,把实行社会主义制度的中国和平崛起看成是对自己的威胁,抛出"中国威胁论",也借此加大了利用民族宗教问题干涉中国内政的力度,图谋利用"西藏文化问题"西化和分化中国。当主权问题上无话可说的时候,就企图利用最容易产生共鸣、最容易煽动民族情绪的民族、宗教、文化等,散布"西藏文化毁灭论",蒙蔽国际舆论,愚弄西方舆论界。第二是由于很多国外的学者、记者和普通公民,没有机会亲临实地接触、调查、了解西藏文化,对于绝大多数西方人而言,Tibet就是一个充满了异国情调、神秘莫测、东方风韵的神话,甚至这个神话是历史上在发达的欧洲宫殿里虚构起来的神话。所以对解放后,尤其是改革开放后的西藏文化的巨大变迁必然不理解,甚至有不少误解和曲解。对此,我们提出两点基本看法: 首先,"西藏文化是雪域高原的一颗明珠,是西藏人民的宝贵财富,是中华民族的宝贵财富,也是人类文化的宝贵财富"(阿沛·阿旺晋美语)。西藏文化作为人类文化与全人类的文化有共性,作为共性,应该理解西藏文化现代化是历史的必然。其次,西藏文化作为民族地区的文化,有其特殊性,我们必须构建西藏特色的文化现代化。

二、西藏文化现代化是历史的必然
——论三个历史阶段性特点

要理解西藏文化现代化的历史必然性,我们有必要简单地回顾一下人类文明发展的客观历史。众所周知,人类的文化现代化一般要经历三个重要阶段:第一阶段是传统农业时代的文化,其特点是封建文化、专制文化(包括奴隶专制、农奴专制、封建专制等)、宗教文化、唯心哲学、观念保守、手工业和农业生产为主。第二个阶段是工业革命时代的文化(也是第一次文化现代化),其特点是知识科学化、政治民主化(存在资本主义民主和社会主义民主)、宗教世俗化、文化专业化、经济市场化、观念理性化和思想解放等。目前世界上许多国家,尤其是第三世界的国家仍然处在这个发展阶段。第三个阶段是知识革命时代(又叫信息化时代)的文化(第二次文化现代化),其特点是文化产业化、文化网络化、文化生态化、文化多元化、文化平等、和谐、公正、幸福化。目前世界上部分发达国家虽然已经进入这个阶段,但事实证明文化的平等、和谐、公正、幸福化等很难在资本主义社会制度条件下实现。与此相反,中国特色的社会主义现代化建设实践和"中国梦"的实现将为人类带来文化公正、和谐、幸福的希望之火。

我们今天讨论的是西藏文化问题,经过多年的调查和研究,我们认为西藏文化现代化也经历了三个重要的历史发展阶段,而且每个阶段各有特点:

第一个大的阶段是西藏解放以前或民主改革以前。这个阶段西藏地区最高的利益、最高的价值、最高的奋斗目标是宗教,西藏的政治、经济、文化,所有一切都是为宗教服务的。在这个以藏传佛教为核心价值观念的时代,人们的生产、生活、思想、观念、教育甚至艺术等都是为了宗教这个核心利益而存在的。歌舞、音乐、戏剧、绘画、文学等,也都充满了浓厚的佛教色彩,以服务于宗教为目的。而脱离宗教的民俗艺术是农奴自娱自乐的形式,登不了"大雅之堂"。比如,过去民间演戏剧、跳热巴舞等是为了要饭,没有固定的舞台。优秀的雕塑家、绘画家,大多数没有社会地位,创作最精美艺术品的银匠、铁匠,生活在社会最底层,地位非常低下。

在这样的社会环境之下,一切创新的文化、现代的文化、先进的文化都很难传播和生根发芽。懂西藏历史的人都知道,西藏曾经有过一个英文学校,很快就被关闭了。一个欧洲留学回来的藏人曾经想开展一些略有民主思想的活动，最后也被关起来镇压了。同样，外来的基督教也被排斥。迈向民主进步的哪怕是很小的尝试都被无情地扼杀。特别是在政教合一的政权形式下，把政治与宗教捆绑在一起，使西藏文化逐渐失去开放性，也失去了迈向现代化的机会。正如《喇嘛王国的覆灭》(*A History of Modern Tibet, 1913-1951: The Demise of The Lamaist State*)中所言：传统的西藏社会以宗教为最高利益，寺院集团是代表和维护这个利益的强大堡垒，"因此，寺院集团在噶厦政府中竭力阻挠实现现代化，在他们看来，现代化既有害于寺院生活的经济基础，也不利于西藏佛教的'价值'垄断。""寺院集团和他们在政府中的保守派盟友一再阻挠迈向现代化的哪怕是一个很小的步伐"[1]。因此西藏现代史上(1913—1951年)试图进行现代化变革的多起实践最终以失败告终。这说明，解放前西藏以宗教为中心或宗教为核心的价值观念的文化阻碍了西藏的现代化进程，甚至使整个西藏社会文化停滞不前。与此相适应的政教合一的封建农奴制的专制制度严重约束了人们的思想，阻碍了西藏文化现代化的发展。事实再一次雄辩地证明"只要大多数人口还被严酷的农奴制束缚着不能被工业所雇佣，工业化就不会产生"。其结果是文化的现代化也不可能产生和形成。因此，要克服或者消除西藏文化现代化的障碍，必须把创造西藏文化的大多数人民从政教合一的封建农奴制度下解放出来，这是历史的必然。

第二个阶段是西藏和平解放或民主改革运动到改革开放以前(1959年至1980年左右)。西藏和平解放和民主改革开启了西藏社会主义文化建设的历史新纪元，确立了马克思主义在意识形态文化领域的指导地位，实现了美国政治学家亨廷顿曾确定的从传统社会过渡到现代社会的最基本的标准，即以单一的世俗的国家的政治权力来代替分散的传统的宗教的家庭与民族的政治权力。这场西藏史无前例的社会、政治改革，一是彻底改变了极少数封建农奴主和寺院集团垄断藏区政治权力和物质文化以及精神文化权力资源的局面，全体藏族人民从此成为社会物质文化和精神财富的创造者和享受者；二是彻底打破了旧社会西藏封闭、停滞和萎缩的状态，西藏的文化开始了一系列的转型，即从专制文化向民主文化、封建或封建农奴制文化向公民文化和大众文化、以宗教为核心的文化向世俗化和科学文化、附庸文化向职业文化、家族文化向福利文化、农村牧区文化向城市文化的转型。可以说这是西藏从愚昧落后走向文明进步、从封闭僵化走向相对开放的重要阶段。西藏文化有了现代化的难得机遇，然而我们不得不承认，

---

〔1〕 戈尔斯坦著，杜永彬译：《喇嘛王国的覆灭》，北京：中国藏学出版社，2005年。

这个阶段以阶级斗争为中心的不间断的政治运动,尤其"文化大革命"运动的爆发,割断了藏区优秀传统文化与现代文化的联系。使经济现代化缓慢,文化现代化的机遇被拖延。

第三个阶段就是改革开放以后,开创了西藏社会主义文化建设的新时代,一大批现代文化设施拔地而起,一大批现代化的文化工作者茁壮成长,一大批脍炙人口的优秀作品不断推出,文化事业可谓蒸蒸日上,艺术百花璀璨夺目。在这西藏文化发展的关键时候,中央召开了十六大、十七大和十八大,又召开了多次西藏工作会议,党中央越来越重视西藏的文化保护和文化建设。党的十六大上江泽民总书记指出:"当今世界,文化与经济和政治相互交融,在综合国力竞争中的地位和作用越来越突出,文化的力量,深深熔铸在民族的生命力、创造力和凝聚力之中。全党同志要深刻认识文化建设的战略意义,推动社会主义文化的繁荣发展。"[1]"三个代表"重要思想更把建设社会主义先进文化提到了前所未有的战略高度。2011年7月19日,习近平在庆祝西藏和平解放60周年大会的讲话中指出,弘扬社会主义先进文化,是构建西藏各族人民共有精神家园的必然要求。要坚持用中国特色社会主义共同理想凝聚力量,用以爱国主义为核心的民族精神和以改革创新为核心的时代精神、以艰苦奋斗为核心的"老西藏"精神鼓舞全区各族干部群众斗志,以社会主义荣辱观引领社会风尚,使社会主义核心价值体系真正深入人心,转化为全区广大群众的自觉行动。要继承和弘扬西藏优秀文化传统,坚持在保护中传承、在创新中发展,不断推动西藏文化事业发展繁荣。

在党中央的高度重视和全国人民的大力支援下,改革开放后的西藏,社会经济突飞猛进,人民物质文化生活大大改善,现代化事业空前发展,而且在不断改革开放中呈现出社会文化全面进步的态势。同时西藏的民族特性和传统优秀文化在民族区域自治制度下得到了充分尊重和保护,并随着现代化的发展被赋予了反映人民群众新生活和社会进步新需要的时代内容,在科学的继承中得到了弘扬和发展。仅仅以当代西藏各地普遍建立的文化广场为例,每天夜里歌舞升平,是新时代西藏各族人民自娱自乐的一种文化生活新方式,这种改革开放后出现的新式文化生活方式与旧西藏为少数贵族歌舞的宫廷朗玛舞蹈和为填饱肚子而四处要饭时跳的热巴舞蹈,最大的、最本质的不同就是为谁跳舞、为谁舞蹈的问题。今天藏区各地如雨后春笋般兴起的文化广场和群众性的圆圈舞蹈是满足自身精神需求的代表社会主义先进文化的歌舞。如果说旧社会我们的藏族老艺

---

〔1〕 江泽民:《全面建设小康社会,开创中国特色社会主义事业新局面》,北京:人民出版社,2002年,第38页。

人跳藏戏、绘唐卡、塑造佛像仅仅是为了信仰或支差，那么今天藏区各地比比皆是的新老艺术家是为了自身的经济利益和精神生活而绘画、跳藏戏、塑佛像。同样的文化生活方式在新旧西藏两种社会中目的不同、方向不同、心情不同、条件不同。这一系列的文化生活、文化场地、文化设施、文化活动的不同，归根结底是因为社会制度不同，是因为领导我们前进的执政党的宗旨不同，是因为我们所追求的文化方向不同。应该说，改革开放后，西藏传统文化的变迁顺应了世界现代化的时代潮流和人类社会文化的发展客观规律，体现了西藏社会进步的要求和西藏人民渴望翻身、当家、做主、民主、团结、和谐、幸福的根本愿望，这也是构建西藏各族人民共有的社会主义精神家园的必然要求。尽管目前国内外依然有人对此有暂时的不理解乃至公开反对，但西藏文化先进代替落后、科学代替愚昧、光明代替黑暗、现代化代替传统的文化现代化的车轮滚滚向前，不可阻挡。

三、构建西藏文化现代化战略的几点思考

自从中国实行改革开放和西部大开发后，西藏和我国其他省区一样，发生了历史上从没有过的变化，这种变化包括物质和非物质的变化，但变化最快的是经济，是物质文化。如西藏经济增长得益于外力作用，实现高速增长，实现多年GDP连续高达两位数的增长率。但西藏文化现代化虽然与自身比较有巨大发展，与全国比较却明显滞后，衡量全国文化现代化的指数排名处于靠后的位置（见下面的统计表）。西藏经济增长速度上是全国最高的省区之一，文化现代化的水平却是最差的省区之一，文化教育科技水平在国内处于较低水平，现代化文化发育程度不高。这就是说，西藏实现全面文化现代化尚有很长的路要走。

为此笔者提出构建西藏文化保护和现代化的几点战略思考：

1. 藏族文化作为藏民族的身份标识，与广大人民的心理有密切联系，人心思稳，离不开满足日益增长的文化需求。因此我们的现代化发展既要解决满足肚子的问题，更要解决满足能够促进人心稳定的文化心理需求的问题。这些需求包括心理、信仰、娱乐、文化产品、文化设施等。保护与这些有关的文化事关藏区居民幸福指数和社会长治久安。为此，我们必须从战略上高度重视文化在西藏社会稳定和发展中的重要作用。

2. 经过改革开放后多年的努力，藏区温饱问题基本解决，但与特定的文化因素结合在一起的"能力贫困"问题没有解决，这些文化因素主要来源于长期生活在以传统农牧业社会之中的农牧民传统的行为、习惯、风俗、心理定式、生活态度和价值观念等

2007 年中国地区现代化水平

地区	地区编号	人口/万	2007 年第一次现代化				2006 年第二次现代化			2006 年综合现代化	
			实现程度/(%)	排名	达标个数	发展阶段[a]	指数	排名	发展阶段[a]	指数	排名
北京	1	1538	100	2	9	4	93	1	1	78	1
天津	2	1043	97	3	8	4	72	3	—	62	3
河北	3	6851	86	16	6	2	39	17	—	32	24
山西	4	3355	87	15	6	3	43	12	—	35	15
内蒙古	5	2386	88	13	7	2	39	18	—	34	16
辽宁	6	4221	91	8	7	3	53	5	—	45	6
吉林	7	2716	88	12	7	2	44	11	—	40	9
黑龙江	8	3820	87	14	7	2	46	9	—	38	12
上海	9	1778	100	1	10	4	84	2	—	72	2
江苏	10	7475	94	6	8	3	51	6	—	44	7
浙江	11	4898	95	4	8	3	55	4	—	47	4
安徽	12	6120	84	20	4	2	35	21	—	32	23
福建	13	3535	92	7	6	3	42	14	—	37	13
江西	14	4311	83	21	4	2	35	26	—	33	19
山东	15	9248	90	9	6	3	45	10	—	38	11
河南	16	9380	80	27	5	2	35	22	—	29	28
湖北	17	5710	89	11	6	2	43	13	—	38	10
湖南	18	6326	84	19	5	2	36	20	—	33	20
广东	19	9194	95	5	8	3	49	7	—	45	5
广西	20	4660	78	28	4	2	32	28	—	30	27
海南	21	828	82	23	5	2	35	24	—	34	17
重庆	22	2798	89	11	6	2	40	15	—	37	10
四川	23	8212	82	22	5	2	39	19	—	34	20
贵州	24	3730	74	30	2	2	30	30	—	27	5
云南	25	4450	74	31	2	2	30	29	—	27	27
西藏	26	277	77	29	3	2	28	31	—	28	17
陕西	27	3720	85	18	6	2	46	8	—	40	14
甘肃	28	2594	81	26	4	2	35	23	—	31	18
青海	29	543	81	24	4	2	34	27	—	31	31
宁夏	30	596	85	17	5	2	39	16	—	33	30
新疆	31	2010	81	25	3	2	35	25	—	32	22
香港	32	694	100	—	10	4	78	—	—	77	—
澳门	33	48	100	—	10	4	78	—	—	81	—
台湾	34	2277	100	—	10	4	89	—	—	78	—
中国	73	130756	88	—	6	3	40	—	—	38	—
高收入国家	132	—	—	—	—	—	100	—	2	100	—
中等收入国家	133	—	—	—	—	—	41	—	—	42	—
低收入国家	134	—	—	—	—	—	22	—	—	26	—
世界平均	135	—	—	—	—	—	51	—	—	53	—

2012年西藏自治区主要文化发展指标与全国排名情况		
主要文化发展指标	计量单位	排名
1、文化事业费	亿元	31
2、人均文化事业费	元	4
3、平均每万人拥有公共图书馆建筑面积	平方米	13
4、人均拥有公共图书馆藏量	册	31
5、人均购书费	元	16
6、平均每万人拥有群众文化设施建筑面积	平方米	3
7、人均群众文化业务活动专项经费	元	16
8、艺术表演团体个数	个	23
9、艺术表演团体演出观众人次	万人次	31
10、艺术表演团体演出收入	千元	29
11、文化部门艺术表演团体经费自给率（事业）	%	31
12、文化市场经营机构数	个	31
13、文化市场经营机构利润总额	千元	31
14、文物藏品数量	套	27
15、博物馆参观总人次	万人次	31

非物质形式。这些观念包括"等、靠、要"的思想在一定程度上制约了西藏人民对财富的积累和创造的强烈愿望；严重束缚了藏族人民追求财富和改变命运的力量。为此必须下大力气解决人的现代化问题，提高人的文化素质，改变阻碍文化现代化的各种传统观念。我们的基本看法是，人的因素是第一位的，人的问题是社会、经济、文化发展的核心。没有人的现代化，就不会有物的现代化和社会的进步。如果没有人的心理、价值观念、态度和技术等向现代化方向转变，即使引进先进的技术和管理方法，现代化的失败和畸形发展是不可避免的。现代化首先是人的观念和社会组织的现代化，资金、设备和自然资源必须有人来加以利用。从西藏及其他藏区现代化过程中出现的对资金、设备、项目的浪费，最终证明了要想加快现代化，首先要实现人的现代化。

3. 从新兴的、有活力的产业结构看，其基本特征都是获得独特环境资源和民族文化资源的有力支持，反观不景气的企业，恰恰都是缺乏特色而失去市场需求和竞争力。因此，依托特色资源，发展特色产业，提供特色产品，应是藏区产业发展的方向和文化现代化的基本内容。藏区的特色产业，本质上都具有浓郁的民族文化特征，如藏医药、藏区旅游等，都是最典型的以民族文化资源特色确立市场竞争地位的，以已获得较高知名度的奇正藏药为代表的藏医药，声誉日隆；一些名优产品实际上也是附着了浓厚的民族文化，是西藏发展特色经济的基本内容。

4. 确定科学的以人为本的投资新世纪。应确定中央和各省区对西藏的投资领域和投资重点，从对资源开发、资本密集型产业投资逐渐转向对人力文化资本的投资、改善生活条件设施的投资，确立新的文化现代化发展战略的基本宗旨，就是"富民为本、投资于人民"，从以"物"为中心转向以"人"为中心，从单纯追求经济增长转向促进各民族全面持续发展，以提高各民族人民的生活质量，改善各民族人民的生存条件，扩大各民族人民的发展机会。

5. 积极引导宗教与文化现代化相适应。中国改革开放以后，市场经济的引入，使西藏的现代化突飞猛进，以寺院为中心的藏族宗教在开放式的现代化进程中面临着新的挑战和考验。昔日有庄园、有农奴、有特权的寺院集团早已不存在，无论是过去保留的还是后来恢复的寺院，今日的西藏寺院，仅仅作为信教群众的宗教活动中心或场所而存在。今日西藏宗教更多地成为个人精神领域的事情，与各级政府无直接的关系。政府虽然也规定了宗教不能直接干扰政治，但宗教作为一种精神力量在西藏依然强大。但任何一种宗教都不可能孤立地存在于社会环境之外，它也要不断接受外界的冲击，同时也不断地吸收外来的因素使其本身更适应新的社会形态与人群。今天，西藏社会主义现代化进程中的宗教，尽管其信仰宗旨未变，但其文化品格、社会活动、某些价值取向等已发生了变化，体现出一些与社会主义社会相适应的特征，成为社会主义现代化建设的一种文化动力。为此我们必须积极引导西藏宗教文化与社会主义文化现代化相适应。

6. 文化现代化离不开人的文化素质。西藏人口文化素质普遍较低的现实，一定程度上阻碍着藏区社会、经济和文化现代化的发展，也不利于各级政府执政能力的提高。因此，加快西藏社会经济的发展和文化现代化，必须根据党的十七届六中全会和十八届三中全会精神，必须用科学的发展观统领全局，树立大教育、大培训观念，在提高藏族人民人口素质上下大功夫，加大对基础教育的投入，优先发展基层科学教育事业，在较短的时间内，使广大农牧民的文化素质有明显的提高。同时尽快转变人口再生产类型，降低人口的出生率。

7. 近几年我们在调查中发现，西藏各地保存的大量的传统的非物质文化遗产虽然"看不见，摸不着"，但经过正确的开发和商品化的经营，可以进入市场，给广大藏族农牧民带来实际的经济利益。尤其作为旅游商品的非物质文化遗产，本身就具有独特的艺术魅力。随着人们审美能力的提高和旅游市场的繁荣，西藏及其他藏区的工艺美术品市场已经得到了较好的发展，为当地老百姓带来了经济实惠。目前重要的是，需要国家扶持，加强在开发人才、开发品种、开发工艺等方面的投资和培训。

在西藏非物质文化遗产中，最容易进入市场的除了传统工艺外，还有表演艺术。西藏各地越来越多的民间表演艺术开始进入市场，进行商业性会演并获得了利益。越来越多的非物质文化遗产的产业化经营出现在西藏各地，带动了当地的经济发展。

国外藏学译萃

早期藏传佛教文献与艺术中的兜率天情节[1]

克里斯蒂安·卢恰尼茨(Christian Luczanits)著 廖旸 译

在降诞之前,菩萨被认为在兜率天(Tuṣita heaven)逗留,从那里降下,最后一次转世。事实上,佛住兜率天之后最后一次降生的观念在叙述降诞的所有文献材料中都能找到。不过,这些文献所讲述的有关从天降下的上下文在细节上存在很大的差异。在以前的一篇文章中我梳理过印度艺术和文献中兜率天情节的发展脉络[2]。该文主要讨论了比较文本传统和视觉传统时的方法论问题。

众所周知,西藏大规模地接受印度对佛教的表述并按照本土需要加以改编,这个过程持续了几个世纪之久,当时佛教在其发源地的大部分地区已丧失了它曾经拥有的崇高社会威望。这个过程远非有条不紊或者一成不变,西藏人常常包容有关同一个问题的不同传统。佛传也不例外,这里将比较详细地讨论的兜率天情节就可以作为传记故事的一个例子。

我曾尝试网罗印度文本和图像材料。但不可能如此详尽地把西藏材料都罗列出来,只因为文本和图像材料太多了;而且也没必要这么做,因为在最初的调适阶段之后,文本和图像材料两者的变化都无足轻重,也看不到持续连贯的发展。一旦相关情节建

* 译自 Christian Luczanits: "Prior to birth II. The Tuṣita episodes in Early Tibetan Buddhist literature and art," B. Kellner, H. Krasser, H. Lasic, M. T. Much, H. Tauscher (eds.), *Pramāṇakīrtiḥ. Papers dedicated to Ernst Steinkellner on the occasion of his 70th birthday*. Part 1.(Wiener Studien zur Tibetologie und Buddhismuskunde 70. 1) Wien 2007, pp. 497-543. 感谢作者授权并协调图片使用权。

〔1〕 本文是从我 1993 年在奥地利维也纳完成的文学硕士学位论文中选取一部分并修订而成的,该论文的指导老师是恩斯特·施泰因克尔讷(Ernst Steinkellner,本文集致敬的对象)和克林博格–索特(D. E. Klimburg-Salter)。这篇论文和后来我的学术发展主要归功于早期施泰因克尔讷对我的信赖和关怀,因此尽管困难不小,我仍颇有收获。他用极大的耐心把我的一篇会议论文变成了我的第一篇论文,这篇论文讨论西藏传统中十二事业观念及其可能的印度原型,与本文密切相关;见卢恰尼茨:《布顿介绍佛陀诸行所据的材料》,《维也纳南亚研究杂志》第 37 卷(1993),第 93—108 页(1—18)。十多年后,在屈佩斯(Christoph Cüppers)领导的蓝毗尼国际研究中心(Lumbini International Research Centre)帮助下,我得以修改早期研究中的若干章节,第二部分就是此文(第一部分见注 2)。他和埃哈德(Franz-Karl Ehrhard)为我提供了日贝热赤的文本,埃哈德还为该文本和其他材料列出了参考书目。我要感谢特罗佩尔(Kurt Tropper)提供夏鲁寺壁面题记和让迥多杰(Rang byung rdo rje)提供佛传文本的摘要及其参考资料;感谢丹·马丁(Dan Martin)慷慨惠赐丰富的书目单并加以评注;并感谢赫尔穆特和海蒂·诺伊曼夫妇(Helmut and Heidi Neumann)对东嘎(Dunkar)佛传的起始画面的记录。

〔2〕 卢恰尼茨:《诞生之前——印度佛教文学和艺术中的兜率天情节》,屈佩斯、德格和杜尔特编:《佛诞——2004年 10 月尼泊尔蓝毗尼讨论会论文集》,《蓝毗尼国际研究院讨论会论文集》第 3 辑,蓝毗尼:蓝毗尼国际研究院,2010 年。

立起独树一帜的西藏版本，可见的演变更多是风格上的而不是内容上的。因此，下文的探讨着重从最初进行记述和描绘的西藏佛教后弘期（phyi dar）到14世纪这个时期，后来的描写则只举例讨论。另外，它一直不断地描述着这个独特画派在西喜马拉雅地区的发展，直到该画派在17世纪中消失。

文 献 材 料

　　类似文章中详细讨论过的相关印度文本材料当中，三种已译成藏文，译出时间都是在吐蕃时期（Imperial Period，即前弘期snga dar），它们是《根本说一切有部毗奈耶》（Vinaya of the Mūlasarvāstivādin，略作MSV）[1]、《出离经》（Abhiniṣkramaṇasūtra）[2]和《方广大庄严经》（Lalitavistara，略作LV）[3]。这些文本都大量描写了兜率天场面，后来的故事均以在贝拿勒斯（Benares）鹿野苑初转法轮结束。当这些文本在印度最终成型之时，从保存至今的证据上可以看到，对佛生平故事的连续表现变得越来越不流行[4]。与之形成对比的是，西喜马拉雅地区最初的描绘以及后来的藏文文献材料都表示出对这样一种

　　〔1〕 版本有格诺里：《〈破僧事〉吉尔吉特写本》（上下册，罗马东方丛书第49辑第1种），罗马：意大利中远东研究所，1977年；摘要本有罗克希：《佛陀生平及其僧团的早期历史》，旧金山，1884年，1976年重印。《根本说一切有部毗奈耶》是唯一翻为藏文的律，全文都保存下来。就与本文相关的章节来说，藏文译本与吉尔吉特发现的梵文本是一致的。《北京版西藏大藏经》第1030/17号，叶258a—261b。

　　〔2〕 该文本仅存藏文译本，与《根本说一切有部毗奈耶》中的描述吻合。它与同名汉文本（【译注】指《佛本行集经》，二者对应的梵文标题相同）并不完全一致，该汉文本与《方广大庄严经》（《大正藏》第190号）。毕尔译：《释迦佛传说故事——汉文本〈佛本行集经〉英译》，新德里，1875年，1985年重印）的关系更密切。如毕尔在导论中指出的那样，abhiniṣkramaṇa "出离" 指的是菩萨出家，而它的翻译经常作为汉文佛传标题（的一部分），其中包括最早的一些译本。这个标题表达出来的对出家的强调与汉文化地部（Mahīśāsaka弥沙塞部）和法藏部（Dharmaguptaka）律中保存的最简单的传记是吻合的；见巴罗：《古代律藏中佛陀青年时代的故事》，《远东》第9卷第1期，1962年；同氏：《古代经藏与律藏中佛陀的青年时代》，《法国远东学院学报》第61卷，1974年。

　　〔3〕 原文版本有：莱夫曼：《方广大庄严经——释迦佛生平与教法，变体问题与词汇表》（上下册），哈雷，1902/1908年；瓦伊达：《方广大庄严经》，佛教梵文文献第1种，达尔班加，1958年。译本有：莱夫曼：《方广大庄严经——释迦狮子生平与教法故事》第一书 "兜率天前生"，柏林，1874年（仅含前五品）；富科译：《方广大庄严经》（上下册），巴黎，1884—1892年；贝斯：《佛陀之声·慈悲之美》（上下册）"方广大庄严经"，奥克兰，1983年（译自富科的法译本）；密多罗：《方广大庄严经——释迦狮子早年回忆录（第一至十五章）》，德里，1998年。分析研究有：狄雍：《〈方广大庄严经〉中的阿私陀故事》，舒伯特和施耐德编辑：《亚洲——韦勒尔纪念文集》，莱比锡，1954年，第312—325页；舒布林：《论方广大庄严经》，出处同上；韦勒尔：《论方广大庄严经（一）——方广大庄严经的散文》，拉乌编辑：《短文集》，斯图加特，1987年；霍斯拉：《方广大庄严经与佛教故事的演化》，德里，1991年。藏文本见《北京版西藏大藏经》第763号。

　　〔4〕《方广大庄严经》一直在演化，几乎持续到译为藏文之时，这一事实可以证明印度佛教对叙事也有一定需求。而且西喜马拉雅地区的一些早期图像（尤其是塔布寺集会殿的那些）表明，佛传显然是从一种成熟的传统中演变而来，并一直表现在绘画中。

连续叙事的需要,这种需要到14世纪才找到它完整的、多少有点标准化的表述方式。

到那时发展起一种独立的、不属于佛经的佛传,它利用了一些佛经文献汇编而成。这种西藏版本始于兜率天,包括了说法度化和涅槃(parinirvāṇa)等情节。藏人用一个专门的词来指称这种完整的佛传:〔佛陀的〕十二事业(mdzad pa bcu gnyis。【译注】又译十二相成道、十二弘化等)。看起来它源于一个土生土长的概念。

根据布顿(Bu ston)的说法,这个词既指佛从兜率天直到涅槃的完整生平,也指这些事迹的名数。他写到:

> 牟尼事业,不可思议,就其主要而言,诸智者计为十二事业。[1]

然后他就比较了不同材料中的名数,以证明这个术语的印度渊源。不过,这些名数在数目字和事件上都有很大不同,而且是在与佛传无关的材料里找出来的[2]。

十二事业的概念是在后弘期的某个时候出现的,其他材料也支持这一点。藏文经典中的《十二事业理趣赞》(Dvāda-śakāranāmanayastotra)是一首用十二事业来总结佛生平事迹的赞诗[3]。在经典中此颂被认为是龙树(Nāgārjuna)所作,但更可能是他在西藏的转世——止贡法王吉丹贡布(vBri gung chos rje vJig rten mgon po, 1142—1217)的作品,并收入其文集当中[4]。作为一篇偈颂体的赞诗,这个文本内没有与我们探讨的问题有关的详细细节,但第一事业是佛为诸天说法,并以类似象的形象离开他们[5]。还有一个名叫却吉沃

---

〔1〕 英译文采用奥伯米勒:《布顿佛教史》,印度佛教文库第42种,1931年,第133页。【译注】汉译文采用蒲文成译注:《布顿佛教史》,兰州:甘肃民族出版社,2007年,第50页。

藏文原文:thub pa la mdzad pa bsam gyis mi khyab kyang grangs la dga vba rjes su bzung ba gtso bo nye bar bzung nas mkhas pa rnams kyis mdzad pa bcu gnyis su tha snyad mdzad de/ 布顿仁钦珠:《佛教史》,西宁(【译注】原文如此,应为北京):中国藏学出版社,1987年,第79页。

〔2〕 在注1提到的文章中,我已找到了布顿的大部分引文的原出处。

〔3〕《北京版西藏大藏经》第2026号,叶95bl—96a7。

〔4〕 吉丹贡布:《佛赞》,康萨活佛编辑:《止贡法王吉丹贡布仁钦贝文集》,新德里,1969年;罗桑达杰:《佛陀十二事业——传龙树造的一首有争议的赞诗》,《西藏杂志》第9卷第2期,1984年;TBRC Resource Code W51。其他有关十二事业的赞诗的作者分别是博东班钦·乔列南杰(1376—1451;TBRC Resource Code W14657)、八世噶玛巴弥觉多杰(Mi bskyod rdo rje,1507—1554;TBRC Resource Code W8033。【译注】此指 bCom ldan vdas kyi mdzad pa bcu gnyis la bstod pa《薄伽梵十二事业赞》)和一世止贡琼仓活佛却吉札巴(vBri gung Chung tshang Chos kyi grags pa,1595—1659;TBRC Resource Code W14808)。

〔5〕 lha rnams don mdzad vdul bavi dus mkyen nas / lha las babs nas glang chen ldar gshegs shing / rigs la gzigs nas lha mo sgyu vphrul gyi / lhums su zhugs par mdzad la phyag mtshal lo / 吉丹贡布:《佛赞》,2,3—4。

色（Chos kyi vod zer, 1300 年前后）的人编纂了一本藏文的佛传，题目就是《十二事业》[1]。

噶当派（Bkav gdams pa）学者觉丹日贝热赤（bCom ldan Rig pavi ral gri, 1227—1305）[2]着眼于《十二事业》撰写了一个说教的作品《佛教华饰》（Thub pavi bstan pa rgyan gyi me tog），年代同样很早[3]。这个文本不仅把佛的事迹与他数辈前身以及菩萨十地联系起来，还具体地列举了十二事业（叶 2v4-4v2）。其中初转法轮为第十一事业，入涅槃为最后的事业，没有涉及神变[4]。

出人意料的是，十二事业并非建立在八相的概念之上，而八相在波罗（Pālas）和巽那（Senas）时期的东印度如此根深蒂固[5]。众所周知，八相概括了佛的四大事迹与四大神变。十二事业只是偶尔涉及神变，从未把四神变全部包括进来。而且，同一术语和划分为十二部分的做法也见于米拉日巴（Mi la ras pa）和一世达赖根敦珠（dGe vdun grub, 1391—1475）这样的高僧大德的传记[6]。选择数字十二令人困惑不解，在印度肯定没有先例。

* * *

在《佛教史》（Chos vbyung）一书中布顿对佛事迹的态度很有启发性，因为可以清楚看到他的处理方式。一方面，他提到文本之间的差异，另一方面他以如下方式总结他对材料的使用：

> 关于佛的十二种事业，《阿含经》（Āgama）《出离经》《方广游戏经》（亦名《方广大庄严经》）等中有各种不同的说法，这里系据《方广游戏经》而说，其中涅槃的情况依据了《毗奈耶杂事》（[Vinaya-]Kṣudraka），至于详细密意，当知于《善巧方便

---

〔1〕 这个文本内容丰富，但只有三分之一保存在一个蒙古文译本中。由于保存下来的是中间的三分之一，所以从中无法获得有关兜率天的细节。波佩认为这个版本是《方广大庄严经》的简写本，因为部分字句与该经的蒙古文译本一模一样。这件 18 世纪的插图写本包括第六至第九事业，从"出家离俗"到"降魔"（波佩：《佛陀十二事业——〈方广大庄严经〉的蒙古语版本》，第 11、17、18 页；李盖提：《关于"佛十二事业"的蒙古语版本》，《匈牙利东方学报》第 20 卷，1967 年，第 9—22 页）。

〔2〕 TBRC Resource Code P1217.

〔3〕 感谢埃哈德惠赐该文本的转写和参考书目，此外他还提供了其他的信息。

〔4〕 这一系列与阿济寺三层殿弥勒塑像腰布（dhotī）上表现的佛传惊人地相似；见卢恰尼茨：《三层殿的佛传图》，《东方》第 30 卷第 1 期，1999 年，其中兜率天情节将在下文中简要叙述。

〔5〕 八相中的每一事件均和一个朝圣地相联系。威廉姆斯讨论了笈多时期写入佛经的这些大事件的早期变体，见《萨尔纳特的笈多时期佛传造像碑》，《东方艺术》第 10 卷，1975 年。另见卡雷茨基：《佛传——古代经文与绘画传统》第 12 章，纽约，1992 年。

〔6〕 第一世达赖喇嘛: dGe vdun grub pavi mam thar ngo mtshar mdzad pa 12 pa, TBRC Resource Code W15965. 甚至苯教（Bon religion）创始人敦巴辛绕米沃（sTon pa gShen rab mi bo）的生平事迹也按照十二事业来组织，见桑杰丹增著，桑杰丹达译，格尔德编辑：《十二事业——苯教创始人敦巴辛绕小传》，特尔姆萨拉，1995 年。

经》(Upāyakauśalyasūtra) 等。[1]

布顿讲述的故事开篇是佛降生前十二年，天神预告佛的来临[2]。听到这个预言之后，诸独觉（Pratyekabuddhas）示寂或入火荼毗[3]。

在听过劝请偈颂后菩萨四观或者五观世间[4]，宣告将要往生。然后他告诉诸天他将往生时要开示的一百零八种见法门（chos snang bavi sgo, dharmālokamukha）[5]，并指定弥勒（Maitreya，这里叫做 Ajita、Ma pham pa，音译阿逸多，意译无能胜）作为其继承人：

> 将宝冠（rin po chevi cod pan）戴在弥勒（Ajita）头上，复道："诸善友，我将往瞻部洲（Jambudvīpa 阎浮提）成佛，弥勒将为尔等开示佛法。"[6]

诸天担忧兜率天将失美严[7]，并历数活跃在瞻部洲的十八种（外道）宗师[8]。菩萨则答道：

> 螺声、乐音不同他声相混，如阳光不同他光一样，我之法不与诸师之法相混杂，我能慑伏诸外道，比如一狮可令百兽惧伏，一金刚杵可摧众多坚岩，一帝释可威慑

---

〔1〕 mdzad pa bcu gnyis vdi dag la lung dang mngon vbyung dang rgya rol rnams la mi mthun pa ci rigs su vbyung mod kyi vdir rgya rol gyi rjes su vbrangs te bshad cing mya ngan las vdas pavi tshul phran tshegs bzin bsad do / vdi dag gi dgongs pa la sogs pa zhib tu thabs la mkhas pavi mdo la sogs par shes par byavo // 布顿仁钦珠：《佛教史》，第116—117页。【译注】汉译文依据蒲文成译注本，第 71 页。此汉译本和英译本中均将 Upāyakauśalyasūtra 译作经名，而郭和卿则译为 "善巧方便的经论"，见郭译：《佛教史大宝藏论》，北京：民族出版社，1986 年，第 100—101 页。

〔2〕 同上书，第 83—85 页；奥伯米勒：《印度和西藏佛教史》，德里，1932 年（1986 年重印版），第 7—10 页。布顿讲述的佛传在奥伯米勒译本中的章节标题并非布顿原文，很可能遵循的是引自《无上怛特罗》（Uttaratantra。【译注】汉译本标题为 "究竟一乘宝性论"）的偈颂，布顿对它也很看重。这个列表中住兜率天为一事业，按照奥伯米勒所拟标题下降为另一事业。

〔3〕《方广大庄严经》中作 "进入火界"（mevi khams la zhugs 或 tejodhatuṃ samāpadya，瓦伊达：《方广大庄严经》，第 13、29 页）。

〔4〕 这里布顿没有直接采用《方广大庄严经》（同上书，第 14，8—24 页）的说法，但也提到了《根本说一切有部毗奈耶》和《出经经》所说的五观，即加上了观察妇女（《北京版西藏大藏经》第 1030/17 号，叶 258a6—260a3 和 967，6b8）。

〔5〕 奥伯米勒：《印度和西藏佛教史》第 8 页将这个术语译为 "洞察真相的媒介"（media for the perception of truth）。参见《方广大庄严经》。

〔6〕 ...rin po chevi cod pan Ma pham pavi dbu la bcings nas / grogs po dag kho bo ni vdzam buvi gling du vtshang rgyar vgro ste khyed la Ma pham pa chos ston to / zhes gzungs pas ... 布顿仁钦珠：《佛教史》，第 83—84 页。【译注】汉译文据蒲文成译注本，第 52 页。

〔7〕 在《方广大庄严经》中，任命弥勒是诸天类似这样的抱怨的结果。

〔8〕 十八外道宗师和随后的比喻偈颂的根据是《根本说一切有部毗奈耶》中的叙述（《北京版西藏大藏经》第 1030/17 号，叶 260a3—261al）或《出离经》（《北京版西藏大藏经》第 967 号，叶 6a5—6b6）。

一切阿修罗，一太阳可消除一切黑暗。[1]

接着菩萨和诸天讨论下降事宜，天子正威（Ugratejas）解释说应以大象之形（gzugs 色、物质）为宜。菩萨下降，净饭王（Śuddhodana）宫出现八种（【译注】原文如此）瑞相，菩萨化作大象形相（rnam par, ākāra）入降摩耶夫人（Māyā）胎中。

* * *

当然，藏文佛传有很多其他版本，它们全都是在相同材料的基础上编纂而成，区别在于细节的详略。这里我只涉及那些与佛传故事和兜率天情节关系特别密切的早期材料。

三世噶玛巴让迥多杰（1284—1339）编纂的一百本生（Jataka）集中，最后一个故事简短讲述释迦牟尼佛的生平[2]。这个故事从泛泛介绍菩萨十善开始，然后说：

薄伽梵、如来、应供（arhat）等正觉迦叶佛在此贤劫（fortunate eon）离开兜率天官、前往瞻部洲之时，大慈（指将来成佛的释迦牟尼）正在兜率天官观察降生之处。三处[3]神奇受教之后他在兜率天诸天中被称为“太子”（acting regent）。[4]

于是白幢菩萨（Bodhisattva Śvetaketu）反思过去诸世事业，偈颂在耳边回响，提醒他燃灯佛（Buddha Dīpaṃkara）的授记。然后他教示诸天，命弥勒为继承者（rgyal tshab【译注】意为摄政、太子），考虑往生之地（五观）并入母胎。大象只在摩耶夫人给她丈夫净饭王讲述梦境时提到过一次[5]。

值得注意的是，这段文字把白幢上生兜率天与其前一任迦叶佛的离开联系起来。白幢被认为是太子、补处菩萨（rgyal tshab），但他并未像他对弥勒做的那样得到正式的

---

〔1〕 ... dung gi sgra dang rol movi sgra（sgra）gzhan（dang）mi vdre ba dang / nyi mavi vod kyis vod gzhan ltar de dag gi chos dang mi vdre zhing de dag nga nyid kyis zil gyis gnon mis so // seng ge cig gis gcan gzan tshogs rnams du ma rnam par skrag / rdo rje cig gis brag gi rtse mo du ma rnam par vjig / brgya byin cig gis lha ma yin dpung du ma rnam par vjoms / nyi ma cig gis mun pavi tshogs rnams du ma rnam par sel / 布顿仁钦珠：《佛教史》，第 84 页。【译注】汉译文据蒲文成译注本，第 52 页。

〔2〕 三世噶玛巴让迥多杰：《佛百行传》，北京：民族出版社，1995 年，第 692—729 页。

〔3〕 头顶、喉和心三处之轮（cakras），可能代表身、语、意。

〔4〕 bcom ldan vdas de bzhin gshegs pa dgra bcom pa yang dag par rdzogs pas sangs rgyas vOd srungs bskal pa bzang po vdi la dgav ldan gyi gnas nas dzam buvi gling du gshegs par mdzad pa devi tshe / thugs rje chen po dang ldan pa vdi yang dgav ldan gyi gnas su skye ba yongs su bzung nas / dgav ldan gyi lhavi bu rnams las gnas gsum gyis rmad du byung ba bstan te rgyal tshab mdzad par gyur to zhes grags so // 三世噶玛巴让迥多杰：《佛百行传》，第 693 页。

〔5〕 同上书，第 693—695 页。

任命。而且,这段文字中也没有十二事业观念的痕迹。作为一个相当简明的佛传故事版本,外道或乐器之类比喻都没有提及。这一事迹与本生以及相应的故事文本摘要一起,描绘在夏鲁寺大回廊当中(见下文)[1]。

博东班钦·乔列南杰(Bo dong Paṇ chen Phyogs las rnam rgyal, 亦称晋美扎巴 vJigs med grags pa, 1376—1451)撰写了另一本传记《能仁王十二事业赞》(sTon pa shākyavi dbang povi mdzad pa bcu gnyis kyi rnam thar snyan ngags chen po)[2],还有一首赞诗也归于他名下(见注10)。该传记也把佛传与一组本生放在一起。不过,这次记述的佛传按十二事业来组织,本生故事跟在后面。文字主要是偈颂体,在兜率天情节方面没有提供任何新的细节[3]。

15世纪作者格桑确吉嘉措(bsKal bzang Chos kyi rgya mtsho)撰写的文字细节较详,席夫纳(Franz Anton Schiefner. 1817—1879)用到了他对佛传的总结当中[4]。作者没有说明他用的主要材料,很可能是因为它们太显著了,尽管如此他还是提到就理解教法而言,他采用了《善巧方便经》《十地经》(Daśabhūmikasūtra)和《大般涅槃经》(Mahāparinirvāṇasūtra)。

* * *

鉴于藏族作者对他们能够看到的印度材料的倚重,在西藏看不到兜率天情节的进一步系统发展。事实上,如何表现佛传故事取决于细节和作者的目的,在调查过的所有材料中都是相似的,故事本身令人瞩目的只是十二事业观念结合到故事中去的方式和更大范围内的上下文。

西藏的发展演变当中一个值得关注的现象是释迦牟尼上生兜率天与迦叶佛离开那里这两者之间的关联,最初明确这一点的是三世噶玛巴的叙述文字。在乔玛(Csoma de Körös)根据藏文文献对佛传故事做的总结中,这个概念完整地提出来。根据他的概括,菩萨住兜率天时:

> ……当他的前任迦叶准备离开兜率天(Galden),为成佛而降下化身,那时的释迦是第十地的菩萨。迦叶选中他作为自己在兜率天的代理人,担任诸天的导师,把自己的王冠授予他。[5]

〔1〕 特罗佩尔研究了部分墙面文本,《夏鲁寺大转经道本生题记——介绍·文本批评研究·画面1—8录文及梵文平行文本和德译》,克尔纳、克拉塞尔和陶舍尔编辑,维也纳藏学和佛学研究丛书第63种,维也纳,2005年。对佛传的摘录及校订、翻译收入了本书。(【译注】指《量称——恩斯特·施泰因克尔讷七十寿辰纪念文集》)
〔2〕 载《西藏百科全书·博东班钦·乔列南杰文集》第12卷,新德里,1970年,第317—602页。
〔3〕 同上书,第326—340页。
〔4〕 席夫纳:《佛教创始人释迦牟尼的藏文传记——附德文摘要》,圣彼得堡,1849年;埃哈德:《格桑确吉嘉措(15世纪)讲述的佛诞故事》,屈佩斯、德格、杜尔特编:《佛诞——2004年10月尼泊尔蓝毗尼讨论会论文集》,2010年。
〔5〕 乔玛:《论西藏权威摘录的释迦生平》,《西藏研究》1839年(1986年重印)。

随后，圣善白幢（Dam pa tog dkar）在兜率天停留，直到十方诸佛劝请他最后一次转世。兜率天诸神提到了外道，菩萨令他们信服[1]并观察世间。然后他任命弥勒继任。

> ……方式与迦叶任命他相同。弥勒仍住那里，他是此后将首先成佛的圣者。[2]

我们不清楚乔玛是从哪里找到这段描述的，不过肯定不在他引用的材料中，即《毗奈耶》《方广大庄严经》和《出离经》。不论让迥多杰的依据是什么，它恰当地阐发了他的叙述和强调所依凭的观念，这个要素在藏文的叙述中是一致的，即赋予任命弥勒这个情节以重要的地位。

图像材料

早期艺术中对佛传最详细的描绘保存在塔布寺主殿的集会殿当中，年代当在1042年之前完成的重修之时[3]。故事画在殿内北侧，作为集会殿装饰的一部分，佛传之前在殿内南侧描绘了善财童子（Sudhana）五十三参的故事。这组画的最后一个画面与佛传开头部分的兜率天场面显然互相呼应。

佛传故事开始于一个奇特的宫殿框架内，它就像一扇窗户，让人们得以窥见兜率天（图1）。宫殿框架不大对称，屋顶分四级，顶饰一块圆石（āmalaka宝瓶），两旁是鹿。屋顶形成的阶级上有金翅鸟（garuḍa迦楼罗）、龟、鹦鹉（？）和孔雀。里面是一个叶状拱，其上悬铃[4]，尖端向下延伸到宫殿的空间当中。宫殿左壁连接一些建筑物，窗户和楼座上都有人。

宫殿内的空间为一尊白色身相的菩萨说法像所占据，他正面端坐在狮子座上，紧接

---

〔1〕 乔玛：《论西藏权威摘录的释迦生平》提到《毗奈耶》是这一情节的依据。

〔2〕 同上文，第287页（33）。

〔3〕 克林博格–索特：《丝绸之路与钻石之路——外喜马拉雅地区商道沿线的密教艺术》，洛杉矶，1982年，第157页。在我看来，没有必要假设"B组"故事画存在一个中间阶段，这是克林博格–索特在《塔布寺——王国之灯：西喜马拉雅早期印藏佛教艺术》（米兰/纽约，1997年，第49—56页）中提出的观点。关于重修题记，见施泰因克尔讷和卢恰尼茨：《塔布寺主殿（祖拉康）重修题记新译》（载《塔布寺——王国之灯》）或同氏：《塔布寺祖拉康重修题记——重录与新译》，伯戴克、卢恰尼茨编：《塔布寺主殿题记——文本与翻译》，罗马，1999年。

〔4〕 建筑结构上悬着的大量的铃或许可与印度河谷岩刻里表现的一些塔进行比较，特别是夏提欧（Shatial）桥南边的那些。例如耶特玛尔：《犍陀罗与丝路之间：喀喇昆仑公路岩画——1979—1984年德国—巴基斯坦考察的发现》，美因茨，1985年，照片26（Tala-pan）、33；富斯曼：《一幅石上绘画——夏提欧塔的三联画》，同氏、耶特玛尔、柯尼希：《巴基斯坦北部文物——报告与研究》，美因茨，1994年，图2—5；富斯曼和柯尼希：《夏提欧岩画》，豪普特曼编：《巴基斯坦北部考古材料》第6册，美因茨，1997年，图版 V。

图 1　兜率天图。塔布寺主殿,约 1040 年;庞卡尔摄于 1984 年(no. 445)。

主像身光之上重复出现他侧向一边的形象。中央的菩萨在为一众天神和天女说法,诸天朝向他做崇礼的姿势(añjalimudrā 合掌)。女神只出现在右下角,可能表现《方广大庄严经》中提到的天女(apsaras)。

靠上的菩萨仍是白幢,他递出一顶五叶宝冠给坐在他左侧、红色身相[1]的弥勒菩萨(图 2)。弥勒结施与印和安慰印,头偏向白幢,用这个宝冠来替换他自己的三叶冠。弥勒后面、在宫殿一拱门内的云朵中可以看到象背。另两头完整表现的象出现在兜率天场景和入胎之间空隙处的云里,入胎画面里摩耶夫人之上就描绘了第四朵云。

左手边下面的画面上人群中继续出现弥勒,会众里最靠上的神也转向上方的场面,一尊神秘的绿色菩萨从上方白幢菩萨左侧的空白地方冒出来。他被描绘成正面,右手掌心朝内、置于胸前,左手伸过膝盖。这身形象在其他所有图像中都没有可供比较的材料,因此其尊格无法确定[2]。

---

　　〔1〕　在善财童子(Nor bzang)故事图中弥勒是橙红色的,而在回廊的贤劫十六菩萨像中他是绿色身相、持瓶。弥勒的早期形象偶见红色身相,例如阿济寺三层殿(Sumtseg 松载殿)(见格佩尔和庞卡尔:《拉达克隐秘的佛教圣殿阿济寺·三层殿》,伦敦,1996 年,第 93〔六臂〕、127 页或卢恰尼茨:《佛教泥塑——10 世纪晚期至 13 世纪早期的早期西喜马拉雅艺术》,芝加哥,2004 年,图 150)或克利夫兰艺术博物馆(Cleveland Museum of Art)藏一件写本的插图,这里也是四臂(馆藏号 no. 1958.475,馆方网站的辨识与此不同,见 http://www.clevelandart.org/explore/work.asp?woid=16690)。

　　〔2〕　从《方广大庄严经》叙述的情节来看,可以推测这是胜光(Ugratejas)菩萨,他建议化身象形降世。

图2　白幢菩萨给弥勒授予宝冠。塔布寺主殿，约1040年；
庞卡尔摄于2001年（WHAV TaboDK 0088）。

接下来的部分表现诸独觉，他们在地上栖鹿的树丛中禅定，自焚后升天（图3）。后来的故事画不再包括这个情节。从时间顺序来看，宣告佛的诞生发生在授宝冠和下降之前。塔布寺的情节顺序反过来了，从而在视觉上与善财童子故事的最后一个场面相呼应。不过，先表现兜率天的做法也是有内在逻辑的，因为白幢在兜率天说法发生在所有其他情节之先。他飞过独觉的树林，最后大象来到净饭王宫，当来成佛的释迦入胎。这里云中也只表现了大象的后半部。

就叙事画面的构图而言，塔布寺描绘的初转法轮场面扩展为一铺巨大的说法图，而佛传在初转法轮之后有个清晰的中断。这正是《方广大庄严经》结束叙事的方式，证明此文本是塔布寺描绘的第一部分的主要依据。到此为止的画面构成一个连续而成整体的环境，其中的单个场景布置成网格的形式；而说法之后的场景则互无关联，看起来几乎是随意地散布在可用的壁面上[1]。因此，故事的最后部分描绘得拥挤得多。不仅如此，第一部分沿着连续风景进行布局的高明方式也表明，它忠实于印度描绘佛传的传统。

* * *

除塔布寺而外，西喜马拉雅地区早期古迹中只有非常少的例子保存有对兜率天情

---

〔1〕　显然这种安排是为某些画面而特意做的选择，例如涅槃居中，三十三天（Trayastriṃśa）降下在顶部，而其他情节几乎是围绕它随意布局。说法的诸画面也与神变和涅槃的画面隔开了。

图 3　独觉入火涅槃。塔布寺主殿，1040 年前后。
庞卡尔摄于 2001 年（WHAV TaboDK 0103）。

节的描绘[1]。科迦寺（Kojarnath）大门制作于 1000 年前后[2]，在门楣顶部保存有佛传的主要场面，居中是降魔（māravijaya）。不过，其他情节沿着宽大的门侧柱（door jambs）置于分隔开的门板内，大多佚失，只有两块仅存，其一可能表现宫殿情景，另一表现涅槃。

1933 年盖尔西（Eugenio Ghersi）[3]记录了托林寺金殿（gSer khang, mTho gling）的门框木雕，其年代跟塔布寺佛传画几乎同时[4]。故事开始于门右内侧柱的底部，表现兜率

〔1〕　年代据对该处遗址的断代，详见卢恰尼茨：《佛教泥塑》。

〔2〕　见卢恰尼茨：《印度喜马偕尔邦早期佛教木刻》，《东方》第 27 卷第 6 期，1996 年。

〔3〕　见图齐：《无名西藏的圣人与匪徒（1935 年藏西考察日记）》，米兰，1937 年，第 144 页对面；同氏：《外喜马拉雅古代文明》，伦敦，1973 年，图 136（左门柱）；克林博格 – 索特：《图齐档案初步研究（二）——西喜马拉雅寺院艺术中佛传的第一幕与其印度渊源》，《东方和西方》第 38 卷第 1-4 号，1988 年，图 1-3。

〔4〕　见克林博格 – 索特：《西喜马拉雅寺院艺术中佛传的第一幕与其印度渊源》，第 193 页；拙文对这一地区的木雕做了更细致的研究（《印度喜马偕尔邦早期佛教木刻》）。

天情节；沿这根柱子向上发展，直到降生后的若干情节。故事在左手边门柱的上半部继续展开，从上到下直到逾城出家（great departure）。主要情节再一次出现在门楣上，以成道为中心，需从右向左读。更多的说法场面和涅槃在左手边门内侧柱的下半部，故事结束。外侧门柱上的场面没有辨识出来。摩耶感梦之前表现兜率天的场面多至五幅，但在全景照片上有些细节辨认不出来。

　　第一个画面表现菩萨对兜率天的四位天神说法（图4）。第二幅图的核心是三位人物，这里菩萨禅坐，可能是考虑降生事宜（四观或五观）[1]。乐师占满第三个画面。乐器中能认出来的有长号（号手站在左边）、半球形铜鼓（kettledrum，右底部）和钹（右手边

图4　四个兜率天场面。托林寺金殿，11世纪中叶。盖尔西摄于1933年（意大利非洲与东方研究所图齐照片档案 Tucci Photographic Archives, Neg. Dep. 6058/28/29）；此据克林博格－索特：《西喜马拉雅寺院艺术中佛传的第一幕与其印度渊源》，图3。

――――――――――――――

　　〔1〕　由是这一画面令人联想到锡格里大塔（Sikri stūpa）的兜率天场景（富歇：《锡格里（犍陀罗）浅浮雕塔》，《亚洲杂志》1903年9/10月号，第248—253页）。

的背景上）。中心人物似持一短管乐器，可能是螺号，因此可能表现的白幢。这个画面指向《根本说一切有部毗奈耶》和《出离经》中描述的乐器比喻。第四个画面上当来成佛者表现得像位王，旁边是分持白拂（cāmara）和伞盖（chattra）的两名胁侍，这两种物品都象征王权。作为兜率天之主的菩萨将其宝冠授予继任者弥勒，弥勒坐在其右侧，合掌礼敬。菩萨身后是一位持伞盖的胁侍。接下来的场面表现的就是感梦和诞生了。

　　第四幅画上按王者形象来表现菩萨的做法在文献中没有直接的依据，但这很明显更好地解释了接下来的情节。按道理讲，第三幅乐师图也可以和第四图连起来看，作为整体看作是王宫。不过，可能性更大的是托林寺的画面反映了不同文本材料的描述，因为它也描绘了一些神变场面还有涅槃。

　　在12世纪的古迹当中，那郭寺（Nako）白殿（lHa khang dKar po）有一个磨损非常严重的门框，其上有佛传片段。其中只有门楣上的场面保存情况稍好，尚可辨识。这些场面表现了从降生到青年时代的故事[1]。

　　东嘎石窟（Dunkar）[2]第1窟绘制的佛传图很吸引人，但保存状况亦不佳。这里描绘的主要角色均穿戴藏西的当地服饰。佛传始于前壁门右侧，沿着右绕（pradakṣiṇa）方向继续直到正壁右手一侧的涅槃场面。各画面的边界做了精心而明确的划分。

　　佛传故事从兜率天宫开始，可能包括并排布置的两个画面。左手边的画面曾表现菩萨说法，现已不存，右手边画面上两尊菩萨对面并肩而坐，右手这位身相红色（图5）。我认为这表现的是指定弥勒继任。第二幅画表现净饭王坐在宝座上与摩耶王后交谈，二者因头顶上的伞盖而醒目。出现在这个位置我们可以把它读解为代表五观，但从图像上看它与塔布寺集会殿描绘的述梦最为接近[3]。随后的入胎容易判断，因为左手上角有云弥漫出来，朝着睡着的王后扩散开去。她的头旁可能表现的是四面梵天（Brahmā）。墙角处的下一个场面令人困惑，因为只有右半记载下来。其中有位菩萨坐在一座小宫殿中，他下面坐着礼敬的天众[4]。这后面表现的是前往蓝毗尼园（Lumbini）的行列以及诞生，二者的构图方式均与塔布寺的相同场面类似。那里的集会殿在故事画旁边也留有空白的榜题框。

---

　　〔1〕表现的场面有：降生、畜兽同诞、灌沐和周行七步、菩萨与父母、阿私陀占相和两场赛艺的情节。

　　〔2〕赫尔穆特和海蒂·诺伊曼夫妇惠赐他们对起始画面的记录。

　　〔3〕由于这一情节在别处未见描绘，我们有充分的理由做此判断。关于塔布寺的场面见克林博格－索特：《塔布寺——王国之灯》，图128。

　　〔4〕菩萨身处的环境以及身上的装束都表明这个情节发生在天界。

图5　兜率天、感梦和入胎。东嘎石窟第1窟，12世纪晚期。
诺伊曼夫妇摄于1995年（Tib95-943 H2B）。

在阿济寺建筑群当中有一些相关的画面。有意思的是，芒旧寺（Mangyu）释迦牟尼
殿的佛传是从摩耶感梦开始的。在阿济寺（vA lci）集会殿（vDu khang）绘画中，感梦之
前曾绘制一两个[1]画面，但没有保存下来。入胎画面上也表现摩耶夫人穿着当地服装。
尽管两组画都只是片段，但有一点是明确的：它们描绘的情节都没有止步于初转法轮，
可能包括涅槃在内。

除壁画而外，年代在12世纪下半叶[2]的阿济寺集会殿也有一个雕刻了丰富内容的
门框，很详细地表现着佛传[3]。它开始于右手侧门柱底部，情节发展到佛的青年时代。
然后在左手侧门柱底部表现竞技，包括直到逾城出家及其后的苦行等情节。最重要的

〔1〕　考虑到其他场面的构图方式，这里更可能是一幅大画面而非两幅小图。

〔2〕　例见格佩尔和庞卡尔：《拉达克隐秘的佛教圣殿阿济寺·三层殿》，第216—217页；卢恰尼茨：《佛教泥塑》，第137页。这个断代以三层殿断代于13世纪早期为前提，最早见于格佩尔：《拉达克阿济寺三层殿的断代线索》，《亚洲研究——瑞士亚洲研究学会杂志》第44卷第2期（1990年），第165—166页。三层殿更多断代证据可进一步参见格佩尔：《关于阿契寺三层殿断代及其与克什米尔之间关系的更多证据》，克赖德—达玛尼编：《西藏艺术的断代——科隆兰佩尔茨拍卖行年代可能性研讨会论文集》，威斯巴登，2003年；卢恰尼茨：《西藏艺术断代中的艺术史问题》，载克赖德—达玛尼编辑同上书；同氏：《再论拉达克的早期佛教遗产》，布雷：《拉达克历史——地方与区域的视角》，莱顿，2005年；同氏：《再论阿济寺三层殿》，载《拉达克艺术·文化·语言——2003年7月21—26日拉达克列城拉达克研究国际学会第11届讨论会论文集》，出版中。

〔3〕　图齐：《外喜马拉雅古代文明》，图133（显示门楣）；巴勒：《克什米尔与西藏的联系》，《古代克什米尔的艺术和建筑》，1989年，图8（右手门侧柱局部）。珀尔非常细致地研究了这扇门，珀尔：《12—14世纪拉达克殿堂木门》，《孟买亚洲学会会刊》第79卷，2005年。

场面再一次置于门楣上，这里是七个场景，降魔居中，但不是按照先后顺序安排的[1]。门框上这些场面的边框极其罕见，是沿着顶部和底部两条连续带饰，在它们之间形成20角的空间（基本上一个十字交叉内一个正方形）。

　　故事开始处画了三座塔，接下来表现授予弥勒宝冠，构图与托林寺的非常类似，但并没有胁侍（图6）。接下来的下降场面很独特，菩萨被表现成横飞的样子；再往后是摩耶感梦。

图6　佛传第一个场面。阿济寺集会殿大门，12世纪下半叶。
卢恰尼茨摄于1994年（WHAV CL94 15,25）。

---

〔1〕门楣上接下来的场面可以辨识如下（从左到右）：1.善生（Sujāta）；2.猕猴献蜜；4（中央）.降魔成道；5.调伏醉象；6.初转法轮；7.涅槃。第3个场景的特征是佛坐像之上有一身飞行的形象，难以判断。最近公布了一件年代为12世纪的尼泊尔书籍封面，上面有类似的场景，表现佛为一名女性说法，上有一身飞翔的神，还有一名侏儒（gaṇa）或孩童持一件类似伞盖顶的奇怪物品（巴勒：《喜马拉雅——美的历险》，芝加哥，2003年，第25号）。

阿济寺三层殿(gSum brtsegs)弥勒菩萨塑像服装上绘制的佛传图相当不同寻常[1]。我曾撰专文讨论过这个佛传,庞卡尔(Jaroslav Poncar)和格佩尔(Roger Goepper)慷慨提供了完整的记录,现在可通过网络访问[2]。因此这里我不再解释其上下文,也不再重复佛传的布局,只概括异常丰富的兜率天的情节。这组画的创作年代当在13世纪早期。

故事仍然从表现三座塔开始,这些塔位于最顶上不完整的团窠当中。第一个完整的团窠表现的是佛在说法,两侧各有一座塔,上方有二天神,交脚而坐(画面1)。旁边的团窠(画面2)显示未来的佛在兜率天说法,红色的弥勒小像置身他左边交谈的天神当中。接下来的三个团窠表现任命弥勒为继任者。首先(画面3)弥勒跪在菩萨面前,转头朝向他。然后他坐在和菩萨类似的莲座上(画面4)。最后,未来的佛站起来祝福他的继任者,持宝冠和花鬘的两身天女在他们之上(画面5;图7)。离开兜率天(画面6)占用了三个团窠,中间是释迦牟尼离开兜率天,相邻的两个团窠表现礼敬的诸神。接下来的团窠(画面7)就表现摩耶感梦。总的来说,几乎塑像衣服上可利用空间中的五分之一都用于表现兜率天情节了。

纵观西喜马拉雅地区早期遗址,可以清楚看到兜率天情节绝不是标准化的。至少在一处它们完全没有出现,而在其他佛传图上它们都拥有可观的空间。而且每处都对各情节有自己的理解。还可以清楚看到,人们对多种文本材料(《方广大庄严经》和《根本说一切有部毗奈耶》)有所结合,一直在尝试创造一种包括涅槃在内的完整佛传。对最后场面的选择看来也存在类似的个性。

* * *

遗憾的是同时代的卫藏佛传图没有保存至今,但是人们可以推测,在这个较早的时期也有同样别具一格的解决方案。看起来到12世纪晚期出现了一种标准模式,并最终形成西藏艺术最具特征性的元素,即按照那时以来的上师、精心挑选的神灵和不同层次等级的护神构成,以及大量使用卷轴画唐卡(thang ka)。类似的标准化也发生在佛传上。

---

〔1〕 部分发表于热努和井上隆雄:《拉达克的佛教壁画》,蒂尔曼斯译,日内瓦,1982年,阿济寺图22—24;巴勒、富尼埃:《佛国净土——西喜马拉雅地区阿济寺壁画》,香港,1982年,图S2、S9—13;格佩尔、庞卡尔—卢特贝格、庞卡尔:《阿济寺的佛陀·女神·坛城——一座西喜马拉雅地区寺院中的壁画》,科隆,1984年,图版6—7;格佩尔、庞卡尔:《拉达克隐秘的佛教圣殿阿济寺·三层殿》,第126—131页;卢恰尼茨:《佛教泥塑》,图150。
〔2〕 卢恰尼茨:《三层殿的佛传图》;www.univie.ac.at/ITBA/.

图7　任命弥勒。阿济寺三层殿,13世纪早期。庞卡尔摄于1981年。

　　有一组唐卡是从八相扩展开来表现佛传[1]。除了在成道周围按典型方式布置这八相而外,在底栏还加入了其他场面[2]。底部右手一侧的角落里的诞生作为故事开始的第一个情节,兜率天和感梦都没有画出来。稍晚一些时候的绘画上这种严格的构图被打

　　〔1〕　齐默曼(Zimmerman)收集品,巴勒:《西藏绘画——11—19西藏唐卡研究》,瓦杜慈,1984年,1988重印,第11号;亨廷顿夫妇:《菩提树叶——8—12世纪印度波罗艺术及其国际遗产》,西雅图/伦敦,1990年,第107号;莎耶:《西藏艺术与考古·远东考古手册——喜马拉雅文明》,巴黎,1994年,第170页,图版XIII。瑞士私人藏品:鲍茨-皮克伦:《11—13世纪东印度和西藏的释迦牟尼》,《丝绸之路艺术与考古》第4卷1995—96号,1996年,图2;同氏:《一种风格的阐发——早期西藏(?)和缅甸绘画中的东印度母题和形式》,克林博格-索特、艾林杰编:《12—14世纪内陆亚洲的国际风格——1995年格拉茨第七届国际藏学研究会讨论会分组讨论论文集》,维也纳:奥地利科学院,1998年,图2。私人收藏:巴勒:《喜马拉雅——美的历险》,第121号,这幅画有达垄派类乌齐寺堪布温波(dBon po)的开光题记。伦敦 Mark Schatten 收集品中的一幅表现出这种构图的西喜马拉雅版本,变形相当严重而且相当稚拙,见辛格:《菩提迦耶与西藏》,利奥什科编:《菩提迦耶——成道之地》,孟买,1988年,图11。
　　〔2〕　人们已经在敦煌76窟看到类似的现象,此窟年代大概在11世纪上半叶。这里的诞生场景和唐卡上一样,周围环绕着增加的场面,即阿私陀占相、逾城出家、断发和一些禅定场景。见陶文淑:《波罗艺术对敦煌76窟11世纪壁画的影响》,克林博格-索特、艾林杰编:《12—14世纪内陆亚洲的国际风格》,图1。

破了，扩展到表现佛传中更多的场面，包括兜率天情节。这种情况下通常在右手上角处，摩耶感梦之前表现两个画面，即教化诸天和任命弥勒继任[1]。

* * *

晚期唐卡上的扩展构图也发现于夏鲁寺（Shalu）般若佛母殿（Yum chen mo lHa khang）回廊的壁画当中（图8）。在这里，佛传故事开始于右手上角，兜率天上的菩萨手

图8　佛传图。夏鲁寺般若佛母殿回廊，14世纪早期。
卢恰尼茨摄于1993年（WHAV CL93 29,17）。

---

　　〔1〕　如海蒂和乌尔里希·冯·施罗德收集品（Heidi und Ulrich von Schroeder Collection，表现入胎时摩耶夫人呈禅定姿势。见鲍茨—皮克伦：《11—13世纪东印度和西藏的释迦牟尼》，图3）；苏黎世私人藏品（内容稍多，在任命之后还有一个小场面。见辛格：《菩提迦耶与西藏》，图12）；私人藏品（从兜率天到睡着的摩耶夫人之间有一段台阶。见鲍茨—皮克伦：《11—13世纪东印度和西藏的释迦牟尼》，图16；Mark Gordon夫妇收集品〔辛格：《菩提迦耶与西藏》，图14〕。另一幅私人藏画（科萨克和辛格：《神圣视像——卫藏早期绘画》，纽约，1998年，第27号）没有表现任命弥勒，在说法场面和摩耶感梦之间表现三十三天降下。沿着画面的左手侧一片绵延的云把兜率天场面与感梦连结起来。

当胸持螺,身边是四身奏乐的天神[1]。下一个场景描绘他任命弥勒,他俩之间的一个瓶子说明了该场面的内容[2]。然后菩萨化身大象降世[3]。

随图节录有上文提到的三世噶玛巴的文本[4],祖拉康回廊(great ambulatory)外壁绘制的佛传图还包括100个本生故事画。这些画面的年代在14世纪早期[5]。在第一个画面上,夏鲁风格的兜率天宫放射五彩光芒,白幢正在任命弥勒。白幢持瓶在弥勒头上,弥勒双手合掌致敬并持宝冠、弯腰对他。另三身神灵举手见证这个场面[6]。然后下个画面表现云上一头很大的象接近入睡的王后[7]。

* * *

早期西喜马拉雅艺术流派风格独立,肯定渊源于西北印度和克什米尔,在13世纪时它走到尽头。与此同时,卫藏佛教宗派在阿济寺的一些古迹上留下了它们最初的痕迹,其中最重要的是止贡派(vBri gung pa),它们在西部建立起来。在艺术上能够看到的一个显著变化是采用了源于卫藏的绘画风格[8],并从此前突出的瑜伽续(Yoga-Tantra)题材转换到无上瑜伽续(Anuttarayoga-Tantra)的主题上来。这种变化也导致佛传表现成为圣典。

在阿济寺自身,新殿(lHa khang So ma)就是这种发展的产物[9]。和集会殿一样,佛传分栏表现在入口的左侧。第一个场面表现四神环绕菩萨。他结智拳印(bodhyagrīmudrā)而非常见的转法轮印(dharmacakramudrā),这表明他可能是大日如来(Vairocana毗卢遮那),释迦牟尼的报身(saṃbhogakāya)。然后他授命弥勒,弥勒跪在他身前,宝冠状如头盔。伴随的诸天中有一位持螺朝向菩萨,另一位吹号。这后面是摩耶感梦。

---

〔1〕 上框的题记注明画面内容:*// byang chub sems dpavrol movi tshogs grdungs pa //.

〔2〕 画面下方横带的题记为:*// rje btsun byams pa x rgyal tshab bkod pa//.

〔3〕 摩耶夫人头紧上方再次表现象以及一条短题记,从照片上看只能读出题记的头两个音节(glang chen x x x x x /);下方横条上的题记无法辨认了。图片还可见霍巍、索朗旺堆:《西藏佛教寺院壁画艺术》,成都,1994年,第248页(图片的左手边缘)。

〔4〕 特罗佩尔在本书(【译注】同前)上发表的论文即讨论墙面的这些题记文本。

〔5〕 维塔利:《卫藏早期寺庙》,伦敦,1990年,第105—110页。

〔6〕 霍巍、索朗旺堆:《西藏佛教寺院壁画艺术》,第192号。

〔7〕 同上书,第191号。

〔8〕 在那个时期,这种风格的源头相当广泛,因此被称为"国际风格"(international style);见克林博格-索特、艾林杰编:《12—14世纪内陆亚洲的国际风格——1995年格拉茨第七届国际藏学研究会讨论会分组讨论论文集》卷7,维也纳,1998年。

〔9〕 热努、井上隆雄:《拉达克的佛教壁画》,阿济寺图18(几乎展示了整个画幅);巴勒、富尼埃:《佛国净土——西喜马拉雅地区阿济寺壁画》,图LS 35(展示了包括相关场面在内的开始部分);克林博格-索特:《西喜马拉雅寺院艺术中佛传的第一幕与其印度渊源》,图14。

宛拉寺（Wanla）吉祥三层殿（bKra shis gsum brtsegs）[1]的年代也应在14世纪早期，有止贡派的背景[2]。其壁画中完整地表现了佛传，构图与阿济寺新殿类似。在说法和任命场面之间有窄窄的画面，表现诸天挽留菩萨。任命场面再次有音乐相伴，这次单有一位天神吹螺号。该殿门框上的佛传直接从赠与宝冠开始。

阿济寺（Alchi Gomba，一作 Tsatsapuri）建筑群落中的殿堂都表现有佛传，但只有北边的殿堂把开始部分也保存下来[3]。故事从佛说法图开始，转而在第一个生平事迹画面上表现菩萨在兜率天说法。佛像表明随后的佛传只是展示一位业已成道的人物。接下来表现任命和感梦。这里把大多数天神描绘成僧人的形象，没有出现乐器。萨波窟（Saspol cave）绘制的佛传中找到了相同的突出特征（图9）。

强寺（Phyang）的上师殿（Guru lHa khang）[4]、甘吉寺（Kanji temple）[5]和喇嘛玉如寺

图9　兜率天菩萨说法。萨波窟。卢恰尼茨摄于2005年（79,02）。

---

〔1〕　它得名于殿中的创建题记；见特罗佩尔：《宛拉寺三层殿的历史题记》，《2003年牛津西藏研究国际学会第九届讨论会论文集》，莱顿，2007年，第104—150页。如今它因主像为十一面观音而得名 bCu gcig zhal。

〔2〕　卢恰尼茨：《宛拉寺吉祥三层殿》，克林博格–索特、艾林杰编：《9—14世纪的佛教艺术与西藏功德主》，莱顿，2002年，《2000年莱顿第九届西藏研究国际学会会议论文集》；特罗佩尔：《宛拉寺三层殿的历史题记》。

〔3〕　在佛传之前绘制的是供养人像，后面是护法女神祖婆护法（A-phyi），她为止贡派所独有（photos WHAV CL98 121, 17-18）。

〔4〕　有一个遵循新殿版本但全无诸天眷属、极其简单的说法和任命场面（photos WHAV CL98 65, 31-33）。热努，井上隆雄：《拉达克的佛教壁画》，上师殿图18上表现了入胎。

〔5〕　有一个比较简单的兜率天画面，四身眷属天神全在一侧，任命画面上至少有一名眷属在击钹（photos Kanji CL03 33a, 01-04）。

（Lamayuru）的狮子殿（Sengge lHa khang）[1]都找到了密切相关的佛传故事画。总的印象是，起源于卫藏的地方风格到来，而描绘兜率天情节的方式发生的变化微不足道。画面仍具有一些特性，这表明它们只是不断地重复一种传统。以前的例子中，任命画面上描绘的乐师很可能指的是《根本说一切有部毗奈耶》中的用螺号打的譬喻[2]。

＊ ＊ ＊

在后来14—17世纪期间，显然古格王国的艺术远承该地区最初古迹体现的伟大的印藏艺术传统。风格和选择的题材均类似于西喜马拉雅早期阶段，只是古格在格鲁派（dGe lugs pa）的精神指引下再现辉煌。这一时期绘制了大量的佛传，因此我在这里只能选择性地加以论述。从形式角度看，古格的绘画在表现手法上是独一无二的，面貌也相当统一。场景之间有分明的界线，通常简单地用不同的背景色形成方块[3]，各场面的构图类似。同一情节的不同时刻通常在一个画面上呈现出来，主像体积更大，从而得到强调。

托林寺主殿益西沃殿（Yes ses vod lHa khang）门廊存有一幅细致的图像，它也只在盖尔西拍摄的照片中保存下来影像[4]。佛传分布在一个个画框中，他拍摄了大部分，因此尚能见到很多画面细节。在第一个画面当中，构图中心位置上的白幢的圆形身光令人瞩目。他被表现成全正面，而姿势则是左手持宝冠、伸向弥勒。弥勒的肤色较深（推测为红色），伸臂去接宝冠，从而在围绕佛的八身天神中显得很突出。接下来的情节是摩耶感梦。如果白幢的右手的确结安慰印（vitarka-mudrā）的话，那这个画面就精巧地把说法和任命概括其中了。

红殿用的也是相同的构图，这里的兜率天情节表现在入胎画面之上的宫殿当中（图10）。它与上一例基本相同，只是这里的菩萨双手捧宝冠，仍正面直视观者。题记很有意思，它把兜率天说法放到了更广泛的经文当中，将之与《十地经》联系起来[5]。

---

〔1〕热努、井上隆雄：《拉达克的佛教壁画》，喇嘛玉如寺5—6。诞生之前的画面破坏严重。

〔2〕自然它们同样也可以看作是任命场面的一部分，但是既然在更详细的画上占据醒目位置的总是螺，看起来这里的可能性就不大了。

〔3〕这个特色在上文提到的东嘎石窟已可见到，各场面间额外用线分隔。

〔4〕克林博格-索特：《西喜马拉雅寺院艺术中佛传的第一幕与其印度渊源》，图4。

〔5〕{第1行} *// dgav ldan gyi gnas kyi gzhal med khang chen po chu dang rgyar pag thsad drug bcu rtsa bzhi ba gang du byang chub sems dpav bzhugs ? dgav ldan gyi lha mams la chos b—stan pa ces sogs nas zhes bya ba yod de / rgyal chen rigs ni bzhi po dang // sum bcu rtsa gsum [gyi] rnams dang // thab bral gyi ni lha rnams dang // dgav ldan lha {第2行} rnams thams cad dang // vphrul dga vba rnams ma lus dang // gzhan vphrul dbang byed ces bya pa // dgav ldan lha rnams chos ston g u? // gdul bya nye la dgongs mdzad — nas // gsungs kyi gdul bya ma lus pavi // vphrin las thun pavi gnyid bdul bya // ma lus pavang nyan par byed // kun kyang grol bavi lam la zhugs // {第3行} sa bcuvi dbang phyug gang yin pa // mngon par shes pa chen povi grus // vjig rten khams rnams ma lus par // sangs rgyas dang mnyam mdzad pa ni // ma lus par ni kun mdzad — ces // mdo sde sa bcu la gsungs pas / dgav ldan gnas na bzhugs na yang // mdzad pas shes bya ma lus khyab //

图10　兜率天场面。托林寺红殿,15世纪。庞卡尔摄于1993年(WHAVJP93 9,6)。

鲁寺(Luk)的壁画也只保存在图齐照片档案里[1]。这些画的绘制年代大概是15世纪下半叶[2]。和拉达克的例子一样,兜率天情节占用了两个画面,其一表现菩萨为六位天神说法,另一则是任命弥勒。这里没有乐器譬喻的迹象,两个画面均用宫殿建筑作为框架。

同一时期藏西有幅唐卡上表现的佛传毕肖鲁寺[3]。和卫藏的构图一样,故事从中央佛的左侧开始,顺时针发展到对侧,小画面分布在横栏中,带有榜题。在说法场面中两位听法的天神演奏乐器,一个吹螺、一个击钹[4]。任命场景上弥勒仍是红色身相[5],后面紧跟的是入胎。

〔1〕 图齐、盖尔西:《图齐藏西科学考察团调查纪实（1933）》,罗马,1934年,图158—159;克林博格－索特:《西喜马拉雅寺院艺术中佛传的第一幕与其印度渊源》,图15。1933年8月16—18日图齐和盖尔西访问此地(图齐和盖尔西上引书,第204—219页;克林博格-索特上引文,第158页),图齐的描述相当精确地指出了佛传组画的位置。因此,佛传组画是绘制在两侧壁的底部,可能从左手边的墙面上开始,其前是一幅供养人像(?)(图齐和盖尔西上引书,第214页)。

〔2〕 图齐:《西藏画卷》,罗马,1949年,第359页;丽艾和瑟曼:《智慧与慈悲——西藏神圣艺术》,纽约,1991年,第86页。

〔3〕 图齐:《西藏画卷》,第351—359页,图版24—28;丽艾、瑟曼:《智慧与慈悲》,第6号。图齐显然在某次旅行后携回这幅画,后来它进入埃尔斯沃思(Ellsworth)收集品。同时它被卖给了另一位藏家。

〔4〕 相伴的榜题读作: */ dgav ldan na bzhugs pavi dam pa tog dkar po/——"尊贵的白幢住兜率天"。

〔5〕 旁边的榜题是: rje btsun rgyal tshab du skospa——"〔他〕任命杰尊为继承者"。"杰尊"是值得崇敬的天神或上师的称号。

古格故城(Tsaparang 札布让)主要殿堂的佛传图无一保存有开始部分,不过可以推测它们与古格的其他图像关系紧密。在后来的古格王国各地,兜率天情节遵循了已成熟的构图模式,只有很小的变化,笼统地说整个佛传都是如此。唯一的区别在于兜率天是一个还是两个画面,以及有无出现乐器譬喻。

* * *

除以上提到的例子而外,西喜马拉雅地区也保存有将佛传组织在一个共同的山水背景中的例子。这些例子多断代不明,不过与上面提到的古格诸例比较,它们很可能属于同时或稍晚的阶段。

古格故城的度母殿(Tārā Tempel)残损严重,开端部分却保存下来。表现在一堵侧壁上的图像将兜率天情节画在天宫的两个房间里,说法场面上诸天在演奏乐器[1]。

赫密寺(Hemis)[2]的画面组织方式与度母殿类似。它描绘了一座两间的天宫,其一为菩萨教化诸天、天女奏乐。在另一间室内他以佛的形象出现,将宝冠给予弥勒。下降画面上也有奏乐天神陪伴大象。

塔布寺大仲敦殿(vBrom ston lha khang chen mo)有铺技法粗糙的佛传图表现出地方特点,它绘制在两侧壁的下沿[3]。和托林寺红殿的画面一样,它直接从任命弥勒开始,榜题中甚至并没有提到在兜率天说法[4]。

斯比蒂河谷(Spiti valley)的丹嘎寺(Dangkar)图像上也没有出现说法场面。此处的故事画技法精湛,把情节安排在共同的山水背景当中,也是在同一座宫殿内发生两个情节(图11)。这个例子中它们分别表现任命和音乐譬喻,菩萨体量较大,吹奏螺号,而其他人则敲鼓、吹号或击钹。

如果把后来常见的卫藏唐卡与西喜马拉雅的例子进行比较,会发现它们非常接近

---

〔1〕 西藏自治区文物管理委员会编:《古格故城》(上下册),北京:文物出版社,1991 年,第 61 页,图版 LXXIII' - LXXVI' 以及 LIX - LXII。

〔2〕 热努、井上隆雄:《拉达克的佛教壁画》,赫密寺图 16—18。

〔3〕 有意思的是,右手边的侧壁(南壁)与右旋的方向是相反的。

〔4〕 榜题用很糟糕的藏文写成,先列举十二事业,再提到任命弥勒和化象降下: {第 1 行} * // dgav ldan gnas nas pho va dang / lhums su zhugs pa dang / ltam pa dang bdzov {第 2 行} vi rigs dang dges rol dang // nges vbyung dkav spyad spyang _ snying por gshegs bdud btul {第 3 行} byang chub chos vkhor d # mya ngan la vdas mdzad pa cuv gnyis kyi sdom yin // byams pa la rgyal {第 4 行} tshab du dbang skur nas # byang chub tu sems kyed // blang pho bud # d dul bdog can du krul ? {第 5 行} nasv# # # glang pho d s khang b # # kyi bang rims re re n ld d/r bu chod r-us rna tshogs ?

图 11　兜率天情节。斯比蒂河谷 Dankar, 17 世纪（？）。
卢恰尼茨摄于 1991 年（WHAV CL91 91, 3）。

丹噶寺的画面[1]。乐器譬喻可能取消了[2]，取而代之的是强调降下，另外还增加天众陪伴下生的大象[3]。直接从诞生开始的佛传是非常罕见的[4]。

瓦尔德施密特用了一组唐卡来做他著作的插图，发表在 1982 年的附录上[5]。这组有意思的画包括五幅唐卡，其中包含大量题记。仅有的一幅兜率天场景上的题记并没有提及画面上表现的任命，而说的是菩萨离开兜率天[6]。另一个例子表现了三幅兜率天场面，宫殿中的菩萨接受礼物（？）、音乐譬喻和任命[7]。

---

〔1〕　例见西藏自治区文物管理委员会编《西藏唐卡》，北京，1985 年，图版 30、31、33；或鲁宾基金会喜马拉雅艺术网站（2006 年 10 月引用），网址为 http://www.himalayanart.org/. 新德里西藏之家（Tibet House）组画中有一件描绘手法更精细并具榜题的作品（见喜马拉雅艺术网站第 72044 号）。该网站第 102251 号作品甚至描绘了在天空中荼毗的独觉。

〔2〕　例如贝斯公布的唐卡，见《佛陀之声·慈悲之美》下册，图版 22 左手上角，敦珠仁波切（Dudjom Rinpoche）私人收藏，只表现出给予宝冠；以及喜马拉雅艺术网站第 157 号作品。

〔3〕　例如喜马拉雅艺术网站第 157、94237 号作品；以及第 572、15422、65196、73453 号作品上以降生为中心的图像；可参见第 87502 号木板画。

〔4〕　例如喜马拉雅艺术网站第 955 号作品。

〔5〕　这些唐卡藏柏林民族学博物馆（Museum für Völkerkunde），毁于第二次世界大战期间。因此只能根据照片来辨识题记，见瓦尔德施密特《佛传故事——佛经简编》，柏林，1982 年，第 247—248 页。

〔6〕　榜题：dang po dgav ldan nas vpho ba——"首先从兜率天转生"。后面象旁的榜题是：glang chen tha（1）dkar——"灰白色大象"，入胎的榜题是 gnyis pa lhums su bzhugs pa——"第二，住母胎"（同上书，第 16 页诞生故事唐卡的全图、第 32 页对页、第 33、249 页）。显然在入胎之后没有继续历数诸事业。

〔7〕　贝斯：《佛陀之声·慈悲之美》上册，图版 7（纽约大都会艺术博物馆藏，海尔〔Joseph H. Heil〕赠品）。

　　值得关注的还有尼泊尔帕坦(Patan)的金色大精舍(Hiraṇya-varṇamahāvihāra)或称金殿(Kva Bāhā)外立面上对于佛传的描绘,根据题记可知这段檐壁壁画创作于1909年,依托西藏传统表现了释迦牟尼从兜率天到涅槃的生平事迹。就像晚期西藏图像常见的那样,这里第一个场面表现的就是任命,这也是唯一的兜率天画面[1]。

＊　＊　＊

　　这样,在西喜马拉雅地区的各艺术流派那里,兜率天情节占的幅面都被大幅度压缩了。

　　在图像材料当中,几乎总是以某种方式表现有兜率天情节。如果能看到发展,那篇幅的缩减就是其中的一项,而人们可以划分出三个阶段,尽管这些阶段有所重叠:最初的阶段是10世纪晚期的科迦寺到13世纪早期的阿济寺三层殿,兜率天情节往往描绘得格外详细。各画面的表现方式很少共性,大部分画面对情节的阐述都是很独特的。后来的阶段包括从地方化的拉达克版本、卫藏早期绘画到古格王国的诸例,西喜马拉雅地区的画面普遍表现两个兜率天情节,即说法和任命[2]。在一组画面当中少有变化,各组之间的区别常常是进一步精简的结果。最后的阶段里,兜率天诸情节中只有任命被表现出来。在所有这三个阶段当中都会偶尔表现乐器譬喻。

　　下降本身表现云中之象,以不同的方式填补兜率天场面和摩耶感梦之间的空隙。这种描绘形式表达了两地在空间和观念上的距离。云也使象变得朦胧,以此表明这个情节发生在梦中。在早期的图像上象是独自降下的,后来则表现有持幡奏乐的天神相伴。

结　论

　　在藏族开始接受佛教的前弘期和后弘期,印度并没有描绘佛传的例子,而这在西藏一直是个重要主题。藏人认为印度原型真实可信,这里的佛传综合了多种印度材料,尽管它们互相之间有所抵牾。从最初的范例到后来的文献和图像材料,都体现了对从兜

---

　　[1]　榜题: Tuṣitā bhubana Śvetaketu Bodhisatva bhamte Bodhisatva Brahmā,榜题后面部分指的是接下来的画面上四臂梵天将碗递向睡着的摩耶夫人(盖尔:《尼泊尔寺院——加德满都佛寺的图像志》,格拉茨,1991年,第38页,图版XXVIII, 1)。

　　[2]　在托林寺的图像上两个场景合二为一,而在夏鲁寺回廊中只表现任命;宛拉寺增加了一个场面,在本文考述的其他例子中没有可对照的材料。

率天、入胎直到涅槃的完整佛传的需求。有意思的是,西藏最初接受和改编佛传的阶段只保存在图像描述当中。塔布寺集会殿的构图让人们可以在图像中看到这个过程。

西喜马拉雅地区早期的图绘表明,这个阶段的佛传远非从一个固定的模子中铸出来的。相反,故事如何能转化成图像描绘,每个例子都有自己的解决之道。有意思的是,这些早期图像上兜率天情节受到不同寻常的关注,其中一些(托林寺金殿大门、阿济寺三层殿)明显强调对弥勒的任命。实际上所有西藏的图像都保留了这个场景。

以上分析过的图像并不能天衣无缝地适合所有一种视觉解决方案,但它们都强调任命。在包括了迦叶任命白幢的佛传中这一点格外明显,让迥多杰第一个做了清晰的描述,后来的材料显然表述得更加明确。这种任命既指向密教的灌顶(Tantric initiation),也指向佛法在诸佛之间的承续。

在印度,兜率天情节反映的是佛教的发展,而在西藏,它们镜子般照出了阐释与固化的过程。我们感兴趣的是,我们不知道印度描绘过任命这个场面,而它在西藏的兜率天情节中却占据了最为重要的位置。

参考书目

巴罗:《古代经藏与律藏中佛陀的青年时代》,《法国远东学院学报》第 61 卷,1974 年,第 199—274 页(Bareau, Andre, "La jeunesse du Buddha dans les *Sūtrapiṭaka* et les *Vinayapiṭaka* anciens," *Bulletin de l'École française d'Extrême-Orient*)

巴罗:《古代律藏中佛陀青年时代的故事》,《远东》第 9 卷第 1 期,1962 年,第 6—33 页("La légende de la jeunesse du Buddha dans les Vinayapiṭaka anciens," *Oriens Extremus*)

鲍茨－皮克伦:《一种风格的阐发——早期西藏(？)和缅甸绘画中的东印度母题和形式》,克林博格－索特、艾林杰编:《12—14 世纪内陆亚洲的国际风格——1995 年格拉茨第七届国际藏学研究会讨论会分组讨论论文集》,维也纳:奥地利科学院,1998 年,第 15—65 页(Bautze-Picron, Claudine, "The elaboration of a style: Eastern Indian motifs and forms in Early Tibetan［?］and Burmese Painting," In *The Inner Asian International Style 12th-14th Centuries. Papers presented at a panel of the 7th seminar of the International Association for Tibetan Studies, Graz 1995,* edited by Deborah E. Klimburg-Salter and Eva Allinger, Wien: Österreichische Akademie der Wissenschaften)。

鲍茨－皮克伦:《11—13 世纪东印度和西藏的释迦牟尼》,《丝绸之路艺术与考古》第 4 卷 1995-96 号,1996 年,第 355—408 页("Śākyamuni in Eastern India and Tibet from the 11th to the 13th Centuries," *Silk Road Art and Archaeology*)。

贝斯:《佛陀之声·慈悲之美》上下册,"方广大庄严经",奥克兰,1983 年(Bays, Gwendolyn, *The Voice of the Buddha, The Beauty of Compassion*, 2 vols, *Lalitavistara Sūtra, vPhags-pa rgya-cher-rol-pa zhes-bya-ba theg-pa chen-povi mdo*, Oakland: Dharma Publ.)。

毕尔:《释迦佛传说故事——汉文本〈佛本行集经〉英译》,新德里,1875 年(1985 年重印)(Beal, Samuel, *The romantic legend of Śākya Buddha. A translation of the Chinese version of the Abhiniṣkramaṇasūtra [Fu-pen-hing-tsi-king]*, New Delhi: Motilal Banarsidass)。

西藏自治区文物管理委员会编:《西藏唐卡》,北京:文物出版社,1985 年。

布顿仁钦珠:《佛教史》(善逝教法源流大宝藏论),〔西宁,此应为北京〕:中国藏学出版社,1987 年(Bu-ston Rin-chen-grub, *bDe bar gshegs pavi bstan pavi gsal byed chos kyi vbyung gnas gsung rab rin po chevi mdzod*,〔Zi liṅ:〕Krung govi bod kyi shes rig dpe skrun khang)。

莎耶:《西藏艺术与考古·远东考古手册——喜马拉雅文明》,巴黎,1994 年(Chayet, Anne, *Art et archéologie du Tibet, Manuels d'archéologie d'Extrême-Orient: Civilisations de l'Himālaya*, Paris: Picard)。

乔玛:《论西藏权威摘录的释迦生平》,《西藏研究》1839 年(1986 年重印),第 229—263 页(Csoma de Körös, Alexander, "Notices on the Life of Shakya extracted from the Tibetan Authorities," *Tibetan Studies*)。

罗桑达杰:《佛陀十二事业——传龙树造的一首有争议的赞诗》,《西藏杂志》第 9 卷第 2 期,1984 年,第 3-12 页(Dargyay, Lobsang, "The Twelve Deeds of the Buddha - A Controversial Hymn Ascribed to Nāgārjuna," *The Tibet Journal*)。

狄雍:《〈方广大庄严经〉中的阿私陀故事》,舒伯特、施耐德编:《亚洲——韦勒尔纪念文集》,莱比锡,1954 年,第 312—325 页(de Jong, J. W, "L'Episode d'Asita dans le Lalitavistara," In *Asiatica. Festschrift Friedrich Weller*, edited by Johannes Schubert and Ulrich Schneider, Leipzig: Otto Harrassowitz)。

埃哈德:《格桑确吉嘉措(15 世纪)讲述的佛诞故事》,屈佩斯、德格、杜尔特编:《佛诞——2004 年 10 月尼泊尔蓝毗尼讨论会论文集》,蓝毗尼:蓝毗尼国际研究院,2010 年("The narrative of the Birth of the Buddha as told by bsKal-bzang Cos-kyi rgya-mtsho〔15th Century〕," In *The Birth of the Buddha. Proceedings of a Seminar Held in Lumbini, Nepal, October 2004*, edited by Christoph Cüppers, Max Deeg and Hubert Durt, Lumbini: Lumbini International Research Institute)。

富科译:《方广大庄严经》上下册,巴黎,1884—1892 年(Foucaux, E. *Le Lalita Vistara*. Paris)。

富歇:《锡格里(犍陀罗)浅浮雕塔》,《亚洲杂志》1903 年 9/10 月号,第 185—330 页(Foucher, M. A, "Les Bas-Reliefs du Stūpa de Sikri〔Gandhāra〕," *Journal Asiatique*)。

富斯曼：《一幅石上绘画——夏提欧塔的三联画》，同氏、耶特玛尔、柯尼希编：《巴基斯坦北部文物——报告与研究》，美因茨，1994 年，第 1—55 页（Fussman, Gérard, "Une peinture sur pierre: le triptyque au stūpa de Shatial," in *Antiquities of Northern Pakistan. Reports and Studies,* edited by Gérard Fussman, Karl Jettmar and Ditte König, Mainz: Philip von Zabern）。

富斯曼和柯尼希：《夏提欧岩画》，豪普特曼编：《巴基斯坦北部考古材料》第 6 册，美因茨，1997 年（*Die Felsbildstation Shatial,* Edited by Harald Hauptmann, *Materialien zur Archäologie der Nordgebiete Pakistans, Band 6*）。

盖尔：《尼泊尔寺院——加德满都佛寺的图像志》，格拉茨，1991 年（Gail, Adalbert J., *Klöster in Nepal: Ikonographie buddhistischer Klöster im Kathmandutal,* Graz: Akademische Druck- und Verlagsanstalt）。

热努、井上隆雄：《拉达克的佛教壁画》，蒂尔曼斯译，日内瓦，1982 年（Genoud, Charles, and Takao Inoue, *Buddhist Wall-Paintings of Ladakh,* Translated by Tom Tillemans, Genève: Olizane）。

格诺里：《〈破僧事〉吉尔吉特写本》上下册，罗马东方丛书第 49 辑第 1 种，罗马：意大利中远东研究所，1977 年（Gnoli, Raniero, *The Gilgit Manuscripts of the Saṅghabhedavastu, Serie Orientals Roma*）。

格佩尔：《拉达克阿济寺三层殿的断代线索》，《亚洲研究——瑞士亚洲研究学会杂志》第 44 卷第 2 期，1990 年，第 159—175 页（Goepper, Roger, "Clues for a Dating of the Three-Storeyed Temple [Sumtsek] in Alchi, Ladakh," *Asiatische Studien: Zeitschrift der Schweizerischen Gesellschaft für Asienkunde / Études Asiatiques: Revue de la Société Suisse d'Études Asiatiques*）。

格佩尔：《关于阿契寺三层殿断代及其与克什米尔之间关系的更多证据》，克赖德—达玛尼编：《西藏艺术的断代——科隆兰佩尔茨拍卖行年代可能性研讨会论文集》，威斯巴登，2003 年，第 15—24 页（"More Evidence for Dating the Sumtsek in Alchi and Its Relations with Kashmir," In *Dating Tibetan Art. Essays on the Possibilities and Impossibilities of Chronology from the Lempertz Symposium, Cologne,* edited by Ingrid Kreide-Damani, Wiesbaden: Ludwig Reichert Verlag）。

格佩尔、庞卡尔—卢特贝格、庞卡尔：《阿济寺的佛陀·女神·坛城——一座西喜马拉雅地区寺院中的壁画》，科隆，1984 年（Goepper, Roger, and Barbara Poncar-Lutterbeck and Jaroslav Poncar, *Alchi - Buddhas / Goddesses / Mandalas: Murals in a Monastery of the Western Himalaya.* Köln: DuMont）。

格佩尔、庞卡尔：《拉达克隐秘的佛教圣殿阿济寺·三层殿》，伦敦，1996 年（Goepper, Roger, and Jaroslav Poncar, *Alchi. Ladakh's hidden Buddhist sanctuary, The Sumtsek.* London: Serindia）。

鲁宾基金会喜马拉雅艺术网站 http://www.himalayanart.org/（2006 年 10 月访问）。

霍巍和索朗旺堆：《西藏佛教寺院壁画艺术》，成都：四川民族出版社，1994 年。

亨廷顿夫妇：《菩提树叶——8—12 世纪印度波罗艺术及其国际遗产》，西雅图 / 伦敦：华盛顿大学出版社，1990 年（Huntington, S. L., and J. C. Huntington, *Leaves from the Bodhi Tree: The Art of Pāla India 8th-12th centuries and Its International Legacy*, Seattle-London: University of Washington press）。

耶特玛尔：《犍陀罗与丝路之间：喀喇昆仑公路岩画——1979—1984 年德国—巴基斯坦考察的发现》，美因茨，1985 年（Jettmar, Karl, *Zwischen Gandhāra und den Seidenstrassen: Felsbilder am Karakorum Highway - Entdeckungen deutsch-pakistanischer Expeditionen 1979-1984*）。

吉丹贡布：《佛赞》，康萨活佛编：《止贡法王吉丹贡布仁钦贝文集》，新德里，1969 年，第 2—5 页（vJig-rten-mgon-po, "Thub pavi bstod pa," In *The Collected Writings (gsung-vbum) of vBri-gung chos-rje vJig-rten-mgon-po Rin-chen-dpal*, edited by Kangsar Tulku, New Delhi: Kangsar Tulku）。

卡雷茨基：《佛传——古代经文与绘画传统》，纽约，1992 年（Karetzky, Patricia Eichenbaum, *The Life of the Buddha. Ancient Scriptural and Pictorial Traditions*, Lanham, New York: University Press of America）。

霍斯拉：《方广大庄严经与佛教故事的演化》，德里，1991 年（Khosla, Sarla, *Lalitavistara and the Evolution of the Buddha Legend*, Delhi: Galaxy Publications）。

克林博格 – 索特：《丝绸之路与钻石之路——外喜马拉雅地区商道沿线的密教艺术》，洛杉矶，1982 年（Klimburg-Salter, Deborah E., *The Silk Route and the Diamond Path: Esoteric Buddhist Art on the Trans-Himalayan Trade Routes*, Los Angeles: UCLA Art Council 1982）。

克林博格 – 索特：《塔布寺——王国之灯：西喜马拉雅早期印藏佛教艺术》，米兰 / 纽约，1997 年（*Tabo - a Lamp for the Kingdom. Early Indo-Tibetan Buddhist Art in the Western Himalaya*, Milan - New York: Skira - Thames and Hudson）。

克林博格 – 索特：《图齐档案初步研究（二）——西喜马拉雅寺院艺术中佛传的第一幕与其印度渊源》，《东方和西方》第 38 卷第 1—4 号，1988 年，第 189—214 页（"The Tucci Archives Preliminary Study, 2: The Life of the Buddha in Western Himalayan Monastic Art and Its Indian Origins: Act One," *East and West*）。

克林博格 – 索特、艾林杰编：《12—14 世纪内陆亚洲的国际风格——1995 年格拉茨第七届国际藏学研究会讨论会分组讨论论文集》，施泰因克尔讷编辑 7 卷本之卷 7（Klimburg-Salter, Deborah E., and Eva Allinger, eds., *The Inner Asian International Style 12th- 14th Centuries, Papers presented at a panel of the 7th seminar of the International Association for Tibetan Studies, Graz 1995*, Edited by Ernst Steinkellner. Wien: Osterreichische Akademie der Wissenschaften）。

科萨克和辛格：《神圣视像——卫藏早期绘画》，纽约：大都会艺术博物馆，1998 年（Kossak,

Steven M., and Jane Casey Singer, *Sacred Visions. Early Paintings from Central Tibet*, New York: The Metropolitan Museum of Art）。

莱夫曼：《方广大庄严经——释迦狮子生平与教法故事》第一书"兜率天前生"，柏林，1874 年（Lefmann, Salomon, *Lalita Vistara, Erzählung von dem Leben und der Lehre des Śakya Siṃha, Erstes Buch: Vorleben im Tusiṭahimmel*, Berlin）。

莱夫曼：《方广大庄严经——释迦佛生平与教法，变体问题与词汇表》上下册，哈雷，1902/1908 年（*Lalita Vistara, Leben und Lehre des Śākya-Buddha, Textausgabe mit Varianten-, Metren- und Wörterverzeichnis*, Halle）。

李盖提：《关于"佛十二事业"的蒙古语版本》，《匈牙利东方学报》第 20 卷，1967 年，第 59—73 页（Ligeti, Louis, "A propos de la version mongole des 'Douzes actes du Bouddha'," *Acta Orientalia Hungaricae*）。

卢恰尼茨：《再论阿济寺三层殿》，《拉达克艺术·文化·语言——2003 年 7 月 21—26 日拉达克列城拉达克研究国际学会第 11 届讨论会论文集》，2007 年，第 61—72 页（"Alchi Sumtseg Reconsidered," In *Proceedings of Ladakh: Art, Culture and Languages; 11th colloquium, of the International Association for Ladakh Studies, Leh, Ladakh, 21~26th July 2003*）。

卢恰尼茨：《西藏艺术断代中的艺术史问题》，克赖德—达玛尼编：《西藏艺术的断代——科隆兰佩尔茨拍卖行年代可能性研讨会论文集》，第 25—57 页（"Art-historical aspects of dating Tibetan art"）。

卢恰尼茨：《佛教泥塑——10 世纪晚期至 13 世纪早期的早期西喜马拉雅艺术》，芝加哥，2004 年（*Buddhist Sculpture in Clay: Early Western Himalayan Art, late 10th to early 13th centuries*, Chicago: Serindia）。

卢恰尼茨：《再论拉达克的早期佛教遗产》，布雷编：《拉达克历史——地方与区域的视角》，莱顿，2005 年，第 65—96 页（"The Early Buddhist Heritage of Ladakh Reconsidered," In *Ladakhi Histories. Local and Regional Perspectives,* edited by John Bray, Leiden: Brill）。

卢恰尼茨：《印度喜马偕尔邦早期佛教木刻》，《东方》第 27 卷第 6 期，1996 年，第 67—75 页（"Early Buddhist Wood Carvings from Himachal Pradesh," *Orientations*）。

卢恰尼茨：《三层殿的佛传图》，《东方》第 30 卷第 1 期，1999 年，第 30—39 页（"The Life of the Buddha in the Sumtsek"）。

卢恰尼茨：《诞生之前——印度佛教文学和艺术中的兜率天情节》（Prior to Birth: The Tusiṭa episodes in Indian Buddhist literature and art），屈佩斯、德格、杜尔特编：《佛诞——2004 年 10 月尼泊尔蓝毗尼讨论会论文集》，2010 年，第 41—91 页。

卢恰尼茨：《布顿介绍佛陀诸行所据的材料》，《维也纳南亚研究杂志》第 37 卷，1993 年，第 93—108 页（1-18）（"The Sources for Bu ston's Introduction to the Acts of a Buddha," *Wiener Zeitschrift für die Kunde Südasiens*）。

卢恰尼茨：《宛拉寺吉祥三层殿》，克林博格－索特、艾林杰编：《9—14 世纪的佛教艺术与西藏功德主》，莱顿，2002 年，第 115—125 页（"The Wanla Bkra shis gsum brtsegs," In *Buddhist Art and Tibetan Patronage Ninth to Fourteenth Centuries*）。

密多罗：《方广大庄严经——释迦狮子早年回忆录（第一至十五章）》，德里，1998 年（Mitra, R. L., *The Lalita-Vistara, Memoirs of the Early Life of Sakya Sinha [Chs. 1-15]*, Delhi: Sri Satguru Publications）。

奥伯米勒：《印度和西藏佛教史》，德里，1932 年（1986 年重印版）（Obermiller, E., *The History of Buddhism in India and Tibet*, Delhi: Sri Satguru）。

奥伯米勒：《布顿佛教史》（正法生源宝藏），印度佛教文库第 42 种，1931 年（*The Jewellery of Scripture, Bibliotheca Indo-Buddhica*）。

铃木大拙编辑：《北京版西藏大藏经》，东京／京都，西藏三藏研究所，1955—1958 年（*The Tibetan Tripitaka, Peking Edition*, Edited by Daisetz T. Suzuki, Tokyo-Kyoto: Tibetan Tripitaka Research Institute）。

巴勒：《喜马拉雅——美的历险》，芝加哥：芝加哥艺术学院协同加利福尼亚大学出版社、Mapin 出版社，2003 年（Pal, Pratapaditya, *Himalayas. An Aesthetic Adventure*, Chicago: The Art Institute of Chicago in association with the University of California Press and Mapin Publishing）。

巴勒：《克什米尔与西藏的联系》，《古代克什米尔的艺术和建筑》，1989 年，第 117—135 页，24 幅插图（"Kashmir and the Tibetan Connection," *Art and Architecture of Ancient Kashmir*）。

巴勒：《西藏绘画——11—19 西藏唐卡研究》，瓦杜兹，1984 年，1988 年重印（*Tibetan Paintings. A study of Tibetan Thankas eleventh to nineteenth centuries,* Vaduz: Ravi Kumar）。

巴勒、富尼埃：《佛国净土——西喜马拉雅地区阿济寺壁画》，香港，1982 年（Pal, Pratapaditya, and Lionel Fournier, *A Buddhist Paradise: The Murals of Alchi - Western Himalayas*, Hong Kong: Visual Dharma Publ.）。

博东班钦·乔列南杰：《能仁王十二事业赞》，《西藏百科全书·博东班钦·乔列南杰文集》，新德里，1970 年，第 317—602 页（Phyogs las rnam rgyal, Bo dong Paṇ chen "sTon pa shākyavi dbang povi mdzad pa bcu gnyis kyi rnam thar snyan ngags chen po," In *Encyclopedia Tibetica. The Collected Works of Bo-don paṇ-chen Phyogs-las-mam-rgyal*, New Delhi: Tibet House）。

珀尔：《12—14 世纪拉达克殿堂木门》，《孟买亚洲学会会刊》第 79 卷，2005 年，第 191—204 页，图版XV- XX（Poell, Heinrich, "Wooden Temple Doors in Ladakh, 12th-14th centuries CE," *Journal of the*

Asiatic Society of Mumbai ）。

波佩：《佛陀十二事业——〈方广大庄严经〉的蒙古语版本》，威斯巴登，亚洲研究丛书第 23 种，1967 年（Poppe, Nicholas, *The Twelve Deeds of the Buddha - a Mongolian Version of the Lalitavistara, Asiatische Forschungen*, Wiesbaden ）。

让迥多杰（三世噶玛巴）：《佛百行传》，北京：民族出版社，1995 年（Rang byung rdo rje［3rd Karmapa］, *Sangs rgyas bcom ldan vdas kyi skyes rabs brgya ba bzhugs so*, Beijing: Mi rigs dpe skrun khang ）。

丽艾和瑟曼：《智慧与慈悲——西藏神圣艺术》，纽约，1991 年（Rhie, Marilyn M., and Robert A. F. Thurman, *Wisdom and Compassion: The Sacred Art of Tibet*, New York: Harry N. Abrams ）。

罗克希尔：《佛陀生平及其僧团的早期历史》，旧金山，1884 年，1976 年重印（Rockhill, W. W., *The Life of the Buddha and the Early History of his Order*, San Francisco: Chinese Materials Center ）。

桑杰丹增著，桑杰丹达译，格尔德编辑：《十二事业——苯教创始人敦巴辛绕小传》，特尔姆萨拉：西藏著作与档案图书馆，1995 年（Sangay Tenzin, Lopon, *The twelve deeds, a brief life story of Tonpa Shenrab, the founder of the Bon religion*, Translated by Sangye Tandar, Edited by Richard Guard, Dharamsala: Library of Tibetan Works and Archives ）。

席夫纳：《佛教创始人释迦牟尼的藏文传记——附德文摘要》，圣彼得堡：皇家科学院，1849 年（Schiefner, Anton, *Eine Tibetische Lebensbeschreibung Çākyamuni's, des Begründers des Buddhathums im Auszuge Deutsch mitgeteilt,* St. Petersburg: Kaiserliche Akademie der Wissenschaften ）。

舒布林：《论方广大庄严经》，舒伯特、施耐德编：《亚洲——韦勒尔纪念文集》，第 610—655 页（Schubring, Walther, "Zum Lalitavistara" ）。

辛格：《菩提迦耶与西藏》，利奥什科编：《菩提迦耶——成道之地》，孟买，1988 年，第 143—155 页（Singer, Jane Casey, "Bodhgaya and Tibet," In *Bodhgaya. The site of enlightenment,* edited by Janice Leoshko, Bombay: Marg Publications ）。

施泰因克尔讷、卢恰尼茨：《塔布寺主殿（祖拉康）重修题记新译》，克林博格－索特编：《塔布寺——王国之灯：西喜马拉雅早期印藏佛教艺术》，第 257—259 页（Steinkellner, Ernst, and Christian Luczanits, "A New Translation of the Renovation Inscription in the Tabo Main Temple［gtsug-lag-khang］" ）。

施泰因克尔讷、卢恰尼茨：《塔布寺祖拉康重修题记——重录与新译》，伯戴克、卢恰尼茨编：《塔布寺主殿题记——文本与翻译》，罗马：意大利非洲与东方研究所，1999 年，第 9—28 页（"The renovation inscription of the Tabo gTsug lag khaṅ. New edition and translation," In *Inscriptions from the Tabo Main Temple, texts and translations,* edited by Luciano Petech and Christian Luczanits, Rome:

IsIAO）。

陶文淑：《波罗艺术对敦煌 76 窟 11 世纪壁画的影响》，克林博格－索特、艾林杰编：《12—14 世纪内陆亚洲的国际风格——1995 年格拉茨第七届国际藏学研究会讨论会分组讨论论文集》，第 67—95 页（Toyka-Fuong, Ursula, "The influence of Pala art on 11th-century wall paintings of grotto 76 in Dunhuang"）。

特罗佩尔：《宛拉寺三层殿的历史题记》，《2003 年牛津西藏研究国际学会第九届讨论会论文集》，莱顿，2007 年，第 104—150 页（"The Historical Inscription in the *Gsum brtsegs* Temple at Wanla," In *PIATS 2003: Proceedings of the Ninth Seminar of the International Association for Tibetan Studies, Oxford 2003*, Leiden: Brill）。

特罗佩尔：《夏鲁寺大转经道本生题记——介绍·文本批评研究·画面 1—8 录文及梵文平行文本和德译》，克尔纳、克拉塞尔、陶舍尔编辑，维也纳藏学和佛学研究丛书第 63 种，维也纳：维也纳大学藏学和佛学研究室，2005 年（*Die Jātaka-Inschriften im sKor lam chen mo des Klosters Zha lu, Einführung, textkritische Studie, Edition der Paneele 1-8 mit Sanskritparallelen und deutscher Übersetzung*. Edited by Birgit Kellner, Helmut Krasser and Helmut Tauscher, *Wiener Studien zur Tibetologie und Buddhismuskunde*, Wien: Arbeitskreis für Tibetische und Buddhistische Studien Universität Wien）。

图齐：《无名西藏的圣人与匪徒（1935 年藏西考察日记）》，米兰，1937 年（Tucci, Giuseppe, *Santi e briganti nel Tibet ignoto [diario della spedizione nel Tibet occidentale 1935]*, Milan）。

图齐：《西藏画卷》三卷，罗马：国家图书馆，1949 年（*Tibetan Painted Scrolls*, Roma: La Libreria dello Stato）。

图齐：《外喜马拉雅古代文明》，伦敦，1973 年（*Transhimalaya, Ancient Civilizations*. London: Barrie & Jenkins）。

图齐和盖尔西：《图齐藏西科学考察团调查纪实（1933 年）》，罗马：意大利皇家学院，1934 年（Tucci, Giuseppe, and Eugenio Ghersi, *Cronaca della Missione Scientifica Tucci nel Tibet Occidentale [1933]*, Roma: Reale Accademia d'Italia）。

瓦伊达：《方广大庄严经》，佛教梵文文献第 1 种，达尔班加，1958 年（Vaidya, P. L., *Lalita-Vistara, Buddhist Sanskrit Texts No. 1*, Darbhanga: The Mithila Institute）。

维塔利：《卫藏早期寺庙》，伦敦，1990 年（Vitali, Roberto, *Early Temples of Central Tibet*, London: Serindia）。

瓦尔德施密特：《佛传故事——佛经简编》，柏林，1929 年（1982 年）（Waldschmidt, Ernst, *Die Legende vom Leben des Buddha in Auszügen aus den heiligen Texten*, Berlin: Wegweiser-Verlag）。

韦勒尔：《论方广大庄严经（一）——方广大庄严经的散文》，拉乌编：《短文集》，斯图加特，1987 年，第 457—510 页（Weller, Friedrich, "Zum Lalita Vistara I. Über die Prosa des Lal. Vist," In *Kleine Schriften,* edited by Wilhelm Rau. Stuttgart）。

威廉姆斯：《萨尔纳特的笈多时期佛传造像碑》，《东方艺术》第 10 卷，1975 年，第 171—192 页（Williams, Joanna, "Sarnath Gupta steles of the Buddha's life," *Ars Orientalis*）。

西藏自治区文物管理委员会编：《古格故城》上下册，北京：文物出版社，1991 年。

玄奘时期中国及柬埔寨的密教传播者——那提 *[1]

林藜光 著　李雨璇 译

　　与善无畏（Śubhakarasiṃha）和金刚智（Vajrabodhi）一样，那提（Puṇyodaya［Na-t'i］）出生于印度中部，他与金刚智和不空（Amoghavajra）有着相同的经历，曾游化各地，亦曾到达印度密教中心之一的锡兰（Ceylan）[2]。唐朝初期，那提与智通（Tche-t'ong）、伽梵达摩（Bhagavaddharma）、阿地瞿多（Atigupta）是密教"新"运动的典型代表[3]。655年，那提携带数量多、体积大的梵文手稿抵达长安（Tch'ang-gnan），这些手稿的数量，比玄奘（Hiuan-tsang）于645年从印度带回的典籍数量还要多三倍多[4]。

　　那提与道宣（Tao-siuan）私交甚好，在道宣看来，那提无疑是一位伟大学者。道宣曾经和中国佛教界最著名的人物玄奘一起翻译典籍，在玄奘回国之后，道宣与其合作完成

---

　　*　本文的翻译整理系国家社科基金重大项目"近代以来域外中国藏学研究经典整理与研究"（项目号：14ZDB115）的阶段性成果之一。

　　[1]　本文译自 Lin Li-kouang, "Puṇyodaya（Na-t'i）, un propagateur du tantrisme en Chine et au Cambodge l'poque de Hiuan-tsang", *Journal Asiatique*, 227（1935）：83—100。

　　[2]　善无畏（637—735？）和金刚智（671—741？）都出生于印度中部，在715—720年间来到中国前，曾在那烂陀（Nalnadā）学习。741—746年间在锡兰，不空收集密教的文本资料。在唐高宗（650—683）封建统治时期，锡兰的国王曾派人向中国宫廷赠献了一部不完全关于密教的著作，即《大乘本生心地观经》（*Ta tch'eng pen chong sin ts kouan king*）（《南条目录》第955号，《大正藏》第159号），这部著作由般若（Prājña）等人在公元787年翻译（参考《贞元录》第七卷及经文序言）。

　　[4]　唐朝初期，一些像智通、伽梵达摩和阿地瞿多的译者仅仅翻译密教著作，也就是在这个时期，那提带着大量的抄本来到中国。半个世纪后，在金刚智和不空时期，密教活动在中国达到鼎盛时期。似乎在隋（Souei）朝和唐朝初期，密教活动曾一度历经种种革新。在关于不空的传记（《宋高僧传》*Song kao seng chouan* 第一卷）中，我们读道："欲求学新瑜伽五部三密法（les méthodes du Triple Tantra des cinq catégories du nouveau Yoga）。涉于三载。"有一位名叫无行（梵文名：慧天 Prajñādeva）的中国僧侣，在685年时已经56岁，后来在印度去世，在无行生前，义净（Yi-tsing）曾在671年至685年间在印度遇见过他。在无行的一封从印度寄往中国信件中，有这样几句话："近者新有真言教法（或陀罗尼）（la doctrine des mantra［ou dharani］）举国崇仰。"这封书信被一部日本著作《真言宗教时义》（*Shingonshūkyoji-gi*）所引用（第三卷，《大正藏》第2396号，第431a页，I.10—11），该书的作者安然（ANNEN），生于9世纪中后叶。此前，无行的书信的复本曾由圆仁（Ennin）在847年从中国带往日本（参考圆仁带回的手稿清单，《大正藏》第2168号，第1068页）。正是这十分珍贵的引文促使大村西崖（ŌMURA Seigai）完成了一部关于密教历史的巨著（《密教发达志》*Mikkyō-hattatsu-shi* 五卷，1918年）。因此，中国密教的复兴似乎与印度当代的活动是相一致的。

　　[5]　根据《慈恩传》（*Ts'eu-ngen tchouan*）记载，645年玄奘带回中国的梵文手稿共520卷，包含675部著作。

了《宝积经》(*Ratnakūṭa*)[1]中第十二部分《菩萨藏会》(*Bodhisattvapiṭaka*)的翻译工作。然而，在后来的日子中，道宣无疑使玄奘与那提二人之间产生了多少有些公开的竞争关系。道宣将自己所著的那提的传记收录在他的《续高僧传》(*Siu kao seng tchouan*)中紧接在玄奘的传记之后，他显然因为自己对于那提的态度而被牵涉其中，因为在从前，玄奘是无人能及、技压群雄的。那提起初来到长安，衣、食、住各方面都由朝廷妥善安排。在长安生活了一年之后，他被皇帝以采集药草为由派往南部国家（尤其是柬埔寨）。当时的皇帝高宗(Kao-tsong)只是将那提当成了一个普通臣子。也许这个潜在竞争者的离开与玄奘是无关的。663年，那提回到长安向皇帝汇报任务的完成情况，并打算着手翻译他的梵文手稿，实现自己来到远东(Extrême-Orient)的真正目标，这也是他一生的事业所求。但是，他的手稿已不在长安，玄奘四年前离开长安前往省际宫殿(un palais en province)时，已将那提的手稿全部带走。664年，那提彻底离开了中国——这个他仅仅生活了两年的国家，返回了柬埔寨。离开中国之前，在道宣的帮助下，那提完成了至少三部短篇著作的翻译工作[2]。第一部译成的作品是《八曼荼罗经》(l'*Octuple Maṇḍala*)，它表现出在不空、善无畏翻译的传统巨著到来之前，佛教密教所处的阶段。在《礼佛法》(*La Méthode pour adorer les Buddhas*)中描述了一种叫做普迦(pūjā)的仪式，这种仪式与密教没有一丝关系，却在中国和日本，尤其是天台宗(l'école T'ien-t'ai, Tendai)中一直存在和发展着。《阿吒那智》(l'*Āṭānātiya*)的类型属于小乘(Hinayana)中的梵文文献，它的巴利文本收录在《长阿含经》(*Digha Nikāya*)中，但是很遗憾，这个文本丢失了。本文将为大家简要分析我们目前所得的由那提翻译的两部著作。

此外，那提同外国的关系也十分微妙。在来到远东地区之前，他曾受大夏(Tokharestan)之邀作为文士(wen che)（毫无疑问，是梵文文士）。据我所知，他在柬埔寨(真腊 Tchen-la)漫长的日子，直到这时才显得有意义：他的宣讲都针对密教，且广受好评；为了采集草药，柬埔寨的大家们来到中国寻找他。我们译者的传记里，和道宣为他的作品写的序言中，所包含的信息似乎都引起西尔万列维(Sylvain Lévi)先生的关注，也正是西尔万列维先生鼓励我撰写了这一篇论著。

---

〔1〕《菩萨藏会》,《南条目录》第 23 号(12)。参照玄奘的传记,《续高僧传》第四卷。

〔2〕根据《开元释教录》(*Kai-yuan lou*)第九卷(《大正藏》第 2154 号,第 563 页)记载,这三篇著作中,禅林寺(Chan-lin sseu)的慧泽(Houei-tso,也作慧译 Houei-yi)负责译语,传记的作者道宣负责编辑中文文本并撰写序言。

一、那提传[1]

那提大师——中文名字为福生（Fou cheng）（出生在幸福中）：完全按照梵文的规范写法,这个名字应当被写成布如乌代邪（Pou-jou-wou-tai-ye,Puṇyodaya）[2],但是这种冗长的写法被过度缩短成了那提（Na-T'i）。那提大师是印度中部人,青年时他便离开了家。由于此前曾受到多位名师的教导,那提满腹雄心壮志,一心想要传播佛教。他周游列国,为的就是教育人们。那提精通语法并善于解读文章（一度）。大夏[3]曾邀请他作为文士,类似于中国兰台（Lan-t'ai）的著作者（tchou tso tcho）[4]。那提热爱每个人,对奇特的事物有鉴赏力。每当他听说有什么事物能够帮助人们理解教义和教理,他从来不畏惧前去寻找（询问,打听）,有时甚至是要去很远的国外。不久之前,那提去了执狮子国（Ceylan）,在东南部登上了楞伽峰（le mont Laṅkā）。他借此机会教授教法并使南海国家（les pays des Mers du Sud）的人们信教。那提擅长教授文字和语言。他使人们信教并成立了一些宗教机构。他走到哪里,教法就讲授到哪里。那时在中国,大乘（le Grand Véhicule）十分繁荣,佛教也比在南瞻部洲（Jambudvipa）其他地区要兴旺得多,那提借此机会带着大乘和小乘经律论一共五百多包一千五百多部手稿第一次来到了国都（长安）。那时是永徽（Yong-houei）六年。他被皇帝安排住进慈恩寺（le temple Ts'eu-ngen）并由皇帝供给其一切所需。在那时,三藏法师玄奘在（佛教典籍）翻译方面占据首要位置,声誉如日中天。（因此,）那提并没有任何机会崭露头角。他变得孤独忧伤。智慧是困境的原因! 那提

---

〔1〕 664 年至 667 年间,在那提离开之后,道宣编纂了《续高僧传》中那提的传记（《大正藏》第 2060 号,第四卷,第 458c 页至第 459c 页,紧接玄奘的传记之后）;这个小传被加以修改,部分转载在了《开元释教录》第九卷。

〔2〕 根据朝鲜《大正藏》的版本给出的是"代",并且根据宋、元、明的版本,提到了一处不同"伐"。这显而易见是错误的,它使得 Nanso（目录,第 1493 号）错误地将 Puṇyodaya 复原成了 Puṇyopaya。

〔3〕 大夏,在阿姆河的南部,帕米尔高原西部。这个王国自很久以前开始便与中国有所关联。650 年,大夏屈从于西突厥。657 年,中国臣服大夏并将其依附于安西（Ngan-si）保护国（库车 Kou-tcha）。661 年,大夏区建立,首府为靠近东面缚叱（Fou-tch'e）（参照沙畹 CHAVANNES《西突厥》Les Tou-kius [Turcs]occidentaux,第 67 页注 2;第 155 页）。道宣凭借对修辞的兴趣,有时会随心所欲地使用地理专业术语。在他的笔下,中国变成了东夏（《师子庄严王菩萨请问经》的序言,《大正藏》第 486 号,第 679b 页）,印度变成了中夏（《离垢慧菩萨所问礼佛法经》的序言,《大正藏》第 487 号,第 698c 页 ）或者华胥大夏（《大正藏》第 1899 号扉页上的版本记录,第 1899 号,第四十五卷,第 895c 页）。不过,在目前的传记中,大夏似乎就是吐火罗斯坦,在之后的某一章中印度被称为天竺（T'ien-tchou）。

〔4〕 兰台是汉朝中央档案典籍库的名称,在《汉书》（Han chou）第十九卷中写道:"御史大夫,秦官,位上卿,银印青绶,掌副丞相。有两丞,秩千石。一曰中丞,在殿中兰台,掌图籍秘书。"唐朝龙朔二年（662）,秘书省也被称为兰台（参考《唐书》Tang chou,第四十七卷）。

不仅没有得到他应有的契机，相反地，他被当成一个普通的臣子。显庆（Hien-k'ing）元年（656），那提被皇帝派往昆仑诸国（les pays de K'ouen-louen）[1]采集名贵草药。当他到达南海（les Mers du Sud）时，诸国国王无不向他表示敬意并特意为他建立宗教机构。那提说服人们信教并宣讲佛法，他此次传教的效率较之以往提高了两倍。由于那提此行是被皇帝派遣，所以他必须返回中国向皇帝汇报任务完成情况。另外，他也打算重新着手研读先前留在慈恩寺的梵文手稿。龙朔（Long-cho）三年（663），那提返回了慈恩寺。但是他先前带来的宗教文献都被玄奘带去了北部[2]。那提意图翻译（几部典籍），以此来让中国人皈依佛教，然而由于他手头没有了素材，他只翻译出了三部经文：《八曼荼罗经》《礼佛法》和《阿吒那智》。那提的翻译准确、简洁又仔细，值得我们不断学习研究和用以修行。那提曾在南海的真腊国（柬埔寨）传教，那里的人们一直尊敬着他，希望再见到他。那一年（663），真腊国的大师们千里迢迢前来邀请那提，声称在他们那有一些只为那提准备的名贵草药，希望那提能够亲自前往采摘。于是，皇帝派那提前去采摘草药。（自此，）那提返亦未由[3]。我曾询问过一个（或几个）大夏（吐火罗斯坦）的旅行者，他（们）告诉我，那提大师是龙树菩萨（Nāgārjuna）的一位信徒。无相（Nirlakṣaṇa）（的教义）就出自龙树菩萨，该教义与玄奘的教义完全不同。一些印度（天竺）的僧侣说，自大师龙树菩萨去世，那提是第一个深入认识研究"实相"（le vrai Lakṣaṇa）和"方便"（upāya）的人。不论是小乘五部毗尼（des cinq écoles de Vinaya du Petit Véhicule）[4]还是外道的四韦陀论（des quatre Veda des hérétiques），那提总能清楚参透其渊源、思想深处、字面含义和深层含义。那提妙语连珠，巧舌如簧。他所著的《大乘集义论》（Ta tch'eng tsi yi louen, Mahāyānasamuccayārthaśāstra?）足有四十多卷（章）。那提曾欲将其翻译成中文，然而由于被派遣到南部，翻译工作就这么搁浅了。"唉！

---

〔1〕"昆仑"这个名字，狭义来讲，指的是马来群岛（Insulinde）（南洋 Dvipāntara）〔参考西尔万列维：《昆仑和南洋》（K'ouen et Dvipantara），载于《大洋洲和东南亚人文社会科学杂志》（Bijdragen Tot de Taal-, Land-En Volkenkunde Van Nederlandsch-Indie, Deel 88, Afl Ⅳ, 1931）〕但是此处的"昆仑诸国"通常指的是南海诸国的总称，柬埔寨也包括其中，因为接下来我们会读到："真腊（柬埔寨）国的人们……在那里那提曾推广普及宗教……"

〔2〕根据《开元释教录》第八卷和《慈恩传》，659年玄奘离开了慈恩寺前往玉华宫（le palais Yu-houa）。玉华宫位于宜君县（la sous préfecture de Yi-kiun）西南部，距离长安北部大约200里（参考玄奘的一部回忆录，在《大正藏》第2119号，第826c页）。慈恩寺位于长安县（la sous prefecture de Tch'ang-ngan）东南部。

〔3〕返亦未由。"未"字看来是错误的，正确的应为"末"。"末由"指的是"没有办法""不可能"等。

〔4〕法藏部（Dharmaguptaka），说一切有部（Sarvāstivādin），饮光部（Kāśyapīya），化地部（Mahīśāsaka），犊子部（Vatsīputrīya）。

夫以抱麟之叹[1]！代有斯踪，知人难哉，千龄罕遇！那提挟道远至，投俾北冥既无所待[2]，乃三被毒载充南役，崎岖数万频历瘴气，委命斯在。呜呼惜哉！"[3]

二、《八曼荼罗经》

根据《开元释教录》第九卷（《大正藏》第五十五卷，第563页）记载，《八曼荼罗经》也被称作《师子庄严王菩萨请问经》(*Che-tseu tchouang-yen wang p'ou-sa ts'ing wen king, Siṃhavyūharājabodhisattva-paripṛcchā-sūtra*；《南条目录》第462号，《大正藏》第486号)，龙朔三年(663)被翻译成中文[4]。多亏了耶协德(Ye-çes-sde)(公元9世纪上叶；《甘珠尔》，Mdo Ⅳ，Gu 5，p.441a，1.4-444a)，它还存在一个藏语文本。这是一个相对古老的密教文献，讲述的是佛本生(Jātaka)的故事，场景仍然在此世界，然而之后的密教经文总是会将地点设置在某些遥远的国度亦或天国；例如，《佛说宝藏神大明曼拏罗仪轨经》(*Jambhalajalendrayathālabdha-kalpa*)[5]的场景在楞伽国(Laṅkā)，《大毗卢遮那成佛神变加持经》(*Mahāvairocana-sūtra*)[6]的场景在如来加持广大金刚法界宫(palais de Tathāgatādhiṣṭhānavipulavajradharmadhātu)，而《最上秘密那拏天经》(*Naḍa-deva-sūtra*)[7]则在多闻天子宫(palais de Vaiśravaṇa)等等。《八曼荼罗经》主要在讲八大菩萨(les huit Bodhisattva)的供养仪轨，为此目的建立祭台，以及基于此供养仪轨人们可向往的功德，等等。在佛教文学中，有若干不同组合的八大菩萨的名称。吴国时期(222—280)(《大

---

[1] 抱麟之叹。儒家轶事的典故：夫子(Confucius)未生之时，有麟吐玉书于阙里人家，文云："水精之子，系衰周而素王。"故二龙绕室，五星降庭。征在贤明，知为神异。乃以绣绂系麟角，信宿而麟去。相云者："夫子系殷汤，水德而素王。"至敬王之末，鲁定公二十四年，鲁人锄商田于大泽，得麟，以示夫子，系角之绂，尚犹在焉。夫子知命之将终，乃抱麟解绂，涕泗滂沱。参考王嘉(Wang Kia)：《拾遗记》*Che yi ki*(公元4世纪)。

[2] 投俾北冥既无所待。关于北冥的鲲(中国的海中怪物)的典故，出现在《庄子》的第　章，其中同样提到"无待"(indépendent)。

[3] 译者注：本段译文参考《续高僧传》卷四，"译经篇四：京大慈恩寺梵僧那提传二"。

[4] 多亏了道宣，在该作品(《大正藏》第486号)的序言中有以下的文字："逮龙朔三年冬十月。有天竺三藏。厥号那提。挟道间萌来游天府。皇上重法。降礼真人。厚供骈罗。祈诚甘露。南海诸藩。远陈贡职。备述神药。惟提能致。具表上闻。需然下遣。将事道途。出斯奥典。文旨既显。冀由来之所传。道场不昧。起机缘之净业。辄以所闻序之。云尔。"

[5] 《佛说宝藏神大明曼拏罗仪轨经》由法天(Fa-t'ien)在公元973年至公元985年间翻译；《南条目录》第1046号，《大正藏》第1283号，《大谷目录》(*Otani*)第426号。

[6] 《大毗卢遮那成佛神变加持经》由善无畏和一行(Yi-hing)于公元724年合作翻译；《南条目录》第530号，《大正藏》第848号，《大谷目录》第126号。

[7] 《最上秘密那拏天经》由法贤在公元985年至公元1001年间翻译；《南条目录》第1038号，《大正藏》第1288号。

正藏》第427号）在支谦（Tche-k'ien）翻译的《佛说八吉祥神咒经》(Aṣṭabuddhaka)中，我们会发现八大菩萨的名字，但是这是另一个组合。此外，这篇文章写于3世纪，那时还没有密教仪式：其中，八大菩萨名字的重复代替了"曼荼罗"(le maṇḍala)和"陀罗尼"(la dhāraṇī)。那提所译文献中的八大菩萨在后来受到中国密教的推崇。大约8世纪的最后二十五年里，在不空翻译的《圣八曼荼罗大乘经》(Aṣṭamaṇḍalaka-sūtra)中（《南条目录》第981号，《大正藏》第1167号；同样的文献在10世纪由法贤（Fa-hien）再次翻译，《南条目录》第882号，《大正藏》第1168号），每个名字都有一个"陀罗尼"。

至于"曼荼罗"的用途，至少在吉友（又译：帛尸梨蜜多罗）(Śrimitra)（307年至312年之间到达南京）翻译了《佛母大孔雀明王经》(Mahāmāyūr ī vidyārājñi)之后，便为人们所熟知。这部译文虽然遗失，但是多亏了Saṅgbapāla，关于建造曼荼罗方法的文章(kie tcheou kiai fa 结咒界法, dhāraṇī-sīmā-bandhana?)被保存在了《孔雀王咒经》(Mahāmāyūrī)[1]译文的结尾。我们在智通（Tche-t'ong）于627年至649年间翻译的《千眼千臂观世音菩萨陀罗尼神咒经》(Nīlakaṇṭhaka)[2]中也能找到"曼荼罗"的描述。以上两篇文章中所涉及的是通常意义上的"曼荼罗"，而在那提的译著中，则是关于一个只用于供养八大菩萨的"曼荼罗"。在他之后，这种仪式尚在使用并被称为"八菩萨曼荼罗法"(Aṣṭabodhisattva-maṇḍala)。

经文中，场景在王舍城(Rājagṛha)的耆阇崛山(Gṛdhrakūtā)。佛在众人面前布道讲法，其中包括1250名和尚、500位菩萨、天神(Deva)、那迦(Nāga)、药叉(Yakṣa)、犍陀罗(Gandharva)、阿修罗(Asura)、揭路荼(Garuḍa)、甄陀罗(Kiṃnara)、摩侯罗伽(Mahoraga)以及八部众(aṣṭapariṣad)。师子庄严正王菩萨(Bodhisattva Siṃhavyūharāja)[3]从座位上站起，向佛表示敬意并询问佛从前做了什么善事而成为了世间最令人尊敬的、最受赞扬的。佛向他解释道，过去在不可思议光明如来(Tathāgata Acintyaprabhāsa)[4]时期，有一个被称作上施(Uttaradāna)[5]的长者(śreṣṭhī)，他依仗自

---

〔1〕《孔雀王咒经》在梁朝(les Leang)时期（公元502—557年）翻译；《南条目录》第308号，《大正藏》第984号，第458c页至第459a页。

〔2〕《千眼千臂观世音菩萨陀罗尼神咒经》，《南条目录》第318号，《大正藏》第1057号，《大谷目录》第369号。

〔3〕师子庄严王菩萨（原文为：Che-tseu tchouang-yen wang p'ou-sa）；藏文：Seṅ gevi rgyal po bkod pa zhes bya ba zhig vkhor.

〔4〕不可思议光明如来（原文为：Pou-k'o-sseu-yi kouang-ming jou-lai）；藏文：De bzin gcegs pa bsam gyis mi khyab pavi vod.

〔5〕上施；藏文：Bla ma sbyin pa.

己的财富,不信正法(Dharma),对佛也毫无敬意。一个叫做毗阇耶三幡(薄我反)婆
(Vijayasaṃbhava)[1]的菩萨很怜悯他,想要劝说他信仰佛教。菩萨去了他的住处;长者
惊叹于菩萨的高尚美德,起身迎接菩萨,并对菩萨表示了敬意[2]。

菩萨告诉长者,有一个大法门(dharmaparyāya)叫做八曼荼罗(Aṣṭamaṇḍala),其功
德无量。在听闻该法门后,人们若能修行它,将会收获四个丰厚的回报:第一,人们将会
在充满智慧的菩萨的出生地出生,将会拥有众多附随(parivāra)和丰富的福利;第二,
得益于这些附随,人们将会自在无阻;第三,人们将会拥有美貌和健康;第四,人们将会
得到想要的一切,甚至当他们被大山压垮的时候都不会受到任何的痛苦。人们将会了
解世间万物的思想,怜悯他们,并将会尽力保护和拯救他们[3]。

上施十分感谢菩萨能给自己解释八曼荼罗,菩萨向他指明了下列的方法。首先,
需要许愿"我想供养三世诸佛(Buddha des trois temps)、大菩萨、声闻(Srāvaka)、
缘觉(Pratyekabuddha)"。随后,需要建造一个叫做曼荼罗的方形坛(t'an),它的
大小由场合决定。最小的坛的长度和宽度也应当有四指(quatre aṅguli四指的宽
度),或是一拃(vitasti)。坛要由乳香或其他物品制成,或是在地面上制成。在方
形坛的内部,要放置八个圆形座位。为了供养八大菩萨,我们需要知道他们是:观
世音菩萨(Avalokiteśvara)、弥勒佛(Maitreya)、虚空藏菩萨(Ākāśagarbha)、普贤
菩萨(Samantabhadra)、金刚手菩萨(Vajrapāṇi)、文殊菩萨(Mañjuśrī)、除盖障菩萨

---

[1] 毗阇耶三幡(薄我反)婆(原文为:P'i-teho-ye-san-po-p'o);藏文:Rnam par rgyal ba vbyuṅ ba.

[2] 译者注:本段为汉文经文的法文译文,兹照法文译出。法译有删减,原汉文经文如下:如是我闻:一时
佛在王舍城耆阇崛山中,与大比丘众千二百五十人俱,菩萨摩诃萨五百人,天、龙、夜叉、乾闼婆、阿修罗、迦楼罗、紧
那罗、摩睺罗伽、人非人等,无量八部前后围绕听佛说法。尔时众中有菩萨摩诃萨,名师子庄严王,从座而起来诣佛
所,顶礼双足绕无数匝,而白佛言:"世尊!我于过去亿百千那由他诸佛所广预大会,然未曾睹如今所见。欲有请
问,唯愿听许。"佛言:"随汝所问,当为解说。"尔时师子庄严王菩萨白佛言:"世尊!如来往昔修何胜行,今获如是
人天中尊,为诸菩萨大声闻众天龙八部之所围绕,供养恭敬尊重赞叹?愿为演说往昔因缘,令诸众生获大善利。"佛
告师子庄严王菩萨摩诃萨言:"善哉善哉!汝今乃能安乐众生故作是问。谛听谛听!善思念之。当为汝说。善男
子!我忆过去无量世时,有佛出兴,名不可思议光明如来、应供、正遍知、明行足、善逝、世间解、无上士、调御丈夫、
天人师、佛、世尊。时有长者名曰上施,自恃豪富不信正法,而于佛所无归敬心。有一比丘名毗阇耶三幡婆,见是长
者生怜愍心,起大方便,要令此人发心修行得成正觉。作是念已,往长者家。尔时上施睹此比丘,颜貌殊胜威德备
足,诸根寂定容光炽盛,肃然敬重即起奉迎。顶礼既讫设座令坐,合掌白言:'自顾薄德,忽蒙临降。'"见《大正藏》,
大唐中印度三藏那提译:《师子庄严王菩萨请问经》,CBETA, No.486, pp. 0697b14-0697b28.

[3] 译者注:本段为汉文经文的法文译文,兹照法文译出。法译有删减,原汉文经文如下:"尔时比丘告长者
曰:'有大法门,名八曼荼罗,功德无量。今为汝说,广欲慧利诸天人故。若有众生闻此法门能修行者,在所生处获
四胜报:一者、与善知识诸大菩萨同处受生,有大眷属,资财丰足;二者、眷属既多自在无碍;三者、身相圆备无有
疾病;四者、众具自然随念而至,纵被山压身无痛苦,能知众生心之所念,慈悲怜愍将护拯济。'"见《大正藏》,大唐
中印度三藏那提译:《师子庄严王菩萨请问经》,CBETA, No.486, p. 0697c12.

（Sarvanīvaraṇaviṣkambhī）、地藏菩萨（Kṣitigarbha）[1]。

毗阇耶三幡（薄我反）婆补充道，此法是不可思议光明如来（Tathāgata Acintyaprabhāsa）教给他的，并由毗阇耶三幡（薄我反）婆自己来修行它。毗阇耶三幡（薄我反）婆之后又列举了这种供养的功德和回报。这些人用崇拜三世佛、大菩萨、缘觉、声闻的热情来修行此法并一直受到天神（Deva）庇佑。若是一个皇帝修行它或者让别人修行它，它将使王国中的邪恶全部消失。如果是一户幸福人家的儿子或女儿在修行它，那么他们再生后也不会遭受厄运。如果人们期望的是高尚和智慧，如果期望的是再生在四天王（Caturmahārāja）那里，或是在三十三天（Trāyastriṃśa）、夜摩天（Yāma）、兜率陀天（Tuṣita）、化乐天（Nirmāṇarati）、他化自在天（Paranirmitavaśavartī），亦或在帝释（Śakradevendra）、梵王（Brahmā）、魔王（Mārarāja）、转轮圣王（Cakravartin）出生的地方，在天堂或人间，在环境优厚福利丰富的高贵人家；或者人们想要达到须陀洹（Srota-āpanna）、来果（Sakṛdāgāmin）、不还果（Anāgāmin）、无生果（Arhat）、缘觉（Pratyekabuddha）、菩提萨埵（Bodhisattva）、阿耨多罗三藐三菩提（Anuttarasamyaksaṃbuddha）的水平，都需要修行这种供养法门[2]。

然后，佛对师子庄严王菩萨说道，这个毗阇耶三幡（薄我反）婆正是文殊菩萨；至于被称作上施的长者，则是他自己，释迦牟尼（le Buddha Śākyamuni）。而正是因为先前在众多劫中修行供养这个曼荼罗，现在他才会拥有这些功德。如果其他人也修行这种法

〔1〕译者注：本段为汉文经文的法文译文，兹照法文译出。法译有删减，原汉文经文如下："尔时上施闻是法已，欢喜踊跃重加顶礼，赞言：'善哉！愿为广说八曼荼罗最胜法门，我当修学。'""比丘告曰：'汝欲知此最胜法者，先发是愿："我欲供养三世诸佛、大菩萨众、声闻、缘觉。"作是语已，道场之处当作方坛，名曼荼罗。广狭随时，其最小者纵广四指、或一搩手，用种种香及以余物，或地上作。方院之内列八圆场，为欲供养八菩萨故。何等为八？观世音菩萨、弥勒菩萨、虚空藏菩萨、普贤菩萨、执金刚主菩萨、文殊师利菩萨、止诸障菩萨、地藏菩萨。'"见《大正藏》，大唐中印度三藏那提译《师子庄严王菩萨请问经》，CBETA, No. 486, pp. 0697c20-0697c22。

〔2〕译者注：本段为汉文经文的法文译文，兹照法文译出。法译有删减，原汉文经文如下："如是，长者！此八曼荼罗最胜法门，是彼不可思议光明如来所说，我亲受持，今为汝说，应当修学令流布；用此善根，回向阿耨多罗三藐三菩提。""长者当知，若有修行此八法者，则为供养三世诸佛、大菩萨众、缘觉、声闻；斯人常为诸天拥护。若诸国王能自修学、若使人作，使王国内诸恶销灭。诸善男子及善女人，有能修学八法门者，命终之后不堕恶趣、边地、邪见、不善律仪、贫穷家生。是故当知，欲得现在未来胜上报者，当学如上八种法门；欲得受身端正聪明利智，若欲上生四天王处，亦应修学八曼荼罗。如是欲生三十三天、夜摩天、兜率陀天、化乐天、他化自在天，乃至帝释、梵王、魔王、转轮圣王所生处者，皆当修学如上八法。欲得天上人中大姓家生，眷属成就财宝盈溢，身心安乐名称远闻，所出教命无不信受，于诸众中最尊最胜，皆应修学如上八法。若欲修成须陀洹果、斯陀含果、阿那含果、阿罗汉果、辟支佛道、入菩萨位，乃至阿耨多罗三藐三菩提，皆当修学八曼荼罗供养法门。'"见《大正藏》，大唐中印度三藏那提译：《师子庄严王菩萨请问经》，CBETA, No.486, pp. 0697c22-0698a04。

门,他们也会收获同样的奖赏[1]。

在经文的结尾,佛补充道,在修行这种供养的同时,人们也是在实行六波罗蜜(les six pāramitā):用芳香的水或香水涂抹大地,用水和泥土建造方形祭坛和圆形座位,这正是布施波罗蜜(dāma-pāramitā);修行供养时身、口、意不会冒犯众生,这是持戒波罗蜜(śīla-pāramitā);如果人们能忍受侵占祭坛的昆虫和蚂蚁,这是忍辱波罗蜜(kṣānti-pāramitā);如果在供养中好的思想持续不断,这是精进波罗蜜(vīrya-pāramitā);如果精神能够毫无杂念地集中,这是禅波罗蜜(dhyāna-pāramitā);如果人们懂得正确地布置祭坛和圆座,善于考虑建立和完成供养的时机,这是般若波罗蜜(prajñapāramitā)[2]。

不空和之后的法贤,他们二人分别翻译的《八曼荼罗经》(Aṣṭamaṇḍalaka)(分别在那提三藏之后一个世纪和三个世纪)是一部同类型作品。标题是一致的,不空的版本被称为《八大菩萨曼荼罗经》(Aṣṭamahābodhisattvamaṇḍala-sūtra),法贤的版本被称为《佛说大乘八大曼拏罗经》(Buddhabhāṣita-mahāyānāṣṭamahāmaṇḍala-sūtra)。其中供养的八大菩萨是相同的。在经文的开头,都提出了相同的问题:如何建立八曼荼罗,等等。但是在这两个译本中,除去提出的问题和经文的标题,在佛的答语中没有一个词是关于八曼荼罗的建造的,而从整体来看,经文中似乎也缺少一些东西。也许关于八曼荼罗建造的章节在梵文原本中是存在的,但是译者将这部分跳过了,因为由那提引入中国的曼荼罗在后来已经众所周知,而且不空着手编纂新版本经文的目的是让大家认识和了解"陀罗尼"——这个在那提的版本中缺少的东西。人们还注意到了不空的译文和法贤的译文的区别。在不空的译文中,每一个陀罗尼后都有一篇概述,是关于想象有陀罗尼供养的菩萨的画像及他们的特征等。毫无疑问,法贤的译文中缺少这部分内容。法贤一定是略过了这些内容,因为在他的时期,八大菩萨的画像已经众所周知。因此,我认为不空的梵文原本实际上应当和

---

〔1〕译者注:本段为汉文经文的法文译文,兹照法文译出。法译有删减,原汉文经文如下:"佛告师子庄严王菩萨摩诃萨言:'尔时比丘毗阇耶三幡婆者,岂异人乎?今文殊师利菩萨。尔时长者上施者,即我释迦牟尼佛是。我从是来经于多劫,修行供养此八法门,具获如上功德利益;余有众生随能修学,亦皆同获如我所得。善男子!我行菩萨道来经三阿僧祇劫,修满六度利益众生,成等正觉,所有光明威德势力破魔兵众。斯谁力乎?皆由供养八曼荼罗道场功德。是故众生闻说如上八种法门,无宜不学。若以华香灯明,若以饮食幡盖、衣服音乐,赞叹礼拜发愿忏悔,随其力能皆蒙福祐。'"见《大正藏》,大唐中印度三藏那提译:《师子庄严王菩萨请问经》,CBETA, No.486, p. 0698a22。

〔2〕译者注:本段为汉文经文的法文译文,兹照法文译出。法译有删减,原汉文经文如下:"或行六波罗蜜时,修立道场,以诸香水若香涂地,若水若土方圆坛,斯即名为檀波罗蜜。修供养时,身口意业不恼众生,斯即名为尸波罗蜜。修供养时,若有虫蚁来入道场,驱去还来,尔时安忍,斯即名为羼提波罗蜜。修供养时,善心相续,斯即名为毗梨耶波罗蜜。心不散乱一心供养,斯即名为禅波罗蜜。作业之时,方坛圆场无有偏斜,善能通晓废立机候,斯即名为般若波罗蜜。"见《大正藏》,大唐中印度三藏那提译:《师子庄严王菩萨请问经》,CBETA, No.486, p. 0698a22。

那提的是相似的，其中包含"曼荼罗"和"陀罗尼"的描述。在之后的版本中必定能看到对作品内容增加的地方，这些是在那提离开印度后完成的（因此大约在7世纪中叶至8世纪中叶间，佛教密教在印度全面发展）。这两个新版本的著作也从其他特征中向世人展示出了一个较那提时期晚，但更发达的密教。场景设置在补怛落迦（Potalaka［法贤：補陀落迦］），在观世音菩萨宫（le palais d'Avalokiteśvara）；类似佛本生的故事已不再出现，允诺的奖赏也变得不可思议；在不空的译文中，写道：如果人们一旦（法贤：经常）按照规则建立这个曼陀罗，他们将会消除十恶（akuśalakarman）和五无间罪（les cinq ānantarya）的影响，等等。众所周知，五无间罪是十恶不赦且永远不能补赎的罪过。根据那提之后的这两个《八曼荼罗经》的文本，只需完成这个供养便可以在这些罪果中得到解放。这样一种宽容是属于佛教教义晚期阶段的，它已经表现出了一种道德宽容并为密教带来不利声誉。

三、《礼佛法》

根据《开元释教录》（第九卷）记载，这部著作的标题为：《离垢慧菩萨所问礼佛法经》（Li-keou-houei p'ou-sa souo wen li fo fa king, *Vimalajñānabodhisattvaparipṛcchā*；《南条目录》第521号，《大正藏》第487号）。它在龙朔三年（663）被译成中文，指点世人中国所谓"天台五悔"（les cinq contritions［pratideśanā］de l'école T'ien-t'ai）。在十个方向十尊佛中，毗卢遮那佛（Vairocana）占据天底（le nadir）。我们想要将毗卢遮那佛所处位置的起点当作中日密教（le tantrisme sino-japonais）[1]中佛主（Buddha principal）位于曼荼罗的中心一样。

场景在室罗栰悉帝城（Śrāvastī）的祇树给孤独园（le jadrin d'Anāthapiṇḍada）。佛讲法布道。他的面前是五百和尚，无数菩萨和僧侣（Brāhmaṇa）、吠舍（Vaiśya）、首陀罗（Śūdra）、居士（Gṛhapati），还有带着部下前来的首领们。这些人被天神、那迦、药叉等环绕。离垢慧菩萨（Vimalajñāna）起身，向佛表示敬意并问道：来自良好家庭的男人和女人如何恭敬礼拜供养如来佛？佛鼓励他并向他解释了礼佛的方法[2]。

---

［1］ 参照大村西崖，op.cit, vol. Ⅱ, p. 196.

［2］ 译者注：本段为汉文经文的法文译文，兹照法文译出。法译有删减，原汉文经文如下："如是我闻。一时，佛在室罗栰悉帝城胜德林中给孤独园，与大比丘众五百人俱，菩萨无央数。又与无量婆罗门、毗舍、首陀，并诸长者，各各皆是大众之首，与其同类，来至佛所。又有天、龙、夜叉、乾闼婆、阿修罗、迦楼罗、紧那罗、摩睺罗伽，在大法会，前后围绕。尔时，众中有菩萨摩诃萨，名离垢慧，即从座起，偏袒右肩，右膝著地，恭敬合掌，前白佛言：'世尊！欲有少问，愿见听许。'佛言：'恣汝所问，当随意答。'离垢慧菩萨既闻佛许，踊跃无量，而白佛言：'若有善男子、善女人等，于如来所，云何恭敬、礼拜、供养？'佛言：'离垢慧！善哉，善哉！汝多悲愍、饶益、安乐一切人天。当善谛听，为汝解说。'"见《大正藏》，大唐三藏那提译：《离垢慧菩萨所问礼佛法经》，CBETA, No.487, p. 0698c17-0698c28。

首先,需要表达愿望:我全心顶礼十方诸佛。现在,如果我用身体五轮向佛致敬,那是为了结束转世五道(cinq gati),驱除五盖(les cinq āvaraṇa)[1]。我希望万物安宁(avasthita),拥有五神通(les cinq abhijñā)和五眼[2]。我希望当我的右膝盖触碰大地的时候,万物进入正觉(samyaksaṃbodhi)道;当我的左膝盖触碰大地的时候,万物不会沾染异端思想,而是安守正道;当我的右手触碰大地的时候,我实现菩提(bodhi),我和世间万物,像世尊(Bhagavat)一样,安坐在金刚座(rajra),用他的右手指向颤抖着以表示吉兆的土地;我希望当我的左手触碰大地的时候,难以被击败的异端被四摄法(les quatre saṃgrahavastu)收服,并走入正道;我希望当我的头触碰大地的时候,万物不再傲慢,达到最高的境界[3]。

其次,应当向十方诸佛致敬:东方的阿閦佛(Akṣobhya),以及这个方向上无数领域的其他一切如来佛、大法藏(les grands dharmapiṭaka)、菩提萨埵、声闻、缘觉[4];南方的宝相佛(Ratnaketu?)等;西方的无量寿如来(Amitayus)等;北方的天鼓音佛(Dundubhisvara)等;东南方向因陀罗鸡都幢王如来(Indraketurāja)等;西南方向宝游步如来(Ratnavicaraṇapada?)等;西北方向娑罗因陀罗王如来(Sālendrarāja)等;东北方向无量幢王如来(Amitaketurāja)等;天顶的智光如来(Jñānaprabhāsa)等;天地的毗卢遮那佛等[5]。

---

〔1〕贪欲盖(Raga),嗔恚盖(pratigha),惛沉睡眠盖(middha),掉举恶作盖(auddhatya),疑盖(vicikitsā)。参照《智度论》(Prajñāpāramitāśastra)第十七卷(《大正藏》第1509号)。

〔2〕肉眼(Māṃsacakṣu),天眼(divya°),慧眼(prajña°),法眼(dharma°),佛眼(buddha°)。

〔3〕译者注:本段为汉文经文的法文译文,兹照法文译出。法译有删减,原汉文经文如下:"若善男子及善女人,欲于佛所,起礼敬者,先应发愿,作如是言:'我今至心顶礼十方诸佛,普入一切诸胜法中。我今五轮于佛作礼,为断五道,离于五盖,愿诸众生,常得安住,无坏五通,具足五眼。愿我右膝着地之时,令诸众生,得正觉道。愿我左膝着地之时,令诸众生,于外道法不起邪见,悉得安立正觉道中。愿我右手着地之时,犹如世尊,坐金刚座,右手指地,震动现瑞,证大菩提,我今亦尔,共诸众生,同证觉道。愿我左手着地之时,令诸外道难调伏者,以四摄法而摄取之,令入正法。愿我首顶着地之时,令诸众生,离憍慢心,悉得成就无见顶相。'离垢慧!是为五轮作礼之相。"见《大正藏》,大唐三藏那提译:《离垢慧菩萨所问礼佛法经》,CBETA, No.487, p.0699a01。

〔4〕向三宝(trios ratna)祈祷:佛、法、僧。

〔5〕译者注:本段为汉文经文的法文译文,兹照法文译出。法译有删减,原汉文经文如下:"次礼十方现在诸佛,应作是言:'南无东方阿閦如来。广及彼方无量世界一切如来,诸大法藏,并诸菩萨、声闻、缘觉一切贤圣。南无南方宝相如来。广及彼方无量世界一切如来,诸大法藏,并诸菩萨、声闻、缘觉一切贤圣。南无西方无量寿如来。广及彼方无量世界一切如来,诸大法藏,并诸菩萨、声闻、缘觉一切贤圣。南无北方妙鼓声如来。广及彼方无量世界一切如来,诸大法藏,并诸菩萨、声闻、缘觉一切贤圣。南无东南方因陀罗鸡都幢王如来。广及彼方无量世界一切如来,诸大法藏,并诸菩萨、声闻、缘觉一切贤圣。南无西南方宝游步如来。广及彼方无量世界一切如来,诸大法藏,并诸菩萨、声闻、缘觉一切贤圣。南无西北方娑罗因陀罗王如来。广及彼方无量世界一切如来,诸大法藏,并诸菩萨、声闻、缘觉一切贤圣。南无东北方无量幢王如来。广及彼方无量世界一切如来,诸大法藏,并诸菩萨、声闻、缘觉一切贤圣。南无上方智光如来。广及彼方无量世界一切如来,诸大法藏,并诸菩萨、声闻、缘觉一切圣贤。南无下方毗卢遮那如来。广及彼方无量世界一切如来,诸大法藏,并诸菩萨、声闻、缘觉一切贤圣。'"见《大正藏》,大唐三藏那提译:《离垢慧菩萨所问礼佛法经》,CBETA, No.487, pp. 0699a01-0699b13。

再次,应当归命于娑婆世界的弥勒(Maître du Sahāloka)、释迦牟尼如来佛、十方无数领域的如来、大法藏、十地菩萨(les Bodhisattva des dix bhūmi),从波牟提陀(pramuditā)到法云地(dharmameghā)[1]。

然后[2],需要忏悔(pratideśanā):"告解自己十种不好的行为,身三种,口四种,意三种,为还未开始的转世过程中的冒犯和错误懊悔。"[3]

之后,需要向佛请愿(adhyeṣaṇā),念道:"在所有的十方佛中,那些仍未转动法轮的,那些将要圆寂(entrer dans le parinirvāṇa)的,我请求他们对万物怜悯,请求他们布讲佛法,也希望他们不会圆寂。"[4]

随后,需要随喜(anumodanā)并念道:"我随喜十方中三乘(yanā)的无数贤者和智者,随喜致力于六波罗蜜多(les six pāramitā)和七菩提(les bodhyaṅga)的万物。"[5]

接着是功德的回向(pariṇāmana),需要念:"既然所有的菩提萨埵、声闻和缘觉都将他们已实行的波罗密多的功德都回向至无上菩提,我也要将我的功德回向至佛法。"[6]

最后,需要许愿(praṇidhāna)并说道:"既然十方的所有佛和三世诸佛都许愿要教育三性万物,我也要许愿:我希望将精力集中在最高的佛法,常见佛,不停地学习正法并修

---

〔1〕 译者注:本段为汉文经文的法文译文,兹照法文译出。法译有删减,原汉文经文如下:"'次又归命娑婆世界本师释迦牟尼如来。广及十方无量世界一切如来,诸大法藏,及入地菩萨摩诃萨、声闻、缘觉一切贤圣。'"见《大正藏》,大唐三藏那提译:《离垢慧菩萨所问礼佛法经》,CBETA, No.487, p. 0699b16。

〔2〕 严格来讲,这里提到了五悔(参照《大乘庄严经论》,XVIII, 70)。那提三藏给出的名单并非真言宗(l'école chinoise du Tantra, Tchen-yen tsong)的名单而是在天台宗流通的名单。

〔3〕 译者注:本段为汉文经文的法文译文,兹照法文译出。法译有删减,原汉文经文如下:"次应忏悔,当作是言:'唯愿十方诸佛世尊,证知、忆念、哀受我忏。身业三种,行杀、盗、淫;口业有四,妄言、恶口、两舌、绮语;意三业行,谓贪、嗔、痴;自作、教他、见作随喜,如是十恶,今悉忏悔。'"见《大正藏》,大唐三藏那提译:《离垢慧菩萨所问礼佛法经》,CBETA, No.487, p. 0699c07。

〔4〕 译者注:本段为汉文经文的法文译文,兹照法文译出。法译有删减,原汉文经文如下:"次应劝请,当作是言:'十方诸佛,若未转法轮,若欲入涅槃者,我皆劝请,唯愿久住,于无量劫,愍诸众生,雨大法雨,转正法轮,不般涅槃。'"见《大正藏》,大唐三藏那提译:《离垢慧菩萨所问礼佛法经》,CBETA, No.487, p. 0699c21。

〔5〕 译者注:本段为汉文经文的法文译文,兹照法文译出。法译有删减,原汉文经文如下:"次应随喜,当作是言:'十方所有三乘贤圣,数如恒沙,及一切众生,修行六度助菩提法,我皆随喜。'"见《大正藏》,大唐三藏那提译:《离垢慧菩萨所问礼佛法经》,CBETA, No.487, p. 0699c24。

〔6〕 译者注:本段为汉文经文的法文译文,兹照法文译出。原汉文经文如下:"次应回向,当作是言:'十方三世诸佛作业,及诸菩萨、声闻、缘觉所行六度,尽已回向无上菩提,我亦如是回向佛道。'"见《大正藏》,大唐三藏那提译:《离垢慧菩萨所问礼佛法经》,CBETA, No.487, p. 0699c27。

学。"等等[1]。

四、《阿咤那智》

这是那提的第三部译著,在公元730年丢失(参照《开元释教录》第九卷,《大正藏》第五十五卷,第56a页)。《阿咤那智》(Aṭānāṭiya)的巴利文本收藏在《长阿含经》(XXXII)中,藏语文本收藏在《甘珠尔》(Kanjur)中(《大谷目录》第749号)。它的梵文文本的碎片在中亚被发现[2]。这是一部在密教中稀有的文献,在小乘教文学中地位突出。

---

〔1〕译者注:本段为汉文经文的法文译文,兹照法文译出。法译有删减,原汉文经文如下:"次应发愿:'仰惟十方三世诸佛菩萨,皆发弘愿,尽虚空、遍法界所在流化为诸众生,三界所摄无有遗余,愿令众生利乐成熟、具善律仪、住大涅槃,今并现前。我亦如是大誓庄严,愿我于无上道,心不散乱,常见诸佛,常闻正法,承业修行,无有空过;所作善法,及菩提心,亦不退失;所生之处,供养圣众,教化众生,得无上道,转正法论,具大神通;亦令众生如是修学,至不退转。'"见《大正藏》,大唐三藏那提译:《离垢慧菩萨所问礼佛法经》,CBETA, No.487, p. 0700a01。

〔2〕参照 HOERNLE, *Manuscript Remains of Buddhist Literature found in Eastern Turkestan* 第一卷,第24—27页。根据 HOERNLE 给出的中文附注,我们能够在一切善见律(*Samantapasādikā*)的中文文本(《大正藏》第1462号,第753c页)中加入《阿咤那咤》的引文,在允许僧侣向境况不佳的世俗人诵念这篇有治愈功效文本的段落中。

吐蕃时期"苯"作为宗教存在的早期证据[1]*

桑木旦·噶尔梅(Samten G. Karmay) 著   曾丽容 译

在过去的一些年里,不少知名藏学家致力于苯教研究。他们认为"苯"极大地影响了藏人的宗教信仰——特别是苯教典籍,例如,辛饶米沃大师传记和某些伏藏,人们把它们当作历史文献看待。

佛教和苯教典籍都认为公元7世纪当佛教进入藏地时便遭遇了被称为"苯"的信仰。然而,西方学者否认这些史料的价值,有人甚至质疑"苯"是否曾经作为一种宗教而存在过,认为在吐蕃时期(公元7—9世纪)它只是民间信仰。而我以为藏族历史典籍还有待完全发掘,不过关于藏族史料也不是我在此要深入的话题。

藏学家们对此问题有以下几种观点:

一种观点接受西藏传统典籍的说法,认为苯是西藏古老的宗教[2];一种观点则认为那些出现在苯教典籍中的仪式的确非常古老,但是在吐蕃时期,"苯"一词是指巫师,它作为一种宗教则是后来的事[3];还有一种观点认为苯教不可能早于公元11世纪,并声称西藏古老的宗教是"祖"或"祖拉"[4]。这是一种完全不理会藏族历史典籍而得出的结果。

怀疑公元7—9世纪存在一种被称为"苯"的宗教这种观点也许是因为"苯"缺乏作为一种有组织的宗教而应有的独立哲学体系,因为在碑铭石刻、敦煌文书和关于该时期非藏文的相关材料中都没有清楚地提到苯教。正如我们刚看到的那样,西方学者对此的观点也并不统一。他们的结论常常是奠定在长期深入研究的基础之上,人们对他们的博学深信不疑,所以也赞成他们的观点。因此刚开始我也基本接受吐蕃时期不存在称为"苯"的宗教这种

---

  * 本文的翻译整理系国家社科基金重大项目"近代以来域外中国藏学研究经典整理与研究"(项目号:14ZDB115)的阶段性成果之一。
  〔1〕 本文原载桑木旦·噶尔梅(Samten G. Karmay):《箭与纺锤——西藏历史、神话、仪式和信仰的研究》(*The Arrow and the Spindle, Studies in History, Myths, Rituals and Beliefs in Tibet*),尼泊尔:Mandala Book Point,1998年,第157—168页。
  〔2〕 拉露,1957:5-14;霍夫曼,1961:14-27;巴考,1962:3,5-6;哈尔,1969:18,109;石泰安,1981:200;图齐,海西希,1973:271 等等。
  〔3〕 斯内尔格罗夫,理查德森,1968:59。
  〔4〕 A.麦克唐纳,1971:219,357,376。亦可参见 J.梅耶的书评,《亚洲研究》28;伯尔尼,1974:71-73。

观点,因为它缺乏历史证据。但是,我犯了一个错误,轻信了他们对所有可见的敦煌文献进行过细致研究。因此在接触到以往学者未曾研究过的一卷敦煌写本时我感到非常惊讶。

这就是保存在巴黎法国国家图书馆的敦煌 P. T. 972 号文书。该文书有三卷(1a-3b),以诗体形式写就(共计116行)。文书没有题目,但在结尾处写有:这是源自于佛祖的树(的传说)(zhal nas gsungs pavi ljon shing)[1]。该卷文书被定名为"残卷"[2],而事实上它很完整,邬坚体书写,每页5行,仅尾页为4行。卷尾没有题记,因而作者之名不得而知。文书每页有标注,被对折过且有轻微破损。内容稍有缺失:文书第1-2行之间缺一个字;第4-5行之间缺两个字;文书最后的破损处旁边又重新写了两个字。

关于敦煌文书的年代,所有文书都可能是在1035年被封存。但是敦煌汉文文书中标注的最晚时间大约为924年或984年[3],所以,这些都不能为准确定位这份文书的时代提供更多的信息。文书的语言和风格显示当时佛教已经盛行,而这份敦煌文书的文本源头应该更为古老。事实上,据我们所知公元848年汉人从藏人手中重新夺回敦煌地区之后,佛教文献继续用藏文加以抄录。但据我所知,这些文书在任何藏文文献中都未提及。

作品中谈到无常和因果等佛教理论。文献的主要意义是激发非佛教信徒转信佛教,强调人类生命的短暂和将要面对的身后世界的重要性。作者用警句和诗歌使读者感受到生命之苦和激励他们信仰佛教。他试图让人感到恐惧,因为据说有确切的证据说明生命终究会终止,死亡来临时父母双亲或朋友都无济于事,而唯有"天神的教法"(lha chos, 即佛教)[4]、佛祖和僧侣才能保护轮回中的众生。作者提醒说,凡人信奉苯,一种被称为外道(mu stegs)的"非佛教信仰"[5]。他警告人们不要追随这种信仰。他把信

---

〔1〕 P. T. 842 中在佛经开始时有同样的表达:佛说(zhal nas gsungs pa)。该文书的作者也许是受此启发而为其作品定名。在后期的佛教著作中,佛"语"(bkav)被分为三类。第一类是:佛语(zhal nas gsungs pavi bkav)。参见克珠格勒巴桑(mKhas grub dGe legs dpav hzang, 1385-1438),《经类总部》(rGyud sde spyi rnam),拉萨版,f.13a。

〔2〕 拉露,1950:"残卷末尾……结束 // 3f.(8+34)无页码;有细小黄色痕迹,无边框。"

〔3〕 瓦累-普散,1962. C107, C108. P. T. 849(Hackin, 1924)在被称为"赞普阿阇黎(btsan po ācārya)"的一份吐蕃国王的名单中经常出现一个名字:拉喇嘛益西沃(lHa Bla ma Ye shes vod),他生活于大约10世纪末。因此 P. T. 849 No.1. 可能属于同一时期。

〔4〕 在 P. T. 1284(麦克唐纳,今枝由郎,1978, Pl. 550, II)的文章中 lha chos 有不同的含义。它与 bkav 不同,表示佛法:lhavi chos dang bkav na re,"神的教法和神的教诲"。隔了几行,它又出现了,但是形式有所改变:lha la yid ches chos bya na/,"如果人们不信神和按教法行事"。文书中没有指明起所指的是哪类神和哪种宗教,但肯定不是指佛教。参见:图齐,1949: 720;石泰安,1981: 144, 168, 204, n.204。

〔5〕 mu stegs(外道)可以译为梵文形式 ti rthika(酒井 Sakaki: 1916-26: 3320),首先是指印度所有非佛教宗教和哲学教派。但在本文中他们常常被译为"异端",但这并不是它的真实含义。关于其清晰的定义,参见:GBB(T Vol.144, No.5833, p. 84-3-2)。

奉苯教的人比喻为蜘蛛网上粘住的昆虫：越挣扎越被网所困。他进而建议人们不要相信占卜的苯（mo bon）。我认为这是指苯教巫师，在此是作为僧人的敌人而被提出（关于这个话题我将在后文中论述）。他还警告人们不要崇拜几种神灵，例如，精灵（vdre），罗刹（srin），妖（bdud）和魔（bgegs）。事实上它们是在苯教巫师说他将调伏它们之后才提及这些名字[1]。最后，作者强烈建议人们马上信佛，因为人生短暂所以不能把时间浪费在错误的事情上。

苯教主要关注现世的利乐，而在佛教看来这与永恒、再生和因果报应等佛教信条是不相容的。

无论是在文献还是在意识形态层面上，隐喻的使用似乎都扮演了一个重要的角色。人们把苯比喻为毒药而佛则是甘露。

因此这份吐蕃时期的敦煌文书证实了那时与佛教徒相对立的被称为"苯"和外道的一些非佛教徒的确存在。需要引起注意的是，同样是敦煌文献，在P.T.1284中也攻击了这些古老的信仰体系。另外，并非仅仅只是在这份敦煌文献，在已经刊布和为众人知晓的P. T. 239/II———一份关于葬礼的文书中也提到了"苯"作为宗教信仰而存在[2]。在后面该文书中选取的几段文字也清楚地表明了这两种宗教的冲突和富有战斗的精神：

    苯：

    myi nag povi gzhung/

    sid nag povi lugs/

    bon yas vdod smrang/

    "'黑头人'的传统，

    黑色葬礼的习俗，

    苯是需要在仪式上供奉祭品的原始（宗教）。"[3]

---

〔1〕 最后三类精灵是人们所熟知的 lha srin sde brgyad（八大罗刹）所构成的八组精灵。即便到了今天，苯教徒都每天祭拜它。参见：*KS*, No.7, pp. 236-253（卡尔梅，1977, No. 30）。

〔2〕 石泰安，1970；A. 麦克唐纳，1971: 373-76。

〔3〕 在后期苯教文献中 yas 常常与雄鹿相连，似为仪式上供奉的祭品，与 rgyang, shing ris 和 nam mkhav 等相同。关于仪式物品的解说，参见：斯奈尔格罗夫，1967: 308, 294, 301, 310. 人们还发现了 vdod yas 的形式。参见 *KS*, No.7, p. 136。

佛教：

lha chos dkar povi gzhung/

myi dkar povi lugs/

shid dkar povi ches（chos）/

"白色神的宗教传统，

'白人'的习俗，

白色葬礼的宗教。"[1]

在我们文字中的姆苯（mo bon）是指专职实行"苯"的人。另外，姆苯（mo bon）是指僧人的敌人。然而在后期文献中该词常常用来指占卜者。此外，早期文献中该词的词序还是颠倒过来的：苯姆（bon mo），即一种女性占卜者（bon po dang bon mo）[2]。

我们的这份文书，以及P. T. 239/II和其他文书[3]都清楚表明吐蕃王朝时期，存在着"苯"这种民间信仰。

而且，这种古老的信仰系统的确至今未被明确定义，我们对它的哲学和义理系统仍旧几乎是一无所知。因此，当我们提到11世纪之后开始的"系统苯教"时，我们事实上指的是佛教徒所称的"变幻苯"（居苯，bsgyur bon）和苯教徒所说的后期的"永恒苯"（雍仲苯，g·yung drung bon）。他们也用这个名称来指吐蕃时期的"苯"。这个问题很复杂，所以在此我只想强调一点：11世纪之后的"系统苯教"与吐蕃王朝时期的苯教不可能完全分离，因为不能忽视这两个时期苯教传统的众多已经证实的联系[4]。

---

〔1〕 麦克唐纳，今枝由郎，1978，Pl.173, II. 27-28。

〔2〕 P. T. 990（麦克唐纳，今枝由郎；1978，Pl. 279, 1. 15）；*dGe sdig rnam par dbye bavi mdo*（K Vol.40, No.1022, p.344-3-4）；*vPhags pa legs snyes kyi rgyu dang vbras bu bstan pa*（K Vol. 40, No.1023, p. 340-3-3）。这两本书完全相同，只是第二本在书末标明了翻译者：vGos Chos-grub。关于这个翻译者，参见：戴密微，1970:47。

〔3〕 例如，P. T. 1040（麦克唐纳夫人，今枝由郎，1979，Pl.314）说：*bon vdi gsang bavi bon...*，"这种苯是秘密苯……"遗憾的是该文书不完整；P. T. 1248（麦克唐纳夫人，今枝由郎，1979, Pl. 506）引述：*pavi bu tsa bon rabs/ phyag sbal na mchis pa la dpeva blangs pavo/* "从文书中录制的以'父亲的儿子'为题的苯教故事保存在官方图书馆中。针对该词 *rGya bod tshig mdzod chen mo*《藏汉大辞典》（成都，1985）说：phyag sbal, btson 或者 btson dong 都是指"监狱"。而且一份皇帝诏书中称：*dpe vdi vdra ba bcu gsum bris te/ gcig ni phyag sbal na bzhag go/...*"这类文本有 13 份。其中之一放在监狱（phyag sbal）"（*KhG*, p. 372）。因此不能说辞典的解释仅仅是一种引证。在这个问题上我们不得不说是一份皇帝的文告存放在监狱！P. T. 443 也把"苯"记述为一种宗教（拉露，1945-1947: 220-21）。

〔4〕 Cf. A. 麦克唐纳，1971: 210。

藏文文书的翻译：

（1a）犹如夏日的冰雹，干旱和暴雨

瞬间毁坏了

一棵健壮之树的

树干、树叶、花朵和果实

5　生命是如此短暂：瞬间将离我们而去。

一切将无法避免，生命本身亦为虚幻。

人们盲目地期望永世长存，

而死神却紧随其后，

无论老幼，这些盲目相信生命还会继续的人们。

因为从古至今他们根本无力反抗。

10　徘徊在艰难的轮回之谷，

他们因疾病和痛苦而亡，

又得重回这种起伏之中

却未意识到：他们生性愚钝。

即便被棍棒敲打，他们仍未考虑作出努力。

15　他们与牲畜的后代无异。

如果人没有反省就躺下睡觉，

此世中获得的资粮将从大门溜走，

而前世的资粮已接近枯竭。

如果人自己都记不得自己，

20　谁又会记得他？

对很多人而言，善行

犹如播种在肥沃土地上的种子：

即使在春天看不到它们，秋天亦是硕果累累。

对很多人而言，恶行

25　不会像刀子割身那样结果立现，

但是它将如影随形跟着人走。

现在你们还有实践达磨的机会，

希望你的行为成为至高境界的甘露。

用美德严格约束你的行为。

30　无论是出生在至高的天界、人界，

或者在卑微的饿鬼界、畜生界或地狱界，

一切因你而定，

为什么要伤害自己？

什么是甘露而什么是毒药？

35　如果人们走近细看，难道还看不清？

如果愚人（2a）轻信，

他将被妖魔的绳索捕获，

再生时被带到三恶界之中。

事后的悔恨将无济于事。

40　即便有很大的权势和众多的亲属，

死亡时将无伟大和渺小之别；

届时亦分不出是勇敢还是懦弱。

一个将死的人躺在床上

也许围满了亲人和朋友，

45　难以忍受的死亡的折磨

还得他独自承受。

朋友和亲人又有何益？

如果聪明的人不知遵从神圣的宗教

他将与猴子无异，处于无明。

50　如果学者未能了然律法，

无异于两手空空的淘金者。

如果富人不行善施舍，

无异于为他人看管财宝。

不要忙于积攒钱财，

55　因为，如果你那样做，

你积攒的财宝将被他人拥有。

虽然蜜蜂辛苦劳作（2b）采集甘露，

而蜂蜜却常常却被他人品尝。

无论一个人出生如何，他知道要自己独立面对。

60 因为要吃饭，人不能拒绝劳动，

没有种子自己的努力，

人们得不到芝麻油。

例如，怎可能种豌豆却收燕麦

种大麦收水果？

65 如果好好做，你将获得丰收，

如果随便应付，结果也会很差。

普通人，

相信苯教，"一种非佛教的信条"。

他们（即追随苯教的普通人）忙着追求物质。

70 他们像昆虫，

一个个误入蜘蛛网中[1]。

越是扇动它们的翅膀越是被紧紧地捆住。

不要去相信姆苯（mo bon）

不要去崇拜精灵（vdre）或罗刹（srin）。

75 不要向妖（bdud）和魔（bgegs）寻求保护

只有"神的宗教"能保护人们不受伤害。

只有佛才有足够的能力保护我们不受生死所困[2]。

唯有高尚的僧伽才是有益的向导。(3a)

请听！此乃神子之家！

80 因为给你的是至纯甘露之良药，

勿饮堕落观念之毒药。

投生为人

因其行为之善恶而定。

无论财富多少，人可以积累今后的资粮。

85 虽然小孩子相信他们将永远年轻，

---

〔1〕 幻网的名称通常是 *bal thag* 或 *sdom thag*。

〔2〕 关于 *skye shi* 这种表述，参见：今枝由郎，1981：5-6。

他们怎可能永远不老?

犹如走向刑场的罪人,

每一步都把我们带到死神的近旁。

谁知道,我们也许明天就会死亡。

90　人不必消极。

人应该立刻行动为避难所买单。

谁知道是否我们明天或后天会不会死。

当人被魔鬼的绳索捆住,

(亲人或朋友)也许会呼唤千遍万遍,

但是他却听不到[1]。

95　为什么魔鬼会是善良的?

妖怪处处设置障碍。

魔鬼向每个人施法。

今生积累的财宝和食物,

子嗣、妻室、仆人和财产

100　都得抛弃,(3b)人不得不离去,

如果人们理解,"(神的)宗教"有明确的目标。

无论今世你积攒了什么财宝

在死亡的黎明都将消失。

无论你存储了多少食物

105　死亡之晨你将饿着上路。

无论你准备了多少备用的衣物,

你将赤裸着在死亡之晨离开。

虽然你可能有很多朋友和亲属,

在死亡来临时没有谁会出现,

110　但投生于恶趣三界却是无法忍受的痛苦。

因此,细心地履行十善行。

此乃(佛)讲述的树之(格言)。

---

〔1〕　P. T. 1284(麦克唐纳夫人, 今枝由郎, 1979, Pl. 553, 133)中也出现了同样的章节。

藏文文书：

（1a） ci ltar dbyar gi（gyi）ljon shing bzang po la/

　　　　 yal ka lo vbras me tog vbras···kyang/

　　　　 grang lhags than drags dus kyi rlung byung bas/

　　　　 de dag skad cig tsam gis（gyis）myed pa ltar/

5　　　 tshe vdi myi rtag myur du vgro dgos nav/

　　　　 cis kyang myi zlog sgyu mavi rang bzhin can/

　　　　 vchi bdag sde chen rding（rting）la thug bzhin du/

　　　　 sems can byis pa rgan dgon dgon（rgon）da dung ma tshor dung（vdug）du re/

　　　　 thog ma myed pavi bad thag bcad pa na/

10　　 vkhor bavi gcong rong myi bzad kha vdrim（vgrim）bzhin/

　　　　 de kun dag na sdug bsngal nad rnams kyang/

　　　　 bsad nas lva（rba）der ni vgro dgos na/

　　　　 da dung ma tshor glen ba（pavi）rang bzhin...（can）/

　　　　 dbyug pas brgyab kyang vbad pavi sems myed nav/

15　　 byol song pyugs（phyugs）bu dang ci ma vdra/

　　　　 bsam pa med pavi nyal te gnyid log na/

　　　　 vjig rten vdi yi bsod nams sgo ru（1b）nub/

　　　　 sngun gi（gyi）bsod nams ci bsags zad du nye/

20　　 bdag la bdag gis bzhen（gzhen）bskul ma btab na/

　　　　 dge bavi las rnams phal cher spyad pa ni/

　　　　 zhing rab zhing la sa bon btab pa bzhin/

　　　　 dbyid la snang ba myed kyang lo vbras ston na rtsa（btsav）/

　　　　 sdig pavi las rnams phal cher spyad pa ni/

25　　 vphal du lus la mtshon ltar myi gcod kyang/

　　　　 gang ltar vgro bavi sa phyogs de na sdod/

　　　　 da ltar chos spyod khom ba（pavi）tshe/

　　　　 don mchog bdud rtsi dam du gyis/

　　　　 dge spyod myel tshe dam du gyis/

30　　 mtho ris skyes pavi lha dang myi/

yi dags (dvags) byol song dmyal ba gsum/

gang···dbag la dbang yod na/

ci phyird bdag la gnod pa byed /

dug dang bdag rtsi gang yin pa/

35   bltas na gsal bar myi mngon nam/

blun po sems (2a) la sla snyam na/

bdud kyi zhags pas zin nas su/

ngan song gsum du khrid vog du (tu) /

de nas vgyod pas phan pa myed/

40   ci ltar dbang che gnyen mang yang/

shi bavi dus na che chung myed/

de yi dus na dpav sdar myed/

bdag nyid mal na nyal bzhin du/

gnyen bshes mang pos mthav bskor yang/

45   srog gcod myi bzod sdug bsngal dag/

bdag nyid gcig pus myong bar vgyur/

de bas gnyen dang bshes ci phan/

vdzangs pa dam chos myi spyod na/

de ni sprevu gcam don myed yin/

50   mkhas pa tshul khrigs (khrims) mi srung na/

de ni gser pa lag stong yin/

phyug la sbyin pa myi gtong na/

de ni gzhan gi (gyi) gter srungs yin/

ha chang (cang) bsogs la ma zhen cig/

55   ha chang (cang) bsogs la zhen pa ni/

bsags pa gzhan gi (gyi) nor du vgyur/

sbrang mas vbad de (2b) rtsi bsags kyang/

gar skyes su ni za shes na/

60   rang gi rtsol ba dor myi bya/

vbad pa myed par tig dag la/

til mar thob par vgyur ma yin/

dper na bra sran sa bon（la）las/

vbras bun as su ga la skye/

65   legs par spyad na dpal du vgyur/

nyes par spyad na byur du vong/

so so byis pa skye bo rnams/

mu stegs bon la yid ches ste/

las kyi don du mtshan ma spyod/

70   dper na sbur bu vgro byed pav/

bal rdud（sdud）nang du shul drangs nas/

sug drug bskyod cing phyir phyir dam/

mo bon dag la srid ma ltos/

vdre srin dag la yar ma mchod/

75   dbud dang bgag（bgegs）la skyabs ma tshol/

sdug bsngal skyabs su lha chos bzang/

skye shi mgon du sangs rgyas che/

vphyags pavi dge vdun phan ston yin/（3a）

kye rigs kyi bu rnams dgongs su gsol/

80   yang dag bdud rtsi sman blun（blud）na/

log par lta bavi dug ma vthung/

myi cig skyes pavi tshe lus la/

bzang byas ngan byas mdun du thal/

che bsags chung bsags phyi na lus/

85   bus pa gzhon nu rtag snyam nav/

bus pa gzhon nu ga la rtag/

gsad sar khrid pavi brtson（btson）bzhin du/

gom re bor zhing shi dang nye/

sang tsam vchi yang su（sus）shes kyis/

90   bder bar vdug par myi rigs ste/

di ring kho na bdud（vdud）de bya/

sang shi gnang shi sus shes kyis/

khri vbod stong vbod rnas myi thos/

bdud kyi zhags pas zin pa ni/

95 bdud ni ci la bsam pa chung/

bgrags（bgegs）ni ci yi bar du vjug/

gdon ni ci la rkyal ka byed/

tshe cig bsags pavi nor zas dang/

bu dang chung ma vkhor yul（yug）rnams/

100 bor te bdag（3b）ni vgro dgos nav/

rtogs pavi chos la srid yod nav/

ci tsam vtsho bavi nor bsags kyang/

vchi bavi nang par gcig myi snang/

ci tsam vtsho bavi zas bsags kyang/

105 vchi bavi nang par ltogs par vgro/

ci tsam vtsho bavi gos bsags kyang/

vchi bavi nang par gcer bur vgro/

gnyen bshes mang pos mthav bskor yang/

shi bavi nang par gcig mi snang/

110 ldan pavi khab khang sngun na khyer/

blo ldan dpav vdzangs gang yang rung/

dge bcu rka（dkav）yang ma gtang zhig/

lha dang myir skye sa bon yin/

myi dge bcu pos la mod kyi/

115 ngan song gsum po bzod giags myed/

de bas brtson te dge bcu spyod/

zhal nas gsungs pavi ljong shing// rdzogs sho//

附录：

本文发表几年后，石泰安教授（1988）又重拾苯教的话题，在其富于启发性的文章中，他回应了施内尔格罗夫（1987: 403, n.47）关于敦煌苯教文书的翻译。在他的文章中，石泰安（1988: 28,40）误解了我的观点，说我引用 P. T. 239 来证明吐蕃王朝时期后期传统中存在"有组织的苯"，而这远非我要论证之处。我的观点是：众多敦煌文书中所述的"苯"与现代的所谓"系统苯教"不同。而后者就是佛教徒所说的"居苯"（bsgyur bon）和后期苯教传统中所称的"雍仲苯"（g·yung drung bon）。石泰安（1988: 40）未能说清：*mu stegs bon la yid ches ste*/（相信外道）这句话（No. 68），而是跳过了此句而直接说"姆苯"（mo bon）这个词并不是指"苯教"，此外无人对此还有论述。在他看来（1988: 28, 40），P. T. 239 文书 *bon yas vdod smrang* 这句中"苯"这个词的意思是"苯波"（苯教师）而且"苯"则是"一种仪式"。而我以为，在"苯"（bon）后面加上一个"波"（po）组成的"苯波"（苯教师）这种观点是不能令人满意甚至是武断的。

巴黎，1996 年 8 月

俄罗斯科学院东方文献研究所藏
古藏文写卷中的一件密教仪轨文献[*]

亚历山大·佐林（Alexander Zorin）著　操林英 译

写卷Дx.178是俄罗斯东方文献研究所收藏的最有价值的藏文文献之一，其被归为来自敦煌的藏文写本。敦煌藏经洞藏有公元5世纪到11世纪的佛教经卷，并在20世纪早期被发现。因为该经卷中至少有两个文本是由12世纪著名的西藏瑜伽修行者吉祥噶译师（Dpal rga lo, or Rgwa lotsawa）完成的，那么以上结论（译者注：指该写卷来自敦煌藏经洞）很明显是错误的。吉祥噶译师在西藏弘传了许多密教教法，如时轮（Kālacakra）和大黑天教法（Mahākāla）。该写卷的大部分是由关于大黑天崇拜的文本所构成的，这为该写卷的最晚断代提供了进一步证据，这是因为大黑天崇拜是在11世纪中期，当西藏译师仁钦桑波（Rin chen bzang po）翻译了一部重要的由印度瑜伽修行者Śābaripāda所著的大黑天成就法[1]时，有关大黑天的崇拜才被带到西藏并确立起来。在13世纪到14世纪期间，元朝皇帝把大黑天作为保护神，并由他们将大黑天的崇拜最终确立起来，后来满洲人的清朝皇帝延续了对大黑天神的崇拜。最大的敦煌藏文密教文本收藏机构大英图书馆中并没有任何有关大黑天[2]的写本。再者，此写卷的手稿特征与敦煌藏经洞的其他写本具有很大区别。

然而，我们的前辈仍有某些理由将此写卷归为敦煌藏品。很有可能它是与其他敦煌写卷一起被送到圣彼得堡，这一问题至今有待证明。1913年，由俄罗斯驻乌鲁木齐的领事克罗特科夫（N. N. Krotkov）送往圣彼得堡俄罗斯科学院的一批敦煌藏文文献在科

---

* 该研究是俄罗斯人文基金的研究成果，项目编号为：No. 08-04-00128a。感谢 Simon Wickham-Smith 博士对该篇论文英文表述的审校。译者注：此文原名为 *A Collection of Tantric Ritual Texts from an Ancient Tibetan Scroll Kept at the Institute of Oriental Manuscripts of the Russian Academy of Sciences*，原载于《国際仏教学大学院大学研究纪要》第17号（平成25年），亚历山大·佐林著。本文的汉译，得到了作者亚历山大·佐林的授权和支持，在此谨致谢忱！囿于篇幅限制，译者将全部译文分为两部分，本期仅刊布第一部分译文。本文的翻译整理系国家社科基金重大项目"近代以来域外中国藏学研究经典整理与研究"（项目号：14ZDB115）的阶段性成果之一。

　〔1〕成就法（Sādhana）是一类密教文献，这些文献用以描述的是观想不同密教神祇及祈请神祇践行神迹的瑜伽修习的不同阶段。

　〔2〕道尔顿（Dalton J.）和散·冯·谢克（van Schaik S.）所编斯坦因敦煌藏文密教文献目录，电子稿第二版。伦敦：国际敦煌项目（IDP），2007: http://idp.bl.uk/database/oo_cat.a4d?shortref=Dalton_vanSchaik_2005〔31.01.2013〕.

学院院士奥登堡（S. F. Oldenburg）的建议下被送到了亚洲博物馆（现在的东方文献研究所）。至今，这些文献被保存在箱子里，上面标有1913年3月13日，也就是在科学院做出要把这批文献送往亚洲博物馆决定时的日期。写卷Дх.178被保存在同一箱里，只是没有题记。因此，不太确定的是这一写卷也是由领事克罗特科夫送往圣彼得堡的，还是由亚洲博物馆的工作人员在同一时期将其作为敦煌写卷[1]来处理的。

这一写卷Дх.178可能是由彼·库·柯兹洛夫上校（P. K. Kozlov）从他著名的蒙古四川之旅带回来的，在1907—1909年，他发掘了死城黑水城和此地的西夏文以及包括藏文在内的其他语种文献的藏经塔。保存在大英图书馆的来自黑水城的藏文写本藏品，使我们能够得以从古文书的角度来观照这一写卷（例如：IOL Tib M 50 or Tib M 60[2]），这也许能够隐约说明此写卷来自黑水城。吉祥噶译师在菩提迦耶（Bodh Gaya）的老师咱弥译师（Rtsa mi lotsawa）是一个西夏人，并且吉祥噶译师他自己也和西夏有联系，这些事实可以让我们将此写卷与西夏地区相关联[3]。

大多数黑水城文书被断代于12世纪到14世纪期间[4]，但是吉祥噶译师死于12世纪最后几年或者13世纪的开始几年，由此我们可以推断该写卷不可能早于12世纪后半叶。另一方面此写卷采用的古藏文拼写规则表明了此写卷不会晚于14世纪。因此，我认为此卷写Дх.178极应被断代在12世纪晚期到13世纪晚期之间。

一、手稿学和古文书学

2008年之前，写卷Дх.178呈现为8个独立的长叶，每叶的正反两面都写有藏文草

---

〔1〕 有关东方文献研究所收藏敦煌藏文文献的历史，参见亚历山大·佐林的论文《俄罗斯科学院东方文献研究所的藏文手卷收藏情况》（*The Collection of Dunhuang Tibetan Texts Kept at the IOM RAS*），载于波波娃（I. Popova）、刘屹（Liu Yi）编：《敦煌学：第二个百年的研究视角与问题》（*Dunhuang Studies: Prospects and Problems for the Coming Second Century of Research*），圣彼得堡：Slavia Publishers，2012年，第365—367页。

〔2〕 冯·谢克启发了我对这些文本的注意。再者，他是第一个怀疑写卷 Дх.178 来自敦煌藏经洞的学者，对本次研究的诸多难题也给予了帮助，在此深表谢意。

〔3〕 关于这一问题的论述，参见史伯林（Sperling E.）的论文 *Rtsa-mi Lotsā-ba Sangs-rgyas grags and the Tangut Background to Early Mongol-Tibetan Relations, in-Tibetan Studies: Proceedings of the 6th Seminar of the International Association of Tibetan Studies*. Fagernes 1992 Volume 2, edited by Per Kvarene. Oslo: Institute for Comparative Research in Human Culture, 1994, pp. 801-824; Vitali R. In the Presence of the "Diamond Throne": Tibetans at rDo rje gdan（Last Quarter of the 12th Century to Year 1300）// The Tibet Journal, 34（3）-35（2），2009-2010，（2010），pp. 161-208。

〔4〕 孟列夫（MenshikovL.N.）Opisanie kitaiskoy chasti collektsii iz Khara-Khoto（fond P.K. Kozlova）. Moscow, Nauka Publishers, 1984, pp. 61-62. 值得一提的是根据孟列夫的著述，这些 14 世纪的中文文献中有许多文献小册子含有或者基本上都是藏传佛教密宗的文本，内容大多是关于仪轨的（同上）。

书。由于卷叶的顺序错乱,想去理解写卷到底写了什么是不可能的。然而经过识别调整,最终证明有可能把叶面正确排序,并编排成原本的装帧。第八叶的正面文字内容恰好与第八叶反面的内容能够衔接上,因此整个写卷的结尾恰好落在第一叶的反面。事实上每一叶都包含两小页,一个被置于另一个之上,两小页之间是没有胶粘痕迹。每叶的尺寸如下:

1)f. 1: 65.7/58.5 x 26.6 cm(这叶有瑕疵,顶端有一个半圆形切口);

2)f. 2: 66.0 x 26.8 cm;

3)f. 3: 65.8 x 27.0 cm;

4)f.4: 64.5 x 27.0 cm;

5)f. 5: 66.1 x 26.8 cm;

6)f. 6: 65.2 x 27.0 cm;

7)f. 7: 65.6 x 27.2cm;

8)f. 8: 66.0 x 27.1 cm.

写卷的左右两边原本可能都很平展,但现在因有小的切口,所以或多或少受损,第一叶受损尤其严重,因为当整个写卷卷起时,第一叶总是漏在外面,所以第一叶的顶端特别易碎。手稿的边缘发现老旧的棕色污点,表明其曾受水渍污染,第1—2叶的右侧尤其严重,幸运的是叶面上没发现霉斑。

根据 Agnieszka Helman-Ważny 博士的分析,卷子的纸张是由构树纤维制成(Broussonetia sp.)。她的结论如下:"纸张是手工制成,纸质轻薄而质佳,质地柔软(不是施胶纸类,not sized),从而表明这类纸张是专门用于某种特殊手稿,黄色制染、优良材质表明了手稿的重要性。文字行距为1厘米的7行整齐布局表明当时纸张是由活动的竹网造纸模具制成[1]。

每个叶面都有垂直线,分布在左右两侧:正面的垂直线位于左侧的4.5—4.8cm处,右侧位2.5—2.7cm处;第1—7页的反面垂直线分别位于左侧的2—3cm、右侧的4.8—5.2cm处,第8叶反面的垂直线位于左侧的2.8—3cm和5.1cm处。这就表明写卷原本是水平展开的,可能是为了书写汉文或西夏文文本,但是由于藏文是以不同的方向书写的,从而没有顾及边线,因此藏文布满了整个叶面空间。写卷文本使用黑色墨水书写,

---

〔1〕 Helman-Ważny,《藏文手稿的纸张纤构造为分析,Dx178》(网络资源)。在此对赫尔曼博士对本研究的贡献,深表谢意。

要比边线颜色深。行间距如下：第一叶正面行间距大约1厘米，其他叶面约为0.5厘米。字行书写整齐，有几处行间注。此手稿大概是由三位写经生写就，其中的两位写经生的字迹仅在前四叶的反面上出现，他们与第三位主要的写经生交替书写。使用半草体的无头字（*dbu med*），字迹可识读，在写卷的第一和第三部分没有发现太多的墨点和拼写错误（有关写卷的结构见下文），第二部分受损较重，尤其是咒语部分难以重构。有些词汇使用了缩略形式如：*rdo rje, ye shes ,thams cad, yi ge*。写卷末尾处没有写经说明，因此关于写经生的名字不得而知，也不知道书写时间和写作背景。

（图1　三位手抄员在书写音节"go"时的不同字体，左边的字体出自主要写手。）

需要指出的是，该写卷中所使用的古藏文拼写方法具有以下特征：

1）许多词汇使用了下加字 *ya btags*，如：*myi, myed*, 等等，现在都写成 *mi, med*, 等等[1]；

2）许多词汇带有后加字 *va*，而今天却不再出现了，例如会使用词缀 *pav* 而不是 *pa*；

3）使用元音符号 *gi gu* 的变化形式[2]。本写卷中并未发现在敦煌文书中常见的再后加字 *da btags*。

二、写卷结构

尽管写卷生并未标注文章的结构，整个写卷还是可以明确地划分为三个部分：

1）13篇关于大黑天崇拜的文本，此大黑天以两种形态呈现：一种为鸦面大黑天（the Raven Faced One），另一种为四臂大黑天（the Four Handed One）；

2）8篇有关那罗辛哈（Narasinhaṅ），或者毗湿奴（Visnuṣṇ）的十种化身之一的狮面

---

〔1〕然而 *ya btags* 有时偶尔会因为写经生的失误而被省略，亦或者是因为写卷被创作于新旧两种拼写方法的过渡阶段而被省略。

〔2〕其他一些特征可以补充如下：1. 前加字 *ba* 的使用，例如 *bsnyug gu*；2. *Lasogs* 连写或者如果分开写的话会加上前加字 *ba* 而写为 *la bsogs*；3. 在 *gri gug* 中使用了 *ra* 两次而被写成 *gri grug*；4. 属格 *vi* 被独立于它所修饰的词汇而单独书写（等于现在拼写法中的 *yi*）；5. 藏文数字符号的使用，例如，有时后加字 *sa* 被加于藏文数字 2 之后，表示 *gnyis*（*two*），或者藏文数字 1 能被用作祈使词 *cig*；6. 前加字或后加字 *ma* 能被一个特殊的变音符号来取代；等等。

人身(the Man-Lion)崇拜的文本。

3)最后一篇相当长的偈颂是有关金刚手(Vajrapāni)和八那伽王(Nāga[1])曼荼罗的文本。

22篇中的3篇都收录在藏文大藏经的第二部分丹珠尔中,有4篇(包括上述三篇中的第一篇)收录在藏传佛教嘎举派支派帕竹嘎举所保存的有关大黑天及其眷属崇拜的文献集中[2],以上情形在下列表单中得以体现:

I. 大黑天

1)Dpal nag po chen povi bsgrub pavi thabs / Śrīmahākālasādhana(The Sādhana of Śrī Mahākāla), by Ārya Nāgārjuna; in Bstan vgyur-Beijing ed., P.2628, rgyud vgrel, la, ff. 275b3-276a8; Derge ed., D.1759, rgyud, sha, ff.250b4-251a7; in the Phag mo gru pa edition-Vol. 2, pp. 763-767.

2)A brief commentary on The Sādhana of Śrī Mahākāla; in the Phag mo gru pa edition-Vol. 5, pp. 409-410.

3)Dpal nag po chen povi las kyi cho ga(The Pūjā of Śrī Mahākāla's Rite); in the Phag mo gru pa edition-Vol. 5, pp. 359-361[3].

4)一组猛厉仪轨的描述。

5)一组有关大黑天修习和祈请其显灵的仪轨文本片断。

6)一个系列的5个文本,其中2个归于吉祥噶译师名下;这些文本以藏文字母标识,从ka到ca篇,但是第四个文本,nga,被放在了前面(可能由于失误),位于ka和ga篇

---

〔1〕龙在印度神话中是像蛇一类的生灵;在佛教中概念比较模糊,一方面它们被认为是守护由佛陀传布的深奥的佛经,后来这些佛经被某些伟大的导师和瑜伽士们带回人间,例如龙树(Nāgārjuna),另一方面,龙能够引发严重疾病并伤害人类。

〔2〕*Bya rog ma bstan sruṅ bcas kyi chos skor. Collected Tantras and Related Texts Concerned with the Propitiation of Mahakala and His Retinue.* Arranged according to the traditions transmitted by Phag-mo-gru-pa. Reproduced from the manuscript collection formerly preserved in the Khams-sprul Bla-braṅ at Khams-pa-sgar Phuntshogs-chos-vkhor-glin by the 8th Khams-sprul Don-brgyud-i-ma. Vol. 1-7. India:Sungrab nyamso gyunphel parkhang, Tibetan Craft Community, 1973-1979. 感谢藏传佛教资料中心(TBRC)的工作人员馈赠我此版本的复印本,不幸的是,其中第六卷缺失,因此我不能确定第六卷中是否含有来自写卷 Дх.178 中的其他段落。

〔3〕参见亚历山大佐林编译的《俄罗斯东方文献研究所藏古藏文写卷中的密教愤怒仪轨文本》(*Texts on Tantric Fierce Rites from an Ancient Tibetan Scroll Kept at the IOM RAS*),载《佛教与社会——国际佛学与社会会议论文》(*Budhism and Society. Papers for the International Conference on Buddhism and Society*),2013 年 1 月 13—15 日,沙那、瓦拉纳西,*Central University of Tibetan Studies*,2013 年,第 118—132 页。

之间,并未标示字母kha(也许是抄写员的过失)。文本的内容按正确排序应该如下：

    (1)(ka)- 吉祥噶译师造鸦面大黑天赞颂(参见附录)；

    (2)(kha?)- 大黑天赞颂和祷文；

    (3)(ga)- 吉祥噶译师造的一个以压服敌人为目的修习大黑天的指导(参见附录)；

    (4)(nga)- 一个关于压服敌人之指导的语录；

    (5)(ca)- 一个以杀敌为目的的猛厉仪轨的描述和愉悦大黑天的指导(也许不是)；帕木竹巴版,第5卷,第333—336页。

7）Dpal nag po chen povi bstod pa rkang pa brgyad pa zhes bya ba / Śrīmahākālastotra-padāṣṭaka-nāma（The Hymn to Śrī Mahākāla in Eight Stanzas）, by Ārya Nāgārjuna; in Bstan vgyur , Beijing ed., P.2644, 2645[1], rgyud vgrel, la, ff. 298a4-299a6, 299a6-300b1; Derge ed., D.1778, 1779, rgyud, sha, ff. 272a7—273a6, 273a6—274a6.

8）Rje btsun dpal rje nag po chen po la bstod pa / Śrībhattārakamahākālastotra（The Hymn to the Venerable Śrī Mahākāla）, by Buddhakīrti; in Bstan vgyur-Beijing ed., P.2642, rgyud vgrel, la, ff. 295b8—297a6; Derge ed., D.1776, rgyud, sha, ff. 270b2-271b4.

9）一个关于用黑颅骨修习和观想大黑天的指导。

10）一个猛厉仪轨的描述。

11）一个关于通过火供杀敌的指导。

12）一个猛厉仪轨的描述、一首鸦面大黑天赞诗、一个祈请大黑天的指导(也许不是)。

13）Bya rog gi sgrub thabs（The Sādhana of the Raven Faced［Mahākāla］）。

II. 那罗辛哈(Visnuṣṇ Narasinhaṅ)

14）Khyab vjug myivi seng vge dad pavi lha(毗湿奴那罗辛哈本尊),攘除病人体内恶魔。

15）一组仪轨文本片断(也许不是)例如：

    (1)以朵玛供奉和赞诗祈请毗湿奴那罗辛哈显灵(参见附录)；

    (2)一个以保护自己儿子为目的的仪轨；

---

〔1〕 这个文本有两个版本,写卷涉及的内容与第二个版本一致。

（3）一个以免受冰雹风暴为目的的仪轨（参见附录）；

（4）一个关于制作护身符的指导；

（5）一个关于治愈疾病的指导；

（6）关于免受流行性疾病（的内容）。

16）一篇关于毗湿奴那罗辛哈就杀死阿修罗希兰耶迦摄补（asura Hiraṇyakaśipu）以拯救阿修罗的儿子Prahlāda——其藏文名为Thub rgyal nag po——的记述[1]。

17）*Khyab vjug myivi vog gtor gyi cho ga*（用朵玛供奉人身狮头毗湿奴的仪轨）[2]。

18）*Khyab vjug gi dgra vog sod pavi thabs*（借助毗湿奴杀死敌人的方法）[3]。

19）*Khyab vjug myivi seng vgevi ser khrir dbab thabs kyi cho ga*（把毗湿奴那罗辛哈置于黄金王座的仪轨）。

20）一个猛厉仪轨的描述。

21）以杀死敌人为目的的火供。

Ⅲ. 金刚手菩萨和八那迦王（Vajrapāṇi and the eight Nāga Kings）

22）一个主要目的为治愈那迦所致疾病和避免因其中毒的韵文；也许不完整（片断参见附录）[4]。

三、被崇拜的神灵

大黑天大约是佛教徒从Shivaite Tantras借用过来的，并重新诠释为观世音菩萨的一个化身。他属于超世俗的护法神一族。他主要的功用是去消除生命以及佛教徒修习的内在和外在的障碍，如敌人、各种疾病、个人苦恼等等。有时候（在此写卷中也是如此），

---

〔1〕亚历山大佐林编译：《印度教和佛教徒在跨喜马拉雅地区和东南亚地区的的融合：一次藏文和巴利文宗教文献比较研究的尝试》(*Hindu-Buddhist Syncretism in the Trans-Himalaya and Southeast Asia: An Attempt of Comparative Study of Religious Literature of Tibet and Bali*)（即将出版）。

〔2〕亚历山大佐林编译：《唯一一个被错归为敦煌文献的藏文手稿》(*On an Unique Tibetan Manuscript Mistakenly Included into the Dunhuang Collection*)，载高田时雄编：《涅瓦河边谈敦煌》(*Talking about Dunhuang on the Riverside of the Neva*)，京都大学人文科学研究所，2012年，第39—51页。

〔3〕参见本书第335页注〔3〕。

〔4〕我以前对此写卷的研究论文《唯一一个被错归为敦煌文献的藏文手稿》提到了24篇文本。在后续的研究中，我不得不对文本重新规整，把第6、8、9篇归入第7篇，这四篇就有了新的序列号，即第6篇。同时，我把第15篇分为两篇，分别为第12篇的一组仪轨文本片断和标题为《鸦面大黑天成就法》的第13篇。

这种神灵可以被当作本尊(*yi dams*)——个人的神——瑜伽士们尝试以他们的神性去替代自己普通的意识以此来获得正觉。

内贝斯基·沃杰科维茨(de Nebesky-Wojkowitz R.)提到大黑天有72—75种形态。其中一部分被西藏人引介,如长有野牦牛头的护法神 Trakshad[1],但是主要的形态还是来自印度,以及相关的包括大黑天密续在内的文本[2]。其中两个形态得以展示在写卷Дх.178中,但是大多数文本都是关于其中之一的鸦面大黑天,内贝斯基·沃杰科维茨将其描述如下:

> 鸦头业力大黑天(译者注:即鸦面大黑天)根据"圣仙图"的描述偶尔也包括在一些比较重要的护法神内,据说对他的崇拜最初是由萨迦派介绍过来的。这份文献把他描述成黑蓝色的暴怒、恐怖身形,生有一面二手,四肢短而粗壮。他生有渡鸦头,三只眼睛和一支陨铁尖喙,右手持镶金刚的仪式小刀,左手靠向嘴边、端装满血的头盖骨碗。他的眉毛和面毛及头发都闪闪发光,从根部竖起。他尖利的滴着鲜血的喙大张,令人恐怖的尖叫声和火焰暴雾从喙中流出……[3]

另一种形态,即四臂大黑天的造像记载于龙树所造的成就法,即本写卷的第一部分:

> [大黑天]他的名字叫鸦头业力(Raven),
> 有一面和四手,
> 第一只右手持红色椰子(red coconut),
> 第二只右手持宝剑,
> 第一只左手持骷髅,
> 其中盛满鲜血,
> 第二只左手持三叉戟(khatvāṅgaṭ)[4]。

---

〔1〕 内贝斯基·沃杰科维茨:《西藏的神灵和鬼怪》,德里,1998年,印度经典出版物,第38页。

〔2〕 Stablein W.G., *The Mahākālatantra: A Theory of Ritual Blessings and Tantric Medicine*. Columbia University, Ph. D., 1976.

〔3〕 内贝斯基·沃杰科维茨:《西藏的神灵和鬼怪》,第48—49页。译者注:译文参考该书的谢继胜译本(拉萨:西藏人民出版社,1993年出版)。

〔4〕 Khatvānga 是一长条形的棍棒,有的时候是指三叉戟,是许多神的特征。

　　他围着虎皮裙，

　　他有黄色毛发，

　　三只眼睛和可怕的獠牙。

　　骷髅头盖碗、宝石、蛇装饰他，

　　他以威武之姿

　　居于色彩斑斓的月亮和莲台之上。

西藏艺术最具代表性的电子资源对四臂大黑天造像有着相同的描述，网址是：http://
www.himalayanart.org[1]。根据内贝斯基·沃杰科维茨的描述，尽管四臂智慧大黑天手持
砍刀而不是椰子[2]，这不一致的描述可以解决，因为作者在写卷文本内容中作了注释，
"或者手持砍刀"（参见图2）。令人好奇的是四臂智慧大黑天的眷属包括鸦面大黑天，
是否有理由认为龙树文本中的大黑天就是鸦面大黑天？

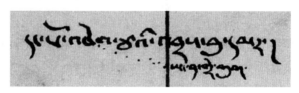

图2　带注释的文本片断

　　有着人身狮面的神——毗湿奴那罗辛哈（Viṣṇu Narasinha）[3]，是印度教所崇拜的大
神毗湿奴（Viṣṇu）十种化身中的第四种。这一愤怒的化身来到这个世界是为了杀死恶
毒的阿修罗王黑冉亚卡西普（Hiranyakasipu）[4]。在造像学上那罗辛哈常被描述成前面
最下面的双手（两双或者六双手中的）擒拿着阿修罗，正撕开着他的肚子。

　　根据本写卷上的第14篇文本："毗湿奴有着白色的身相，一面四臂，棕黄色刚烈的鬃
发，晃动着毛发，有三眼，露出獠牙，右手持铁棍，左手擒着敌人，伸出食指，充满喜悦地
用最下面的两只手压住恶魔，吃着恶魔肚子里的内脏，站在太阳、月亮和莲花的宝座上，

〔1〕　http://www.himalayanart.org/image.cfm/517.html［10.12.2012〕.
〔2〕　内贝斯基·沃杰科维茨：《西藏的神灵和鬼怪》（Oracles and Demons of Tibet），第46页。
〔3〕　标准的梵文应该是Narasiṁha。在本卷中采用的Narasinha拼法多见于尼泊尔，这也许就暗指西藏的仪
轨起源于此地。
〔4〕　Narasiṅha Purāna（Text with English Translation），Edited & Translated by Joshi K.L. Shastri & Dr. Bindiya
Trivedi, India, Parimal Publishers, 2003.

右腿直立，左腿弯曲，身姿伟岸挺拔，身饰长蛇和骨串。"这一描述至少与印度传统不相矛盾的。

从功能上看，那罗辛哈被认为是一名达摩波罗（Dharmapāla），一位护法神，帮助佛教徒实现愿望，消除障碍和敌人。此写卷中的文本描述了利用那罗辛哈达成这些目的的仪轨。他的魔法仪轨的功能在印度地方传统中得以证实[1]。

记录那罗辛哈的崇拜被传到西藏的相关资料在某种程度上非常罕见。本写卷可能是包含与此相关的所有信息内容的唯一出处。当然即使对毗湿奴那罗辛哈的崇拜传到西藏，一点也不令人奇怪。因为在被印度文化影响的地区，印度教与佛教的融合是一个常见现象。因此，巴利文中所见的对佛陀、湿婆和毗湿奴三神的赞歌都是以同样的方式来处理的[2]。

尼泊尔的尼瓦尔人崇拜佛陀和象头神迦尼萨（Ganeśa），有时候甚至湿婆。在藏文经典中有些赞歌和成就法是献给象头王财神嘎纳帕悌（Ganapati）——迦尼萨的形态之一，也被佛教徒认为是观世音菩萨化身。再者，丹珠尔含有五篇短的骑着狮子、大鸟和毗湿奴[3]的观世音菩萨成就法。在此毗湿奴作为坐骑的这一角色相当程度暗指了佛教徒关于调服印度诸神灵的神话故事[4]。可以肯定的是，有关作为关键神灵的他的经典文献是有所缺失的。有关那罗辛哈的佛教文本被很好地保留在了梵文经典中，并且后来被译成了藏文。然而他们没有被纳入藏传佛教经典当中，它们被遗忘了（尽管如此，我们不能完全排除的一种可能性是，在许多地方传统中有关此神的文本被保留至今）。

---

〔1〕 Sontheimer G.-D, *Folk Deities in the Vijayanagara Empire: Narasimha and Mallanna/Mailār*, in-Sontheimer G.-D. *Essays on Religion, Literature and Law*. New Delhi: Indira Gandhi National Centre for the Arts, Mahonar, 2004, pp. 327-351.

〔2〕 Goudrian T., Hooykaas C, *Stuti and Stava（Bauddha, Śaiva and Vaisnava）of Balinese Brahman Priests*. Verhandelingen der Koninklijke Nederlandse Akademievan Wetenschappen, afd. Letterkunde, Amsterdam, London: North-Holland Publishing Company, 1971.

〔3〕 1）*Seng ge dang bya khyung dang khyab vjug la bzhugs pavi sgrub thabs /Hariharharivāhanasādhana*. Peking ed.: P. 3983, rgyud vgrel, thu, ff. 223b3-223b8; Derge ed.: No. 3162, rgyud, phu, ff. 181a7-181b4; Narthang ed.: rgyud, thu, ff. 211b6-212a4.2）*Seng ge dang bya khyung dang khyab vjug la bzhugs pavi sgrub thabs/ Hariharharivāhanasādhana*. Peking ed.: No. 3984, rgyud vgrel, thu, ff. 223b8-224b8; Derge ed.: No. 3163, rgyud, phu, ff. 181b4-182b2; Narthang ed.: rgyud, thu, ff.212a4-213a4. Etc.

〔4〕 有关此主题请参见 Davidson R, *Reflections on the Mahesvara Subjugation Myth（Indic materials, Sa-skya-pa apologetics, and the birth of Heruka）*, in-*Journal of the International Association of Buddhist Studies*, 14, 2, 1991. pp. 197-235; Isaacson H, *Tantric Buddhism in India（from c. A.D. 800 to c. A.D. 1200）*, in-*Buddhismus in Geschichte und Gegenwart: Band II*, Hamburg, 1998, pp. 23-49.（Internal publication of Hamburg University.）; Sanderson A, *Vajrayāna: Origin and Function*, in-Buddhism into the Year 2000. International Conference Proceedings, Bangkok and Los Angeles: Dhammakāya Foundation, 1995, pp. 89-102.

对于金刚手菩萨和八大那迦王的造像组合至今甚少被人研究。众所周知的是，大乘佛教将金刚手视为八大菩萨之一、佛陀弟子、传承自以金刚持形象呈现的佛陀处的密续经典的听闻者和保护者。一点也不奇怪的是，他的形象在金刚乘传承中获得了重要地位。两臂愤怒相金刚手这一形象在藏传佛教艺术中被广为传播和熟知。很难说他和八大那迦王一起出现的形象具体是源自哪部经典。也许是源自瑜伽续（yoga-tantra）[1]中的《佛顶尊胜陀罗尼经》（The Sarvadurgatipariśodhana Tantra）。由金刚手菩萨和八大那迦王组合的曼陀罗（Mandala）固定出现于15世纪以来萨迦派尼泊尔风格的造像中，即是参照了这一经典。经典中金刚手菩萨被描述为一面，二臂，白色身相，面容祥和，八那迦王围绕主尊被置于莲花台上。他们的形象被结合使用于一个曼陀罗中，这可以与佛陀在乌达亚纳（Uddayana）调服巨蛇相联系，彼时佛陀任命金刚手作为龙的保护者以对抗他们的敌人迦楼罗鸟（garudas）。同时金刚手菩萨是龙的指挥者，可以被描绘为愤怒相，就如同在我们的写卷中一样。该文本的显著特点是它没提及这一组合作为施雨者的重要功能，但提示了具有蛇性的名为Sngags bdag（the Master of Mantras）的人物，实际上他被提及主要是为了描述仪轨。如果他没有遵从祈请为某人解毒的话，将招致金刚手菩萨的严厉惩罚。这一文本在藏传佛教经典中，没有被发现，原因可能在于此时的藏传佛教经典是由藏人作者完成，因为里面有许多具体的地方物品，如西藏野羊魔（gnyan）。

四、考 据 学

现今并没有很多属于藏传佛教经典，尤其是密教经典，形成时期的藏文手稿。我们对经典形成过程的了解主要基于后期的文本且不全面，因此这类新发现的手稿对于藏学研究来说都具有重要的意义。写卷Дx.178就属于这类藏文文献。

此写卷上的三个文本在丹珠尔中有相对应的部分，这就使得与晚期主要造于北京和德格的版本相对比成为可能。早期的版本与经典化的版本在个别用词甚至整个段落都有很大区别。这其中存在46种拼写差异（包括错误）和语义分歧。我将用列表展示写卷中第一部分（No.1）与北京版和德格版之间的差异。

在46个例子中有24个例子，展示了写卷同德格版更为接近（有9处拼写差异和15

---

〔1〕 Skorupsky T, *The Sarvadurgatipariśodhana Tantra. Elimination of All Evil Destinies.* Sanskrit and Tibetan texts with introduction, English translation andnotes. India: Motilal Banarsidass, 1983.

处语义差异），另外有22个例子展示了其同北京版更为相近（有10处拼写差异和12处语义差异），因此，与北京版相比，写卷同德格版更接近。事实上写卷与两个版本（译者注：指北京版和德格版）相差甚远，与写卷本比较的话，北京版与德格更为接近。需要提及的是写卷第一篇中最后一段有着从7个音节到11个音节的音步变化，而其他两个版本却保持了同样的音步。另一方面，写卷上的四篇文本与帕木竹巴版的对应内容相比较可以清楚地发现它们出自同一传承。将写卷中的某一文本像第一个文本（No.1）那样与大藏经各版本相对比，具有特别重要的意义。此写卷与帕木竹巴版相对比也存在差异，但这些差异相较于呈现这两个版本基本文本的不同之处而言，其更有助于重构第一个文本（No.1）的正确校勘本。因为是由吉祥噶译师翻译及书写的，那么他的老师咱弥译师在帕木竹巴版中具有很大的影响也是不足为奇的。

Дх.178	北京版	德格版	一致性
bla ma la **smod** bstan la sdang ‖	bla ma la **dmod** bstan la sdang ‖	bla ma la **smod** bstan la sdang ‖	德格版（拼写）
gdug pa ma lus **zhi** byas ste ‖	gdug pa ma lus **byi** byas ste ‖	gdug pa ma lus **zhi** byas ste ‖	德格版（拼写）
thod pa rin chen **sbrul** gyis brgyan ‖	hod pa rin chen **sprul** gyis brgyan ‖	hod pa rin chen **sbrul** gyis brgyan ‖	德格版（拼写）
de nas rang gis **thugs kavi** ‖	de nas rang gis **thugs yi** ‖	de nas rang gis **thugs ka yi** ‖	德格版（拼写）
zhi rgyas dbang dang mngon spyod **kyis**	zhi rgyas dbang dang mngon spyod **kyis** ‖	zhi rgyas dbang dang mngon spyod **kyi** ‖	北京版（拼写）
las rnams gang yin de **bcol** bya ‖	las rnams gang yin de **bcol** bya ‖	las rnams gang yin de **rtsol** bya ‖	北京版（语义）
bsod nams gang thob des ni vgro ba ma lus pavi ‖	bris pavi **bsod nams gang** thob pa des ‖	bris pavi **bsod nams** thob pa des ‖	与两个版本都不同，但与北京版在语义上更接近。

此写卷第二部分的文本，是有关毗湿奴那罗辛哈的，可能是从梵文翻译为藏文的，至少它们有着传统的标题 rgya gar skad du（in Sanskrit），尽管其中之一写为那罗辛哈（Narasiṅha），另一个文本漫灭不清。然而，因为它们具有明显的融合特性，所以这些文本不能被纳入藏文大藏经。其他几篇有可能是藏人所作，仅有两篇清楚地表明，其一篇是吉祥噶译师所译，另一篇提到了他的诗句（No.10）。

写卷的一些片断（大部分在第1—7叶的正面）有许多行间注（参见图2）。在第二部分却几乎没有行间注，这就表明注释者对于毗湿奴那罗辛哈崇拜并无太多要说的。有的时候注释可以加深文本的理解，比如，第三篇（No.3）的主体部分叙述了塑像应该由泥土制作，根据行注，这样的泥土必须是来自敌人行走过的地方；在第五篇（No.5）的第五部分提到念诵口诀（行注说明口诀是为了迎请大黑天）和保护神的显现，行注部分对这一过程作了进一步详细描述，即：当一个人念诵口诀时，就会从他的嘴里发出一道光芒照耀到守护神心里（邀请神的到来）；第13篇（No.13）的文本列举了四个口诀。

许多文本和片段都以短语"ati"结尾，多数情况写成一个字，但有三种情况两个音节是分开写的。很难说它到底是什么意思，因为有两种相似的表述：ati（在古时无上瑜伽antiyoga文本中得以证实）和 iti（梵文中的引号，等等），但是ati作为语尾词是非常奇怪的，而iti与ati有很大差异；再者，两种表述都没有卷舌音字母"ta."我仅可以推测出"ati"是用来表达文本的神圣性的。

图 3　短语"ati"的两种不同写法

写卷上的一些文本与后期版本的密续文本对比来看，该写卷有多处漫灭，如果没有更多精心搜集的（可资比对的）文本，要做到精确翻译是非常困难的。然而到目前为止，在任何地方都没有发现其他（可资比对的）文本，所以对该写卷的翻译多是基于译者的直觉并且也只能是尝试性的。

［未完待续］

王尧先生论著目录

（截至 2015 年 12 月 18 日）

任小波 初编　中国藏学研究中心 更新

（一）文章

1.《藏语的声调》,《中国语文》1956年第6期。

2.《西藏谚语俗语选》,《民间文学》1957年第1期。

3.《藏语数词中的"垫音"》, 中国语文杂志社编:《少数民族语文论集》第2集, 北京:中华书局,1958年。

4.《藏族史札记》, 中央民族学院历史系编:《中央民族学院历史系科学讨论会论文汇编》, 北京:中央民族学院,1962年。

5.《略谈西藏民歌中的谐系民歌》,《民间文学》1962年第2期。

6.《藏文大藏经〈西蕃字藏〉述略》, 藏族研究班专题讲座讲稿, 北京:中央民族学院,1963年。

7.《萨迦世系、帕竹世系》, 王森:《关于西藏佛教的十篇资料》附录, 北京:中国社会科学院民族研究所,1965年。

8.《西夏黑水桥碑考补》,《中央民族学院学报》1978年第1期。

9.《萨迦班智达公哥监藏致蕃人书》, 韩儒林主编:《元史及北方民族史研究集刊》第3辑,南京:南京大学历史系元史组,1978年。

10.《黄河源上两大湖——扎陵、鄂陵名称位置考实》,《社会科学战线》1979年第3期。

11.《喇嘛教对藏族文化的影响》,《青海民族学院学报》1979年第3、4期。

12.《藏文》,《民族语文》1979年第1期。

13.《藏戏和藏戏故事——西藏文化巡礼之一》,《西藏文艺》1979年第3期。

14.《〈敦煌古藏文历史文书〉中的藏族古代歌谣——西藏文化巡礼之二》,《西藏文艺》1979年第4期。

15.《西藏访书简记》,《中国史研究动态》1979年第9期。

16.《〈敦煌古藏文历史文书〉序言》,王尧、陈践:《敦煌古藏文历史文书》,西宁:青海民族学院,1979年。

17.《吐蕃佛教述略》,《青海民族学院学报》1980年第4期。

18.《藏族翻译家管·法成对民族文化交流的贡献》,《文物》1980年第7期。

19.《第巴·桑结嘉错杂考》,中国人民大学清史研究所编:《清史研究集》第1辑,北京:中国人民大学出版社,1980年。

20.《藏文古代历史文献述略》,《西藏民族学院学报》1980年第2期。

21.《史传文学及〈米拉日巴传〉——西藏文化巡礼之三》,《西藏文艺》1980年第2期。

22.《〈萨迦格言〉评价——西藏文化巡礼之四》,《西藏文艺》1980年第3期。

23.《推荐〈国外西藏研究概况〉》,《中国出版》1980年第3期。

24.《对音译转写地名的一点补充意见》,《民族语文》1980年第2期。

25.《南宋少帝赵显遗事考辨》,《西藏研究》1981年第1期。

26.《山东长清大灵岩寺〈大元国师法旨碑〉考释》,《文物》1981年第11期。

27.《藏语mig字古读考——兼论藏语声调的发生与发展》,《民族语文》1981年第4期。

28.《〈苯教史〉汉译本导言》(噶尔美撰,与陈观胜合译),《青海民族学院学报》1981年第3期。

29.《吐蕃文献学概述》,王尧:《吐蕃金石录》,北京:文物出版社,1982年。

30.《P. T. 1283号〈北方若干国君之王统叙记〉文书》(与陈践合撰),《敦煌学辑刊》1982年第2期。

31.《〈于阗教法史〉——敦煌古藏文写卷P. T. 960号译解》(与陈践合撰),《西北史地》1982年第3期。

32.《敦煌藏文写卷P. T. 986号〈尚书〉译文证补》(与陈践合撰),中央民族学院藏族研究所编:《藏族研究论文集》第1集,北京:中央民族学院藏族研究所,1982年。

33.《敦煌本藏医学残卷介绍(上)》(与陈践合撰),《中华医史杂志》1982年第4期。

34.《纪念中孟人民的友谊使者、孟加拉族佛教学者阿底夏大师》,《南亚研究》1982年第3期。

35.《承德〈安远庙碑〉考释》,《法音》1982年第3期。

36.《关于chis一词的翻译问题》(今枝由郎著,王尧译),《民族译丛》1982年第1期。

37.《敦煌古藏文〈礼仪问答〉写卷译解》(与陈践合撰),《西北史地》1983年第2期。

38.《敦煌吐蕃文书 P.T.1291 号〈战国策〉藏文译文证补》（与陈践合撰），《青海民族学院学报》1983 年第 3 期。

39.《敦煌古藏文〈罗摩衍那〉译本介绍》（与陈践合撰），《西藏研究》1983 年第 1 期。

40.《敦煌本藏医学残卷介绍（下）》（与陈践合撰），《中华医史杂志》1983 年第 2 期。

41.《辽刻〈契丹藏〉发微》，《中国历史文物》1983 年第 1 期。

42.《再论民族民间文学与宗教的关系》（与马学良合撰），《西藏文学》1983 年第 2 期。

43.《吐蕃文献叙录》，中国民族古文字研究会编：《中国民族古文字研究》，北京：中国社会科学出版社，1984 年。

44.《敦煌藏文写卷 P.T.1083、1085 号研究——吐蕃占有敦煌时期的民族关系探索》（与陈践合撰），《历史研究》1984 年第 5 期。

45.《嘉木样协巴》，王思治主编：《清代人物传稿》上编第 1 卷，北京：中华书局，1984 年。

46.《敦煌藏文写本手卷研究近况综述》，朱东润、李俊民、罗竹风主编：《中华文史论丛》第 30 辑，上海：上海古籍出版社，1984 年。

47.《吐蕃时期的占卜研究——敦煌藏文 P.T.1047、1055 号译释》（与陈践合撰），《世界宗教研究》1985 年第 3 期。

48.《吐蕃的鸟卜研究——P.T.1045 号卷子译解》（与陈践合撰），中央民族学院藏族研究所编：《藏学研究文集》第 3 集，北京：民族出版社，1985 年。

49.《唐拨川郡王事迹考——吐蕃大相禄东赞嫡孙仕唐故实》，朱东润、李俊民、罗竹风主编：《中华文史论丛》第 35 辑，上海：上海古籍出版社，1985 年。

50.《西藏佛教及教派简介》，中央民族学院藏族研究所编：《藏学研究文集》第 3 集，北京：民族出版社，1985 年。

51.《藏语西部方言——巴尔提（Balti）话简介》，《西藏民族学院学报》1985 年第 3 期。

52.《〈苯教史〉（嘉言宝藏）选译（一）》（噶尔美著，与陈观胜合译），王尧主编：《国外藏研究译文集》第 1 辑，拉萨：西藏人民出版社，1985 年。

53.《介绍〈藏汉对照拉萨口语辞典〉及其主编于道泉教授》，《辞书研究》1985 年第 3 期。

54.《回顾与前瞻——记中央民族学院的敦煌吐鲁番学研究》（与陈践合撰），中央民族学院藏族研究所编：《藏学研究文集》第 3 集，北京：民族出版社，1985 年。

55.《吐蕃兵制考略——军事部落联盟剖析》（与陈践合撰），《中国史研究》1986 年第1期。

56.《从一张借契看宗教的社会作用——P. T. 1297（1）号敦煌吐蕃文书译解》（与陈践合撰），《世界宗教研究》1986年第4期。

57.《敦煌本〈瑜伽师地论·菩萨地〉藏汉对照词汇考诠校录》（与陈践合撰），《青海民族学院学报》1986年第2期。

58.《敦煌吐蕃写卷〈医马经〉、〈驯马经〉残卷译释》（与陈践合撰），《西藏研究》1986年第4期。

59.《新疆吐蕃简牍考述及释例》，王尧、陈践:《吐蕃简牍综录》，北京：文物出版社，1986年。

60.《藏族的古歌与神话》，《青海社会科学》1986年第5期。

61.《藏文大藏经——丽江—理塘版〈甘珠尔〉经述略》，《中央民族学院学报》1986年第3期。

62.《〈红楼梦〉第63回中的"土番"正解》，中国曹雪芹研究会编:《曹学论丛》，石家庄：群众出版社，1986年。

63.《有关吐蕃法制的三件敦煌文书译释》（与陈践合撰），《中国史研究》1987年第4期。

64.《P.T.1188号〈登里回鹘可汗告牒〉译释》，《西藏民族学院学报》1987年第2期。

65.《归义军曹氏与于阗之关系补证——P. T. 1284号吐蕃文书译释》（与陈践合撰），《西北史地》1987年第2期。

66.《三探吐蕃卜辞——伦敦印度事务部图书馆所藏藏文占卜文书译释》（与陈践合撰），《青海社会科学》1987年第3期。

67.《吐蕃饮馔与服饰》，马雍主编:《中亚学刊》第2辑，北京：中华书局，1987年。

68.《〈苯教史〉（嘉言宝藏）选译（二）》（噶尔美著，与陈观胜合译），王尧主编:《国外藏学研究译文集》第2辑，拉萨：西藏人民出版社，1987年。

69.《〈西藏的鬼怪和神灵〉再版导言》（博·克瓦尔内著，王尧译），王尧主编:《国外藏学研究译文集》第3辑，拉萨：西藏人民出版社，1987年。

70.《蕃占期间的敦煌佛教事业探微——P. T. 999、1001号藏文写卷译释》（与陈践合撰），《世界宗教研究》1988年第2期。

71.《试论藏族的史学和藏文史籍》（与沈卫荣合撰），《史学史研究》1988年第2、3期。

72.《摩挲遗文忆前贤——记顾颉刚先生序〈五凤苑藏汉字典〉》，编辑组编:《藏族史论文集》,成都：四川民族出版社,1988年。

73.《张建木先生所译〈印度佛教史〉读后赘语》,多罗那它：《印度佛教史》附录,张建木译,成都：四川民族出版社,1988年。

74.《西藏问题与中国边疆史地研究》,《中国边疆史地研究》1988年第4期。

75.《吐蕃的王权与官制考略》,编辑组编：《藏学研究文选——祝贺王森先生从事藏学研究工作50周年》,拉萨：西藏人民出版社,1989年。

76.《吐蕃职官考信录》(与陈践合撰),《中国藏学》1989年第1期。

77.《敦煌吐蕃官号"节儿"考》,《民族语文》1989年第4期。

78.《藏汉佛典对勘释读之一——〈般若波罗密多心经〉》,《西藏研究》1989年第3期。

79.《藏汉佛典对勘释读之二——〈金刚经〉》,《西藏研究》1989年第4期。

80.《藏历图略说》,中国社会科学院考古研究所编：《中国古代天文文物论集》,北京：文物出版社,1989年。

81.《陈寅恪先生对我国藏学研究的贡献》,纪念陈寅恪教授国际学术讨论会秘书组编：《纪念陈寅恪教授国际学术讨论会文集》,广州：中山大学出版社,1989年。

82.《藏学研究在台湾》,《西藏研究》1989年第2期。

83.《考释蕃文开盛业,征研元史见和光——序〈仁庆扎西藏学研究文集〉》,仁庆扎西：《仁庆扎西藏学研究文集》,天津：天津古籍出版社,1989年。

84.《〈西藏宗教艺术〉中译本序言》,扎雅·诺丹西绕：《西藏宗教艺术》,谢继胜译,拉萨：西藏人民出版社,1989年。

85.《〈唐五代敦煌寺户制度〉评介》,《书品》1989年第1期。

86.《马球(Polo)新证》,《法言》(香港)1990年第8期。

87.《〈凉州广善寺碑〉藏汉文释读》(与陈践合撰),《西北民族研究》1990年第1期。

88.《藏汉佛典对勘释读之三——〈大乘无量寿宗要经〉》,《西藏研究》1990年第2期。

89.《藏汉佛典对勘释读之四——〈佛说阿弥陀经〉》,《西藏研究》1990年第4期。

90.《奈巴教法史——古谭花鬘》(奈巴班智达著,与陈践合译),《中国藏学》1990年第1期。

91.《中国的藏学》,汤一介主编《中国文化与中国哲学：1988年》,北京：三联书店,1990年。

92.《怅望雪山悲遗志,俯首幽燕哭斯人——悼念郎卡孜·罗桑多吉》(与徐盛合撰),《中央民族学院学报》1990年第3期。

93.《敦煌 P. T. 351 号吐蕃文书及景教文献叙录》,汉学研究中心编:《第二届敦煌学国际研讨会论文集》,台北:汉学研究中心,1991年。

94.《青海吐蕃简牍考释》(与陈践合撰),《西藏研究》1991年第3期。

95.《宗喀巴思想的历史渊源》(与褚俊杰合撰),《中国藏学》1991年第3期。

96.《〈周叔迦佛学论著集〉读后感言》,《书品》1991年第3期。

97.《书卷纵横崇明德,山河带砺灿晚霞——评王森先生〈西藏佛教发展史略〉》,《中国藏学》1991年第2期。

98.《匈牙利藏学泰斗 G. 乌瑞教授逝世》,《中国藏学》1991年第4期。

99.《〈敦煌本吐蕃历史文书〉导言》,王尧、陈践:《敦煌本吐蕃历史文书》,北京:民族出版社,1992年。

100.《藏传佛教文化十讲》,王尧:《西藏文史考信集》,高雄:佛光出版社,1992年。

101.《藏传佛教译经史料钩沉》,《中国藏学》1992年第3期。

102.《萨迦班智达贡噶坚参及其哲理诗〈萨迦格言〉》,王尧:《西藏文史考信集》,高雄:佛光出版社,1992年。

103.《缘起不能破——宗喀巴对中观缘起学说的肯定》(与褚俊杰合撰),中华佛学研究所编:《中华佛学学报》第5期,台北:中华佛学研究所,1992年。

104.《汉经融藏典,教理叩禅关——颂太虚大师创办汉藏理教院的伟大贡献》,王尧:《藏学零墨》,高雄:佛光出版社,1992年。

105.《〈敦煌本吐蕃历史文书〉再版前言》,王尧、陈践:《敦煌本吐蕃历史文书》,北京:民族出版社,1992年。

106.《〈国外敦煌吐蕃文书研究选译〉前言》,中国敦煌吐鲁番学会编:《国外敦煌吐蕃文书研究选译》,兰州:甘肃人民出版社,1992年。

107.《〈川甘青藏走廊古部落〉中译本跋尾》,〔法〕石泰安:《川甘青藏走廊古部落》,耿昇译,成都:四川民族出版社,1992年。

108.《〈贤愚因缘经〉藏文本及其译者小考》,王宗维、周伟洲编:《马长寿纪念文集——纪念马长寿教授诞辰85周年逝世20周年》,西安:西北大学出版社,1993年。

109.《山东长清大灵岩寺〈大元国师法旨碑〉考释补证》,中央民族学院藏学研究所编:《藏学研究》第7集,北京:中央民族学院出版社,1993年。

110.《摩诃葛剌(Mahākāla)崇拜在北京》,蔡美彪主编:《庆祝王锺翰先生80寿辰学术论文集》,沈阳:辽宁大学出版社,1993年。

111.《少数民族与道教——读史札记》，戴庆厦、罗美珍、杨应新编：《民族语文论文集——庆祝马学良先生80寿辰文集》，北京：中央民族学院出版社，1993年。

112.《台湾近期藏学论著述评》，《中国西藏》1993年第2期。

113.《〈周叔迦佛学论著集〉读后感言》，《书品》1991年第3期。

114.《〈西藏的神灵和鬼怪〉中译本序言》，［奥地利］勒内·德·内贝斯基·沃杰科维茨：《西藏的神灵和鬼怪》，谢继胜译，拉萨：西藏人民出版社，1993年。

115.《从两件敦煌吐蕃文书来谈洪辩的事迹——P. T. 999、1201号卷子译解》，复旦大学中文系编：《选堂文史论苑——饶宗颐先生任复旦大学顾问教授纪念文集》，上海：上海古籍出版社，1994年。

116.《清廷治藏盛事有见证——介绍台北"故宫博物院"所藏几件藏传佛教文物》，《中国西藏》1994年第6期。

117.《西藏与藏传佛教一席谈》（王俊中采访），《法光》第60期，1994年。

118.《〈喇嘛王国的覆灭〉中译本序言》，［美］梅·戈尔斯坦：《喇嘛王国的覆灭》，杜永彬译，北京：时事出版社，1994年。

119.《元廷所传西藏秘法考叙》，王元化主编：《学术集林》第3卷，上海：上海远东出版社，1995年。

120.《从"河图洛书""阴阳五行""八卦"在西藏看古代哲学思想的交流》，饶宗颐主编：《华学》第1辑，广州：中山大学出版社，1995年。

121.《〈金瓶梅〉与明代道教活动》，陈鼓应主编：《道家文化研究》第7辑，上海：上海古籍出版社，1995年。

122.《〈宗喀巴评传〉序言及后记》，王尧、褚俊杰：《宗喀巴评传》，南京：南京大学出版社，1995年。

123.《从"血亲复仇"到"赔偿命价"看藏族的传统思想与社会变迁》，王元化主编：《学术集林》第8卷，上海：上海远东出版社，1996年。

124.《藏族四大诗人（米拉日巴、萨迦班智达、宗喀巴、仓央嘉措）合论》（与褚俊杰合撰），饶宗颐主编：《华学》第2辑，广州：中山大学出版社，1996年。

125.《作为哲学家的宗喀巴和宗喀巴的中观哲学》（与褚俊杰合撰），陈庆英主编：《藏族历史宗教研究》第1辑，北京：中国藏学出版社，1996年。

126.《宗喀巴的密宗思想——"双运论"与"次第论"》（与褚俊杰合撰），中央民族大学藏学研究所编：《藏学研究》第8集，北京：中央民族大学出版社，1996年。

127.《藏语 zlaba 一词音义考》,《民族语文》1996年第5期。

128.《枭(sho)、博(sbag)考源——西藏民间娱乐文化探讨》,《中国藏学》1996年第2期。

129.《十一世班禅大师应化现身追记》,《炎黄春秋》1996年第6期。

130.《〈风马考〉代序》,谢继胜:《风马考——西藏民间宗教、仪轨与神话》,台北:唐山出版社,1996年。

131.《〈佛教与中国传统文化〉编辑缘起及后记》(与陈楠合撰),王尧主编:《佛教与中国传统文化》,北京:宗教文化出版社,1997年。

132.《〈题万松图〉的故事》,《佛教文化》1997年第5期。

133.《敦煌吐蕃文书 P. T. 1297 号再释——兼谈敦煌地区佛教寺院在缓和社会矛盾中的作用》,《中国藏学》1998年第1期。

134.《藏语的文化语言学释例》,《中央民族大学学报》1998年第3期。

135.《〈西藏历史文化辞典〉前言》,王尧、陈庆英主编:《西藏历史文化辞典》,拉萨:西藏人民出版社;杭州:浙江人民出版社,1998年。

136.《〈宁玛派次第禅〉序言》,摧魔洲尊者:《宁玛派次第禅》,敦珠宁波车科判、谈锡永导论、许锡恩翻译,香港:密乘佛学会,1998年。

137.《〈藏史丛考〉序言》,陈楠:《藏史丛考》,北京:民族出版社,1998年。

138.《賨人初考——藏族与道教的关系一探》,王尧主编:《贤者新宴——藏学研究丛刊》第1辑,北京:北京出版社,1999年。

139.《我与西藏学》,张世林编:《学林春秋》第2编,北京:朝华出版社,1999年。

140.《〈法藏敦煌藏文文献解题目录〉序言》,王尧主编:《法藏敦煌藏文文献解题目录》,北京:民族出版社,1999年。

141.《〈贤者新宴〉创刊序言》,王尧主编:《贤者新宴——藏学研究丛刊》第1辑,北京:北京出版社,1999年。

142.《〈敦煌汉文吐蕃史料辑校〉序言》,杨富学、李吉和:《敦煌汉文吐蕃史料辑校》第1辑,兰州:甘肃人民出版社,1999年。

143.《〈八思巴生平与《彰所知论》对勘研究〉序言》,王启龙:《八思巴生平与〈彰所知论〉对勘研究》,北京:中国社会科学出版社,1999年。

144.《潇洒无尘,耿介绝俗,崎岖历尽,书生面目——为费孝通老师90大寿献词》,张荣华编:《薪火相传——记费孝通教授》,北京:群言出版社,1999年。

145.《吐蕃时期藏译汉籍名著及故事》，王尧：《水晶宝鬘——藏学文史论集》，台北：佛光文化事业有限公司，2000年。

146.《诗人、圣者米拉日巴的自然雅趣与性瑜伽观》，王尧：《水晶宝鬘——藏学文史论集》，台北：佛光文化事业有限公司，2000年。

147.《明初与藏事有关的诏文及河西碑刻考异》，王尧：《水晶宝鬘——藏学文史论集》，台北：佛光文化事业有限公司，2000年。

148.《〈金瓶梅〉与明代藏传佛教》，王尧：《水晶宝鬘——藏学文史论集》，台北：佛光文化事业有限公司，2000年。

149.《台北"故宫博物院"藏一件驻藏大臣奏折介绍——嘉庆治藏政策平议》，王尧：《水晶宝鬘——藏学文史论集》，台北：佛光文化事业有限公司，2000年。

150.《古藏文概述及图例》，王尧：《水晶宝鬘——藏学文史论集》，台北：佛光文化事业有限公司，2000年。

151.《近十年中国藏学研究概述（1986—1996）》，王尧：《水晶宝鬘——藏学文史论集》，台北：佛光文化事业有限公司，2000年。

152.《千江映月，同是一月——〈解深密经疏〉遗事掇琐》，韩金科主编：《'98法门寺唐文化国际学术讨论会论文集》，西安：陕西人民出版社，2000年。

153.《记韩儒林、于道泉二位老师的友谊》，陈得芝、丁国范、韩朔眺编：《朔漠情思——历史学家韩儒林》，南京：南京大学出版社，2000年。

154.《〈更敦群培评传〉序言》，杜永彬：《二十世纪西藏奇僧——人文主义先驱更敦群培大师评传》，北京：中国藏学出版社，2000年。

155.《藏学研究与外宣工作之浅见》，《中央民族大学学报》2000年第6期。

156.《云南丽江吐蕃古碑释读札记》，荣新江主编：《唐研究》第7卷，北京：北京大学出版社，2001年。

157.《〈大宝积经〉汉藏文对勘校读本述略前记》，胡军、孙尚扬主编：《诠释与建构——汤一介先生75周年华诞暨从教50周年纪念文集》，北京：北京大学出版社，2001年。

158.《藏译本〈大唐西域记〉的翻译、译者和大乘上座部等几个问题述记》，乐黛云主编：《季羡林与二十世纪中国学术——纪念季羡林教授90寿辰》，北京：北京大学出版社，2001年。

159.《特立异行，追求真理——记我所知道的先师于道泉先生》，王尧编著：《平凡而伟大的学者——于道泉》，石家庄：河北教育出版社，2001年。

160.《于道泉先生年谱简编》,王尧编著:《平凡而伟大的学者——于道泉》,石家庄:河北教育出版社,2001年。

161.《百万珠玑灼灼新——纪念法尊法师往生廿周年》,《法源》2001年总第19期。

162.《两位学术大师:周叔迦与于道泉》,湛如主编:《华林》第1卷,北京:中华书局,2001年。

163.《〈早期汉藏艺术〉中译本序言》,[法]噶尔美·海瑟:《早期汉藏艺术》,熊文彬译,石家庄:河北教育出版社,2001年。

164.《吐蕃古史探微——神话、传说、故事与寓言》(与褚俊杰合撰),陈高华、余太山主编:《中亚学刊》第6辑,乌鲁木齐:新疆人民出版社,2002年。

165.《从敦煌文献看吐蕃文化》,黄征主编:《南京栖霞山石窟艺术与敦煌学》,杭州:中国美术学院出版社,2002年。

166.《〈藏学文库〉总序》,王尧主编:《藏学文库》,西宁:青海人民出版社,2002年。

167.《〈雪域旧旅丛书〉总序》,王启龙主编:《雪域旧旅丛书》,成都:四川民族出版社;北京:中国社会科学出版社,2002年。

168.《唐帝国统治下的西域与吐蕃王国》(与穆舜英合撰),[俄]B.A.李特文斯基主编:《中亚文明史》第3卷,马小鹤译,北京:中国对外翻译出版公司,2003年。

169.《〈中国藏学史〉序言》,王尧、王启龙、邓小咏:《中国藏学史:1949年前》,北京:民族出版社、清华大学出版社,2003年。

170.《〈吐蕃文献选读〉序言》,陈践、王尧:《吐蕃文献选读》,成都:四川民族出版社,2003年。

171.《记与王重民先生交往二三事》,国家图书馆善本特藏部编:《文津流觞》第11期,2003年。

172.《高山仰止——长忆李方桂先生》,李方桂:《李方桂先生口述史》附录,王启龙、邓小咏译,北京:清华大学出版社,2003年。

173.《〈洋人眼中的西藏译丛〉总序》,王启龙主编:《洋人眼中的西藏译丛》,拉萨:西藏人民出版社,2003年。

174.《青海玉树地区贝考石窟摩崖吐蕃碑文释读》,荣新江主编:《唐研究》第10卷,北京:北京大学出版社,2004年。

175.《〈拉萨尼寺梵呗〉序言》,黄勇:《拉萨尼寺梵呗——阿尼仓空宗教仪轨供品研究》,北京:中国藏学出版社,2004年。

176.《青海都兰新出吐蕃文汇释》，北京大学考古文博学院、青海省文物考古研究所：《都兰吐蕃墓》附录，北京：科学出版社，2005年。

177.《〈藏族与长江文化〉序言》，王尧、黄维忠：《藏族与长江文化》，武汉：湖北教育出版社，2005年。

178.《蹉跎岁月里的辅仁》，李丽主编：《王辅仁与藏学研究》，北京：中央民族大学出版社，2006年。

179.《吐蕃"钵阐布"考论》，四川大学中国藏学研究所编：《藏学学刊》第3辑，成都：四川大学出版社，2007年。

180.《西藏地名释例》，唐晓峰主编：《九州》第4辑，北京：商务印书馆，2007年。

181.《藏汉文化的双向交流》，陆挺、徐宏主编：《人文通识演讲录·历史卷》，北京：文化艺术出版社，2007年。

182.《藏族为中华文明做出了重大贡献》（杨君采访），《中国宗教》2007年第12期。

183.《〈古代西藏碑文研究〉汉译本序言》，丁邦新主编：《李方桂全集》第9卷，王启龙译，北京：清华大学出版社，2007年。

184.《〈图说西藏古今〉序言》，廖东凡、张晓明、周爱明、陈宗烈：《图说西藏古今》，北京：华文出版社，2007年。

185.《我陪耀邦书记进藏侧记》，胡耀邦史料信息网，2007年7月30日。

186.《藏戏源于佛教述略》，王俊义主编：《炎黄文化研究》第8辑，郑州：大象出版社，2008年。

187.《文化的认同和融合——汉藏文献互译浅见》，北京：国际藏学讨论会，2008年。

188.《〈敦煌本吐蕃历史文书〉三版前言》，王尧、陈践：《敦煌古藏文文献探索集》，上海：上海古籍出版社，2008年。

189.《点点滴滴，关于丽江和纳西族的回忆（代序）》，木仕华主编：《丽江木氏土司与滇川藏交角区域历史文化研讨会论文集》，北京：中国藏学出版社，2008年。

190.《儒雅博学，热爱祖国——长忆柳陞祺先生》，郝时远、格勒主编：《纪念柳陞祺先生百年诞辰暨藏族历史文化论集》，北京：中国藏学出版社，2008年。

191.《藏传佛教与灵童转世》，《中国文化》2009年第3期。

192.《长安佛教与西藏佛教》，西安：长安佛教论坛，2009年。

193.《丰富精美，耳目一新——序〈汉藏交融——金铜佛像集萃〉》，王家鹏主编：《汉藏交融——金铜佛像集萃》，北京：中华书局，2009年。

194.《〈藏传佛教寺院美岱召五当召调查与研究〉序言》,王磊义、姚桂轩、郭建中:《藏传佛教寺院美岱召五当召调查与研究》,北京:中国藏学出版社,2009年。

195.《藏传佛教的发展传承》(张萍采访),《精品购物指南》2010年第75期。

196.《藏学家王尧教授访谈录》(何贝莉采访),王铭铭主编:《中国人类学评论》第14辑,2010年。

197.《〈贤者喜宴吐蕃史译注〉序言》,黄颢、周润年:《〈贤者喜宴〉吐蕃史译注》,北京:中央民族大学出版社,2010年。

198.《朴老与三代班禅大师的旷世友情》,《中国宗教》2010年第6期。

199.《深切怀念王永兴先生》,编委会编:《通向义宁之学:王永兴先生纪念文集》,北京:中华书局,2010年。

200.《藏传佛教之活佛转世制度的形成和发展》,《国学新视野》2011年第1期。

201.《西藏历史进程中的两座丰碑——萨班·贡噶坚赞与阿沛·阿旺晋美合论》,《中国藏学》2011年第3期。

202.《惠果所传曼荼罗画与唐密、东密、藏密的殊胜因缘》,西安:大兴善寺与唐密文化学术研讨会,2011年。

203.《语文学的持守与创获——沈卫荣〈西藏历史和佛教的语文学研究〉书后》,《读书》2011年第8期。

204.《〈巴尔蒂斯坦的历史与文化〉序言》,陆水林编译:《巴尔蒂斯坦的历史与文化》,北京:中国藏学出版社,2011年。

205.《追忆季羡林先生二三事》,张世林主编:《想念季羡林》,北京:新世界出版社,2011年。

206.《〈青史〉汉译本序言》,王启龙、还克加译注:《青史》,北京:中国社会科学出版社,2012年。

207.《我参加历届国际藏学会议的经历》(王玥玮采访),《中国藏学》2013年第1期。

208.《纪念谔谔之士朱维铮先生》,复旦大学历史系编:《怀真集:朱维铮先生纪念文集》,上海:复旦大学出版社,2013年。

209.《〈吐蕃卜辞新探〉序言》,陈践:《吐蕃卜辞新探:敦煌P.T. 1047 + ITJ. 763号〈羊胛骨卜〉研究》,上海:上海远东出版社,2014年。

210.《我所结识的喇嘛》,《中国藏学》2015年第1期。

（二）专著、合著

1.《西藏民间故事》，北京：通俗读物出版社，1955年。

2.《说不完的故事》，北京：通俗读物出版社，1956年；西宁：青海民族出版社，1962、1980年。

3.《文成公主的故事》，北京：通俗读物出版社，1956年；上海：上海文艺出版社，1958年。

4.《珍珠》（与开斗山合著），北京：通俗文艺出版社，1957年。

5.《蒙藏民间故事》（与李翼合著），香港：今代图书公司，1957年；香港：国光书局，1975年。

6.《西藏萨迦格言选》，西宁：青海人民出版社，1958年；西宁：青海民族出版社，1981年；当代中国出版社，2011年。

7.《藏剧故事集》，北京：中国戏剧出版社，1963年；拉萨：西藏人民出版社，1980年；英文本，北京：新世界出版社，1986、2013年。

8.《藏族民间故事选》（与佟锦华合著），上海：上海文艺出版社，1980年。

9.《敦煌本吐蕃历史文书》（与陈践合著），北京：民族出版社，1980年；增订本，北京：民族出版社，1992年。

11.《吐蕃金石录》，北京：文物出版社，1982年。

12.《吐蕃文献选读》（与陈践合著），北京：民族出版社，1983年；成都：四川民族出版社，2003年。

13.《敦煌吐蕃文献选》（与陈践合著），成都：四川民族出版社，1983年；藏文本，北京：民族出版社，1983年。

14.《吐蕃简牍综录》（与陈践合著），北京：文物出版社，1986年。

15.《吐蕃时期的占卜研究——敦煌藏文写卷译释》（与陈践合著），香港：香港中文大学出版社，1987年。

16.《敦煌吐蕃文书论文集》（与陈践合著），汉藏合刊本，成都：四川民族出版社，1988年。

17.《吐蕃文化》，长春：吉林教育出版社，1989年。

18.《西藏文史考信集》，高雄：佛光出版社，1992年；北京：中国藏学出版社，1994年。

19.《藏学零墨》，高雄：佛光出版社，1992年。

20.《宗喀巴评传》（与褚俊杰合著），台北：东初出版社，1992年；南京：南京大学出版社，1995年。

21.《中国地域文化·藏文化卷》（与丹珠昂奔合著），济南：山东美术出版社，1997年。

22.《水晶宝鬘——藏学文史论集》，台北：佛光文化事业有限公司，2000年。

23.《平凡而伟大的学者——于道泉》，石家庄：河北教育出版社，2001年。

24.《中国藏学史：1949年前》（与王启龙、邓小咏合著），北京：民族出版社、清华大学出版社，2003年；北京：中国社会科学出版社，2013年。

25.《藏学概论》，太原：山西教育出版社，2004年。

26.《西藏文史探微集》，北京：中国藏学出版社，2005年。

27.《藏族与长江文化》（与黄维忠合著），武汉：湖北教育出版社，2005年。

28.《敦煌古藏文文献探索集》（与陈践合著），上海：上海古籍出版社，2008年。

29.《当代名家学术思想文库·王尧卷》，沈阳：万卷出版公司，2010年。

30.《藏汉文化考述》，北京：中国藏学出版社，2011年。

31.《藏传佛教丛谈》，北京：中国藏学出版社，2011年。

32.《王尧藏学文集》（第1—5卷），北京：中国藏学出版社，2012年。

33.《中华佛教史·西藏佛教史卷》，太原：山西教育出版社，2013年。

34.《走近藏传佛教》，北京：中华书局，2013年。

（三）主编、参编

1.《国外藏学研究选译》，兰州：甘肃民族出版社，1983年。

2.《藏汉对照拉萨口语词典》（于道泉主编），北京：民族出版社，1983年。

3.《国外藏学研究译文集》（第1—20辑），拉萨：西藏人民出版社，1985—2013年。

4.《藏汉大辞典》（张怡荪主编），北京：民族出版社，1985年。

5.《中国大百科全书·语言文字》（中国大百科全书编辑委员会编），北京：中国大百科全书出版社，1988年。

6.《中国大百科全书·宗教》（中国大百科全书编辑委员会编），北京：中国大百科全书出版社，1988年。

7.《国外敦煌吐蕃文书研究选译》，兰州：甘肃人民出版社，1992年。

8.《佛教与中国传统文化》，北京：宗教文化出版社，1997年。

9.《西藏历史文化辞典》(与陈庆英合作主编)，杭州：浙江人民出版社、拉萨：西藏人民出版社，1998年。

10.《中华文化通志·民族文化典》，上海：上海人民出版社，1998年。

11.《法藏敦煌藏文文献解题目录》，北京：民族出版社，1999年。

12.《贤者新宴——藏学研究丛刊》(第1—5辑)，北京：北京出版社，1999年；石家庄：河北教育出版社，2000—2005年；上海：上海古籍出版社，2007年。

13.《佛教小辞典》(杜继文、黄明信主编)，上海：上海辞书出版社，2001年。

14.《中国佛教文化大观》(方广锠主编)，北京：北京大学出版社，2001年。

15.《藏学文库》，西宁：青海人民出版社，2002—2008年。

16.《敦煌典籍与唐五代历史文化》(张弓主编)，北京：中国社会科学出版社，2006年。

17.《李方桂全集·古代西藏碑文研究》(与柯蔚南合作主编)，北京：清华大学出版社，2007年。

作者名录

（按音序排列）

操林英　陕西师范大学外国语学院

杜永彬　中国藏学研究中心当代研究所

郭丽平　河南财经政法大学艺术系

侯浩然　莱比锡大学印度学和中亚研究所

桑木旦·噶尔梅（Samten G. Karmay）　知名旅法藏族学者

李雨璇　陕西师范大学外国语学院

廖　旸　中国社会科学院民族学与人类学研究所

沈卫荣　中国人民大学国学院

石岩刚　陕西师范大学国外藏学研究中心

王启龙　陕西师范大学国外藏学研究中心

魏　文　中国藏学研究中心历史研究所

魏玉贵（才让扎西）　甘肃省甘南藏族自治州合作二中

乌云毕力格　中国人民大学国学院

向龙飞　西藏自治区区委党校

谢光典　陕西师范大学中国西部边疆研究院

谢继胜　浙江大学汉藏佛教艺术研究中心

熊文彬　四川大学中国藏学研究所

闫　雪　上海社会科学院宗教研究所

杨黎浩　陕西师范大学国外藏学研究中心

阴海燕　西藏自治区社会科学院民族研究所

曾丽容　兴义民族师范学院政治与历史学院

张虽旺　黔南民族师范学院历史与民族学院

赵晓星　敦煌研究院敦煌文献研究所

Alexander Zorin　Russian Academy of Sciences, Russia

Christian Luczanits　University of London, UK

Isabelle Charleux　Centre national de la recherchescientifique, French

图书在版编目（CIP）数据

国外藏学研究集刊. 第一辑/王启龙主编. —上海：
上海古籍出版社，2017.10
ISBN 978 - 7 - 5325 - 8564 - 9

Ⅰ.①国…　Ⅱ.①王…　Ⅲ.①藏学—研究—国外
Ⅳ.①K281.4

中国版本图书馆 CIP 数据核字（2017）第 187309 号

国外藏学研究集刊（第一辑）
王启龙　主编
上海古籍出版社　出版、发行
（上海瑞金二路 272 号　邮政编码 200020）
（1）网址：www.guji.com.cn
（2）E-mail: gujil @ guji.com.cn
（3）易文网网址：www.ewen.co
浙江临安曙光印刷有限公司
开本 787×1092　1/16　印张 22.75　插页 2　字数 404，000
2017 年 10 月第 1 版　2017 年 10 月第 1 次印刷
ISBN 978 - 7 - 5325 - 8564 - 9
K·2362　定价：88.00 元
如有质量问题，请与承印公司联系